江苏高校品牌专业建设工程资助项目（项目编号：PPZY

李 雯 樊茗玥 编著

ERP原理、实施与案例研究

ERP Principle, Implementation and Case Studies

江苏大学出版社
JIANGSU UNIVERSITY PRESS
镇 江

图书在版编目(CIP)数据

ERP原理、实施与案例研究 / 李雯，樊茗玥编著. —镇江：江苏大学出版社，2019.2(2021.2 重印)
ISBN 978-7-5684-1007-6

Ⅰ.①E… Ⅱ.①李… ②樊… Ⅲ.①企业管理—计算机管理系统—教材 Ⅳ.①F272.7

中国版本图书馆 CIP 数据核字(2018)第 284772 号

ERP原理、实施与案例研究

ERP Yuanli、Shishi yu Anli Yanjiu

编　　著/李　雯　樊茗玥
责任编辑/李经晶
出版发行/江苏大学出版社
地　　址/江苏省镇江市梦溪园巷 30 号(邮编：212003)
电　　话/0511-84446464(传真)
网　　址/http：//press. ujs. edu. cn
排　　版/镇江文苑制版印刷有限责任公司
印　　刷/镇江文苑制版印刷有限责任公司
开　　本/787 mm×1 092 mm　1/16
印　　张/19.25
字　　数/474 千字
版　　次/2019 年 2 月第 1 版
印　　次/2021 年 2 月第 3 次印刷
书　　号/ISBN 978-7-5684-1007-6
定　　价/48.00 元

如有印装质量问题请与本社营销部联系(电话：0511-84440882)

前 言

《ERP原理、实施与案例研究》介绍了企业信息化工程中大型信息系统应用软件——ERP(企业资源计划)的运作原理与实施过程,综合了企业管理信息化工程基础理论与应用知识,是经管类专业学生亟须掌握的一门专业技能型课程。由于ERP系统很庞大,涉及多个交叉性的管理学科,仅仅利用课堂教学的形式讲授ERP这门课程,学生理解起来是比较困难的;而一味地介绍实验操作容易出现重视操作、忽视理论教学的困境。在ERP课程教学中难免遇到学时有限、操作环境复杂、指导学生困难等教学障碍,影响ERP课程的实际教学效果。为了解决以上问题,本书采用"结合虚拟企业实务,强调理实一体化"的教学方法,引入案例教学,结合线上线下自主学习模式,重点培养学生整体流程理念,突出具体模块的应用技能。

本书吸取了国内外ERP发展的最新研究成果,借鉴了同类教材的优势与特点,结合编者十多年的教学及企业实践经验,全面、系统地介绍了ERP系统的基本原理与实施过程,内容完整、思路清晰。本书以金蝶K/3创新管理教学平台为实验环境,在掌握ERP基础理论的基础上,要求学生掌握十大功能模块的功能及业务流程,通过熟悉实验的目的、任务、内容,以案例导入的形式让学生逐步掌握各个模块的操作技能,提供更有实际效能的金蝶产品解决方案的案例教学。

本书基于"理论是基础,实训是切入口,案例是着落点"的思路进行编写,着眼于学生综合技能培养的社会需求,完善了ERP的案例研究内容与学习环境。

本书分三个篇章:ERP理论篇、ERP实训篇、ERP应用篇。

(1) ERP理论篇,首先对ERP的发展历程展开介绍,引入新技术来解决企业面临的困境。结合ERP实施过程,从销售管理入手,结合计划管理、采购管理、生产管理、仓存管理、成本管理、总账管理等流程模块,通过引入模块化案例,对ERP的基本运作原理和管理思想进行介绍。每个模块就是一个章节,每章开头有案例引入、概要与要点、理论介绍,并设置思考题,或者结合实际案例进行分析与讨论。

(2) ERP实训篇,主要是实现课程内实验流程的操作,在金蝶K/3教学管理平台上,促进学生掌握ERP信息化工具,完成并胜任企业内部供应链的基础操作业务,加强业务分析和综合管理能力。实验上机一共有20个学时,分为10次实验,每次2个课时,形成与理论课程教学一一对应的模块。通过对实验数据的分析、整理及关联,培养学生创新思维和编写课程实验报告的能力,旨在为制造型企业以及商业、服务型企业培养熟悉企业运营过程的技能型人才。

(3) ERP案例分析篇,通过与江苏省镇江市金蝶软件有限公司的实践合作,与资深的ERP实施顾问吴荣老师(具有10年以上的ERP实施经历)共同完成金蝶K/3中小企业ERP实施项目案例的撰写和分析,结合金蝶ERP实施的过程还原不同情境的案例,给有兴趣研究 ERP 的同仁们提供发散性思维的空间。

本书内容涵盖金蝶 K/3 供应链、计划管理、生产管理三大 ERP 核心模块，使学生掌握 ERP 原理知识，学会 ERP 系统的实施方法，重点在于培养企业信息化工程学生对 ERP 软件进行系统运行管理、维护等技能；提高学生的信息处理和信息利用的综合应用能力。通过本书的学习，学生能深刻理解企业管理信息化的理论和方法，并结合企业的案例分析，利用金蝶 K/3 创新管理平台实现仿真实验，在新技术新环境下，进一步提高学生分析问题、解决问题的能力。

本书的编写是在江苏大学管理学院院长杜建国教授的指导下完成的，江苏大学管理学院信息系李雯老师和樊茗玥老师完成了全书的撰写。本书得到了江苏高校品牌专业建设工程资助项目（项目编号：PPZY2015B167）的资助。江苏省镇江市金蝶软件有限公司的吴荣老师、李渊老师参与了实训部分的项目实施及案例的选读与整理，硕士研究生苏兴民参与了部分章节的撰写，硕士研究生殷芳、白正玉等为本教程的章节内容的整理和系统运行与调试付出了辛勤的劳动；在金蝶教学管理仿真项目实验过程中，我们还得到了管理学院实验中心申彦主任和王岩老师的大力支持与帮助，在此深表感谢！

编写教材过程中，我们参考与借鉴了大量文献资料和网络资源，在此向这些文献与资料的提供者表示衷心的感谢。由于编者能力有限，错误在所难免，敬请批评与指正。

李　雯　樊茗玥
2018 年 10 月于镇江

目　录

第一篇　ERP 理论篇

第二篇　ERP 实训篇

第三篇　ERP 应用篇

第一篇

ERP 理论篇

本篇在对 ERP 相关背景、概念及术语进行介绍的基础上，从销售管理、计划管理、采购管理、生产管理、库存管理，以及财务管理与成本控制等模块进行了详细的阐述，有利于读者从整体的视角全面理解 ERP。

第 1 章　ERP 的初步认识

导入案例

联想集团从 1984 年的 11 个人、20 万元投资的小公司发展到今天上万名员工、200 多亿元营业额、分支机构遍布全球的大型集团企业，是什么推动了联想不断发展和进步呢？主要是管理创新和持续的信息化应用。

联想的信息化建设是从 1991 年开始起步的，持续的信息化应用给联想带来了巨大的经济效益：2000 年，仅 ERP 上线的头一个季度，联想的净利润就比 1999 年同期增长了 136%，2002 年全年净利润的增长幅度高出 1999 年近一倍；平均交货时间从 1996 年的 11 天缩短为5.7 天；存货周转天数由 35 天降到 19.2 天；应收账周转天数由 23 天缩短为 15 天；集团多法人结账时间由原来的 30 天下降为 6 天，单一法人结账只需 1 天。

联想的信息化建设并不是一蹴而就的，而是一个循序渐进、从基础到高端的发展过程。构建企业的网络基础设施、实现网络办公、建设企业核心的业务管理和应用系统，这里最有代表性的就是 ERP。ERP 针对企业经营三个直接增值环节设计客户关系管理(CRM)、供应链管理(SCM)和产品生命周期管理(PLM)。

联想通过多年的实践，理解到企业信息化的实质是：通过对先进的管理思想的消化，学习参照最佳的行业实践，梳理、优化、再造业务流程，并应用 IT 技术，规范、集成、共享信息，从而达到提高效率、降低成本，提升客户满意度和企业运作管理水平的目的。

ERP 是 enterprise resource planning 的缩写，中文含义是“企业资源计划”。它代表着当前在全球范围内应用最广泛、最有效的一种企业管理方法，这种管理方法的理念已经通过计算机软件得到体现，因此，ERP 也代表一类企业管理软件系统。

自从 1981 年沈阳第一机床厂从德国工程师协会引进了第一套 MRPⅡ(manufacturing resource planning，MRPⅡ，中文含义是“制造资源计划”)软件以来，MRPⅡ/ERP 在中国的应用与推广已经经历了 30 多年的风雨历程。在这 30 多年中，ERP 曾被视为灵丹妙药，也曾遭到猛烈的抨击，如今它又被人们重新认识，受到普遍关注，而且应用 ERP 的企业越来越多，这是为什么？

感觉到的事物，不一定理解它，只有理解了的事物，才能够更深刻地感觉它。在本章我们先来解开这些谜团。

案例思考　企业信息化的需求是什么？ERP 能够给企业信息化的实施带来什么推动力？

本章概要与要点

ERP是建立在信息技术基础上，利用现代企业的先进管理思想，全面集成企业的所有资源信息，并为企业提供决策、计划、控制与经营业绩评估的全方位和系统化的管理平台。本章从ERP产生的背景入手，着重介绍ERP的发展历程，其从订货点法开始，经历了MRP、闭环MRP、MRPⅡ、ERP四个阶段，阐述了每个阶段的特点和功能。企业应用ERP可以摆脱传统管理模式而迅速跃进到现代化管理的轨道上，通过BPR实现ERP对企业管理与运营的全方位变革。

1.1 ERP的产生背景

供应链和信息集成是ERP产生的基本前提。因此，对于ERP的认识，首先从理解供应链和信息集成开始。

1.1.1 供应链

供应链(supply chain)一词是按原文直译的，也称供销链，实质上它含有“供”与“需”两方面的含义，可以理解为供需链。任何制造型企业都是根据客户或市场的需求，开发产品、购进原料、加工制造出产品，再以商品的形式销售给客户，并提供售后服务的。

物料(在ERP系统中，物料一词是所有制造计划对象的统称)从供方开始，沿着各个环节(原材料—在制品—半成品—成品—商品)向需方移动。每个环节都存在“需方”与“供方”的对应关系，形成一条首尾相连的长链，称供给链。

在供给链上，除了物料的流动外还有信息的流动。信息有两种类型，其中需求信息(如预测、销售合同、主生产计划、物料需求计划、加工单、采购订单等)同物料流动方向相反，从需方向供方流动；由需求信息引发的供给信息(如收货入库单、完工报告、可供销售量、提货发运单等)同物料一起沿着供给链从供方向需方流动。

对一个企业而言，原料是供方的产品，供给链以类似的形式从企业向供方延伸；这个企业的成品又会是需方的原料，供给链又向需方延伸。整个社会生产就是一条首尾相连、纵横交错的供需长链；企业内部的物流同供需双方的物流是息息相关的。企业的经营生产活动必须同它的需方和供方密切相连，并把它们纳入自己的计划与控制系统。可以说，供给链是一种说明商品生产供需关系的系统工具。而ERP就是从供给链的概念出发改变企业的经营战略思想，着眼于供给链上物料的增值过程，保持信息、物料和资金的快速流动，处理好各个环节的供需矛盾，以企业有限的资源去迎接无限的市场机遇。

1.1.2 信息集成

信息集成体现了ERP的一个特点，就是管理信息的高度集成，这是ERP同手工管理的主要区别。管理信息集成的标准，可以从以下几方面说明：

① 信息实现规范化。各项物料有统一的名称、明确的定义、标准的格式和字段要求；信息之间的关系也必须明确定义。

② 信息的处理程序必须规范化。处理信息要遵守一定的规程，不因人而异。

③ 信息的采集、处理和报告有专人负责。责任明确，没有冗余的信息采集和处理工

作。保证信息的及时性、准确性和完整性。

④ 在范围上，集成了供给链所有环节的各类信息。

⑤ 在时间上，集成了历史的、当前的和未来预期的信息。

⑥ 实现统一数据库平台。各种管理信息来自统一的数据库，既能为企业各有关部门的管理人员所共享，又有使用权限和安全保密措施。

⑦ 企业各部门按照统一数据库所提供的信息和管理事务处理的准则进行管理决策，实现企业的总体经营目标。

信息集成的效果绝不是简单的信息数量叠加，而是管理水平和人员素质在质量上的飞跃。信息集成和规范化管理是相辅相成的，规范化管理是 ERP 运行的结果，也是运行的条件。应当按照统一的程序和准则进行管理，既不因人而异，随心所欲，又要机动灵活，适应变化的环境。

1.2　ERP 概念的界定

ERP 第一个字母 E(enterprise)是企业的意思，第二个字母 R(resource)是资源的意思，第三个字母 P(planning)是计划的意思，全文 enterprise resource planning，即企业资源计划。ERP 是对物流、资金流和信息流 3 种资源进行全面集成管理的信息系统，是建立在信息技术基础上，利用现代企业的先进管理思想，全面地集成企业的所有资源信息，并为企业提供决策、计划、控制与经营业绩评估的全方位和系统化的管理平台。

ERP 可以从管理思想、软件产品、管理系统 3 个层次给出定义：① 是由美国著名的计算机技术咨询和评估集团 Garter Group 提出的一整套企业管理系统体系标准，其实质是在 MRPⅡ(manufacturing resource planningⅡ，制造资源计划)基础上进一步发展而成的面向供应链的管理思想；② 是综合应用了客户机/服务器体系、关系数据库结构、面向对象技术、图形用户界面、第四代语言(4GL)、网络通信等信息产业成果，以 ERP 管理思想为灵魂的软件产品；③ 是整合企业管理理念、业务流程、基础数据、人力物力、计算机硬件和软件于一体的企业资源管理系统。

对于企业来说，要正确地理解企业资源计划(ERP)，首先要明确什么是“企业资源”。简单地说，“企业资源”是指支持企业业务运作和战略运作的事物，也就是人们常说的人、财、物。可以认为，ERP 就是一个有效地组织、计划和实施企业的人、财、物管理的系统，它依靠 IT 的技术和手段保证其信息的集成性、实时性和统一性。ERP 最初是一种基于企业内部供应链的管理思想，其在 MRPⅡ 的基础上扩展了管理范围，给出了新的结构。它的基本思想是将企业的业务流程看作一个紧密连接的供应链，将企业内部划分成几个相互协同作业的支持子系统，如财务、市场营销、生产制造、质量控制、服务维护、工程技术等。ERP 供应链管理内涵如图 1-1 所示。

最早采用这种管理方式的是制造业，当时主要考虑的是企业的库存物料管理，于是产生了 MRP(material requirement planning，物料需求计划)系统，同时企业的其他业务部门也都各自建立了信息管理系统，如会计部门的计算机账务处理系统、人事部门的人事档案管理系统等，而这些系统相互独立，彼此之间缺少关联，形成信息孤岛，不但没有发挥 IT 手段的作用，反而造成企业管理的重复和不协调。在这种情况之下，MRPⅡ 应运而生。它围绕“在正确的时间制造和销售正确的产品”这样一个中心，对企业的人、财、物集中进行管理。ERP可以说是MRPⅡ的一个扩展。第一，它将系统的管理核心从“在正确的时间制造和销售正确的产品”转移到了“在最佳的时间和地点获得企业的最大增值”；第二，基于管理核心的转移，其管理范围和领域也从制造业扩展到了其他企业和行业；第三，在功能和业务集成性方面都有了很大加强，特别是商务智能的引入使得以往简单的事物处理系统变成真正智能化的管理控制系统。

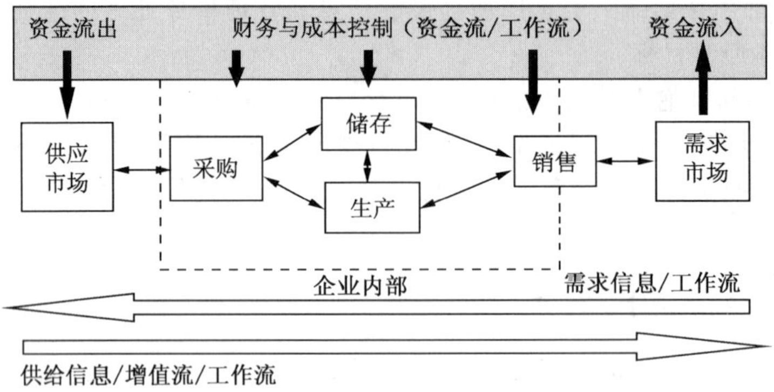

图1-1 ERP供应链管理内涵

1.3 ERP的发展历程

ERP的发展经历了以下几个阶段：

20世纪60年代中期：从订货点法到MRP，解决了控制库存问题；

20世纪70年代中期：闭环MRP，解决了计划与控制问题；

20世纪80年代初期：MRPⅡ，解决了物料与资金信息集成的问题；

20世纪90年代初期：ERP，解决了在经济全球化的环境下，提高企业竞争力的问题。

1.3.1 订货点法

20世纪40年代，为解决库存控制问题，人们提出了订货点法，当时计算机系统还没有出现。订货点法也就是库存补充原则订货点法，即按过去的经验预测未来的物料需求。订货点法是建立在一系列假设条件基础上的：对各种物料的需求是相互独立的；物料需求是连续发生的；提前期是已知和固定的；库存消耗之后，应重新填满。订货点的确定如图1-2所示，而精确地计算安全库存量是非常重要的。

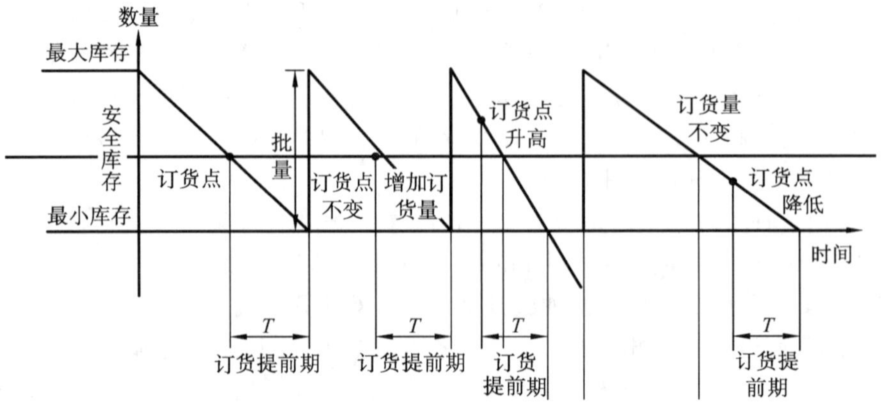

图1-2 库存订货点法

1.3.2 基本 MRP

计算机系统的发展，使得短时间内对大量数据进行复杂运算成为可能，人们为解决订货点法的缺陷，提出了 MRP 理论，即物料需求计划阶段或称基本 MRP 阶段。制造业为了打破“发出订单，然后催办”的计划管理方式，设置了安全库存量，为需求与提前期提供缓冲。企业的管理者们已经清楚地认识到，真正的需要是有效的订单交货日期，于是产生了对物料清单的管理与利用，形成了基本 MRP。

区别于订货点法，20 世纪 60 年代 IBM 公司的 Joseph A. Orlicky 博士引入基本 MRP，提出把对物料的需求分为独立需求与相关需求的概念；产品结构(BOM)中物料的需求量是相关的；并且引入了时间概念。

基本 MRP 最主要的目标：确定每项物料在每个时区的需求量，以便为正确地进行生产库存管理提供必要的信息。如图 1-3 所示，基本 MRP 能根据有关数据计算出相关物料需求的准确时间与数量，但还不够完善，其主要缺陷是没有考虑到生产企业现有的生产能力和采购的有关条件的约束。

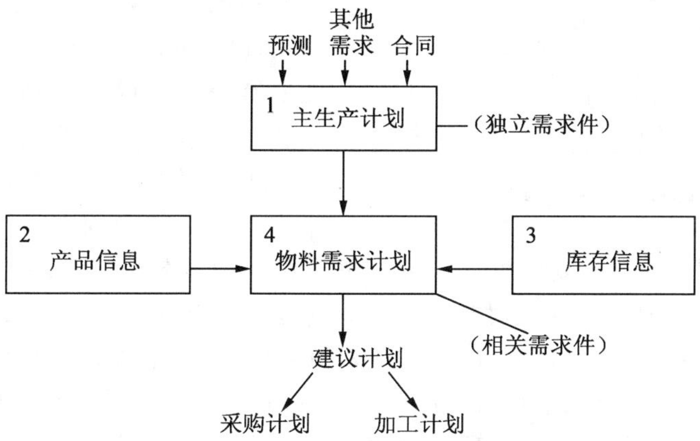

图 1-3 基本 MRP 逻辑结构

1.3.3 闭环 MRP

20 世纪 70 年代，随着人们认识的加深及计算机系统的进一步普及，MRP 的理论范畴也得到了发展，为解决采购、库存、生产、销售的管理，发展了生产能力需求计划、车间作业计划及采购作业计划理论，以其作为一种生产计划与控制系统——闭环 MRP(Closed-loop MRP)阶段。随之而来，出现了丰田生产方式(看板管理)、TQC(全面质量管理)、JIT(准时制生产)及数控机床等支撑技术。

闭环 MRP 理论认为主生产计划与物料需求计划(MRP)应该是可行的，即考虑能力的约束，或者对能力提出需求计划，在满足能力需求的前提下，才能保证物料需求计划的执行和实现。在这种思想指导下，企业必须对投入与产出进行控制，也就是对企业的能力进行校检、执行和控制，其原理如图 1-4 所示。

MRP 与能力需求计划(CRP)一起形成计划管理的闭环系统，称为闭环 MRP 系统。开环 MRP 系统是为产品零部件配套服务的库存控制系统，主要功能是解决产品订货所需要的物料项目、物料数量和物料供货时间等问题。

闭环 MRP 系统与基本 MRP 系统的区别是，前者在生成物料需求计划(MRP)后，依

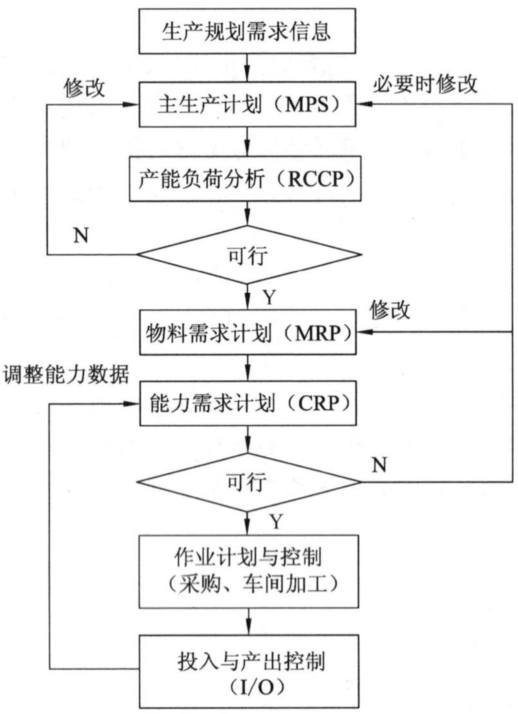

图 1-4　闭环 MRP 流程

据生产工艺，推算出生产这些物料所需的生产能力，然后与现有的生产能力进行对比，检查该计划的可行性。若不可行，则返回修改物料需求计划或主生产计划，直至达到满意和平衡。随后进入车间作业控制子系统，监控计划的实施情况。

1.3.4　MRP Ⅱ

到了 20 世纪 80 年代，随着计算机网络技术的进一步发展，企业内部信息得到充分共享，MRP 系统的各子系统也得到了统一，形成一个集采购、库存、生产、销售、财务、工程技术等为一体的综合系统，发展了 MRP Ⅱ 理论，形成了企业经营生产管理信息系统——MRP Ⅱ 阶段。

此时，企业的管理者们又认识到制造业要有一个集成的计划，以解决阻碍生产的各种问题，不是以库存来弥补，或以缓冲时间去补偿的方法来解决问题，而是要以生产与库存控制的集成方法来解决问题，于是 MRP Ⅱ 即制造资源计划产生了。MRP Ⅱ 是由美国著名生产管理专家奥列弗·怀特(Oliver W. Wight)提出的，它是对制造业企业资源进行有效计划的一整套方法。MRP Ⅱ 是一个围绕企业的基本经营目标，以生产计划为主线，对企业制造的各种资源进行统一的计划和控制，使企业的物流、信息流、资金流流动畅通的动态反馈系统。

MRP Ⅱ 最主要的进步在于实现了业务数据同财务数据的集成，同时将 JIT(just in time)的运营模式和 MRP 的计划模式进行了整合，改变了财务信息严重滞后于生产信息的现象，并成为指导和修正生产活动的标准，从而达到企业整体盈利的总体目标。在 MRP Ⅱ 中，强调了对企业内部的人、财、物等资源的全面管理，把制造企业归类为不同的生产方式，如重复制造、批量生产、按订单生产等来管理，每一种生产方式类型都对应一套管理标准。MRP Ⅱ 涉及企业的主要业务有市场、销售、计划、生产、物料、成本、财务和技术等。它已经不是一群单项业务“信息孤岛”的组合，而是企业相关业务信息的集成。

MRPⅡ克服了 MRP 系统的不足之处，增加了生产(细)能力计划、生产活动控制(SFC)、采购与物料管理计划、财务管理 4 个方面的内容。MRPⅡ系统工作流程如图 1-5 所示。

MRP Ⅱ 实现了计划的一贯性与可行性、管理的系统性、数据共享性、动态应变性、模拟预见性、物流和资金流的统一。但是，伴随企业竞争范围的扩大，要求企业在各个方面加强管理，并有更高的信息化集成，对企业的整体资源进行集成管理，而不仅仅对制造资源进行集成管理。另外，企业规模不断扩大，多集团、多工厂型企业要求协同作战，统一部署，这已超出 MRP Ⅱ 的管理范围。最后，信息全球化趋势的发展要求企业之间加强信息交流和信息共享。企业互相之间既是竞争对手，又是合作伙伴。因此，信息管理要求扩大到整个供应链的管理。

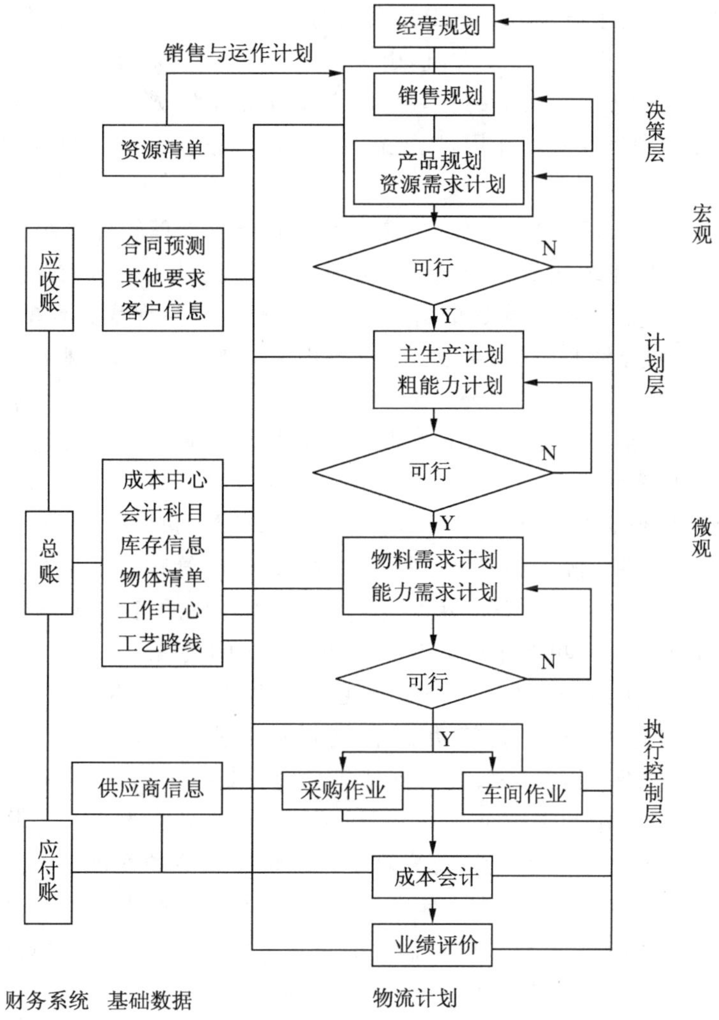

图 1-5　MRPⅡ系统工作流程

1.3.5　ERP

信息全球化趋势的发展要求企业之间加强信息交流与信息共享，企业之间既是竞争对手，又是合作伙伴，信息管理要求扩大到对整个供应链的管理，这些更是 MRPⅡ所不能解决的。

20 世纪 90 年代以来，企业信息处理量不断加大，企业资源管理的复杂化程度也不断提高，这要求信息的处理有更高的效率，传统的人工管理方式难以适应以上系统，而只能依靠计算机系统来实现，信息的集成度要求扩大到企业整个资源的利用和管理，从而产生了新一代的管理理论与计算机系统——企业资源计划（ERP）。企业的所有资源可简要地归为三大流：物流、资金流、信息流，ERP 也就是对这 3 种资源进行全面集成管理的管理信息系统。

ERP 是由美国加特纳公司（Gartner Group Inc.）在 20 世纪 90 年代初期首先提出的，当时的解释是根据计算机技术的发展和供需链管理的需求，推论各类制造企业在信息时代对管理信息系统的变革和发展趋势。企业为了适应市场需求的变化，由过去单一的生产模式变成了混合型的生产模式，MRPⅡ在应对这些复杂和多变的混合生产时，已经无法准确地适应企业的管理需要了。并且，由于 MRPⅡ是通过对计划的及时滚动来控制整个生产过程的，它相对于更加快捷的互联网而言显得及时性较差，只能实现事后控制。同时，企业越来越强调利润控制的作用，因此简单的财务数据和生产数据的集成，已经无法满足企业管理控制的要求。

1990 年前后，ERP 逐渐取代 MRPⅡ成为主流的企业管理软件系统。ERP 是指建立在信息技术基础上，以系统化的管理思想为企业决策层及员工提供决策运行手段的管理平台。ERP 系统集信息技术与先进的管理思想于一身，成为现代企业的运行模式，反映了时代对企业合理调配资源、最大化地创造社会财富的要求，成为企业在信息时代生存和发展的基石。

从管理系统角度给出的定义：ERP 是整合企业管理理念、业务流程、基础数据、人力物力、计算机硬件和软件于一体的企业资源管理系统。厂房、生产线、加工设备、检测设备、运输工具等都是企业的硬件资源，人力、管理、信誉、融资能力、组织结构、员工的劳动热情等就是企业的软件资源。如图 1-6 所示，ERP 系统的管理对象便是上述各种资源及生产要素，通过 ERP 的使用，企业能及时、高质地完成客户的订单，最大限度地发挥这些资源的作用，并根据客户订单及生产状况做出调整资源的决策。

随着人们认识的不断深入，ERP 被赋予更深的内涵。它强调供应链的管理，除了传统 MRPⅡ系统的制造、财务、销售等功能外，还增加了分销管理、人力资源管理、运输管理、仓库管理、质量管理、设备管理、决策支持等功能；支持集团化、跨地区、跨国界运行，其主要宗旨就是充分调配和平衡企业各方面的资源，使企业在激烈的市场竞争中全方位地发挥足够的能力，从而取得更好的经济效益。现阶段企业的发展趋势是融合其他现代管理思想和技术，面向全球市场，建设成为“世界一流制造型企业（world class manufacturing excellence）”。这一阶段倡导的观念是精益生产、约束理论（TOC）、先进制造技术、敏捷制造及现在热门的 Internet/Intranet 技术。

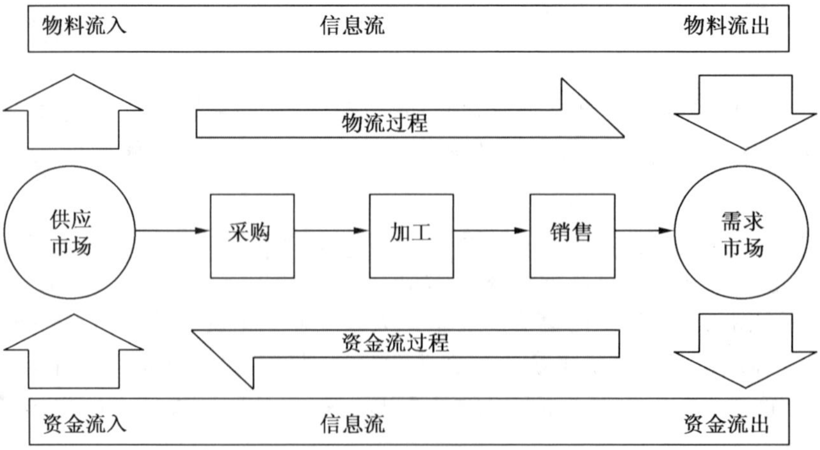

图 1-6　企业 ERP 实施流程

从管理信息集成的角度来看，从 MRP 到 MRPⅡ再到 ERP，是制造业管理信息集成的不断扩展和深化，每一次进展都是一次重大的质的飞跃，然而，它们又是一脉相承的。

如图 1-7 所示，从基本 MRP、闭环 MRP、MRPⅡ到 ERP，甚至是现在提出的 ERPⅡ，虽然后者都是从前者发展而来，但并没有绝对的某项技术落后、过时或后者将取代前者的含义，而是逐步实现功能的集成和企业资源的整合。

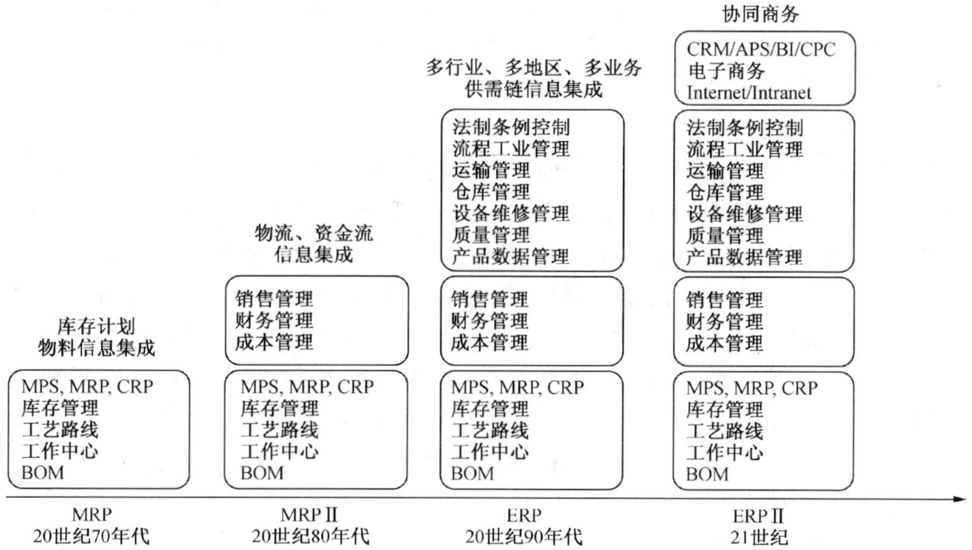

图 1-7　MRP—MRPⅡ—ERP—ERPⅡ发展历程

1.4　ERP 实现企业管理创新

ERP 是以管理思想为基础，建立在信息技术之上，基于业务流程优化和管理模式创新的一整套管理系统，其目的就是要以市场和客户需求为导向，进行企业内外资源（包括人力、资金、信息、物料、设备、时间、方法等）的优化配置，实现企业整体的信息流、物流、资金流、价值流和业务流的有机集成，为企业加强管理、提高运营效率提供保障，为企业领导科学决策提供依据，并有效提高企业的盈利能力，建立竞争优势，提高市场竞争力。ERP 是网络技术与管理理念在企业中完美结合的典范，代表了各类制造业在信息时代管理革命的发展趋势，它对传统的管理系统来讲是一场革命。应用 ERP 就是直接使企业同国际市场接轨，可以摆脱传统管理模式的羁绊而迅速跃进到现代化管理的轨道上，而 ERP 对企业管理的变革也是全方位的。

1.4.1　经营思想的变革

网络技术的广泛应用导致竞争加剧，市场进入微利时代，企业间的竞争更多表现为管理水平的竞争，以及建立在管理基础上的品牌、质量、附加值、成本、核心技术能力、市场能力等方面的全方位竞争。ERP 的管理思想建立在系统工程、决策论、行为科学、劳动心理学等现代学科的基础之上，它形成的管理思想是在全社会范围内最大限度地利用已有资源来取得最高的利润。在 ERP 管理思想的引导下，企业的竞争观念将进行新的调整。

（1）把竞争对手当作合作伙伴。在信息技术高速发展的条件下，任何一家企业的资源都只能保持某种核心优势，如果能与竞争对手把各自的核心优势结合起来，做到优势互补，必将形成共同的竞争力，达到“双赢”的目的。

（2）生产企业与供应商、批发商和零售商结成供应链。形成供应链后，生产商与供应商、批发商和零售商紧密合作，协调运作，对市场的适应能力将会大大提升，改变过去各自为政、散兵游勇式作战的经营方式。供应链可将各方的核心优势力量集中起来，通过协同竞争，达到“群赢”的效果。

（3）形成新的生产观念。在生产方面，应从过去以“产品为核心”转变成以“满足顾客的需求为核心”，因为产品只是满足需求的一种形式，企业只有充分地把握用户的需求，最终创造用户的需求，才能最大限度地实现企业的经营目标。

1.4.2 营销战略的变革

ERP 的核心管理思想是供应链管理。供应链管理是指通过加强供应链中各活动和实体间的信息交流、协调，增大物流和资金流的流量和流速，并使其保持畅通，实现供需平衡。ERP 正是基于“供应链”的管理思想，把客户需求、供应商的资源和企业的生产活动集成在一起，形成了一个完整的企业供应链，并对供应链上的所有环节进行有效的管理。供应链管理是以市场需求为导向，以客户需求为中心，以核心企业为龙头，以提高市场占有率、提高客户满意度和获取最大利润为目标，以协同商务、协同竞争和双赢原则为运作模式，通过企业现代化管理方法和手段，实现对信息流、物流、资金流、价值流和业务流的有效规划与控制，从而把客户、分销商、供应商和制造商连成一个完整的网络，形成一个极有竞争力的战略联盟。

1.4.3 管理目标的变革

ERP 的管理目标是面向企业供应链的增值效益。在企业的供应链上，除物料流、资金流、信息流外，最根本的是要有增值流。各种资源在供应链上流动，应是一个不断增值的过程。在此过程中，ERP 要求消除一切无效劳动，在每一环节做到价值增值，因此，供应链的本质应是增值链。供应链上每一环节增值与否、增值的大小都会成为影响企业竞争力的关键因素。实施 ERP 的企业通过加强供应链中各活动和实体间的信息交流和协调，增大物流、资金流的流量和流速，并使其保持畅通，实现增值效益，提商企业竞争力。而传统管理是要求各部门做好“本部门的本职工作”，以及做好与各级领导的统筹协调，但由于任务的多样性、复杂性，经常造成各部门各行其是，影响到企业的整体效益。

1.4.4 业务流程与组织机构的变革

为了提高企业供应链管理的竞争优势，必须系统地考虑整个供应链的业务流程和组织机构，进行业务流程重组，重构面向流程管理的“扁平化”的组织模式。每个企业的生产经营过程都是由一系列工作过程组成的，这就是企业的业务流程，也称为工作流。企业的业务流程是一个把输入要素转换为输出要素的过程。企业的输入要素包括企业的人员素质状况，企业的生产资料、能源与设备状况，企业的固定与流动资金情况，以及企业的技术资料、产品数据、市场信息、生产决策等状况。企业输出要素有产品的品牌、数量质量和技术资料等状况；企业的盈利，员工的薪酬、纳税等状况；生产资料与生产设备的积累状况等。企业的输入输出过程实质上是企业的物流、资金流和信息流合理流动的过程。按照系统的观点分析和处理生产经营活动的物流、资金流和信息流是企业管理创新的关键。企业业务流程的重组，一方面保证了供应链上各环节、各合作伙伴之间信息的畅通和高效工作；另一方面是为了适应从传统的职能管理向流程管理的转变。打破职能分割，按企业流程改造企业的管理模式，减少管理的层次，建立“扁平化”的组织结构，将决策点定位在业务流程执行的地方，这不仅降低了管理成本，更重要的是提高了组织的运转效率和对市场的反应速度。

ERP 最大的优势是集成的系统、优化的流程、协同的工作流。ERP 的实施影响着组织形式的巨大变革。企业就是要运用网络技术来彻底改造业务流程，创造新的工作方式，带动组织价值体系的重新塑造、组织结构的重新构造和组织激励机制与评价系统的重新建立，从而使整个企业组织脱胎换骨。

1.4.5　管理方法与管理手段的变革

应用 ERP 将工业工程、计划与控制、质量保证体系、物流与布置、工作研究、工程经济等原理于管理上，这些先进的管理方法在 ERP 的应用软件中都有所体现，如滚动计划，物质 ABC 管理法等。ERP 的管理手段是计算机网络，网络使地球变成了真正意义上的"地球村"，全球范围内的商务活动都通过因特网整合在一个共同的虚拟市场，由此使得商务信息发布与获得的速度、企业与客户联系的速度、商业交易的速度、产品研发的速度、售后服务的速度等，都有了革命性的变化。

思考题

1. ERP 发展的背景是什么？对 ERP 的形成构成什么样的需求？
2. ERP 是什么？是软件还是一种管理理论？
3. 解释 ERP 的供应链管理内涵。
4. 解释订货点法的假设要求。
5. 简述基本 MRP 的逻辑结构图，以及与订货点法的区别。
6. 简述闭环式 MRP 的流程图，以及与基本 MRP 的区别。
7. 简述 MRPⅡ的流程和功能，以及与闭环式 MRP 的区别。
8. 简述 ERP 产生的原因及其功能。
9. ERP 能为企业解决哪些问题？

第2章　ERP相关术语和基本概念

导入案例

1972年，当5名IBM的经理人决定成立自己的公司并探索让商业运作更为有效的途径时，人们很难预料到他们的软件最终会成为世界商业领域的金牌解决方案。30年后，SAP的软件已经为120多个国家的18 800多家企业所使用，其中包括财富500强中80%以上的公司，以及21个行业领域中的主导企业。仅用了一代人的时间，这个“创业”公司就已经发展成为全球软件行业的第三大公司。

迪特马·荷普、克劳斯·魏伦路特、哈索·普拉特纳、克劳斯·奇拉及汉斯魏纳·海克特曾经是IBM公司的系统咨询人员，当时他们发现自己的客户正在开发相同或是类似的电脑程序，由此意识到有必要提供标准化的软件，并通过它来集成业务流程和实现实时环境下的数据维护。他们还认识到，电脑显示器总有一天会成为数据处理的关键点。在他们离开IBM并着手创建SAP的时候，这些远见最终都变成了现实。

SAP创建于德国的曼海姆。当时所谓的“尖端技术”不过就是一些计算器和内存仅有500K的计算机而已。苹果电脑公司于同年创建，而且第一个电子邮件管理系统也出现了。没过多长时间，SAP就推出了RF系统，后来被命名为R/1系统，这是一种自动化财务会计及交易处理程序，具有标准软件和实时计算功能。它的第一批客户是Rothhaendle和Knoll公司，其将SAP的解决方案应用于财务会计工作。

1976年，SAP通过组建一家有限责任公司（从事数据处理系统、应用和产品）的方式巩固了基础，并在1997年将总部迁往德国沃尔多夫。从此之后，SAP以迅猛的速度发展壮大。1979年，SAP推出用于大型机的R/2系统。1988年，SAP公司的股票在法兰克福及斯图加特股票市场上市交易。

1992年，公司推出了R/3客户机/服务器系统，由此展开了SAP发展进程中最为辉煌的一幕，它所带动的史无前例的发展势头是任何最乐观的分析家都不曾预料到的。甚至SAP的竞争对手也开始寻求SAP解决方案的帮助，以此来维护自身业务的运营。像IBM和微软这样的技术巨头也突然之间联合SAP成为其软件合作伙伴。

1993年，随着在美国加利福尼亚福斯特市建立一家研发实验室，SAP开始了迈向硅谷的步伐。这个SAP实验室的目标主要集中在软件开发，同时提供开放和灵活的解决方案，用来支持大多数主要软件供应商的数据库应用程序、操作系统及软件平台。SAP的解决方案是设计用来确保最高质量的标准，并提供无与伦比的性能，足以适用于从跨国企业到中小企业的任何一家规模的机构。

1999年，公司又推出了mySAP.com协同化电子商务解决方案。

伴随如此迅猛的发展，SAP在过去5年里更加迅速地成熟起来了。作为世界第三大独立软件供应商，SAP为世界各地超过1 000万名最终用户提供服务。SAP提供了21个针对不同行业的解决方案、13 个跨行业解决方案(如 ERP、客户关系管理、供应链管理、产品生命周期管理、商务智能、企业门户、交易等)。此外,SAP 还公布了面向中小型业务的管理方案,它可以帮助这些中小用户在一个由渠道合作伙伴构成的全球网络中更加高效地运转。SAP 认为,企业不应当被迫改头换面成为一个电子商务企业,而是应当通过对公司已有项目的投入,并充分调动公司的核心竞争力的方法来创造价值。

在过去的 30 年里,SAP 积极致力于为企业创造更高的效率和价值,包括效益、投资回报、生产力等。SAP 的迅猛增长得益于它能够被世界最优秀的公司接纳,以及对于经验、创新、商业远见所进行的不懈追求,这些正是它取得成功的关键所在。

案例思考　SAP 软件系统的发展及其过程中呈现了哪些特点?

本章概要与要点

要想正确理解 ERP 理论,就必须先了解 ERP 相关术语和基本概念。本章介绍了 ERP 的重要术语和与 ERP“基础数据”相关的基本观念,包括 ERP 的组成及其作用、企业生产类型与周期、物料主文件、物料清单、工作中心、工序与工艺路线、提前期、独立需求与相关需求和工作日历等。

2.1　ERP 的组成及其作用

市场上的 ERP 软件系统非常多,体现着不同的侧重点和优势,因而 ERP 产品的功能模块结构相差较大。本节撇开实际的产品,从企业的角度,简单描述 ERP 系统的功能结构及其流程,即 ERP 能够为企业做什么,它的模块功能到底包含哪些内容,及其是怎样实现功能的,以帮助初次了解 ERP 的读者正确认识 ERP 系统。

2.1.1　ERP 系统功能框架

以典型制造业为例,从企业管理方面看,一般的管理主要包括三方面的内容:生产控制(计划、制造)、物流管理(分销、采购、库存管理)和财务管理(会计核算、财务管理)。这三大系统本身就是集成体,它们互相之间有相应的接口,能够很好地集成在一起,来对企业进行管理。另外,随着企业对人力资源管理重视的加强,已经有越来越多的 ERP 厂商将人力资源管理作为 ERP 系统的一个重要组成部分。

随着信息技术应用的深入,ERP 系统的功能在不断扩展,同时也在同电子商务等应用不断集成,但就最基本概念的而言,典型 ERP 系统的功能主要包括财务管理、物流管理、生产计划与控制管理、人力资源管理等方面,并逐步实现与企业外部的有机集成,如图 2-1 所示。

ERP 系统从最基本的层面上来看,分为财务管理、物流管理、生产管理、人力资源管理。从另一个层面上来看,又有 4 个全景:供应全景、消费全景、生产全景和知识全景,分别对应供应链管理 SCM、客户关系管理 CRM、产品生命周期管理 PLM 和知识管理 KM,4 个全景管理是在企业足够的信息化基础上进行的,如果说第一层面的 4 种管理是信息化企业的具体工作流程,那么第二层面的全景管理则是信息化企业的管理思想。

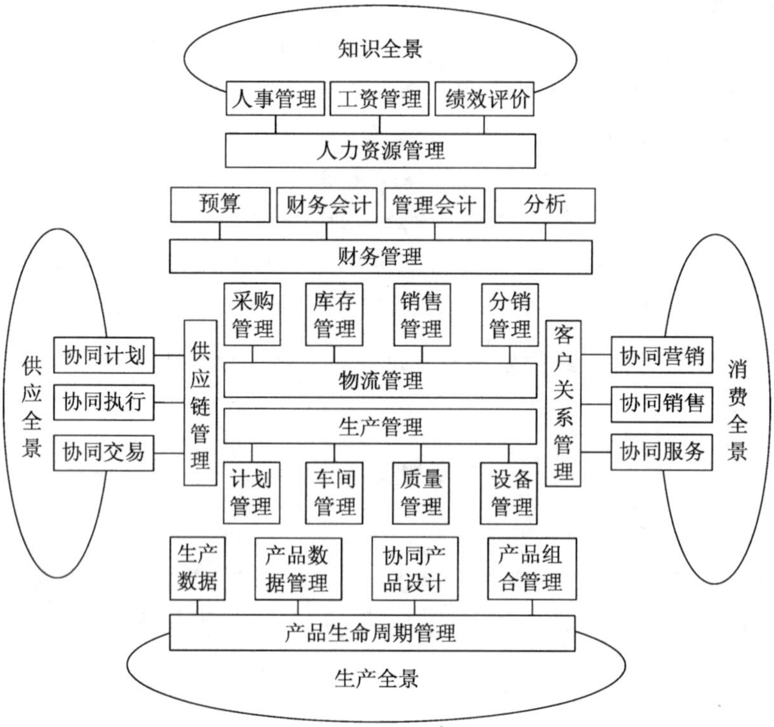

图 2-1 ERP软件功能框架

ERP是将企业所有资源进行集成的数字化管理，简单地说，就是将企业的"三流"——物流、资金流和信息流进行全面一体化管理的管理信息系统。它的功能模块不同于以往的MRP或MRP Ⅱ的模块，不仅可用于生产企业的管理，而且许多其他类型的企业，如一些非生产、公益事业的企业也可导入ERP系统进行资源计划和管理。对于企业的"三流"，不仅包括对于三流的管理，更反映了各流之间的广泛接口，从根本上支持了基于业务流程的企业各部门的协同工作。

2.1.2 ERP系统的主要功能

依照上述ERP系统的总体框架，本小节重点介绍ERP系统的主要功能，包括财务管理、物流管理、生产管理、人力资源管理。

2.1.2.1 财务管理

企业中，清晰分明的财务管理是极其重要的。所以，在ERP整个方案中它是不可或缺的一部分。ERP中的财务模块与一般的财务软件不同，作为ERP系统中的一部分，它和系统的其他模块有相应的接口，能够相互集成，例如，它可将由生产活动、采购活动输入的信息自动计入财务模块，生成总账、会计报表，取消了输入凭证的烦琐过程，几乎完全替代以往传统的手工操作。一般的ERP软件的财务部分分为会计核算与财务管理两大块。

(1) 会计核算

会计核算主要是记录、核算、反映和分析资金在企业经济活动中的变动过程及其结果。它由总账、应收账、应付账、现金、固定资产、多币制等部分构成。

① 总账模块。它处理记账凭证输入、登记，输出日记账、一般明细账及总分类账，编

制主要会计报表。它是整个会计核算的核心，应收账、应付账、固定资产核算、现金管理、工资核算、多币制等各模块都以其为中心来互相传递信息。

② 应收账模块。它是指企业应收的由于商品赊欠而产生的正常客户欠款账，包括发票管理、客户管理、付款管理、账龄分析等功能。它和客户订单、发票处理业务相联系，同时将各项事件自动生成记账凭证，过入总账。

③ 应付账模块。会计里的应付账是企业应付购货款等账，包括发票管理、供应商管理、支票管理、账龄分析等功能。它能够和采购模块、库存模块完全集成以替代过去烦琐的手工操作，同时将各项事件自动生成记账凭证，过入总账。

④ 现金管理模块。它主要是对现金流入流出的控制及零用现金和银行存款的核算，包括对硬币、纸币、支票、汇票和银行存款的管理。在ERP中提供了票据维护、票据打印、付款维护、银行清单打印、付款查询、银行查询和支票查询等与现金有关的功能。此外，它还和应收账、应付账、总账等模块集成，自动产生凭证，过入总账。

⑤ 固定资产核算模块。它完成对固定资产的增减变动，以及与折旧有关的基金计提和分配的核算工作。它能够帮助管理者对目前固定资产的现状加以了解，并能通过该模块提供的各种方法来管理资产，以及进行相应的会计处理。它的具体功能有：登录固定资产卡片和明细账、计算折旧、编制报表，以及自动编制转账凭证，并过入总账。它和应付账、成本、总账模块集成。

⑥ 多币制模块。这是为了适应当今企业的国际化经营，对外币结算业务的要求增多而产生的。多币制将企业整个财务系统的各项功能以各种币制来表示和结算，且客户订单、库存管理及采购管理等也能使用多币制进行交易管理。多币制和应收账、应付账、总账、客户订单、采购等各模块都有接口，可自动生成所需数据。

⑦ 工资核算模块。它自动进行企业员工的工资结算、分配、核算及各项相关经费的计提。它能够登录工资、打印工资清单及各类汇总报表，计算计提各项与工资有关的费用，自动做出凭证，过入总账。这一模块是和总账、成本模块集成的。

⑧ 成本模块。它依据产品结构、工作中心、工序、采购等信息进行产品的各种成本的计算，以便进行成本分析和规划。还能用标准成本或平均成本法按地点维护成本。

(2)财务管理

财务管理的功能主要是基于会计核算的数据加以分析，从而进行相应的预测、管理和控制活动。它侧重于财务计划、控制、分析和预测。

① 财务计划。根据前期财务分析做出下期的财务计划、预算等。

② 财务分析。提供查询功能和通过用户定义的差异数据的图形显示进行财务绩效评估、账户分析等。

③ 财务决策。它是财务管理的核心部分，中心内容是做出有关资金的决策，包括资金筹集、投放及资金管理。

2.1.2.2 物流管理

物流管理是ERP系统的基本组成部分。物流是物品在供应链中的流动过程。物品在流动过程中，分别以不同物资形态体现在供应链的每个节点上。企业从供应商采购物料入库，以备生产所需；生产开始时将物料从仓库中领出，经过生产加工生产出产成品入库；最后将产成品出库销售给客户。由此可见，物流的流动贯穿购、销、存管理的每一方面。

(1) 销售管理

销售管理是从产品的销售计划开始，对其销售产品、销售地区、销售客户各种信息的管理和统计，并可对销售数量、金额、利润、绩效、客户服务做出全面的分析。销售管理模块大致有三方面的功能：

第一，对于客户信息的管理和服务。建立客户信息档案，对其进行分类管理，进而对其进行针对性的客户服务，以达到最高效率地保留老客户、争取新客户。在这里，要特别提到的就是近几年出现的 CRM 软件，即客户关系管理系统，ERP 与它的结合必将大大增加企业的效益。

第二，对于销售订单的管理。销售订单是 ERP 的入口，所有的生产计划都是根据它下达并进行排产的。销售订单的管理贯穿了产品生产的整个流程。它包括：

① 客户信用审核及查询。通过客户信用分级，来审核订单交易。

② 产品库存查询。决定是否要延期交货、分批发货或用代用品发货等。

③ 产品报价。为客户做不同产品的报价。

④ 订单输入、变更及跟踪。订单输入后，变更的修正及订单的跟踪分析。

⑤ 交货期的确认及交货处理。决定交货期和发货事务的安排。

第三，对于销售的统计与分析。

系统根据销售订单的完成情况，依据各种指标做出统计，比如客户分类统计、销售代理分类统计等，然后就这些统计结果对企业实际销售效果进行评价：

① 销售统计。根据销售形式、产品、代理商、地区、销售人员、金额、数量来分别进行统计。

② 销售分析。包括对比目标、同期比较和订货发货分析，从数量、金额、利润及绩效等方面做相应的分析。

③ 客户服务。客户投诉记录，原因分析。

(2) 库存控制

用来控制存储物料的数量，以保证有稳定的物流支持正常的生产，但又最小限度地占用资本。它是一种相关的、动态的及真实的库存控制系统。它能够结合、满足相关部门的需求，随时间变化动态地调整库存，精确地反映库存现状。这一系统的功能又涉及以下方面：

① 为所有的物料建立库存，决定何时订货采购，同时作为交给采购部门采购、生产部门做生产计划的依据。

② 收到的订购物料要经过质量检验入库，生产的产品也同样要经过检验入库。

③ 收发料的日常业务处理工作。

(3) 采购管理

用来确定合理的定货量、优秀的供应商和保持最佳的安全储备，并能够随时提供定购、验收的信息，跟踪和催促外购或委外加工的物料，保证货物及时到达。建立供应商档案，用最新的成本信息来调整库存的成本。具体有：

① 供应商信息查询。查询供应商的能力、信誉等。

② 催货。对外购或委外加工的物料进行跟催。

③ 采购与委外加工统计。统计、建立档案，计算成本。

④ 价格分析。对原料价格进行分析，调整库存成本。

2.1.2.3　生产管理

这一部分是 ERP 系统的核心所在，它将企业的整个生产过程有机地结合在一起，使得企业能够有效地降低库存，提高效率。同时将各个原本分散的生产流程自动连接，流程能够前后连贯，而不会出现生产脱节，耽误生产交货时间。

生产计划与控制管理是一个以计划为导向的先进的生产、管理方法。首先，企业确定它的一个总生产计划，再经过系统层层细分，将细分后的最终计划下达各部门执行，即生产部门以此生产、采购部门按此采购等。生产计划与控制主要包括以下方面。

(1) 主生产计划

它是根据生产计划、预测和客户订单的输入来安排未来各周期中应提供的产品种类和数量，它是将生产计划转为产品计划，在平衡了物料和能力的需要后，精确到时间、数量的详细的进度计划，是企业在一段时期内总活动的安排，是一个稳定的计划，是根据生产计划、实际订单和对历史销售分析得来的预测产生的。

(2) 物料需求计划

在主生产计划决定生产多少最终产品后，再根据物料清单，把整个企业要生产的产品的数量转变为所需生产的零部件的数量，并对照现有的库存量，得到还需加工多少、采购多少的最终数量。这才是整个部门真正依照的计划。

(3) 能力需求计划

是在得出初步的物料需求计划之后，将所有工作中心的总工作负荷与工作中心的能力平衡后产生的详细工作计划，用以确定生成的物料需求计划是否是企业生产能力上可行的需求计划。能力需求计划是一种短期的、当前实际应用的计划。

(4) 车间控制

这是随时间变化的动态作业计划，即将作业分配到具体各个车间，再进行作业排序、作业管理、作业监控。

(5) 制造标准

在编制计划过程中需要许多基本生产信息，这些基本信息就是制造标准，包括零件、产品结构、工序和工作中心，都用唯一的代码在计算机中识别。它包括以下方面。

① 零件代码。它是对物料资源的管理，对每种物料给予唯一的识别代码。

② 物料清单。它是定义产品结构的技术文件，用来编制各种计划。

③ 工序。它描述加工步骤及制造和装配产品的操作顺序，包含加工工序顺序，指明各道工序的加工设备及所需要的额定工时和工资等级等。

④ 工作中心。它是由使用相同或相似工序的设备和劳动力组成的，是从事生产进度安排、核算能力、计算成本的基本单位。

2.1.2.4　人力资源管理

以往的 ERP 系统基本上都是以生产制造及销售过程(供应链)为中心的。因此，长期以来一直把与制造有关的资源作为企业的核心资源进行管理。但近年来，企业内部的人力资源开始越来越受到企业的关注，被视为企业的资源之本。在这种情况下，人力资源管理作为一个独立的模块，被加入到 ERP 的系统中来，与 ERP 中的财务系统、生产系统组成了一个高效的、具有高度集成性的企业资源系统。它与传统方式下的人事管理有着根本的不同。

（1）人力资源规划的辅助决策

对于企业人员、组织结构编制的多种方案，进行模拟比较和运行分析，并辅以直观的图形，辅助管理者做出最终决策。

制定的职务模型，包括职位要求、升迁路径和培训计划，根据担任该职位员工的资格和条件，系统会提出针对该员工的一系列培训建议，一旦机构改组或职位变动，系统会提出一系列的职位变动或升迁建议。

进行人员成本分析，可以对过去、现在、将来的人员成本做出分析及预测，并通过ERP 集成环境，为企业成本分析提供依据。

（2）招聘管理

人才是企业最重要的资源。拥有优秀的人才才能保证企业持久的竞争力。招聘系统一般从以下几个方面提供支持：

① 进行招聘过程的管理，优化招聘过程，减少业务工作量。

② 对招聘的成本进行科学管理，从而降低招聘成本。

③ 为选择聘用人员提供辅助信息，并有效地帮助企业进行人才资源的挖掘。

（3）工资核算

① 能根据公司跨地区、跨部门、跨工种的不同薪资结构及处理流程制定与之相适应的薪资核算方法。

② 与时间管理直接集成，能够及时更新，实现员工薪资核算的动态化。

③ 回算功能。通过和其他模块的集成，自动根据要求调整薪资结构及数据。

（4）工时管理

① 根据本国或当地的日历，安排企业的运作时间，以及劳动力的作息时间表。

② 运用远端考勤系统，可以将员工的实际出勤状况记录到主系统中，并把与员工薪资、奖金有关的时间数据导入薪资系统和成本核算中。

（5）差旅核算

系统能够自动控制从差旅申请、差旅批准到差旅报销的整个流程，并且通过集成环境将核算数据导入到财务成本核算模块中去。

2.2 企业生产类型与生产周期

2.2.1 企业生产类型

ERP 中计划的制订，归根到底是来自市场的需求。而市场的需求主要有两个方面：一方面是用户订单（当前市场）；另一个方面是企业对市场的预测结果（未来市场）。

根据市场需求，企业的生产类型主要有 4 种，即按库存生产、按订单生产、按订单装配、按订单设计。其中，按库存生产、按订单生产是最基本和最常见的两种生产类型，而按订单设计则是按订单生产的特殊形式，按订单装配是前两种基本生产类型的组合体。

在实际应用中，多数企业的市场环境既有按订单生产特征，也有按库存生产特征（如通用件、标准件、生产零/配件等），而且在产品组装过程中还有可能会接到用户具有特殊要求的设计订单。因此，大部分企业的生产类型是具有多种形式的。

下面就企业的 4 种生产类型进行简要介绍。

2.2.1.1 按库存生产(make to stock,MTS)

按库存生产,又称备货生产,是指产品在接到用户订单之前已生产出来,客户订单上的商品可以随时从仓库中提取,交货期只受运输条件的限制。

按库存生产型企业主要有以下特征:

① 产品需求一般比较稳定,且可以预测。

② 产品品种及规格较少,产品可保留较长时间。

③ 产品存储在仓库中,根据需要随时提取。

④ 其生产计划主要根据预测信息,并且可依据仓储部门的实时消耗量信息进行实时补充。

它适用于备货生产的产品有文具、洗衣机、电视机、自行车、摩托车等。

2.2.1.2 按订单生产(make to order,MTO)

按订单生产,又称订货生产,是指产品的计划主要根据用户的订单,一般是在接到用户的订单后才开始生产产品,所生产的产品主要是标准的定型产品,不需要重新设计和编制工艺,计划的对象是最终产品。

按订单生产型企业主要有以下特征:

① 企业具有一些可供选择的产品品种和规格。

② 生产和存储这些产品的费用较大,产品是为专门的用户而生产的。

③ 市场需求允许在一定时期后交货。

④ 原则上产品无库存或极少量库存,只对原材料和通用件保留一定数量的安全库存。

它适用于按订单生产的产品有通用机械、标准型号的电机、精密机床、飞机等。

2.2.1.3 按订单装配(assemble to order,ATO)

按订单装配,又称订货组装,是指在接到订单后再开始组装产品,这类产品具有一系列的标准基本组件和通用件,是模块化的产品结构,可以根据客户的要求进行选择装配。

大量的基本组件和通用件都是在接到订单之前就已经根据预测生产出来了,保持一定的库存。接到正式订单后,只需要有一个总装计划(final assembly schedule,FAS),按照客户选择的型号装配出来就可以交货。

按订单装配型企业主要有以下特征:

① 产品是由一些标准零件与用户的一些特殊需求零部件组成的。

② 产品具有离散装配特性。

③ 产品的市场需求量比较大,且通常是为了满足客户的一些特殊需求。

它适用于订单装配的产品有汽车、计算机、石英钟、医疗仪器、电子设备等。

2.2.1.4 按订单设计(engineer to order,ETO)

按订单设计,又称定制生产,是指在接到客户订单后,按客户订单的要求做产品技术设计或者在原标准产品上做较大改动的,客户化定制一直延续到产品交付。

按订单设计型企业主要有下述两个特征:

① 按订单设计和生产的产品,往往只生产一次,不重复生产。

② 订单驱动贯穿从设计到发货的全过程。

按订单设计的产品完全是按客户的特殊要求设计的定制产品，企业要为每一个订单使用唯一的物料清单和工艺路线，不仅产品需要重新设计，工艺路线和原材料采购也需要重新开始。这时，压缩产品开发周期和制造周期是直接影响竞争力的关键因素。因此，要用到敏捷制造的原理来解决这类问题。

按订单设计适用于复杂结构的产品生产，如卫星、锅炉、造船、专用设备、发电机组等。

从以上内容可以看出，4种生产类型与产品品种以及客户数量的关系如图2-2所示。

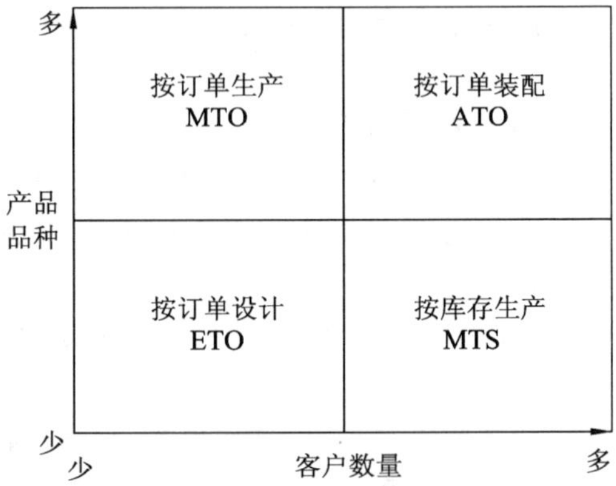

图2-2 生产类型与产品品种以及客户数量的关系

2.2.2 企业生产周期

在介绍生产周期前，先引入客户的需求周期这一概念。所谓需求周期，是从与客户签订销售合同开始，到客户收到销售合同所订购的产品为止的时期。

生产周期是指企业制造客户所需产品的周期。其过程包括产品设计、生产准备、采购、生产加工、装配、运输等阶段。企业的生产周期大于客户的需求周期。

除上节所述的产品品种、客户数量会影响生产类型的分类外，对于不同的生产类型，它们的生产周期和需求周期也是完全不同的，如图2-3所示。此外，企业生产周期对应的企业生产类型和企业部门工作如表2-1所示。

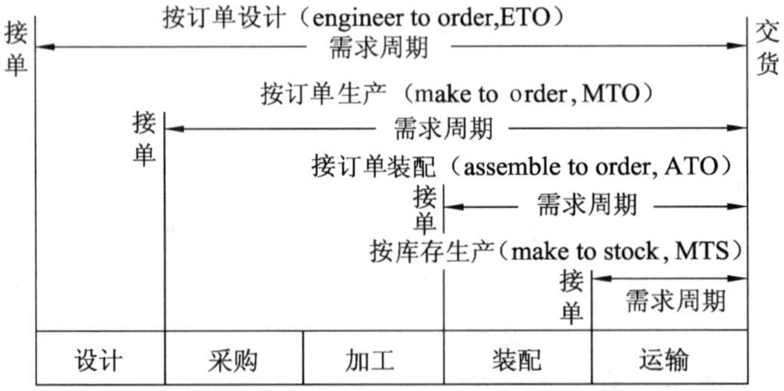

图2-3 不同的生产类型对应的生产周期和需求周期

表2-1 企业生命周期对应的企业生产类型和企业部门工作

	产品投入期	增长期	成熟期	衰退期
生产计划方式	ETO,MTO	ATO	MTS	MTO
生产部门	生产产品的最佳方法	扩充生产能力、对客户订单及时做出反应	降低生产成本、缩短生产时间	给少量产品合理分配生产资源
市场部门	让产品打入市场	加强竞争 扩大市场	保持市场占有率	淘汰产品的时间和方式

续表

	产品投入期	增长期	成熟期	衰退期
工程设计部门	产品规格	改进产品性能	降低产品消耗寻找更有效地生产方式	为旧产品提供服务、开发新产品

2.3　ERP 基本概念

2.3.1　物料主文件

ERP 系统中，物料一词有着广泛的含义，它是所有产成品、半成品、在制品、原材料的总称。

物料主文件的作用是标识和描述用于生产过程中的每一物料的属性和信息。它是 ERP 系统最基本的文件之一。物料主文件数据所包含的各项数据字段都是物料的属性与参数(见表 2-2)。这些数据字段在 ERP 中被设计、工程、销售、计划、采购、仓库、制造、财务会计等各个业务部门用来进行不同业务的需求计算、处理和使用。

表 2-2　物料主文件

编码	名称	物料编码	物料名称	计量单位	物料属性	是否质检	提前期(天)			计划方式	供需政策	供应周期	供应量		
							固定	变动					固定供应量	最低供应量	供应倍数
								周数	基数						
01	产成品	0101	电动车M100	台	自制/销售/MPS	是	5	1	120	R	LP	—	—	—	—
		0102	电动车M120	台	自制/销售/MPS	是	5	1	120	R	LP	—	—	—	—
02	半成品	0201	电动车	个	自制/销售/生产耗用/MPS	是	3	1	200	R	LP	5	—	300	300
		0202	车胎	个	自制/销售/生产耗用/MPS	是	2	1	120	R	LP	3	—	300	300
		0203	幅圈	个	委外/销售/生产耗用/MPS	是	2	1	120	R	PE	—	—	—	—
		0204	铜管	千克	外购/销售/生产耗用/MPS	是	3	1	120	R	PE	—	—	—	—
		0205	油漆	千克	外购/销售/生产耗用/MPS	是	2	1	120	R	PE	—	—	—	—
		0206	铜丝	米	外购/销售/生产耗用/MPS	是	2	1	120	R	PE	—	—	—	—

物料主文件的内容包括物料属性和物料编码。

2.3.1.1　物料属性

(1) 设计管理有关的数据

图号、物料名称、重量、体积、生效日期、失效日期、配方(原料、成分)号等。

(2) 物料管理有关的数据

物料分类、采购员代码、计量单位、批量、订货规则、安全库存量、最低或最高存量等。

(3) 计划管理有关的数据

计划员代码、自制/外购、提前期、计划期、产出率(日产率)、安全提前期、需求时界和计划时界等。

(4) 销售管理有关的数据

销售员代码、关键客户、计划价格、折扣计算、佣金等。

(5) 产品成本有关的数据

账号、材料费、人工费、外协费、间接费、累计成本、标准成本、实际成本、采购费等。

(6) 质量管理有关的数据

批号、待验期等。

2.3.1.2　物料编码

物料编码(物料代码)的设计与编制是 ERP 运行数据的基础,是计算机系统对物料的唯一识别代码。不同软件的叫法很不统一,也有叫项目号、物品号、识别码、物件号、零件号等,但都是用一组代码来代表一种物料。物料编码的编制需要注意以下几点:

(1) 唯一性

物料编码最基本的要求是物料号的唯一性(或称不二义性)。所谓唯一性就是说,同一种物料,不论出现在什么产品上,只能用同一个代码;而不同的物料,哪怕只有极微小的区别也不能用同一个代码。通俗地讲就是“一个人不能起两个名字,两个人不能用同样的名字”。如果一个零件经过修改,就必须更改编码(可以加一个说明版次的后缀),并说明它的有效期,以免造成管理上的混乱。

(2) 字段类型

物料号多为字符型,字段长度有一定限制,各个软件规定不一,但一般为 6～20 位(空格也算位数)。物料号的位数过长会增加系统的存储空间,增加录入时间,而且容易出现差错。确定物料号时还要考虑所选协同软件的其他查询功能,若软件可以通过其他代码(如分类码、分组码)查询,在物料号中不必考虑过多的标识段,以免重复并增加字段长度。对那些在各类商场销售的产品,编码要遵守中国物品编码中心有关条码设置的规定(如厂商识别、商品项目、校验码等)。

(3) 应用自动识别技术

在物料编码上一定要结合条码技术应用。随着条码技术的发展,二维条码可以包含物料的更多信息(如批号、工艺记录、作业的指导性信息等),现阶段已经在国内的一些企业(如汽车制造)得到普通应用。此外,无线射频识别(RFID)技术在 ERP 系统数据采集应用方面,将随着这些装备设施成本费用的下降,在一些行业逐步得到普及。

(4) 集团统一编码

对一个集团性质的企业,不仅要保证一个分公司、一个工厂物料编码的唯一性,而且要从集团全局的角度,考虑整个集团所有产品和物料编码的唯一性,建立物料编码标准。

举例来说，一个以家电为主导产品的集团企业，有几家分公司生产不同类型的制冷产品，如电冰箱、空调机、冷柜等，它们之间有共用的物料是很自然的事。这时编码的唯一性就不能仅仅限于一种产品类型，而是要全集团统一考虑。因为不同分公司产品的备件往往是在一个地区仓库里集中管理，而不是按分公司分别设立的，如果没有从集团总体考虑物料编码，很可能在备件仓库出现重号的问题，造成管理上的混乱。

另一方面，如果集团对大宗物资集中采购，集团所属各企业必须对这类物资使用相同的物料号，以便汇总。

(5) 不同图纸的同一性

如果一家企业从不同的国家引进技术图纸（比如分别从日本和德国引进机床制造技术），来源不同的产品图纸中极可能有图号不同，但零件（材质、形状、精度等）完全相同的物料，对这种情况应予以注意。如果几种产品是经常同时生产的，最好予以重新编号，以便汇总安排加工计划和采购计划，减少无效作业。

(6) 区别零件与毛坯

传统的做法，往往在零部件的毛坯（铸坯或锻坯）上铸上零件的图号，如汽车发动机箱体铸件等，因为铸件要单独订货和存储，并单独计算成本和结算，不能同加工后的零件混为一谈，这时必须把毛坯的编码同加工后的零件编码区别开来，铸件可后缀字母或数字。

2.3.2　物料清单

2.3.2.1　物料清单的概念

物料清单（bill of materials，BOM）是指产品所需零部件明细表及其结构，是描述企业产品组成的技术文件。在制造业中，它表明了产品的总装件、分装件、组件、部件、零件、原材料之间的结构关系，以及这些零部件在时间、数量上的相互关系。在化工、制药和食品行业，产品组成则是对主要原料、中间体、辅助材料及其配方和所需数量的说明。

由于物料清单是一种树状结构，因此又被称为“产品结构树”。把树状图形表示的产品结构，用数据表格文件形式表示就是物料清单。它是 ERP 系统中计算 MRP 过程中的重要控制文件。

物料清单表明了产品—总装件—分装件—组件—部件—零件—原材料之间的结构关系，以及每个部件所包含的下属部件（或零件）的数量和提前期。

一个 BOM 文件至少应包括 4 个数据项：物料标识、需求量、层次码及提前期。其中，物料标识是指物料编码；需求量是指每一个父项所需该子项的数量；层次码是系统分配给物料清单上的每种物料的数字码，其范围为 $0\sim n$，即最顶层的层次码为 0，下层的层次码则为 1，依此类推。

如图 2-4 中，每个眼镜由一个镜架、两片镜片、两颗螺钉组成；而每个镜架又由一个镜框、两个镜腿、两个鼻托、四颗螺钉组成。关于一个产品的所有“父项/从属子项”关系的集合，称为产品结构。BOM 就其实质而言是一份反映产品结构的技术文件。

狭义上的物料清单通常就是产品结构，仅仅对物料物理结构按照一定的划分规则进行简单分解，描述了物料的物理组成。一般按照功能进行层次的划分和描述。

广义上的物料清单是产品结构和工艺流程的结合体，二者不可分割。离开工艺流程谈产品结构，没有现实意义。要客观和科学地通过 BOM 来描述某一制造业产品，必须从制造工艺入手，才能准确描述和体现产品的结构。

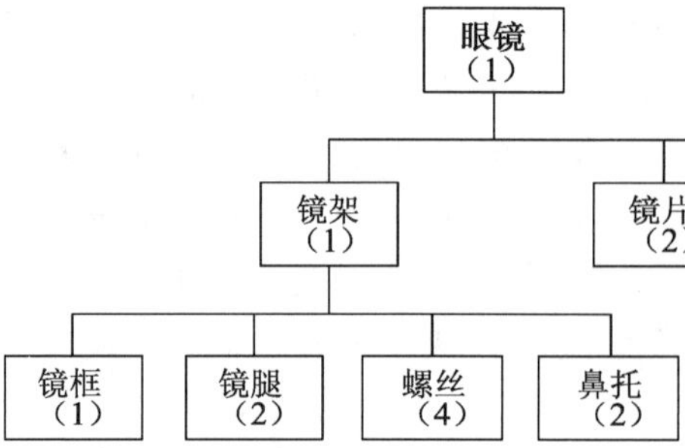

图 2-4　眼镜产品结构树

2.3.2.2　物料清单的作用

BOM 是 ERP 系统中最重要的基础数据，是实施 ERP 系统的基础和关键环节。其组织格式设计合理与否直接影响到系统的处理性能。BOM 的作用可以归结如下：

① BOM 是 ERP 系统识别各个物料的工具；

② BOM 是 MRP 运行的最重要的基础数据之一，是 MPS 转变成 MRP 的关键环节；

③ 各个物料的工艺路线通过 BOM 可以生成最终产品项目的工艺路线；

④ BOM 是物料采购和零部件外协加工的依据；

⑤ BOM 是仓库进行原材料、零部件配套的依据；

⑥ BOM 是加工领料的依据；

⑦ BOM 可以包含各个项目的成本信息，是成本计算的重要依据；

⑧ BOM 是销售部门制定产品销售价格的依据；

⑨ BOM 是质量管理中从最终产品追溯零件、组件和原材料的工具。

2.3.2.3　物料清单的主要构成要素

(1) BOM 层次(level)

物料清单是按反工艺路线进行编制的。物料的层次反映出产品加工次序，底层是原材料，次低一层是毛坯件，再向上是半成品，最顶层是产成品，也即第 0 层。参与最后装配的外购零部件处在第一层。

(2) 物料编码(item or part No.)

物料编码是按照一定的编码规则编排的物料顺序号。编码规则有多种，比如阿拉伯数字法、英文字母法、暗示法、混合法等。物料编码具有唯一性。

(3) 物料描述(item description)

也叫物料名称，是对物料特征的描述，比如手机、钢板、导线等。

(4) 规格或型号(type)

一种产品可能有多种规格，不同规格的物料，即使只有微小的差别，也被视为另一种物料，要分别计算产品成本，产品规格为物料中的最小单位，有的 ERP 系统将“名称＋规格＝物料描述”处理在一个字段里。

(5) 计量单位(unit of measure)

计量单位为克、千克、个、套、升、包等，一种物料可能同时拥有多个计量单位，一般以最小单位作为基本单位，即库存单位。在采购或者销售时，在 ERP 软件中可以进行计量单位的转换。

(6) 标准用量(standard quantity)

BOM 表上的标准用量可分为投入量和产出量。产出量是构成产成品的净用量。同一种产品在不同的生产阶段,标准用量设置可以不同,投入量与产出量的关系为:投入量=产出量×(1+废品率)。材料用量设定最好用投入量,如果生产过程中损坏了一些零件,就可以开具散料单补领零件。

(7) 版本(revision)

BOM 中存在版本,常见的比如电子行业的 PCB 版,时常根据产品的升级,也在不断升级,所以需要版本来给予控制。

(8) 有效时间(effective date)

有的 ERP 系统设置了有效时间,即从某年某月某日到某年某月某日有效,如果过了这个日期就失效了。

主物料清单是企业中唯一有效的物料清单,各个部门根据需求,由主物料清单生成设计 BOM、制造 BOM、计划 BOM、成本 BOM、维修 BOM 等类型,当主生产计划员需要一份计划清单或车间需要一份领料单时,这两份不同的文件均可由主物料清单产生出来。

2.3.2.4　物料清单的类型

BOM 是企业基础信息的核心数据,是联系企业设计、制造和经营管理的桥梁。BOM 描述产品的物料组成,并在企业的不同部门之间传递产品信息。不同部门的 BOM,由于用途不同而存在多种 BOM。下面就物料清单按部门用途划分类型如下:

(1) 工程 BOM(engineering bill of materials,EBOM)

是产品设计部门用来组织产品零部件物料的清单,反映产品装配结构和零部件的详细信息,是产品设计的最终结果。

(2) 工艺 BOM(planning bill of materials,PBOM)

是工艺部门组织和管理产品及相关零部件工艺的文件,在 EBOM 的基础上加入零部件的工艺流程和生产设备等工艺信息。

(3) 制造 BOM(manufacturing bill of materials,MBOM)

是制造部门按照 EBOM 和 PBOM 结合生产实际,加入详细的制造工艺工序信息而成。

(4) 采购 BOM(buying bill of materials,BBOM)

是根据 PBOM 和 MBOM 中对零部件的分类,确定出所要采购的物料信息组成。

(5) 成本 BOM(cost bill of materials,CBOM)

描述产品的全部成本信息,是财会部门根据设计、生产和采购等部门提供的 BOM,加入企业经营成本形成的产品最终成本信息。如,石英挂钟成本物料清单如表 2-3 所示。

表 2-3　石英挂钟成本物料清单

层次	物料编码	物料名称	计量单位	数量	材料费	人工费	间接费用	底层累计	本层累计
0	10000	挂钟	件	1.0		0.50	2.80	41.10	44.40
1	11000	机芯	件	1.0	12.3				12.30
1	12000	钟盘	件	1.0		0.40	2.50	11.95	14.85

续表

层次	物料编码	物料名称	计量单位	数量	材料费	人工费	间接费用	底层累计	本层累计
2	12100	长针	个	1.0	1.45				1.45
2	12200	短针	个	1.0	1.64				1.64
2	12300	秒针	个	1.0	1.61				1.61
2	12400	盘面	件	1.0	7.25				7.25
1	13000	钟框	件	1.0		0.80	4.5	7.15	12.45
2	13100	塑料	克	1.0	7.15				7.15
1	14000	电池	节	1.0	1.50				1.50

(6) 销售 BOM(sale bill of materials,SBOM)

是销售服务部门销售最终产品时提供给客户的产品物料需求,详细记录产品的零部件结构及相关备件和附件等信息。

由于制造物料清单是按照工程物料清单和工艺物料清单结合生产实际,加入详细的制造工艺工序信息而成的,是制造过程遵循的标准,因此,ERP 系统中所采取的物料清单是制造物料清单。

2.3.2.5 物料清单中的虚拟件

虚拟件是指在设计 BOM 中出现,在工艺过程中有定义,但是实际生产中并不制造也不存储(或偶然存储)的部件。它通常不在设计 BOM 中的底层出现,因此虚拟件有子项。虚拟件也有物料编号,尽管实际可能没有该物料。因为虚拟件不需要制造,所以提前期一般置为零,订货策略为按需订货,当虚拟件库存为零时,系统自动越过虚拟件直接计算其子项物料的需求量,如果库存有虚拟件,则从毛需求减少库存量,再计算子项物料的净需求量。

虚拟件在物料清单中有许多作用。

① 简化物料清单。组成结构复杂产品的零部件往往很多,如果将其组成全部分解,会含有大量连续类的小零件,如螺钉、螺母、脚垫等,这些不重要的零件会使物料清单变得非常复杂,同时重点部件与关键部件不能很好地突出出来。这时,使用虚拟件将这些不重要的小零件合并,给它们一个总的物料编号,则每一个小零件是这个虚拟件的子项,它们的总编号并不是一个真实的物料,不需要生产制造,只要计算它的需求量,进而计算其子项的需求量。这样物料清单的结构被大大简化了。这种方法在第一层物料清单上应用得较多,比如购买电视机,随机附带的产品说明书、保修单、固定螺栓、屏幕清洁剂等,与主产品处于同一层次,这时在物料清单中将它们放在一个虚拟的袋子中,将它们作为一个整体给这个袋子一个物料编号,作为虚拟件处理,就可以大大简化产品的物料清单的结构,特别是第一层物料清单的结构。

此外,对于可选特征多的产品,由于最终产品种类过多,主生产计划不可能也没有必要直接针对每一种最终产品制订主生产计划,而应当选择一个合适的产品层次制订主生产计划,这样对产品进行预测与计划的量就会大大减少,这时对应的物料清单也必须配合主生产计划,如将具有某种共性的零部件组合成一个虚拟件,给该虚拟件分配一个物料编号，从而达到简化物料清单的结构及管理的目的。

② 实现物料用光的自动替换。虚拟件有一个性质，就是可以有库存量也可以没有库存量。若虚拟件库存量为零，则不对虚拟件计算物料需求，而直接计算它的子项的需求量。根据这个性质，可以实现物料用光的自动替换。如某物料生产过程中，一种原料需要被另一种原料替换，条件是该原料不再采购，用光后由新原料代替，这时如果用人来监督物料的使用情况是非常累的，也容易出错。但借用虚拟件的这个特点，可以将旧原料设置为虚拟件，新原料设置为它的子项，当旧原料还余剩时，系统直接计算旧原料的需求，一旦为零，则直接计算新原料的需求量，这样可以在很大程度上方便管理。

2.3.3　工作中心

2.3.3.1　工作中心的定义

工作中心（working center）指的是直接改变物料形态或性质的各种生产能力单元的统称。在 ERP 系统中，工作中心的数据是工艺路线的核心组成部分，是运算物料需求计划、能力需求计划的基础数据之一。它是工序调度和 ERP 产能计算的基本单元，也是发生加工成本的实体。

由于工作中心是一种用于生产产品的生产资源，包括机器设备和人。因此，一般可根据设备的功能和劳动力状况进行划定。可以将执行相同或相似工序的设备、劳动力所组成的生产单元视为一个工作中心。例如，工作中心可以是一台功能独特的设备、一组功能相同的设备、一个成组加工单元、一条生产线、一个装配场地、一个或多个操作人员、一个班组、一个工段或某种生产单一产品的封闭车间等。换言之，一个车间可以是一个工作中心，也可以是由一个或多个工作中心组成的。一个人也可以是一个工作中心。

一般应在编制工艺路线前划定工作中心，建立工作中心主文件。在工艺路线文件中，一般一道工序对应一个工作中心，也可以多道工序对应一个工作中心。经过工作中心加工的物料要产生加工费用，即加工成本。因此，在财务管理中可以将一个或多个工作中心定义为一个成本中心。

2.3.3.2　工作中心的特点和确定原则

工作中心的表现形式是一台或多台功能基本相同的机器设备，一个或多个类型基本相同的生产作业人员，或者一个或多个作用基本相同的作业场地，也可能是这些设备、人员和场地的组合。在 ERP 系统中，工作中心既是一种基本的生产作业手段，也是一种基本的生产作业组织，还是一种生产作业的管理方式。

工作中心是一种基本的生产作业手段，也就是说，它是一种生产作业单元。这是工作中心的本质特点。在整个生产作业过程中，工作中心是改变或计量物料的物理形状、化学性质和空间位置的主要手段。从这个意义上来看，工作中心可以由一台或多台机器设备、仪器仪表或运输工具组成。但是，基于工艺路线、作业计划及成本核算的要求，一个工作中心只能是一种功能基本相同的生产作业单元，不应该是多种不同功能的作业手段的混合。

工作中心是一种基本的生产作业组织，也就是说，它是一种生产作业组织单元。一般情况下，生产作业由人控制和操纵生产作业手段来完成，工作中心也包括了生产作业人员。即使是高度自动化的流水加工或装配线、机器人和数控加工中心设备，也离不开编程人员、控制人员和操作人员。从组织的角度来看，工作中心既可以是一个作业人员，也可以是多个作业人员；既可以是生产作业班组，也可以是生产作业的工段、车间；甚至还可以是分厂。但是，生产作业组织单元过大或过小都不合适。如果生产作业组织单元过大，势必包含多种功能不同的作业手段，这样很难充分发挥生产作业组织的能力，生产作业计划也很难达到准确和精细的程度；如果生产作业组织单元过小，则可能使得生产作业计划经常处于不稳定状态。生产作业组织单元的大小应该与企业的工艺布局相关，对于按照工艺布局的企业，由于功能相同的机器设备布置在相同的位置，这时生产作业组织单元应该设置得适当大一些。对于那些按照产品布置工艺设备的企业，生产作业组织单元应该小一些。

工作中心是一种生产作业的管理方式。也可以说，工作中心是一种基于 ERP 系统的管理单元。工作中心在完成一项作业任务的同时也产生了作业成本。从管理的角度来看，工作中心是生产作业计划任务中的执行单元，是生产作业成本的核算单元，是生产作业数据的采集点。如果工作中心划分得越精细，成本核算单元就可以越精细。

工作中心的合理性是实现 ERP 系统管理的重要内容。为了合理地确定工作中心，应该遵循以下的原则：

① 按照企业机器设备的合理布局，确定工作中心。

② 工作中心应该尽可能细。

③ 按照机器设备的功能相同或相似性，可以把这些机器设备合并成一个大的工作中心。

④ 生产作业班组应该按照工作中心来设置，可以考虑把工作中心作为一级组织来管理。

工作中心数据包括三部分内容：工作中心基础数据、工作中心能力相关数据、工作中心成本相关数据。

（1）工作中心基础数据

工作中心基础数据包括工作中心编码、工作中心名称、工作中心说明、工作中心所属部门、是否为关键工作中心等数据。

（2）工作中心能力相关数据

工作中心能力相关数据包括每日可开班次、每班人数、每班可排产工时数、设备数、平均排队时间、每日可提供的工时、机台时（或每小时可加工的产品数量）、工作中心的效率等数据。

工作中心额定能力的计算公式：

工作中心额定能力＝每日班次×每班工时数×工作中心效率×工作中心利用率（工时/日）

其中，

工作中心效率＝ 完成定额工时数/实际工作工时数

工作中心利用率＝ 实际工作工时数/计划工作工时数

式中，工作中心效率、工作中心利用率这两个参数的设置，旨在使工作中心可用能力更符合实际，从而使计划与能力更加符合。工作中心效率说明实际消耗工时与标准工时的差别，与工人的技术水平或设备的使用年限有关，可以大于、等于或小于 100％；工作中心利用率则与设备的完好率、工人的出勤率和停工率、任务的饱满程度，以及自然的休息时间有关。

工作中心的定额能力应是能持续保持的能力。为使工作中心的定额能力可靠有效，需要经常与实际能力比较，用实际能力来修正。工作中心的实际能力也称历史能力，是通过记录某工作中心在几个时区内的产出求平均值的方法计算的。

(3) 工作中心成本相关数据

工作中心成本相关数据包括单位时间的费率（工时或机时费率、间接费率等）、工人人数、技术等级等。

使用工作中心每小时发生的费用，称为工作中心成本费用（或费率）。其单位为元/工时。工作中心费用包括工作中心直接费用和工作中心间接费用。

工作中心直接费用包括操作人员工资、直接能源（如水、电、气）、辅助材料（如乳化液、润滑油等）、设备折旧费、维修费等。其计算公式：

工作中心直接费用＝工作中心日所有发生费用之和/工作中心日工时数

工作中心的间接费用则包括管理人员工资、保险费、电力费、搬运费、照明费等。其计算公式：

工作中心间接费用＝分摊系数×车间发生的间接费用/工作中心日工时数

式中，分摊系数是以人工成本为基准分摊的间接成本比例。

在核定产品的标准成本、进行产品的成本模拟及成本差异分析时都会用到工作中心成本数据，详见第八章的相关内容。

2.3.4　工序与工艺路线

2.3.4.1　工序的概念

工序（working procedure）是生产作业人员或机器设备为了完成指定的任务而做的一个动作或一连串动作，是加工物料、装配产品的最基本的加工作业方式，是与工作中心信息直接关联的数据，是生产过程中最基本的组成单位。

在生产管理上，工序也是制定定额、计算劳动量、配备工人、核算生产能力、安排生产作业计划、进行质量检验和班组经济核算的基本单位。可见，正确划分工序是合理组织生产过程的重要条件。

工序与工作中心的关系十分密切。一般情况下，一道工序一定对应一个工作中心，当然也可以多道工序对应一个工作中心，说明该工作中心可以完成多种相似任务并且不同的工序反复利用该工作中心进行加工。

2.3.4.2　工艺路线的概念

工艺路线（routing）是产品在企业的一个加工路线（是多个工序的序列）和在各个工序中的标准工时定额情况，主要用来进行工序排产和车间成本统计。它是一种计划管理文件，而不是企业的工艺文件。

在ERP系统中，工艺路线文件一般包括物料编码、工序号（零部件加工和装配的工序顺序）、工序说明、工作中心编码（该工序在哪个工作中心进行加工）、排队时间、准备时间、加工时间、等待时间、传送时间、最小传送量、外协标识（Y/N）、标准外协费和工序检验标志（Y/N）等。

2.3.4.3　工艺路线的作用

工艺路线主要有以下作用：

① 用于计算加工期间的提前期。利用工艺路线的准备时间、加工时间和传送时间来计算提前期，为MRP计算提供数据。

② 用于计算占用工作中心的负荷小时数，为运行能力需求计划提供数据。工艺路线中包括了相关物料在各个工作中心的工时定额数据，该数据可用于计算、平衡工作中心的能力。

③ 用于下达车间作业计划。根据加工顺序和各种提前期进行车间作业安排。例如，派工单中每道工序的开始时间和完工时间等。

④ 用于加工成本的计算。根据工艺文件的工时定额及工作中心的成本费用数据计算出标准成本。

⑤ 按工序跟踪在制品。根据工艺文件、物料清单及生产车间、生产线完工情况，得到各工序的加工进度表，并以此对在制品的生产过程进行跟踪和监控。

2.3.5 提前期

提前期(lead time)是指从作业开始到作业结束花费的时间，是设计工艺路线、制订生产计划的重要基础数据之一。例如，某个产品的交付提前期是指从作为开始时间的签订订单日期至作为结束时间的向客户交付产品的交付日期之间的时间。提前期的概念体现了对最终结束时间的重视，有时也把提前期称为作业时间或作业工时。如果把提前期称为工时，则体现了对作业开始至作业结束这段时间长度的重视。从本质上来说，提前期管理是对生产作业和管理作业的量化管理形式。

基于不同的使用目的和根据不同的划分标准(如生产过程、生产计划等)，可以把提前期分为多种不同的类型。

从生产过程的角度来看，提前期可以分为产品设计提前期、生产准备提前期、采购提前期、生产加工提前期、装配提前期、试验和测试提前期，以及发货运输提前期等类型。产品设计提前期是指从接受订单开始至产品设计、工艺设计完成所需要的时间。生产准备提前期是指从生产计划开始到生产准备工作完成(可以投入生产)所需的时间。生产准备的内容包括硬件准备和软件准备。硬件准备包括工装夹具、原辅材料等准备；软件准备包括加工图纸、技术文档等内容的准备。采购提前期是指从下达采购订单到所采购的物料入库的全部时间。生产加工提前期是指从生产加工投入开始至生产完工入库的全部时间。装配提前期是指从装配投入开始至装配完工的全部时间。试验和测试提前期是指产品装配完成之后进行试验、测试所需要花费的时间。发货运输提前期是指产品测试之后开始包装、出库、装箱和运输，直到客户接收到产品所需要的时间。

有时也把采购、加工和装配提前期的总和称为累计提前期，因为采购、加工和装配是ERP系统中主要考虑的生产环节。把产品的整个生产周期称为总提前期。

从计划的角度来看，可以把提前期划分为标准提前期、计划提前期和实际提前期。标准提前期是指在正常情况下，针对单个零部件或产品，某项作业从开始至结束所需要的时间。计划提前期是指在正常情况下由计划下达至计划完成所需要的时间，它是在考虑了作业数量、并行操作方式等因素的基础上，通过标准公式计算得到的作业时间。由于不同工序之间可以交叉作业，计划提前期往往小于所有单个工序的标准提前期之和，图2-5所示的是工序之间交叉作业对提前期的影响。图2-5a中的LT1是没有考虑交叉作业时的提前期。图2-5b中的LT2是考虑了交叉作业时的提前期。显然，LT2＜LT1。标准提前期是指从作业开始至作业完成所需要的时间，实际提前期是作业在实际环境影响下所需要的时间。实际提前期是标准提前期和计划提前期修正后的依据。

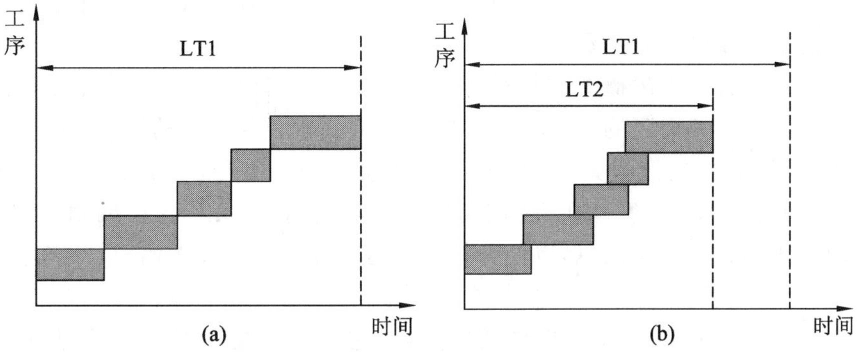

图 2-5　交叉作业和提前期之间的关系示意图

对于生产加工提前期，按照与产品数量之间的关系，可以把提前期分为变动提前期和固定提前期。与加工产品数量有关的提前期称为变动提前期，与加工产品数量无关的提前期称为固定提前期。

生产加工通常由多项工序组成。工序提前期是指工序从进入工作中心到离开工作中心期间所花费的时间。工序提前期又被称为工时。一般情况下，每一个作业的工时由多种不同的时间组成。这些时间包括排队时间、准备时间、加工时间、等待时间和移动时间等。这些时间的单位通常是秒、分或时等。

- 排队时间：在工作中心安排作业前耗费的排队时间。
- 准备时间：在加工前需要做的准备工作所花费的时间。例如，开机、检查和调整机器、安装拆卸工装夹具及加油等，每一批零部件的作业都需要消耗时间。
- 加工时间：每一个零部件加工、装配的实际作业时间。
- 等待时间：工作中心作业完成之后不能立即转移到下一个工作中心，需要等待一段时间才能转移到下一道工序。
- 移动时间：又称搬运时间或运输时间，即从当前工序转移到下一道工序花费的时间。

在 ERP 系统中，提前期是重要的基础数据，在物料数据中维护。产品设计提前期与生产加工提前期和采购提前期的性质不同。对于某一个产品来说，产品设计往往是一次性的工作，生产加工、物料采购则通常是重复性的工作。因此，提前期通常考虑的是生产加工提前期和采购提前期，而不是产品设计提前期。

2.3.6　独立需求与相关需求

ERP 系统中的需求，是指需要多少特定的产品或物料。需求又分为独立需求和相关需求。独立需求指外界或消费者对产成品的市场需求，即企业承接市场订单的需求。因为它的需求量是由市场决定的，而企业对它无法加以控制或决定，所以称之为独立需求。相关需求指一项物料与其他产成品或产品的物料清单结构有关的需求。这些需求是通过物料需求计划计算出来的，而不是预测出来的。

独立需求是主生产计划下达，通过市场预测或用户订单得到的；而相关需求则是通过物料需求计划运算后得到的。独立需求的物料包括成品、半成品、备品备件等；而相关需求的物料则包括半成品、零部件和原材料。

换句话说，当一个物料的需求不能直接从另一个物料的需求计划得到时，这种物料的需求为独立需求；否则为相关需求。

独立需求与相关需求的概念是相对的。例如，汽车生产厂的汽车是独立需求，它的需求数量是由预测和订单得到的。而对于构成汽车的底盘、车身、发动机、变速箱、车轮等部件则是相关需求，它们的数量是通过 MRP 计划得到的。但是，若发动机、变速箱等作为维修配件单独销售出厂，则发动机、变速箱等又是独立需求。因此，在编制 ERP 计划时，必须认真地收集物料的相关信息，以便分析和区分独立需求与相关需求。

2.3.7 工作日历

工作日历(working calendar)也称工厂日历，它的作用是说明企业各部门、车间或工作中心可以工作或生产的所有日期，也就是将社会日历进行转换，并除去周末、节日、停工和其他不生产的日子。图 2-6 和图 2-7 分别为社会日历和×车间的工作日历。通常 MPS 和 MRP 计划是按工作日历编制的。

2012 年 1 月						
日	一	二	三	四	五	六
1	2	3	4	5	6	7
8	9	10	11	12	13	14
15	16	17	18	19	20	21
22	23	24	25	26	27	28
29	30	31				
2012 年 2 月						
日	一	二	三	四	五	六
			1	2	3	4
…	…	…	…	…	…	…

图 2-6 社会日历

2012 年 1 月						
日	一	二	三	四	五	六
1 元旦	2 01	3 周休	4 周休	5 02	6 03	7 04
8 05	9 06	10 周休	11 周休	12 07	13 08	14 09
15 10	16 11	17 周休	18 周休	19 12	20 13	21 14
22 15	23 16	24 周休	25 周休	26 17	27 18	28 19
29 20	30 21	31 周休				
2012 年 2 月						
日	一	二	三	四	五	六
			1 周休	2 01	3 02	4 03
…	…	…	…	…	…	…

图 2-7 ×车间工厂日历

工厂日历文件一般应包括含车间代码、社会日期(年、月、星期、日)、工厂/车间可工作日期数、日期状态(工作、休息、停工)、年有效工作天数、累计有效工作天数等数据。在工厂日历中不存在节假日，计时方式从 000 至 999，即一千个工作日为一个循环。工厂日历编码系统默认为 System。

MPS 和 MRP 展开计划时，要根据工作日历安排任务，非工作日不安排任务。系统在生成计划时，遇到非工作日会自动越过。

工厂日历的基本单位是日，必要时需细化到工作日的小时数，能够说明一天之内增加班次或改变每班的小时数后生产能力的变化。

思考题

1. ERP 系统有哪些功能？
2. 企业有哪些生产类型？
3. 什么是物料清单？其作用是什么？
4. 工作日历与社会日历有何区别？
5. 工作中心的内容和作用是什么？
6. 什么是提前期？ERP 中有哪些提前期？
7. 什么是工艺路线？其主要作用是什么？
8. 简述独立需求和相关需求的区别。

第3章　销售管理

导入案例

2000年3月，广州某超市中某品牌新上市的洗发香波缺货了，专程前来购买的顾客不得不购买其他品牌的产品。该公司立即召开紧急会议：这个新品上市一周，全国销售40 000箱，已经超过两个月市场预测总和，市场严重缺货；公司会议计划把下周的预测从5 000箱提高到50 000箱，增加到10倍，这个数量工厂虽然不可能立刻生产出来，但是立即生产可以减少缺货的时间，比长期缺货好。

工厂计划部经理看到新的预测量，目瞪口呆：生产要增加10倍，而原材料库存最多只能支持1.5倍的生产量；原材料大多是进口的，就算立刻下单，就算供应商仓库有能够支持10倍产量的库存，按照正常情况，运输清关需要2个月才能完成；并且，下周生产计划已经排满了。但是，工厂的职责就是保证预测的需求，无论如何，也要尽力生产出来。工厂计划部经理通知采购部门紧急给供应商下单，所有海外材料一律空运，这样运输和清关时间可以缩短到2星期，同时调整2周之后的生产计划，优先保证该新品的生产。然后计划部经理告诉总部，3星期之后能够完成新的计划，建议先制定给现有客户的销售配额。

一个月后，产品陆续摆上各个商店的货架，公司上下都等着喜讯，但是市场却出奇的平静，新产品无人问津，甚至还不如其他产品卖得好。就这样，最有利的商机转瞬即逝。

案例思考　从这个案例中，你发现了什么问题？

本章概要与要点

销售管理是ERP系统运行的起点和终点。正确理解销售管理系统，就必须先了解传统的销售管理及企业销售过程中出现的问题，进而充分了解销售管理系统的各基本职能。因此，本章重点介绍了销售管理概述和销售管理系统的主要业务及功能等。

通过本章的学习，在了解和认识销售管理重要性的基础上，掌握销售管理过程，熟悉ERP销售系统相关概念，了解销售管理的基本流程，理解销售管理的主要功能和原理，根据企业的实际运行状况编制销售计划；了解ERP中的销售管理系统如何解决传统管理中存在的各种问题和挑战。

3.1　销售管理概述

德鲁克在《管理：任务、责任和实践》一书中指出，企业的两项基本职能就是市场销售和创新，只有市场销售和创新才产生出经济成果，其余一切都是“成本”。

销售部门是企业最直接的效益实现者，销售工作的成功与否直接决定企业的成败。本节主要介绍销售部门在企业组织中的作用和职能、销售部门与相关部门之间的关系，以及作为销售部门的负责人——销售经理应履行的职责。

（1）销售部门在公司中的位置

图 3-1 给出了销售部门在公司内部组织结构中的位置。

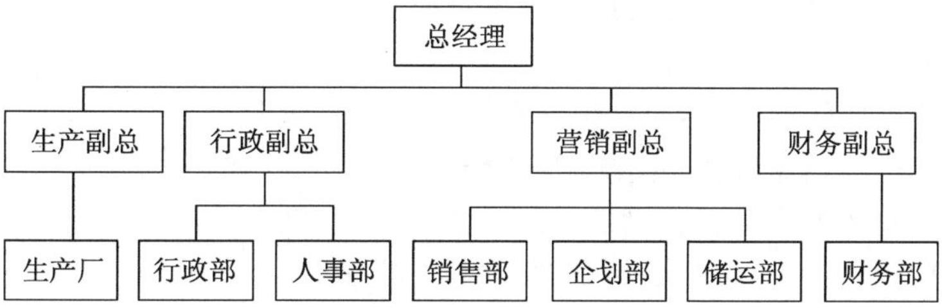

图 3-1 销售部门在公司内部组织结构中的位置

销售经理必须非常关心公司的组织结构，因为它帮助你完成工作。销售经理要定时和公司本部联系，要和不同的部门及公司层级接触，譬如财务部门、市场部、运输部门等，当销售部门需要与客户签订销售订单时，销售部门工作人员必须与财务部门联系，查看该客户的应收账款情况，即客户是否有很好的信用，才可以决定是否下单；而当销售实现之时，又要与储运部门联系将出库后的产品发送给客户；另外和生产、研究开发、行政及其他部门也有不经常但稳定的接触，在销售过程中，销售人员必须清楚地知道本企业的生产和研发现状，便于发展潜在客户。只有这样，才能保证客户得到满意的服务。

（2）销售部门在整个营销过程中的作用

由图 3-1 公司结构位置可以看出，销售部门是营销部的一部分。所谓市场营销，指的是企业在变化的营销环境中，旨在通过变潜在交换为现实交换，满足市场需要，从而实现企业任务与目标所进行的与市场有关的一系列管理活动与业务活动。企业的整个市场营销活动过程包括 3 个相互联结的阶段，即企业在产品生产过程开始之前进行的产前活动、在流通领域内进行的活动和在流通过程结束后进行的售后活动。企业市场营销活动的具体内容包括市场调查、市场分析、目标市场选择、市场定位、产品决策、产品开发、产品定价、渠道选择、产品储运、产品销售、售后服务、公关工作、信息收集和反馈等。

由此可见，市场营销是现代企业运行的一个重要环节，营销环节已同创新设计一样成为企业最重要的环节，它是现代企业与外界（市场和客户）建立联系的一座桥梁。而销售是营销管理的重要组成部分，是连接企业与市场的桥梁。

在营销组织中，通常有两大职能部门：一为销售部，二为市场部。其中销售部在营销组织中的作用主要是：

- 销售部门直接与市场和消费者相联系，它可以为市场分析及定位提供依据。
- 销售部门通过一系列的销售活动可以配合营销策略组合。
- 通过销售成果检验营销规划，与其他营销管理部门一起拟定竞争性营销策略，制定新的营销规划。

销售是企业活动的中心，销售部门是企业“冲在最前沿的战士”，在瞬息万变的市场上，销售是连接企业与顾客之间的纽带，不断地进行着创造性的工作，为企业带来利润，并不断地满足顾客的各种需要。销售部门在公司整体营销工作中承担的核心工作是销售和服务。

在企业中，营销与销售部门作为直接与客户接触的最重要的部门，掌握着大量第一手的客户信息，这些信息中有的能对企业的发展起指导作用，如客户对企业的产品及其服务的渴望、需求或建议，有的是有利于提高客户忠诚度的客户商务信息。因此，对企业来说，如何更好地利用这些有用的信息就显得至关重要。

（3）销售部门的职能

按照上述销售部门的作用，总结出销售部门的职能如下：

- 进行市场一线信息收集、市场调研工作；
- 提报年度销售预测给营销副总；
- 制订年度销售计划，进行目标分解，并执行实施；
- 管理、督导营销中心正常工作运作，开展正常业务运作；
- 设立、管理、监督区域分支机构正常运作；
- 营销网络的开拓与合理布局；
- 建立各级客户资料档案，保持与客户之间的双向沟通；
- 合理进行销售部门的预算控制；
- 研究把握销售员的需求，充分调动其积极性；
- 制订业务人员行动计划，并予以检查控制；
- 配合本系统内相关部门做好推广促销活动；
- 预测渠道危机，呈报并处理；
- 检查渠道阻碍，呈报并处理；
- 按推广计划的要求进行货物陈列、宣传品的张贴及发放；
- 按企业回款制度，催收或结算贷款。

3.1.1 销售管理业务流程

销售管理的根本目的是提高销售额，增加企业盈利。但是，人们对销售管理的界定却大为不同。营销学专家强调销售管理就是对销售人员的管理。营销学权威菲利普·科特勒认为，销售管理就是对销售队伍的目标、战略、结构、规模和报酬等进行设计和控制。而面向具体销售活动的专家们则强调对销售活动与过程的管理。拉尔夫·W. 杰克逊和罗伯特·D. 西里奇在《销售管理》中认为，销售管理是对推销活动的计划、指挥和监督。

不过，这两种关于销售管理的界定都离不开和销售紧密关联的数据的录入、生成、流转与分析。现今，各类 ERP 软件系统的销售管理子系统已经被现代企业广泛使用，以支持其销售管理活动，实现企业利润的快速增长。对企业来说，销售部门是企业供应链中连接客户市场与企业供应的管道，其主要职能是发掘客户、为客户提供产品及售后服务，从而实现企业资金转化，并为企业获取利润、为企业创造生存和发展的动力源泉，实现企业的社会价值。因此，企业销售业务活动基本上包括两方面，一方面将企业生产出来的产品发送给客户；另一方面按销售价格从客户那里收回货币资金。ERP 销售管理系统从信息系统的角度确保这一基本活动及两端延伸活动的实施。

作为整个企业管理系统的一部分，销售管理系统是企业内部与外部市场的窗口。销售系统收集必要的市场信息资料，例如了解客户对产品的需求、接受客户销售订货并进行处理、进行销售统计分析，最终产生相关信息，传递给其他子系统，使企业能够正常运转，向客户提供产品和服务。产品销售和售后服务的结果，以信息形式又反馈到企业管理系统，企业根据反馈信息来判断企业经营成果是否令人满意，并根据反馈信息来重新调整企业在未来的经营计划。

企业销售系统的销售过程是从客户开始的。所谓客户是指所有要购买本企业产品的单位和个人，他们向企业提出订货要求，以及对产品质量、性能等方面的要求，通过与企业销售人员讨价还价最终达成购买意向，与销售部门签订销售合同。销售部门在确定了销售订单后，将信息传递给生产部门。生产部门根据订货信息安排生产计划，下达生产任务。销售部门对销售订单进行跟踪，随时与生产及库存部门沟通以保证按期交货。满足交货条件后，销售部门开具提货单并组织发货，同时销售部门应开具销售发票，并将信息传递给财务部门以催收货款。随后销售部门应派专人负责售后服务工作，并在需要时与技术管理部门和质量管理部门沟通，同时应定期对销售情况进行统计分析，为企业决策提供支持。销售管理的主要业务流程如图 3-2 所示。

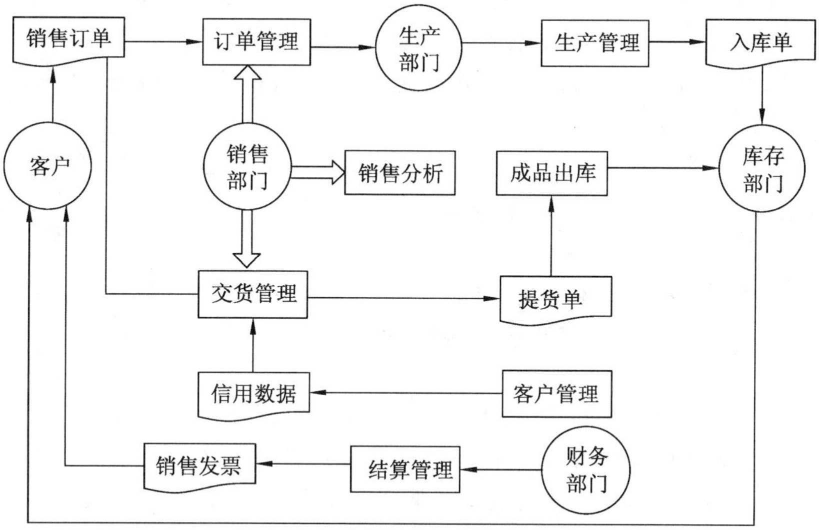

图 3-2 销售管理主要业务流程图

第一步，销售管理要完成开拓市场、进行市场销售预测、制订销售计划、产品报价等业务。销售部门要对企业的客户进行分类管理，维护客户的相关档案信息，制定针对客户的合理的价格政策，以期建立稳定、长效的销售渠道。同时，他们还要根据市场需求信息对相应产品的销售情况进行预测，即通过对历史的、现在的销售数据进行分析，并结合市场调查的统计结果，对相应产品未来的市场情况及发展趋势做推测，以指导今后的销售活动和生产安排。企业结合客户订单、市场预测和生产加工等情况来制订销售计划，对将来不久的一段时期内企业的销售品种、每个品种的销售量及产品的销售价格做出安排。对中小企业而言，其销售计划一般按月制定。某些企业也可能针对不同产品、不同区域或者不同的销售人员制订相应的销售计划。有了这些准备工作后，销售人员就可以和客户进行实质性的沟通与接触，即报价，提供售前服务，提交售中、售后服务的承诺，以争取获得最优的订单。

第二步，企业根据客户需求的资料、交货信息、产品相关信息和其他的注意事项来制定销售订单，并根据企业自身的生产可供货情况、产品报价情况和客户信用程度高低情况来确认销售订单。接下来，这些订单信息就被传递给生产计划人员，以便安排生产；进一步，它们的分解信息（由 MRP 计算完成）会传递给采购、生产、委外和库存等部门，以便安排供应。之后还要进行订单跟踪，这些反馈信息也属于订单管理的内容。销售部门还要按照销售订单的交货期及时组织货源、下达提货单、组织发货并将发货情况转给财务部门。货物发出后，销售部门要制定发票并发送到财务部门记账。如果客户要求退货，财务部门要做相应处理，如开具红字发票以冲抵销售收入。虽然销售货款结算是财务部门的任务，但是对于拖欠贷款的客户，销售人员要做好收款计划，并配合财务人员向客户催款。

第三步，销售人员要向客户提供售前、售中和售后服务。销售完成后，销售人员要记录相关信息，以备其他人员对各种销售信息进行汇总统计分析。这种分析主要针对各产品的订单订货情况、销售情况、销售发货情况、订单收款情况、销售计划完成情况及销售盈利情况等资料，从地区、客户、销售人员和销售方式方法等多个角度进行统计分析。

应该注意的是现阶段随着新的市场经济秩序的逐步规范，大部分企业中已经不沿用先到货后付款的赊销方式。其业务流程的过程是先签订销售合同，然后需方先付货款，销售部门确定收到相应款项后，通知库房组织发货，库存部门发货后，将货物信息送财务部门开具发票，并将多余款项退回用户。

由此，销售部门的职责主要包括市场开发、销售预测与销售计划、客户管理、销售报价、销售定价、订单处理、售后服务、销售市场分析等。

3.1.2 销售管理的功能

一般来讲，销售管理的主要功能有销售计划管理、销售市场分析管理、销售价格管理、销售订单管理、销售发货管理、销售服务管理等。

（1）销售计划管理

销售计划管理的主要功能：按照市场需求（如客户订单、市场预测等）和企业生产能力状况，对某一段时期内企业的销售品种及其销售量进行计划安排。销售计划管理提供企业年、月、半月销售计划，以及某个地区、某类客户（群）或某个销售员个人的特定销售计划。

（2）销售市场分析管理

销售市场分析管理包括销售统计分析和销售预测分析。

① 销售统计分析。销售统计分析是对各种市场“已有”的销售信息进行汇总统计分析。

② 销售预测分析。销售预测分析则是利用有关预测方法和销售统计分析信息，对销售“潜在”的市场（如销售需求趋势等）进行预测分析，以指导企业今后的销售活动和企业的生产计划。

（3）销售价格管理

销售价格管理包括定价管理和价格折扣管理。

① 定价管理。定价管理是针对企业的市场目标、利润目标、产品成本、市场需求、竞争对手的价格，以及企业的营销组合（如分销商、经销商、供应商）等情况，制定出相应的科学合理的价格。

② 价格折扣管理。价格折扣管理则是在定价的基础上，根据市场条件的变化来调整价格，包括数量折扣、季节折扣、地区性折扣、顾客市场细分析、销售渠道折扣等。

(4) 销售订单管理

该模块是针对销售订单（或销售合同）从制定、审批、发运到开票的全过程实施管理，具体包括合同制定、合同审批、合同跟踪、合同发货、合同退货、合同结案、合同汇总、合同查询等功能。其中，合同制定、合同审批、合同跟踪是销售管理模块的核心功能。合同制定的依据是客户需求的信息、交货信息、产品的相关信息，合同确认的依据是客户信誉情况、企业可供货情况及产品定价情况，而合同跟踪则是为了确保不失信于客户，必须对合同的执行状况进行监控。

(5) 销售发货管理

销售发货管理包括发货管理和发票管理。

① 发货管理。发货管理是按销售订单的交货期组织货源，下达发货单和组织、实施发货，并将发货情况转给财务部门。

发货管理的主要功能有提货单制定、物品出库登记、包装费处理、运杂费处理、发货物品统计（如明细表、汇总表）等。

② 发票管理。发票管理是通过开出销售发票，向客户催收销售款，并将发票转给部门记账，其主要功能包括发票维护、统计和查询功能等。

(6) 销售服务管理

销售服务管理的功能主要是为客户提供服务，包括提供售前、售中和售后服务并对服务质量进行跟踪。销售部门（或联络工程技术部）在售前咨询客户对产品的相关疑问，在售中跟踪合同（订单）交货情况及客户对产品质量、交货期的满意程度，在售后提供相关服务支持（如产品安装、产品调试、产品维护和产品维修等），并将售后服务质量记录提供给质量部门和技术部门。

3.2 销售管理系统

ERP 的销售管理系统提供的销售预测、销售计划和销售订单是主生产计划的需求来源。销售管理系统帮助企业的销售人员完成客户信息管理、销售订单管理、销售收发货管理、销售统计与分析等一系列销售业务。为企业的销售人员提供客户的信息、产品的订货情况及产品的销售情况和获利情况，指导企业生产经营活动顺利进行，提高企业的客户服务水平，使企业的市场适应能力加强，始终能在竞争中保持优势地位。

销售管理的基本职能包括销售预测、客户信息管理、销售订单管理、销售收发货管理及销售统计与分析等。

3.2.1 销售预测

依据有关客户、竞争者、竞争产品、销售力量、以往销售业绩、区域、消费群体对象等方面的数据，对企业未来一个时期内各种产品总需求量和销售总额进行预测，预测的目的是帮助企业制订生产计划，协调生产能力，制订未来生产进度计划、采购计划、财务计划、人力资源计划等，并依据预测制订销售计划，作为对整个销售部门进行销售业绩评估的主要依据。销售预测主要是根据过去和现在的销售状况来推测未来的销售趋势，因此，企业必须有完善的历史统计资料，同时也必须掌握市场情况。

(1) 预测模块与其他模块的集成

对于能生成销售订单的预测,是作为计划和进度的输入,它为所有BOM的层次计算物料需求,与资源需求计划、主生产计划、物料需求计划、分销需求计划有关,如图3-3所示。

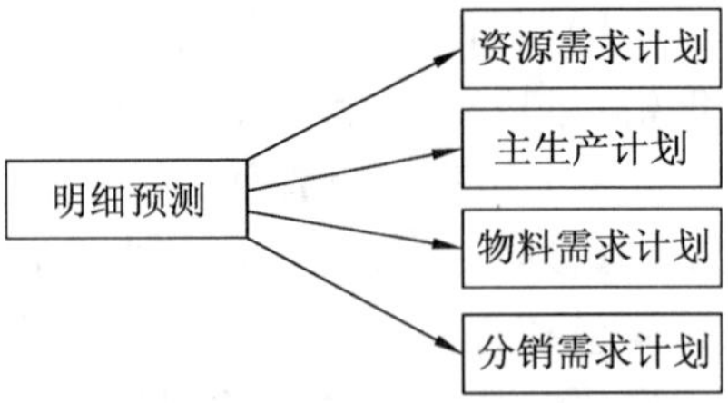

图3-3　预测与其他模块

资源需求计划使用预测作为估计产品制造所需要的时间和资源;预测的数据作为主生产计划的输入,帮助主生产计划决定产品的需求;物料需求计划把预测数据作为其下层部件的输入,而这些下层部件均为独立需求的部件;预测数据输入到分销需求计划后,就能对分销所需提供的需求作业进行准确计划。

(2) 预测过程

预测正变得更加以客户和竞争者为导向,也比以前更加有弹性。作为对快速市场变化的响应,预测也成为一个滚动的过程。预测有5个主要步骤。

① 确定预测目标。销售预测是以产品的销售为中心的,产品的销售本身就是一个复杂的系统,有关的系统变量很多,如市场需求潜量、市场占有率、产品的售价等。而对于这些变量进行长期预测还是短期预测,这些变量对预测资料的要求,预测方法的选择都有所不同。所以,预测目标的确定是销售预测的主要问题。

② 准备数据。在预测目标确定以后,为满足预测工作的要求,必须收集与预测目标有关的数据,所收集到数据的充足与可靠程度对预测结果的准确度具有重要的影响。所以,对收集的资料必须进行分析,并保证数据具有针对性、真实性、完整性、可比性。

③ 选择方法,展开预测。根据问题的不同,选择合适的预测方法进行预测。常见的定性预测方法有高级经理意见法、销售人员意见法、购买者期望法和德尔菲法,定量预测方法有时间序列分析法、回归和相关分析法。根据选定的方法,正式进行预测,并取得预测值。

④ 预测查询及报告。预测值经分析和调整之后,可以供使用者查询,并且打印出相关的报表,同时进行物料和仓库的维护。

⑤ 预测数据的传送。在查询和打印报表后,可以将预测数据传送至相关模块,送至资源需求计划、主生产计划、物料需求计划、分销需求计划之中。

(3) 预测方法与技术

① 移动平均法。移动平均法是一种十分简单的预测方法,其完全根据历史数据来预测未来。这种方法首先要确定对未来影响的历史长度(N个时区),N取值越大,说明预测对象的变化程度越趋于平稳;N取值越小,预测值受影响的时间越短。

例如:某一产品M10的历史记录,N取2个时区,预测值如表3-1所示。

表3-1　移动平均法($N=2$)的预测结果

时间	1	2	3	4	5	6	7	8	9	10	11	12
预测量			160	200	222	197	180	171	167	169	168	169
订单量	150	170	230	213	181	178	163					

表中第 3 个时区预测值是第 1、2 时区实际订单量的平均值，第 4 个时区的预测值是第 2、3 个时区实际订单量的平均值，依此类推。当计算第 9 时区的预测量时，第 8 时区还没有实际订单量，用第 8 个时区预测量计算，依此类推求出其他时区的预测量。

② 指数平滑法。当产品处于增长期或衰退期时，各时区对未来市场的需求影响程度是不相同的，与预测时区越近影响程度越高，指数平滑法是反映趋势现象的预测方法，指数平滑的模型为

$$F_{t+1}=aV_t+(1-a)F_t$$

式中，a 是平滑因子，取值域是[0,1]，一般取(0,1)。当取 0 时，下一个时区的预测值则等于上一个时区的预测值；当取 1 时，下一个时区的预测值则等于上一个时区的实际订单量，即与前一个时区相同。

由于平滑因子 a 取(0,1)，因此$(1-a)$的乘方越高其值越小，对预测值的结果影响越小。当取 t,$t-1$ 项，忽略后续项的影响，称为一阶指数平滑法；当取 t,$t-1$,$t-2$ 项时，忽略后续项的影响，称为二阶指数平滑法，依此类推确定各阶指数平滑法的计算方法。

若对表 3-1 的 M10 产品采用二阶指数平滑法，预测结果如表 3-2 所示。

表中第 4 个时区预测值是根据第 1、2 和 3 时区实际订单量计算得到，第 5 个时区的预测值是根据第 2、3 和 4 个时区的实际订单量计算得到，依此类推。当计算第 9 时区的预测量时，第 8 时区还没有实际订单量，用第 8 个时区预测量计算，依此类推求出其他时区的预测量。

表 3-2　指数平滑法(二阶)的预测结果

时间	1	2	3	4	5	6	7	8	9	10	11	12
预测量				161	168	149	139	130	108	88	71	57
订单量	150	170	230	213	181	178	163					

③ 回归分析法。回归分析法也是常用的预测方法，根据因素的多少，分为一元回归分析和多元回归分析；根据因果关系的特征分成线性和非线性。因此，典型的回归分析法有一元线性回归分析法、多元线性回归分析法，一元非线性回归分析法和多元非线性回归分析法。非线性的数学模型众多且复杂，这给预测模型的选择带来极好的灵活性和极大的复杂性。在预测时，选用一元还是多元可以通过观察因果关系中的影响因素很方便地确定，但确定采用线性还是非线性，以及非线性中的数学模型是一件十分困难的工作。为此，要对历史数据进行预处理，可以通过图上作业法，将收集到的数据画趋向图，初步估计该趋向宜采用的数学模型，建立一般数学方程，通过数学工具求出该方程的系数。对于线性回归分析是否成立，还需要通过相关性分析，求出相关系数 r,r 的结果在[0,1]中，当 r 为 0 时，表示因果关系完全不相关；当 r 为 1 时，表示因果关系完全相关，线性回归无误差。因此，r 值越高，因果关系的相关性越好。在实际回归分析时，对于非线性关系通过数学变换成线性关系来求因果关系的方程式，因此，一元线性回归分析是最基本的方法。

通过调查收集整理，可以获得因变量(y)和自变量(x)若干组数据(y_i,x_i)。依此为据求出 $Y=bx+a$ 方程的系数 b,a 和相关系数 r，如式 3-1 所示。

$$
\begin{cases}
b = \dfrac{\sum\limits_{i}^{n} x_i y_i - n\overline{x}\,\overline{y}}{\sum\limits_{i=1}^{n} x_1^2 - n\overline{x}^2} \\
a = \overline{y} - b\overline{x} \\
\overline{x} = \sum\limits_{i=1}^{n} x_i,\ \overline{y} = \sum\limits_{i=1}^{n} y_i \\
r = \dfrac{\sum\limits_{i=1}^{n}(x_i - \overline{x})(y_i - \overline{y})}{\sqrt{\sum\limits_{i=1}^{n}(x_i - \overline{x})^2}\sqrt{\sum\limits_{i=1}^{n}(y_i - \overline{y})^2}}
\end{cases}
\tag{3-1}
$$

通过式 3-1 可以求出后续时区的预测值。

设：M10 产品在前 7 个时区的客户订单量如表 3-2 所示，通过式 3-1 可以求得：

$a=182.71$，$b=0.21$，$r=0.02$，$Y=0.21x+182.71$，因此，当 X 分别取 8，9，10，11 时，相应的预测结果为 185，185，185，186。由于相关系数 r 求得值 0.02 偏低，可知客户订单量与时间没有直接因果关系，在这种情况下不适合使用线性回归的方法预测。

④ 常用经验法。在实际管理过程中，管理人员可以依靠这些数学模型进行预测，求出将来市场需求的可能性。但是，从上述不同方法和不同假设可知，计算的预测结果相差很大。因此，管理人员事实上往往可以运用更简单的相当于凭经验的预测方法快速地求出预测结果。例如：

与上一时区的需求量相同；

与去年同期相同；

与前季度相同；

比前时区增加百分之几；

比前时区减少百分之几；

……

这种方法在预测过程中结合实际生产经营情况还是很有用的。

⑤ 调焦预测法。预测未来是一件十分困难的事，采用的预测方法不当，会造成很大的误差。人们往往寻求能解决所有问题的预测模型。考虑的因素越来越多，分析因素的特征越来越细致，结果建立的数学模型越来越复杂。每年在学术杂志上发表的高论日积月累，模型纷繁复杂，似乎技术越来越完善，预测水平越来越高，但事实上，不管哪一种预测方法都有其环境要求，偏离了预测环境，就无法获得预期结果。所有的预测方法都是有风险的，预测只能是一种建议，不能机械地执行，还需要依靠人工去筛选。ERP 系统具有丰富的历史数据，可以方便地设置各种预测方法，快速地求出预测结果。在制订规划、计划等决策时采用哪种结果还需要评判。

调焦预测法是由美国五金公司提出并加以应用的，这不是预测方法，而是对预测结果的评价方法。通过 ERP 系统可采用一系列的预测技术，在评价预测技术时，先回退一个时区预测，然后拿预测结果与实际值比较，选取误差最小的预测技术。如果现在是第 7 时区，首先运用预测技术和历史数据模拟预测第 7 时区，将获得相应的预测结果与实际客户订单量比较，取误差最小的预测技术去预测第 8 个时区。

从上述的预测方法可知，以表 3-1 为例，采用移动平均法（$n=2$），第 7 个时区的预测结果是 180、采用二阶指数平滑法的结果是 139、采用一元回归分析法的结果是 185，如果采用简单经验法，运用“与前一个时区相同”的方法预测，则结果是 178，而实际的客户订单是 163。可见各种方法预测结果的误差绝对值分别是：17，24，22 和 15，在这种情况下 15 的误差最小，因此，采用“经验预测”的方法去预测第 8 个时区，第 8 个时区的预测值定为 163。

3.2.2 客户信息管理

ERP 销售管理的思想是从客户的需求出发来规划企业的生产经营活动，在大量的客户信息分析基础上来回答生产何种产品、产品如何定价、产品如何销售、如何为用户服务、如何确定本企业最优的产品组合等诸多问题，因此，完整的客户信息不仅是企业销售活动的需要，而且是企业全部生产经营活动的需要。企业的销售对象都是企业的客户，有现有的也有潜在的，客户是企业利润的来源。客户是企业销售体系的重要组成部分，是企业的重要资产之一。客户管理的实质是如何有效地运营客户这项资产，对它进行开发、维护，并使其增值。客户管理的目的就是要培养能够给企业带来价值的好客户。企业客户包括经销商、代理商、最终用户，甚至企业内部的销售分公司、办事处等。客户的管理既有基本信息的管理，也有诸如顾客的消费行为习惯、个人偏好等的管理，销售部门应掌握客户的信息并对潜在的消费行为因素进行关注。

(1) 客户基本信息管理

客户基本信息管理是指对客户喜好、客户细分、客户需求、客户联系方式等一些客户的基本资料进行管理。客户基本信息主要分为描述类信息、行为类信息及其他关联的信息。

① 描述类信息。客户的描述类信息主要是用来理解客户的基本属性的信息，如个人客户的联系信息、地理信息和人口统计信息，企业客户的社会经济统计信息等。这些信息主要来自客户的登记信息，以及通过企业的运营管理系统收集到的客户基本信息。这类信息的内容大多是描述客户基本属性的静态数据，其中一些信息往往涉及用户隐私，如客户的住所、联络方式、收入等信息。在实际情况中，经常有一些企业知道为多少客户提供了服务，以及客户购买了什么，但是往往到了需要主动联系客户的时候，才发现缺乏能够描述客户特征的信息和与客户建立联系的方式，或是这些联络方式已经失效，这都是因为企业没有很好地规划和有意识地采集与维护这些客户的描述类信息。

② 行为类信息。客户的行为类信息一般包括客户购买服务或产品的记录、客户的服务或产品的消费记录、客户与企业的联络记录，以及客户的消费行为、客户偏好和生活方式等相关的信息。这类信息可以帮助企业的市场营销人员和客户服务人员在客户分析中掌握和理解客户的行为。客户的行为信息反映了客户的消费意向或是决策过程。行为类信息一般都来源于企业内部事务处理系统的交易记录、企业呼叫中心的客户服务和客户接触记录，营销活动中采集到的客户响应数据，以及与客户接触的其他销售人员与服务人员收集到的数据信息。有时企业从外部采集或购买的客户数据，也会包括大量的客户行为类数据。客户偏好信息主要是描述客户的兴趣和爱好的信息，如有些客户喜欢户外运动，有些客户喜欢旅游，有些客户喜欢打网球，有些客户喜欢读书。这些数据有助于帮助

企业了解客户的潜在消费需求。

与客户描述类信息不同，客户的行为类信息主要是客户在消费和服务过程中的动态交易数据和交易过程中的辅助信息，需要实时地记录和采集。如电子商务网站记录了网上客户购物的交易数据，如客户购买的商品、交易的时间、购物的频率等。对于电子商务网站来说，点击数据流记录了客户在不同页面之间的浏览和点击数据，这些数据能够很好地反映客户的浏览行为。在拥有完备客户信息采集与管理系统的企业里，客户的交易记录和服务记录是非常容易获得的，而且从交易记录的角度来观察往往是比较完备的。但需要认识到的是，客户的行为信息并不完全等同于客户的交易和消费记录。要获得客户的行为特征往往需要对客户的交易记录和其他行为数据进行必要的处理和分析，然后将信息汇总和提炼。

(2) 客户档案管理

客户信息管理系统需要针对不同客户细分种类，提供多样的客户管理功能，可以基于行为信息对客户进行全面的分析。

细分客户，可就其产品与客户进行更具针对性的沟通。可以根据销售领域、偏好的销售渠道、销售历史、文化观念、人口信息、产品喜好等进行不同的类别细分，企业根据不同的客户制定相应的营销与服务策略。

客户名称、付款方式、付款期限等客户主数据是销售部门和财务会计部门业务运作的重要基础。客户的主数据管理系统，不但减少了数据输入量，节省了时间，提高了服务质量，而且客户订单的历史数据，通过销售信息系统的分析，可以作为生产计划的依据。

考虑到会计部门与不同的业务部门都对客户主数据进行存取，为了避免数据冗余，同时保证数据的一致性和集成性，客户主数据应分别在以下 3 个区域中保存：

① 通用数据。包括客户地址和通信数据，这类数据通过客户编号来标识，在全公司范围内统一。

② 公司级数据。包括银行账户、结算方式、付款条件等数据，主要是针对财务会计功能设计，这些数据在统一的客户编号下可以由会计部门维护和使用。

③ 销售数据。包括价格、交货和运输等信息，这些数据可以由销售部门确定，不同销售范围维护相应的数据。

将客户主数据分为这 3 部分，从数据管理角度分析看，可以减少数据冗余；从应用角度看有多方面的好处，首先在数据输入阶段能减少不必要的人力资源的浪费，其次在管理层面可以建立统一的客户信息管理机制，避免同一客户多头管理，造成在制定针对客户的价格策略、信用风险控制时的混乱。

ERP 系统可区分不同的客户功能类型，如代理商、经销商、付款方、购货方、发票方等。对于既是客户又是供货商的公司，ERP 系统可以保存这些商业伙伴的记录；他们既是物料管理(MM)模块中的供应商，也是财务会计(FI)模块中的供应商、客户，又是销售模块的客户。ERP 系统可在各模块间建立一体化连接。ERP 系统还要提供适应不同要求的客户信息查询功能，并可提供相应标准报表，如对客户主数据依据相关共性进行统计分析。

(3) 客户信用管理

信用额度是企业信用政策的一个组成部分。信用额度包括企业发放给客户群的总体的信用额度和发放给某一具体客户的信用额度两个方面。就企业总体来说，信用额度是指企业基于自身的资金实力、销售政策、最佳生产规模、库存量等因素，以及受到的来自外部的竞争压力而确定的可对客户发放的信用额度的规律。企业应该通过认真地计算，参考以往的经验，确定一个科学的总体信用额度，并以此指导和控制企业的信用销售与应收账款持有水平。

ERP 软件可以利用其财务会计模块的集成信息，来帮助企业执行信用管理政策，以最大限度地减少风险，加快销售合同处理。通过信用管理功能，可以根据不同的标准，进行客户信用检查；指定在销售周期中进行信用检查的时间点；通过指定方式将关键的信用状况及时通知信用管理人员。

在订单输入过程中，对客户的信用检查将会由系统自动执行，其中检查类型包括静态信用额度检查、过期未结项目、动态信用额度检查等，也可以根据具体的情况自行定义检查方式。在财务管理中定义信用额度，在销售管理中，执行信用检查；在结算和批准点，经过特殊的审批，也可以对超过信用额度的某些客户继续执行订单。

3.2.3　销售订单管理

销售订单就是企业的销售合同，是客户管理中最具约束力的文件，是处理贸易纠纷的法律依据，企业一定要健全销售合同管理制度，明确规定合同的签署、执行流程，确保合同的严肃性、科学性，堵塞漏洞。合同必须有专人保管，由专人分门别类地建立档案、妥善保存，严防商业机密的泄露。标准的销售合同至少包括以下内容：① 合同供需方的标准全称、地址、法人姓名、代理人姓名、开户行名称、账号、税号；② 合同签约地点；③ 合同签约时间；④ 合同有效期限；⑤ 产品名称、规格、生产厂家、数量、单价、金额；⑥ 质量验收标准；⑦ 提出异议的时间、期限；⑧ 违约责任及纠纷处理；⑨ 其他未约定事项。合同在加盖双方合同印章后生效。

根据客户的需求信息、双方商定的产品价格、数量信息、产品验收标准、运输、交货约定等相关信息及生产能力信息制定客户订单，并根据企业的成品库存可供货情况和客户信用数据等审核和确认客户订单。销售部门将订单信息传递给生产负责人安排生产，同时进行订单跟踪与管理。销售订单是企业安排生产、销售发货和销售货款结算的依据，对销售订单的管理是销售日常工作的核心。

销售订单的处理流程较为复杂，如图 3-4 所示。

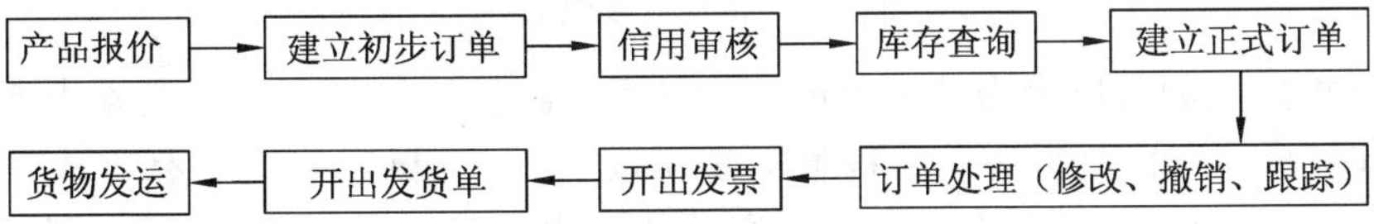

图 3-4　销售订单处理流程

根据产品目录及报价，企业与客户初步建立了购买订单，然后，企业要根据已建立的客户档案资料，对客户的信用状况进行审核，核定其信用额度。当该客户的应收账款加上本次交易金额之和大于其信用额度时，一般不予进行交易。如果客户的信用审核被通过，接下来需要进行产品库存的查询，以便决定库存的分配发货的选择，以及发货给客户的策略。当报价、信用、库存各方面信息均已得到之后，就可以与客户进行交易，签定正式订单。有了订单之后，也可以根据需要对订单进行修改、撤销及跟踪。产品完工之后，可以开出发票和发货单，并进行货物的发运。

3.2.4 销售收发货管理

企业销售人员应随时对销售订单的执行情况进行跟踪，随时与生产和库存部门进行沟通，随时检查客户订单及其产品生产和库存情况以决定交货是否可行，对满足交货条件的销售订单应该核对出货的产品名称、规格和数量，与相关方面沟通确定产品的体积重量，并计算出货的工作量，查询运输线路相关信息，决定产品的批次，进行最后的出厂检验，最后开具提货单、组织货源、包装、组织发货，或者用户直接持提货单到仓库提货。同时应将发货信息及时交付财务部，并及时对销售订单完成情况进行记录，对货运信息进行记录并发货后，将提货信息通知客户。

ERP系统在销售收发货管理中，可审查订单期限，进行可用量检查，随即可创建与处理采购及交货单据，仓库管理系统根据单据进行采购活动，以及拣货、配货，创建发运凭证，既可补充物料，也可发出货物。可以使用总览进行事务的控制，以发掘潜在的“瓶颈”。其流程如图3-5所示。

发货过账后，按照相应的数额自动更新库存，完成发运请求，更新有关销售和交付的文档，为发票创建项目清单。

3.2.5 销售统计与分析

销售统计与分析是通过对销售计划、销售产品、销售地区、销售客户的各种信息统计，进一步对销售数量、金额、利润、绩效做出全面的分析。

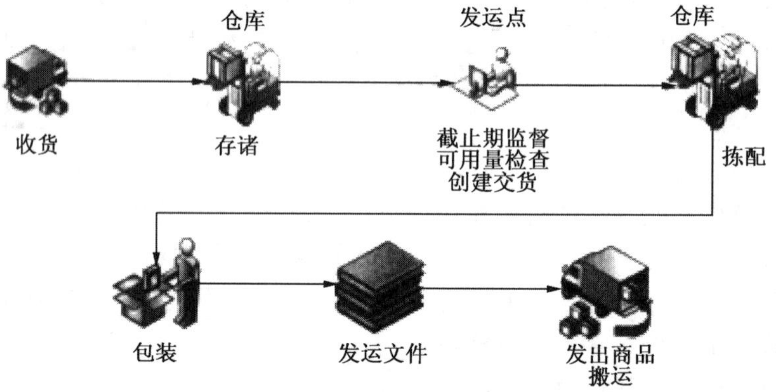

图3-5 收发货管理流程

销售分析的目的可以分为几个方面：一方面是监督销售员在销售过程中所获得的利润效率效果；另一方面是提高产品销售的透明度，便于分析完成或没有完成销售目标的原因；还有一方面是了解销售业绩、各种资源的利用状况，找出与现实最大利润目标之间的差距，从而进一步通过提高企业管理水平来提高经济效益。

销售分析模块具有查询、分析及报告3个部分：

① 查询。按照销售分析的流程，对从订单传送过来的有关数据进行收集和整理，以便能随时查看销售历史情况、销售当前情况、客户情况、销售员的销售业绩、库存销售数据等。

② 分析。销售分析模块提供了比较法（销售员定额与实际销售比较）及比率法（某一期间的销售数量及本年至今累计销售数量的百分比）两种分析方法来进行销售数量、销售

金额、销售利润及销售绩效的分析。

③ 报告。可以提供销售分析的报告有销售员的排名报告、客户销售排名报告、产品销售排名报告等。

思考题

1. ERP 销售管理包括哪几个方面的功能？并简单介绍其主要功能。

2. 销售预测的含义是什么？它有哪些作用？

3. 描述销售系统与其他系统的关系。

4. 什么是调焦预测？这种方法是如何工作的？

5. 实施 ERP 系统后，企业的销售管理有什么变化？

6. 某企业 2018 年 1 月至 6 月的销售数据如表 3-3 所示，试分别采用 3 个月和 4 个月简单移动平均法分别预测其第 7 个月的销售量，并比较其结果。

表 3-3　某产品 2018 年 1 至 3 月的销售数据　　件

月份	1	2	3	4	5	6
销售量	1 372	1 400	1 680	1 880	1 934	1 998

第4章　计划管理

导入案例

星期三上午11:50,C电器设备公司的主生产计划员朱女士正准备去吃午饭,电话铃响了,是公司主管销售的副总裁。

"朱女士,你好。我刚刚接到我们浙江的销售代表的电话,他说,如果我们能够比D公司交货更快,就可以和一家大公司做成A3系统的一笔大生意。"

"这是一个好消息。"朱女士回答,"一套A3系统可以卖100万呢!"

"是的。"副总裁说,"这是一个重要的新客户,原本一直由D公司控制着,如果我们这第一步走出去了,以后的生意会接踵而来的。"

朱女士知道,副总裁打电话给她绝不仅仅是告诉她这个好消息。"如果我们能够比D公司交货更快"才是打电话的原因。作为主生产计划员,她意识到副总裁下面还有话说,她全神贯注地听着。

"你知道,朱女士,交货是销售中的大问题。D公司已经把他们的交货期从原来的5周缩短到4周。"副总裁停顿了一下,也许是让朱女士做好思想准备。然后接着说:"如果我们要做成这笔生意,就必须做得比D公司更好。我们可以在3周之内向这家公司提供一套A3系统吗?"

朱女士在今天上午刚刚检查过A3系统的主生产计划。她知道,最近几周生产线都已经排满了,而且A3系统的累计提前期是6周,看来必须修改计划。"是3周以后发货吗?"朱女士问道。

"恐怕不行,3周就要到达客户的码头。"副总裁回答。朱女士和副总裁都清楚,A3系统太大,不能空运。

"那我来处理这件事吧。"朱女士说,"两小时之后我给您回电话。我需要检查主生产计划,还需要和有关人员讨论。"

副总裁去吃午饭了。朱女士继续工作、解决问题。她要重新检查A3系统的主生产计划,有几套A3系统正处于不同的生产阶段,它们是为其他客户做的。她需要考虑当前可用的能力和物料;她要尽最大的努力,使销售代表能够赢得这个重要的新客户;她还必须让其他老客户保持满意。尽一切可能把所有这些事情做好,这是她的工作。

下午1:50,朱女士给销售副总裁打了电话:"您可以通知您的销售代表,从现在开始3周,一套A3系统可以到达客户的码头……"

"太好了!朱女士。您是怎么解决的呀?"副总裁高兴地问道。

"事情是这样,我们有一套A2系统正在生产过程中。我请您的助手给这套A2系统的客户代表打了电话,请他和客户联系,能否推迟2周交货。我们答应这家客户,如果他们同意推迟两周交货,我们将为他们延长产品保修期。他们同意了,我们的财务部门也批准了。我可以修改计划，利用现有的物料和能力把 A2 系统升级为 A3 系统，就可以按时交货了。但是还有一个问题，如果能解决，那就可以为您浙江的销售代表开绿灯了。”

“什么问题?”副总裁有点担心。

“您的广东销售代表有一份 A3 系统的单子正在生产过程中。如果按我刚说的那样来改变计划，这份订单就得推迟 3～4 天，您看可以吗?”

球又回到了副总裁手里。他清楚，对原有计划的任何即使是精心的修改也往往要付出一些代价。“好吧，我来处理。”副总裁说。

问题终于解决了。朱女士看看表，2:15，她感到了饥饿。

案例思考　朱女士作为公司的主生产计划员，是怎样解决这个棘手的问题的?

本章概要与要点

熟悉 ERP 系统的计划层次，理解和掌握主生产计划、物料需求计划和能力需求计划的概念、原理以及编制过程。

企业目标是企业的一切生产经营活动的阶段目的或最终目的。企业计划管理是对工业企业在计划期内应达到的产品品种、质量、产量和产值等生产活动指标、生产进度及相应安排的管理，它是指导工业企业计划期生产活动的纲领性方案，是企业生产管理的主要依据。计划是企业运营的核心，没有计划就没有控制。尤其是在市场竞争越来越激烈的情况下，企业要生存、要发展就必须面对市场很好地计划自己的资源和各项生产经营活动。

4.1　ERP 系统计划层次

ERP 的计划层次体系有 5 层，即经营规划(BP)、销售与运作规划(SOP)、主生产计划(MPS)、物料需求计划(MRP)、能力需求计划(CRP)，见图 4-1。在 5 个层次中，经营规划和销售与运作规划带有宏观规划的性质；主生产计划是宏观向微观过渡的层次；物料需求计划和能力需求计划是微观计划的开始，是具体的详细计划；而车间作业控制或采购作业计划是进入执行或控制计划的阶段。通常把前 3 个层次称为主控计划(master planning)，说明它们是反映企业经营战略目标的层次。

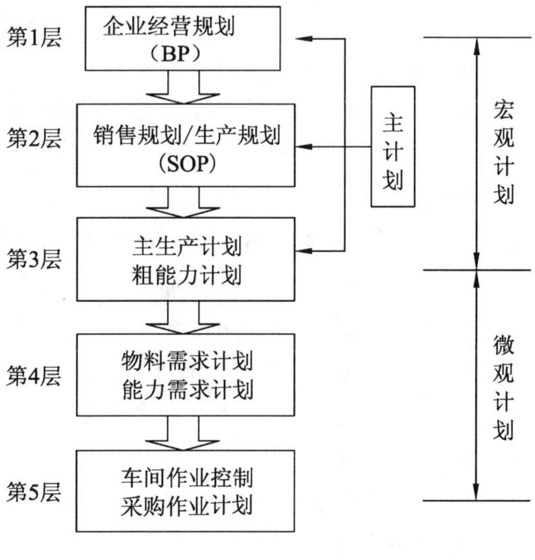

图 4-1　ERP 系统计划层次

(1) 第 1 层次——企业经营规划(BP)

企业的计划是从长远规划开始的，这个战略规划层次在 ERP 系统中称为经营规划(business plan，BP)。企业的经营规划是计划的最高层次，经营规划是企业总目标的具体体现。

企业的高层决策者，根据市场调查和需求分析、国家有关政策、企业资源能力和历史状况、同行竞争对手的情况等有关信息，制订经营规划，即对策计划。

它包括在未来 2～7 年的时间内确定：

① 本企业生产产品的品种及市场定位；

② 预期的市场占有率；

③ 产品的年销售额；

④ 年利润额；

⑤ 生产率；

⑥ 生产能力规划；

⑦ 职工队伍建设等。

企业经营规划的目标，通常以货币或金额表达。这是企业的总体目标，是 ERP 系统其他各层计划的依据。所有层次的计划，只是对经营规划的进一步具体细化，而不允许偏离经营规划。经营规划的制订要考虑企业现有的资源情况，及未来可以获得的资源情况，具有较大的预测成分。

(2) 第 2 层次——销售与运作规划(SOP)

销售与运作规划(sales and operation planning，SOP)的任务是根据企业经营规划的目标，把经营规划中用货币表达的目标转换为用产品系列的销售量和生产量来表达，制订一个均衡的年度运作计划大纲，以便均衡地利用资源，也作为编制主生产计划(MPS)的依据。

早期的 ERP 流程中，分为销售规划与生产规划两个层次。由于它们之间有着不可分割的联系，特别在市场经济以销定产的环境下，生产规划与销售规划常要保持一致，所以后来合并为一个层次“销售与运作规划”，通常也叫生产规划或产品规划(production plan，PP)。但销售规划不一定和生产规划完全一致。例如，销售规划要反映季节性需求，而生产规划要考虑均衡生产。

(3) 第 3 层次——主生产计划(MPS)

主生产计划(master production schedule，MPS)以生产计划大纲为依据，按时间段计划出企业应生产的最终产品的数量、交货时间，并在生产需求与可用资源之间做出平衡。

主生产计划是计划系统中的关键环节，它承上启下，连接了市场与生产。一个有效的主生产计划保证了生产对客户需求的承诺。它充分利用企业资源协调生产与市场，实现生产计划大纲中所表达的企业经营计划目标。

(4) 第 4 层次——物料需求计划(MRP)

物料需求计划(material requirement planning，MRP)根据主生产计划对最终产品的需求数量和交货期，推导出构成产品的零部件及材料的需求数量和需求日期，直至导出自制零部件的制造订单下达日期和采购件的采购订单发放日期，并进行需求资源和可用能力之间的进一步平衡。

(5) 第 5 层次——能力需求计划(CRP)

能力需求计划(capacity requirement planning，CRP)是对物料需求计划的具体化，确定每种自制件所需相关加工中心的工时数计划。由此，形成具体的车间作业管理与采购作业管理，由 MRP 生成的零部件生产计划编制工序排产计划和日常调度控制。

ERP 中计划与控制的 5 个层次如图 4-1 所示。

经营规划表达企业的愿景，是企业的战略规划，但是，经营规划本身并不能完成什么。要实现经营规划，就必须逐步分解经营规划，得到战术级的操作计划，指明为满足客户需求必须做什么及其优先级。于是，上述 5 个层次的计划实现了由宏观到微观、由战略级到战术级、由粗到细的深化过程。越接近顶层的计划对需求的预测成分越大，计划内容也越概括，计划展望期也越长。越接近底层的计划，需求由预测变为实际的客户订单，计划的内容也就越具体、详细，计划展望期也越短。

ERP 系统中任何一个计划层次都包括需求和供给两个方面，也就是需求计划和能力计划。要进行不同深度的供需平衡，并根据反馈的信息，运用模拟方法加以调整或修订。

上一层的计划是下一层计划的依据，下层计划要符合上层计划的要求。如果下层计划偏离了企业的经营规划，即使计划执行得再好也是没有意义的。全流程遵循一个统一的规划，是 ERP 计划管理最基本的要求。供需矛盾是企业最基本的矛盾。ERP 系统正是紧紧抓住这个最基本的矛盾，用模拟的手段，逐层进行计划和调整，充分利用信息反馈，实现供需平衡。

计划和控制是 ERP 的目标手段。计划是为达到一定的目标而制定的行动方案；控制是为保证计划完成而采取的措施。ERP 每一个计划层次都要回答 3 个问题：

① 生产什么？生产多少？何时需要？（What? How much? When?）

② 需要多少能力资源？

③ 有无矛盾？如何协调？

换句话说，每一个层次都要处理好需求与供给的矛盾。做到计划既切实可行，又不偏离经营规划的目标。ERP 就是在此分层结构的基础上取得计划与控制的极大成功。

4.2　销售与运作规划

销售与运作规划是驾驭供需平衡的手段。它是企业高层的一个决策过程，以产品族为处理对象，帮助企业从大格局、高层次上平衡供需关系，提供优秀的客户服务。每一个运用销售与运作规划比较好的企业，都会发现，由于在总量上做了比较好的工作，从而使得构成级别上的问题减少了且更容易解决，从而明显提高了企业的运营能力，事半功倍。

4.2.1　销售与运作规划的作用

销售与运作规划有两个基本的目的：一是在企业的经营规划与详细计划和执行过程之间起到关键的连接作用，把战略级的经营规划与主生产计划连接起来，并协调市场、销售、工程技术、计划、生产、物料和财务等职能部门，形成企业共同的计划目标；二是管理所有的下层计划，包括主生产计划和更详细的计划。

销售与运作规划要生成与企业资源相适应的销售规划，以及支持销售规划的生产规划。销售规划和生产规划是密切关联、相互制约的。从长远来说，企业的生产应当满足市场的需求，因此销售规划驱动生产规划。从短期来说，企业的生产率是由企业的生产能力来确定的，因此销售规划要受到生产规划的制约。

企业高层领导对企业的管理和控制应当在总量级别上。销售与运作规划为企业的高层领导提供了一个面向未来的“窗口”和管理控制企业的“手柄”。换言之，管理好销售与运作规划，就抓住了管理和控制整个企业的关键。

许多企业投巨资购买了 ERP 软件系统，但是应用效果不理想，为什么呢？经验告诉我们，没有实现或根本没有想到要实现销售与运作规划，极可能是原因之一。

一位规模相当大的制造业公司的总裁对销售与运作规划的应用深有感触。他说："过去我所做出的决定在下达的过程中或者被曲解，或者被断章取义，总之看不到我的决定对发生在车间、收货码头、客户服务部门和发货码头的各种活动有什么影响。"现在，有了销售与运营规划，可以把公司的战略计划和财务计划连接到每月、每天甚至每班次的活动上，不管是获取物料、生产产品，还是接受和承诺客户订单以及向客户发货，都是如此。

制定和管理销售与运作规划是企业高层领导的职责，受益的也首先是企业高层领导。企业的高层领导必须认识到这一点，并积极推动和参与实现销售与运作规划的过程。否则，销售与运作规划的作用也将大打折扣。

制定销售与运作规划要涉及企业的生产计划方式。企业最基本的生产计划方式有两种，即面向库存生产(make to stock，MTS)和面向订单生产(make to order，MTO)。前者是一种在接到客户订单之前产成品已经完成的生产环境，客户订单由库存直接满足，而生产订单是为了补充库存。后者是一种在接到客户订单之后才完成产品生产的生产环境，其最终产品通常要由客户的特定需求来确定。

运用销售与运作规划比较好的企业，会在各个方面体会到销售与运营规划为企业带来的好处：

① 对于面向库存生产的企业，在提高客户服务水平的同时降低了产成品库存。

② 对于面向订单生产的企业，在提高客户服务水平的同时减少了未交付的客户订单量，缩短了交货提前期。

③ 更好地预见和解决未来的资源问题，从而得到更稳定的生产率，提高生产效率，并将更好的供需平衡延伸到企业的整个供应链。

④ 通过销售与运作规划流程，将市场销售生产、物料、财务和产品开发等不同职能部门的管理人员联系在一起，加强了团队合作。

⑤ 通过销售与运作规划流程，加强了企业高层管理人员的团队合作，明确地彰显了企业高层领导人员对完成计划的实际绩效的责任。

⑥ 通过销售与运作规划流程，对经营规划实现以月为间隔的定期审查和修订，从而对年度财务计划有了更好的洞察力和执行能力，以及迅速改变计划的能力。

⑦ 通过销售与运作规划流程，形成企业运行过程中一个制度化的对话沟通机制，而最终形成的销售与运营规划是整个企业的对策计划，通过一组共同支持的数据指导企业的运营，从而更好地实现企业运营过程中的协同。

⑧ 通过销售与运作规划流程，为企业的高层领导提供一个面向未来的"窗口"和管理与控制企业的"手柄"，提高了企业高层领导对企业的掌控能力和前瞻性的决策能力。

⑨ 由于在总量级别上做了有效的工作，这使得解决构成级别上的问题变得容易，企业的运营更加井井有条，减少了紧急事件的发生，提高了企业的生产效率。如此一来，提高产品质量、降低产品成本、增加企业利润则自然实现。

4.2.2 销售与运作规划报告

销售与运作规划报告提供关于销售规划、生产规划及基本的绩效度量信息，从而使得销售与运作规划可以得到有效的管理。

报告中要显示销售规划和实际的销售量、生产规划和实际的生产量、当前和计划的库存量或者当前和计划的未交付客户订单，既有未来的计划信息，又包括历史信息。

绩效度量是销售与运作规划的重要组成部分。通过比较销售规划和实际客户订单可以评估销售规划的实现情况。通过比较生产规划和实际的生产完成情况，可以度量生产规划的实现情况。通过比较计划的和实际的库存量或计划的和实际的未交付客户订单可以反映企业的绩效。

大多数企业在报告中至少显示3个月的历史信息。某些企业显示6～12个月的历史信息。对于运行一个有效的销售与运作规划来说，3个月的历史信息是最少的必要历史信息量。在产品销售呈季节性变化的企业中，可能需要更多的信息。

为了运行销售与运作规划，至少应有一年的计划展望期。计划展望期是滚动的，即随着时间的推移，要把新的时区加在计划展望期期末。

销售与运作规划报告一般由3部分构成，即销售规划、生产规划，以及库存或未交付订单计划。

（1）销售规划

销售规划部分一般包括两类信息：计划需求和实际订货信息；按承诺的发货日期列出的客户订单信息。这两类信息对于销售规划过程是很重要的，一般通过对它们的监控来实现对销售规划的有效控制。

计划需求和实际订货信息提供早期的报警机制，尽早发现某种趋势，以便有时间采取有效措施。如果订货比预期的少，可以建立促销程序，调整价格，加快新产品开发的步伐，培训销售人员增强销售力度等。如果订货比预期的多，可以降低库存量，或增加未交付的客户订单，或调整价格等。在这两种情况下，如果确认销售规划不符合实际情况，则应予以修改。

按所承诺的发货日期列出的客户订单信息可以对未来的发货目标和预期收入目标提供有用的信息。例如，如果大部分的客户订单发货安排在比较远的未来，那么对实现近期的发货目标和预期收入目标可能存在问题。由于预先看到了问题，则可以修订计划按希望的水平维护发货计划。

（2）生产规划

生产规划部分包括计划生产率和实际生产率，以及实际生产率和计划生产率的偏差。生产规划是生产能力分配的基础，是计算库存水平和未交付客户订单量的依据。

（3）库存或未交付订单计划信息

这部分提供的信息，用来评估和管理关于产品族的库存和未交付的客户订单库存计划，表明过去的库存情况以及未来预期库存的增加或减少。对过去的每个时区，可以把计划库存量与实际库存量进行比较。对于未来的时区，可以根据生产规划和预期发货量来计算计划库存量：

计划库存量＝现有库存量－销售规划量＋生产规划量

未交付客户订单计划表明过去的未交付客户订单情况和未来的计划。对过去的每个时区，可以把计划的未交付客户订单和实际的未交付客户订单进行比较。对未来的时区，可以根据订货计划和预期发货量来计算计划未交付客户订单：

计划未交付客户订单＝当前未交付客户订单＋销售规划量－生产规划量

图 4-2 和图 4-3 分别给出了关于面向库存生产的产品族和面向订单生产的产品族的销售与运作规划报告的例子。

销售规划

日期	9/11	10/10	11/4	12/5	1/2	1/30	2/24	3/26	4/23
计划需求量	420	450	480	500	550	550	550	550	550
实际需求量	455	495	500	550					
偏差	35	45	20	50					
累计偏差	35	80	100	150					
到期的客户订单	455	495	500	550					
实际发货量	455	495	500	550					

生产规划

日期	9/11	10/10	11/4	12/5	1/2	1/30	2/24	3/26	4/23
计划产量	500	500	500	500	550	550	550	550	550
实际产量	450	450	460	440					
偏差	－50	－50	－40	－30					
累计偏差	－50	－100	－140	－170					

库存计划

日期	9/11	10/10	11/4	12/5	1/2	1/30	2/24	3/26	4/23
计划库存量	685	435	455	455	435	435	435	435	435
实际库存量	600	555	515	435					
偏差	－85	－180	－240	－320					

图 4-2　销售与运作规划报告——面向库存生产的产品族：手推式剪草机

销售规划

日期	9/11	10/10	11/4	12/5	1/2	1/30	2/24	3/26	4/23
计划订货量	300	300	300	300	300	300	300	300	300
实际订货量	300	290	305	303					
偏差	0	－10	5	3					
累计偏差	0	－10	－5	－2					
到期的客户订单	300	300	300	300	300	148			
实际发货量	300	300	300	300					

生产规划

日期	9/11	10/10	11/4	12/5	1/2	1/30	2/24	3/26	4/23
计划产量	300	300	300	300	150	150	150	150	150
实际产量	300	300	300	300					
偏差	0	0	0	0					
累计偏差	0	0	0	0					

未交付订单计划

日期	9/11	10/10	11/4	12/5	1/2	1/30	2/24	3/26	4/23
计划未交付订单	450	450	450	450	598	448	898	1 048	1 198
实际未交付订单	450	440	445	448					
偏差	0	−10	−5	−2					

图 4-3　销售与运作规划报告——面向订单生产的产品族：载重卡车

这里的销售与运作报告包括了全部的 3 组数据，显示了一个产品族状态的完整画面，包括销售预测和实际销售业绩的比较、生产计划和实际生产业绩的比较，而库存状态数据或未完成订单数据则是前两组数据的结果，也是对供需状态的评价。预测和计划反映了各职能领域的目标，表明了实际业绩和目标之间的差距。

企业运营中每一个职能领域的管理人员不仅要关注本领域的数据，还要关注来自其他领域的数据，以及本领域的数据对其他领域的影响。销售与运作报告的完整画面使得各个职能领域的管理人员可以较容易做到这一点。他们不仅可以看到局部，还可以看到全局，他们可以从公司整体的角度来考虑自己的职能，甚至以总经理的目光来看问题。而且，每个职能领域一旦发现问题，还可以很容易地追溯原因，于是可以更早地发现问题，更早地解决问题，而不必面对积累而成的严重问题。

4.2.3　销售与运作规划的流程

必须有一个常规的流程来制定销售与运作规划，才能充分发挥它的作用。

人们通常认为销售与运作规划不过是管理人员每个月就产品族的问题开一次会。其实，这是一个很大的误解。制定销售与运作规划的确是每个月都要做的事情，但这还是一个持续不断的多个步骤的流程，而最终由企业高层领导主持的销售与运作规划会议，是该流程中的最后一个步骤。经过这个步骤会产生一个体现管理层共同意志的企业总体对策计划，用于指导企业未来几个月的运营活动。

下面详细介绍制定销售与运作规划的流程。该流程提供了一个及时反映现实和充分沟通的常规机制。

第一步，收集数据。

在一个月结束之后，立即开始这项工作。这工作一般由信息处理部门来承担，并在一两天内完成。

根据刚刚结束的这个月的实际销售、生产和库存或未交付客户订单数据，更新销售与运作规划报告。

为销售和市场人员提供建立新的预测所需的信息，包括统计预测报告、销售分析数据及地区销售人员使用的工作表，该工作表用于记录地区的销售预测和已发生的销售情况。

第二步，需求计划阶段，生成销售与运作规划报告第 1 版。

市场销售部门审查从第一步得到的信息，分析讨论，然后产生对现有产品和将要推出的新产品在未来 15 个月或更长时间内的销售预测。

我们以两个不同的企业为例，说明在需求计划阶段进行需求预测的过程。

A 公司的产品是工业设备，面向订单生产，为数不多的客户买了绝大多数的产品。在这个公司中，关键是要抓住客户关于未来的想法，至于对过去销售情况的统计和分析只有参考意义。所以，A 公司客户需求预测的任务，很大部分要通过和客户的直接沟通来实现，即从这些关键客户那里直接得到他们使用本公司产品的未来的计划。于是，来自地区销售人员的信息是非常重要的。地区销售人员对于大户和产量大的产品应有更多的关注，并根据他们对客户的直接了解填写工作表。

B 公司的产品是消费品，几乎全部是面向库存生产的。直接客户是零售商，他们再把产品卖给最终消费者。零售商很多，但是除了少数几个批发商之外，每一个零售商的购买量都不算大。所以，B 公司的客户需求预测主要基于统计预测的方法，即基于历史数据来预测未来需求。

但是，在任何时候，历史都不可能准确地预示未来。所以，B 公司的具体做法是，根据信息处理部门提供的统计预测报告和地区销售人员提供的工作表，由市场销售经理审查统计预测报告，并进行适当的修正，做出新的销售预测。在这个过程中，以下因素都是应当考虑的：① 地区销售人员的预测；② 潜在的新客户；③ 促销计划；④ 价格调整；⑤ 企业间的竞争活动；⑥ 行业动态；⑦ 宏观经济条件的变化；⑧ 公司内部的需求。

无论什么类型的公司，做出新的销售预测都是市场销售部门管理人员的职责。他们运用个人的经验和智慧，以及上述所列各种因素和其他因素的知识来修订统计预测报告，得到新的预测，并把预测的依据表述清楚，使得参与销售与运作规划流程的人员很容易理解，也便于他们提出自己的问题和意见。这也为以后的工作提供了方便。因为一个月过去之后，为了得出新的预测，还要审查这些预测及其依据，从中了解为什么预测做得比较准确或不准确。从错误中学习，是不断改善的好方法。许多强大的统计预测软件考虑了许多因素，然而，人的判断永远是其本质。

市场销售部门管理人员做出的需求预测还要经过公司主管市场销售工作的高层领导（如副总经理）的批准，形成一份代表公司市场销售领域对未来需求的预测结果，所有参与人员都应签字，并更新销售与运营规划报告，形成销售与运作规划报告第 1 版。

一般来说，以下人员应当参加需求计划团队：市场销售经理、客户服务经理、销售人员、预测分析人员、计划部门经理、新产品开发经理、财务经理、分销经理、供应链经理、销售与运营规划流程负责人。

第三步，供应计划阶段，生成销售与运作规划报告第 2 版。

经过第二步的工作得出的销售与运作规划报告第 1 版，是供应计划阶段的工作依据。完成这个阶段的工作是生产部门的责任。他们根据销售预测的变化、库存水平或未交付的客户订单量的变化来修订生产规划。新的生产规划必须经过可行性检查，在这个阶段要用到资源需求计划，有时会发现需求（预测）超过可能的供应能力太多，所受到的约束条件短时间内难以改变。其中，有些约束是在公司的资源范围之内，有些约束则存在于供应链中,例如,在外部供应商那里。但无论哪种情况,要获取满足需求所必需的资源都必须经过公司高层领导的批准,是由供应计划团队提交申请给销售与运作规划预备会议。所以,从供应计划阶段得到的结果除销售与运作规划报告第2版之外,还包括资源需求计划及在供应计划阶段不能解决的问题列表。

以下人员应当参加供应计划阶段的工作:生产计划与控制经理、工厂经理、物料经理、财务经理、采购经理、新产品开发经理、计划部门经理、主生产计划员、分销经理、销售与运作规划流程负责人。

第四步,销售与运作规划预备会议,生成销售与运作规划报告第3版。

销售与运作规划预备会议的参加者通常包括需求计划阶段的代表、供应计划阶段的代表、财务经理及销售与运作规划流程负责人。他们的工作是:

① 检查并修订销售与运作报告第2版,形成销售与运作规划报告第3版。

② 以上个月的销售与运作规划为基准,对所有的产品族检查销售、生产、库存或未完成订单的实际业绩,并以货币单位表示,以便于考察经营规划的实现情况。

③ 检查资源约束,并确定资源需求优先级。

④ 对不能达成一致的领域提出备选方案,分别以产品单位和货币单位表示,并提出财务影响。

⑤ 每个季度对供需策略进行一次检查,如果需要调整供需策略,则做出调整建议。

⑥ 制定销售与运作规划高层会议议程表。

销售与运作规划预备会议的团队成员如下:市场销售经理、客户服务经理、销售人员、预测分析人员、新产品开发经理、分销经理、供应链经理、生产计划与控制经理、工厂经理、物料经理、财务经理、采购经理、计划部门经理、主生产计划员、分销经理、销售与运营规划流程负责人。

销售与运作规划预备会议一般由销售与运作规划流程负责人主持。

第五步,销售与运作规划高层会议,生成销售与运作规划报告第4版。

这是销售与运作规划流程的终点事件。它的目标是:

① 检查客户服务业绩、新产品开发问题,以及其他必要的问题,并做出决定。

② 在涉及重大成本变化或其他重大影响的情况下,批准关于生产率或采购率的修改。

③ 将以货币单位表示的销售与运作规划信息和经营规划相比较,如果二者不吻合,则做出决定:调整销售与运作规划,或调整经营规划。

④ 在销售与运作规划预备会议团队不能达成一致意见的领域,做出解决问题的决定,达成一致意见。

⑤ 对每个产品族做出决定,或接受销售与运作规划预备会议的建议,或选择不同的方案,形成销售与运作规则报告第4版。

销售与运作规划报告第4版即正式的销售与运作规划报告,它反映了公司管理层的一致意见,是整个公司关于未来几个月的对策计划。在销售与运作规划高层会议之后,应当尽快下发,让全公司所有相关人员知道未来的计划是什么。

销售与运作规划高层会议的团队成员应当包括企业的高层领导成员和销售与运作规划预备会议团队的所有成员。一般应由企业的总经理或总裁或董事长来主持会议。

以上介绍了制定销售与运作规划的流程，指了所要做的事情，但是5个阶段的划分并不是绝对的。如果企业的规模比较小，可以将最后的两个阶段合并，也就是将销售与运作规划的预备会议和高层会议合并为一个会议。对于第2阶段和第3阶段，通常应当有一个正式的会议。如果企业的规模比较小，也可以不采取正式会议的形式，但是有关人员之间的充分沟通则是必不可少的。

在上面的叙述中，有一个角色是非常重要的，那就是销售与运作规划流程负责人。他(她)的职责是管理和控制制定销售与运作规划的整个流程。在制定销售与运作规划的整个流程中要和企业中各个职能部门及不同层级的管理人员打交道。这个人必须有组织能力、管理经验，了解企业的产品，了解企业的运营流程，了解企业的客户，了解企业的人员，有良好的人际关系，说话有人听，做事有人帮。由于这个角色的职责通常不足以对应一个全职的岗位，所以他们大多是兼职的。可能的人选如下：市场销售经理、生产经理、采购经理、物料经理、供应链经理、财务经理、计划经理。其中，如果计划经理具备所要求的素质，则是最好的人选。

在上面的叙述中，还有一个必须有的角色没有明确地指出，那就是销售与运作规划报告维护人员。他(她)的职责是在制定销售与运作规划的整个流程中，对各次会议做会议记录并记录销售与运作规划报告各个版本的变化。信息处理部门或计划部门中工作认真的人员都是可能的人选，通常也是兼职的。

4.3 主生产计划

MRP的早期用户直接把需求(预测或客户订单)输入MRP系统中，运行MRP，根据物料清单进行需求展开，得到物料需求计划。在这个过程中，并不考虑资源的可用性。换言之，总是假定有充足的资源可以保证随时按照产品的需求数量和时间来生产产品。但是，需求会不断变化而且有时变化是很大的。如果让MRP系统直接面对需求，则系统将经常产生对于自己的工厂和供应商来说都无法执行的计划。反映在生产线上，就是时而严重超负荷，时而大量能力闲置。于是，MRP系统的早期用户意识到，如果不能预料和控制用于支持生产的资源的可用性，MRP系统的价值是极其有限的；他们也认识到，让计算机去做太多的决策性工作是不切实际的。这些想法导致主生产计划(master production schedule，MPS)的出现。同时，也产生了一个重要的工作岗位——主生产计划员。

4.3.1 主生产计划的数据

根据主生产计划编制的过程和实施内容，主要涉及以下基础数据资料：

(1) 生产预测

用于指导主生产计划的编制，使得主生产计划员在编制主生产计划时能遵循生产规划的目标。这是根据生产规划和计划清单确定的，往往是按该物料在生产规划中的比例分解到每个时区。例如，某企业的产品类A在每个时区的生产规划量是1 000，产品类A中的某一产品M1占A的比例是20%，则产品M1的生产预测量是200。

(2) 实际需求

实际需求是指已经接到客户的订单，并做出发货承诺但尚未发货的订单量。主生产计划员必须按客户要求的数量和所承诺的交货日期跟踪每一份客户订单，确保客户将按照所得到的承诺收到所需要的产品。实际需求包括预测的客户订单和增加的客户订单。

前者是预测的实现。每逢接到预测的客户订单，则抵消相应的预测量。而后者是出乎预料的需求，不是预测的实现，不抵消预测，而是要增加总需求。增加的客户订单有时反映了一种新的商机，所以要加以区分。

（3）未消耗的预测

这是指在一个时区内尚未由实际客户订单兑现的那部分预测量。早于需求时界各时区的未兑现预测量以零计算，需求时界后的第一个未兑现预测量是该时区以前累计生产预测量减去对应实际计划内客户订单量，也有不考虑以前的未消耗预测量，仅计算该时区的未消耗预测量。其他时区的未消耗预测量是对应该项时区的生产预测量减去客户订单量。

（4）总需求

总需求是未消耗的预测和实际需求之和。

（5）预计可用量

预计可用量反映在未来时区将会出现的库存量。预计可用量等于前一个时区的预计可用量加本时区的主生产计划量减总需求量。当预计可用量出现负值时，说明主生产计划量偏低；反之，当预计可用量随时区后移越来越高时，则说明主生产计划量偏高。

（6）可承诺量

可承诺量（available to promise，ATP）是库存量和主生产计划量中尚未承诺给客户订单的部分，用于支持客户订单承诺。它的计算是从计划期的最后一个时区倒算的，可承诺量等于主生产计划量减去实际需求量（不考虑预测量）。当主生产计划以两个以上时区累计下达时，则计算可承诺量也随相同时区累计后计算；当计算结果是负值时，可承诺量设为零。这个负值累计到前一个时区的实际需求量中。如果倒推到第一个时区出现负数时，记下负值，说明预测量偏低，造成主生产计划量偏低。

4.3.2　主生产计划的编制

主生产计划员编制主生产计划的工作是一种艺术，没有一种算法可以保证得到最好的主生产计划。为了编制好主生产计划，对市场和生产过程的深刻理解与经验是非常重要的。在此过程中，必须注意以下几个问题。

4.3.2.1　主生产计划的展望期和计划时区

必须有足够长的展望期。主生产计划要驱动物需求计划，物料需求计划从主生产计划中得到关于产品或最终项目的毛需求的数量和需求日期，使用计划提前期，倒序确定各种子项物料的需求数量和日期。如果计划展望期不是足够长，那就有可能出现要求某些子项物料的生产或采购必须始于过去，从而无法执行的情况。

让我们来看一个例子。图 4-4 中显示了手推车的时段式物料清单，表明为了保证总装配的按时完成，各种零件和子装配件应当何时开始购买或装配。物料需求计划使用图中显示的提前期来确定物料的需求时间。物料清单中的活动构成不同的序列，其中最长的活动序列称为关键路径。例如，车筐装配加上总装配构成一条关键路径。手推车的累计提前期（cumulative lead time，CLT）是关键路径所占用的时间，即 9 个时区。主生产计划物料的累计提前期指明了它的最小计划展望期。各项主生产计划物料的累计提前期可能互不相同，最长的累计提前期将作为企业主生产计划的最小计划展望期。在实践中，考虑到能力、设计和采购等诸多因素，计划展望期总是要比最长的累计提前期更长一些。

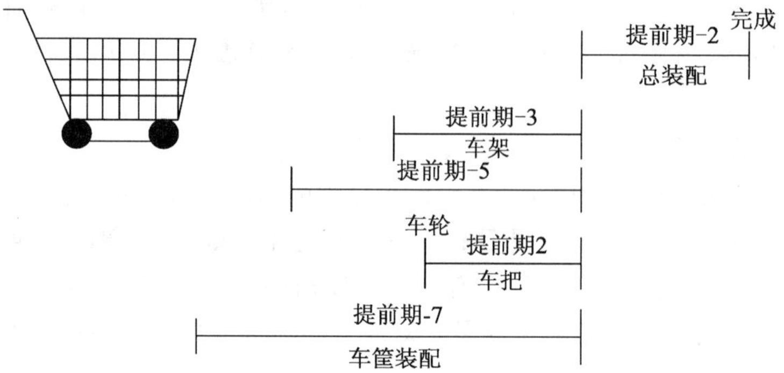

图 4-4　手推车及其时段式物料清单

（1）能力

主生产计划确定能力需求。如果需要增加能力或设备，那么累计提前期可能就要延长。

（2）设计

某些子装配件和零件可能需要设计，设计之后可能还需要购买某些零件或原材料。

（3）采购

如果能够让采购人员更早地知道采购计划，则有机会通过选择供应商、获取折扣等方式降低采购成本，且保证物料的质量。

多数企业以 12 个月作为计划展望期，每过 1 个月，增加一个新的月计划。也有的企业据物料和能力的提前期，将计划展望期扩展到 2～3 年。

主生产计划的时区（即计划的最小时间单位）不应大于周，以便使得低层物料可以有比较好的相对优先级。有些企业甚至以天为时区编制主生产计划。

4.3.2.2　充分的沟通

预测是主生产计划的一项重要的输入。因此，要编制好主生产计划，预测必须是高质量的。企业必须明确谁负责预测、预测的对象和技术，谁负责审查预测的精度以及审查的频度，各部门如何就预测的结果进行沟通等。预测的责任通常由市场部门承担。

生产部门和采购部门对主生产计划有提供反馈信息的责任，他们应向计划员和主生产计划员提供关于预期延迟的信息，以使计划员和主生产计划员能在问题发生之前做好计划调整。这也使得他们有时间来估计一项预期延迟的影响。对于一份带有惩罚条款和 10 天内贷款即将到期的出口订单，一般会不惜代价进行安排，不使生产落后于计划。

应有定期的计划会议，为市场、销售、生产、采购、计划部门的人员进行交流提供机会。对于部门之间的交流应当规定响应时间。例如，如果市场部门要求生产部门做出一种承诺或修改计划，他们应在 1～2 天内得到答复。如果生产部门向市场部门询问为什么预测未能实现，他们应在 1～2 周内得到答复，因为市场部门要花比较多的时间来获取这些信息。

4.3.2.3　主生产计划的编制步骤

① 根据生产规划和计划清单确定每个主生产计划对象的生产预测。

② 根据生产预测、已收到的客户订单、配件预测及该最终项目的非独立需求数量计算总需求。

③ 根据总需求量及事先确定的订货策略和批量、安全库存量和期初库存量，使用如下公式从最初时区开始计算各时区的预计可用量和主生产计划量：

第 $k+1$ 时区的预计可用量＝第 k 时区预计可用量＋第 $k+1$ 时区主生产计划量－第 $k+1$ 时区的总需求量（$k=0,1,\cdots$）

第 0 时区的预计可用量＝期初可用量

在计算过程中，如预计可用量为正值，表示可以满足需求量，不必再安排主生产计划量；如预计库存量为负值，则在本时区安排一个批量作为主生产计划量，从而给出一份主生产计划的备选方案。

④ 用粗能力计划评价主生产计划备选方案的可行性，模拟选优，给出主生产计划报告，如图 4-5 所示。

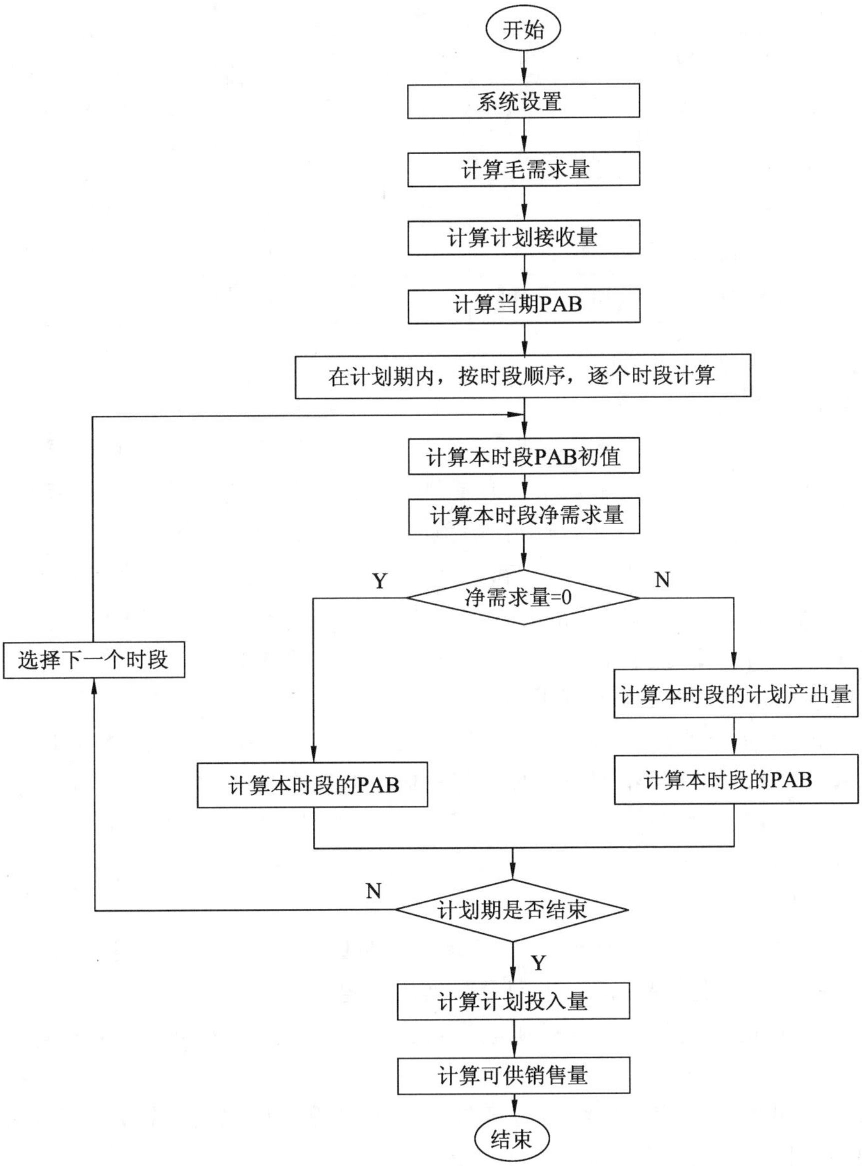

图 4-5　MPS 编制过程

4.3.2.4 一个 MPS 示例

表 4-1 显示了一个主生产计划的完整矩阵。

表 4-1 主生产计划

	需求时界							计划时界		
时/周	1	2	3	4	5	6	7	8	9	10
生产预测	200	200	200	200	200	200	200	200	200	200
增加的客户订单	0	0	0	0	130	28	0	0	0	0
预测的客户订单	198	145	234	145	167	145	150	100	34	0
未消耗的预测	0	0	23	55	33	55	50	100	166	200
总需求	198	145	257	200	330	228	200	200	200	200
主生产计划	400	0	400	0	400	0	400	0	400	0
预计可用量	377	232	375	175	245	17	217	17	217	17
时区 ATP	8	0	0	0	0	0	150	0	366	0
超出的需求量	0	194	49	215	70	173	0	100	0	0
向前看的累计 ATP	183	183	183	183	183	183	333	333	699	699

在表 4-1 的基础上，讨论以下 3 个问题。

(1) 客户订单

在表 4-1 中，涉及客户订单的有两行，增加的客户订单和预测的客户订单。

增加的客户订单属“非正常需求”，它或许是一次性的偶然出现，或许是反映了新的商机。但是，无论是哪一种，都不应当用它来预测消耗，而是直接加到总需求上。因此，表中相应的总需求分别是 200＋130＝330 和 200＋28＝228。在制订主生产计划时，也要增加计划生产量。而且，在计算 ATP 的时候也要把增加的客户订单考虑在内。

预测的客户订单是预测的实现，对它要按照预测消耗逻辑来处理。

(2) 时界和预测消耗逻辑的应用

常用的时界有两种，即计划时界（planning time fence，PTF）和需求时界（demand time fence，DTF）。计划时界和需求时界都是通过时区来指明的。一般来说，计划时界等于或略大于最终产品的累计提前期的时区数；而需求时界等于略大于最终产品的总装配提前期的时区数。

1) 计划时界

在表 4-1 中，定义了计划时界的长度为 8 个时区。现在，第 9 时区将要进入计划时界。此时，主生产计划员要考虑以下问题并做出决定：

① 第 9 时区的主生产计划量 400 是否应当适当减少？因为向前看的累计 ATP 已达到 699 了。

② 如果不做任何改变而使第 9 时区进入计划时界，以后也没有接到新的客户订单，那么就要保持比较高的 ATP 和预计可用量。

③ 当然，如果在第 9 时区进入计划时界之前接到了新的客户订单，主生产计划员也

有可能保持甚至增加第 9 时区的主生产计划量。

2）需求时界和未消耗预测的处理

在表 4-1 中，第 4 至 10 时区的未消耗预测的计算是简单明了的。但是，第 1、2、3 时区的未消耗的预测是如何得到的，应当做出解释。

按照需求时界的定义，需求时界之前的时域是冻结的，不再接受新的客户订单。因此，早于需求时界的未消耗预测即被认为是过期的。这里采用的是时间宽松的预测消耗逻辑，所以，将早于需求时界的累计的未消耗预测，即(200－198)＋(200－145)＝57，移到了需求时界之后的第 1 个时区，即第 3 时区。于是有第 3 时区的未消耗的预测＝200＋57－234＝23。同时，第 1 时区和第 2 时区的未消耗预测变为 0。

(3) 计算向前看的累计 ATP

① 计算时区 ATP。

从第 10 时区开始，由远及近直到第 1 周，逐个时区进行如下计算：将主生产计划量减去未交付的客户订单量(包括增加的客户订单和预测的客户订单)。

第 10 时区：时区 ATP＝0－(0＋0)＝0。

第 9 时区：时区 ATP＝400－(0＋34)＝366。

第 8 时区：时区 ATP＝0－(0＋100)＝－100，即“超出的需求量”。时区 ATP 记为 0。

第 7 时区：时区 ATP＝400－(0＋150)－100＝150。其中，等式左边被减掉 100，表示“第 8 时区超出的需求量要从第 7 时区的时区 ATP 中预留出来”。

第 6 时区：时区 ATP＝0－(28＋145)＝－173，即“超出的需求量”。时区 ATP 记为 0。

第 5 时区：时区 ATP＝400－(130＋167)－173＝－70，即“超出的需求量”。时区 ATP 记为 0。其中，等式左边被减掉 173，表示“第 6 时区超出的需求量要从第 5 时区的时区 ATP 中预留出来”。

第 4 时区：时区 ATP＝0－(0＋145)－70＝－215，即“超出的需求量”。时区 ATP 记为 0。其中，等式左边被减掉 70，表示“第 5 时区超出的需求量要从第 4 时区的时区 ATP 中预留出来”。

第 3 时区：时区 ATP＝ 400－(0＋234)－215＝－49，即“超出的需求量”。时区 ATP 记为 0。其中，等式左边被减掉 215，表示“第 4 时区超出的需求量要从第 3 时区的时区 ATP 中预留出来”。

第 2 时区：时区 ATP＝0－(0＋145)－49＝－194，即“超出的需求量”。时区 ATP 记为 0。其中，等式左边被减掉 49，表示“第 3 时区超出的需求量要从第 2 时区的时区 ATP 中预留出来”。

第 1 时区：时区 ATP＝400－198－194＝8。其中，等式左边被减掉 194，表示“第 2 时区超出的需求量要从第 1 时区的时区 ATP 中预留出来”。

② 向前看的累计 ATP。

从第 1 时区开始，把各时区的时区 ATP 累加到所考虑的时区，即这个时区的向前看的累计 ATP。

4.3.3 主生产计划的实施

由于来自生产、市场和采购方面的实际情况的影响，MPS 的计划生产量和实际生产量之间会有差异，这就需要对 MPS 的实施过程进行监测和控制。

生产活动对 MPS 会产生直接的影响。在生产中由于能力的变化，前一个周期任务的延期完成、废品的产生都可能影响 MPS 的完成。另外，如停机、停工、准备时间的变化，可用原材料的减少等也都是影响 MPS 完成的因素。

采购和市场行为对 MPS 具有间接影响。在采购实施中，影响 MPS 的常常有 3 个问题：即采购订单完成拖期、提前期不准确、已采购项目的拒收。因此，要对采购行为进行监控，包括对供应商的仔细选择、对供应商行为的了解和控制以及在交货过程中的运输问题的解决等。市场实施包括检查预测需求与实际顾客订单之间的差异，以及在固定计划周期内，预测变化的频度和大小。当实际的需求与预测需求发生较大偏差时，其结果将影响库存水平，造成或高或低的结果，也影响能力计划，使其失去平衡，最终将导致顾客服务的质量的下降。因此，要遵循 3 条原则，即发生重大的变化立即告知、考虑改变产品组合以满足顾客订单对样式变化的要求、要考虑到预测需求变化对 MPS 的影响。

主生产计划是生产计划大纲的延伸，也是物料需求计划的基础，在 MRPII 的计划层次中，起到一个由粗到细，承上启下的作用。主生产计划的质量对整个企业的生产经营活动起着决定性的作用，必须特别加以注意。

主生产计划应当是相对稳定的。但是，随时间的推移和市场的变化，主生产计划的改变仍是不可避免的。主生产计划员使用时界对主生产计划进行维护，并对修改主生产计划进行控制。

4.3.3.1 主生产计划维护的原则

为了说明修改主生产计划的限制条件、难易程度及付出的代价，从而谋求一个比较稳定的主生产计划，提出了时界与时域的概念，向计划人员提供一个控制计划的手段。

计划时界和需求时界将整个计划展望期分为 3 个时域。从当前时区到需求时界之间的计划期，称为第 1 个时域；需求时界和计划时界之间的计划期，称为第 2 时域；计划时界以后的计划期称为第 3 时域。

需求时界指出，第 1 时域的主生产计划已接近完成，不宜再有变化，甚至不再接受新的客户订单，否则要付出很大的代价。所以，第 1 时域也称为冻结时域。在这个时域中，主生产计划的改变，包括接受新的客户订单，都要经过企业高层领导的批准。

计划时界指出，第 2 时域的主生产计划已经确认，主生产计划的变化要付出一定的代价，所以不允许系统自动改变，必须由主生产计划来控制。通常，这个时域称为半冻结时域。

第 3 时域中的主生产计划还没有经过确认，系统可以改动。通常，第 3 时域称为自由时域。

时界的作用有两方面。一方面，可以根据时界确定在不同的时域内维护主生产计划的权限。另一方面，可以提醒主生产计划员在适当的时候做必要的决定。随着时间的推移，原来位于计划时界之外的计划数据将会进入计划时界之内。而一旦计划数据进入计划时界，再改变它就困难了。因此，主生产计划员必须决定对即将进入计划时界的主生产计划数据是否要进行适当的修改。

时界是客观存在的。使用时界不是要阻止计划的变化，只是要明确地指出，在不同的时域对主生产计划做出改变要付出不同的代价，从而向主生产计划员提供了维护和控制主生产计划的手段。

4.3.3.2　控制对主生产计划的修改

主生产计划员必须随时维护主生产计划的可行性。在维护主生产计划可行性的过程中，主生产计划员经常遇到的问题就是由于客户需求的改变而使得原有的主生产计划失去意义。在这种情况下，车间管理人员将不得不自行采取措施处理问题，这将使系统处于混乱状态。为了避免这种情况，要重排主生产计划。

但是，一定要对主生产计划的重排进行控制，而不能频繁地重排。为此，主生产计划员必须认真考虑和分析以下问题。

(1) 需求真的发生变化了吗？

主生产计划的一个重要目标是满足客户需求。需求的变化必然引起计划的变化。但是主生产计划应当是相对稳定的计划，不能亦步亦趋地随需求的变化而改变。需求的变化有时仅仅是客户把一份订单提前了，而总需求并没有变。有时可能是由于年终销售奖金的影响使得销售人员努力把客户明年的需求变成今年的订单，并不意味着需求发生了规律性的变化。所以，对于需求的变化要分析原因，并决定是否要采取相应的措施。

(2) 对生产规划有什么影响？

如果必须修改主生产计划，而且这种修改使得主生产计划的汇总与生产规划不一致，那么在修改主生产计划之后还要修改生产规划。

(3) 能力可用吗？

修改主生产计划受到生产能力的限制。在决定修改主生产计划之前，一定要确保有足够的生产能力来支持修改以后的主生产计划。

(4) 物料可用吗？

为了生产产品，物料和能力同样重要。在正确的时间以正确的数量得到正确的物料，才能保证生产按计划执行。如果要增加需求，则必须有足够的物料可用；如果要减少需求，则需要考虑增加库存空间来存储暂时不需要的零部件。

(5) 成本和风险如何？

在短于提前期的时间内改变主生产计划，可能需要更多的能力，需要以紧急手段获取更多的物料。在很多情况下，这些都是可以做到的，但是要付出成本，还可能产生产品质量问题或者影响和客户的关系。所以，要把改变计划的收益和改变计划的成本与风险进行比较，才可以做出决定。

应当确定一些控制主生产计划重排的原则，例如：

① 仅对需要对原承诺日期改变1周以上的订单进行重排。

② 如果工厂的能力已经很紧张，当把一份订单提前时，必须把另外的订单推后。否则，就会出现超负荷的主生产计划。

为了帮助主生产计划员重排和修改主生产计划，可以利用一些工具。例如，粗能力计划及系统的模拟功能都是非常有用的。此外，主生产计划员的经验也是非常重要的。

4.3.4 粗能力计划

4.3.4.1 粗能力计划概述

对主生产计划进行有效的管理是 ERP 系统中最富挑战性的工作之一。主生产计划员的目标就是生成一份可执行的主生产计划。这就意味着要有足够的能力来保证主生产计划的执行。

在战略层面，当生成了生产规划之后，要通过资源计划来检查它的可行性。生产规划是面对产品族的，资源计划以综合的表述方式检查了是否有足够的能力来保证生产规划的执行。在战术层面，也要检查主生产计划的可行性，这就是粗能力计划(rough cut capacity planning，RCCP)的作用。粗能力计划的处理过程和资源计划的处理过程很相似，但是要更详细。因为主生产计划是面对具体产品或最终项目的。

粗能力计划的处理是要将产品或最终项目的主生产计划转换成关键工作中心的能力需求。粗能力计划要忽略某些基本信息，以便简化并加快处理过程。粗能力计划使用某些有代表性的工艺路线，面向关键工作中心，是一个近似的能力计划。通常，企业要根据与粗能力计划相关的主要资源的情况来批准主生产计划。

粗能力计划所用的代表工艺路线把主生产计划物料和生产它们所需的关键工作中心联系起来，按日期产生对关键工作中心的粗能力需求。以周为时区把这些粗能力需求汇总，形成粗能力计划报告。粗能力计划报告可以以表格或直方图的形式输出。输出的内容要包括关键工作中心的代码及描述、时区、在一个时区内总的能力需求表及总的能力可用量。

粗能力计划为评估主生产计划提供了一个粗略的方法。如果一份主生产计划所产生的能力需求是不现实的，或一项变化对资源或关键设备的能力产生重大超量需求，则都能从粗能力计划中清楚地反映出来。

为了有效地解决粗能力计划反映出的问题，需要提供一种方法来识别能力需求的来源。最简单的方法是提供一个报告或屏幕显示，表明在每个时区引起粗能力计划需求的具体的主生产计划订单。

如果粗能力计划的计算表明存在能力或资源的短缺，那么在批准主生产计划之前，必须解决这一问题，或者增加能力或资源，或者调整主生产计划。如果必须调整主生产计划以协调资源短缺，那么这种调整一定要反映在最后的主生产计划中。

4.3.4.2 能力清单

为了执行粗能力计划，必须首先构造能力清单(bill of labor，BOL)。能力清单和资源清单是同义词，它给出关于每个关键工作中心的负荷(load)和偏置时间(time off-set)的信息。负荷是指为生产一个单位的主生产计划物料所需的对某个关键工作中心的准备和加工时间，这个时间包括对该主生产计划物料的所有经过此工作中心的子项物料的准备和加工所需的时间。一个工作中心的偏置时间则用来指明该工作中心的工作要在主生产计划物料完成之前的几个时区进行。能力清单的数据来自于物料清单和工艺路线。假定现在要为产品 X 做粗能力计划。X 的物料清单表明，X 由零件 A、零件 B 和子装配件 C 各 1 件构成，而子装配件 C 由零件 D 和零件 E 各 1 件构成，零件 D 和零件 E 分别由毛坯 D1 和 E1 加工而成。工艺路线表明，零件 D 的加工要经过 4 个工作中心，零件 E 的加工要经过 5 个工作中心。图 4-6 是产品 X 的物料清单。表 4-2 和表 4-3 分别是零件 D 和零件 E 的工艺路线。

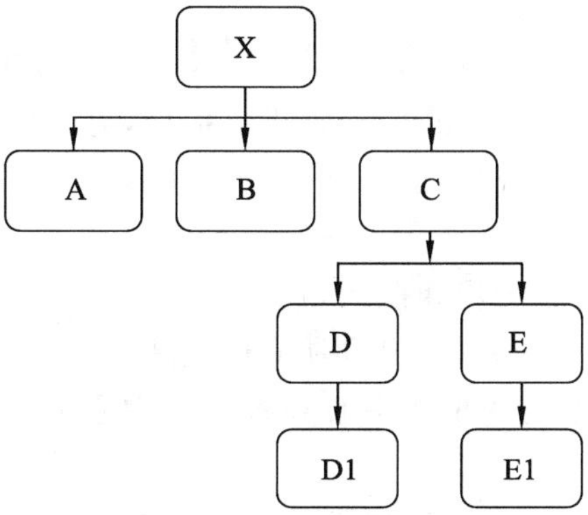

图 4-6　产品 X 的物料清单

表 4-2　零件 D 的工艺路线

工作中心	24	32	14	40
工序	车	轧	淬火	磨
准备时间	1.6	0.4		0.6
加工时间	0.10	0.18		0.17

表 4-3　零件 E 的工艺路线

工作中心	24	10	20	14	40
工序	车	钻	切割	淬火	磨
准备时间	0.8	0.2	0.4		0.4
加工时间	0.06	0.03	0.15		0.12

为了构造产品 X 的能力清单，首先来计算子装配件 C 的能力需求。假定零件 D 和零件 E 的提前期都是 1 个时区。计算子装配件 C 的能力需求就是一个累加零件 D 和零件 E 的工艺路线信息的过程。我们注意到，工作中心 40(研磨工序)的准备时间为 1 小时，其中，加工零件 D 的准备时间为 0.6 小时，加工零件 E 的准备时间为 0.4 小时，加工时间一共是 0.29 小时。因为对零件 D 和零件 E 的研磨加工出现在同一时区，所以把这两项负荷加在了一起，否则应当分开对其他工作中心进行类似的计算。对于工作中心 14(淬火工序)的负荷不是以标准小时为单位，而是以零件的个数表示(零件 D 和零件 E 各 1 件)。这项负荷要求的是空间资源。子装配件 C 的能力需求如表 4-4 所示。

表 4-4　子装配件 C 的能力需求

工作中心	10	14	20	24	32	40
准备时间	0.2		0.4	2.4	0.4	1.0
加工时间	0.03	2 件 (空间资源)	0.15	0.16	0.18	0.29

在计算出子装配件C的能力需求之后，就可以从中提取出对关键工作中心的能力需求。假定工作中心24是关键工作中心，且已知产品X的最终装配提前期是1个时区，子装配件C的提前期是2个时区，零件D和零件E的提前期都是1个时区。于是，工作中心24的偏置时间是4个时区。能力清单指出，对于每件产品X，在其完工之前4个时区，在关键工作中心24上将出现的负荷是准备时间2.4小时，加工时间0.16小时。

现在可以把构造能力清单的步骤概括如下：

① 将主生产计划物料的BOM展开到所有的制造层次(包括提前期)。

② 依据工艺路线确定所需的工作中心和各工作中心为加工所有子项物料所需的标准工时。

③ 按工作中心和偏置时间把子项物料所需工时进行分组累加(即把工作中心和偏置时间相同的工时相加)。

④ 对所选定的关键工作中心提取其工时负荷和偏置时间，形成主生产计划物料的能力清单。

4.3.4.3 粗能力计划的计算

在构造了能力清单之后，就可以生成粗能力计划了。表4-5表示的是产品A和产品B的能力清单。工作中心10和35都是关键工作中心。注意产品B的零件两次经过工作中心10：一次是产品B完工之前1个时区，另一次是产品完工之前2个时区。现在，我们要确定第2时区在工作中心10上的负荷。考虑到两个产品在工作中心10上的偏置时间，必须考虑产品A在第4时区的主生产计划和产品B在第3时区及第4时区的主生产计划量。

表4-5 产品A和产品B的能力清单

产品	工作中心	准备时间	加工时间	偏置时间
A	10	2.0	0.1	2
	35	1.0	0.2	3
B	10	1.0	0.05	1
	10	1.5	0.1	2
	35	0.5	0.1	2

假定从产品A和产品B的主生产计划得知，产品A在第4时区的主生产计划量是50件，在第5时区的主生产计划量是60件；产品B在第3时区的主生产计划量是20件，在第4时区的主生产计划量是25件。于是，产品A在第4时区的50件将要求工作中心10在第2时区上的7小时的能力。类似地，产品B在第3时区的20件将要求工作中心10在第2时区上的2小时的能力，产品B在第4时区的25件将要求工作中心10在第2时区上的4小时的能力。把这些负荷累加在一起，得到第2时区在工作中心10上的负荷是13小时。以上计算过程如表4-6所示。

表4-6 第2时区工作中心10上的粗能力计划

<table>
<tr><th>产品</th><th>主生产计划量(件)</th><th>完工时区</th><th>偏置时间</th><th>负荷计算</th><th>负荷(小时)</th></tr>
<tr><td>A</td><td>50</td><td>4</td><td>2</td><td>2.0+0.1×50=7</td><td>7</td></tr>
<tr><td rowspan="2">B</td><td>20</td><td>3</td><td>1</td><td>1.0+0.05×20=2</td><td rowspan="2">6</td></tr>
<tr><td>24</td><td>4</td><td>2</td><td>1.5+0.1×25=4</td></tr>
<tr><td colspan="5">合计</td><td>13</td></tr>
</table>

类似地,可以求得第2时区在工作中心35上的负荷是16小时。

现在把粗能力计划的计算过程总结如下:

① 对各主生产计划物料构造能力清单。

② 根据各主生产计划物料的能力清单计算各主生产计划物料在各时区对各关键工作中心的负荷。

③ 对各关键工作中心按时区汇总所有主生产计划物料产生的负荷,得到该工作中心的粗能力计划。

4.4 物料需求计划

物料需求计划(MRP)过程是一个模拟过程。它根据主生产计划、物料清单和库存记录,对每种物料进行计算,指出何时将会发生物料短缺,并给出建议,以最小库存量来满足需求并避免物料短缺。

4.4.1 物料需求计划概述

MRP是一种物料管理和生产方式,是ERP系统的重要组件,它建立在MPS的基础上,根据产品的BOM、工艺路线、批量政策和提前期等技术和管理特征,生成原材料、毛坯和外购的采购作业计划和零部件生产、装配的生产作业计划,从而达到有效管理和控制企业物料流动的微观计划。

MRP建立在MPS的基础上,但是与MPS有着本质的不同。MPS回答了生产什么和何时生产的问题,其计划对象是最终交付用户的产品项目。但是,如何生产这些产品项目,如何合理、均衡地安排组成这些产品项目的零部件的生产、原材料和外购件的采购,如何考虑现有的库存状况并保持合理、优化的库存,如何在生产过程中考虑合理、有效的生产批量等,这些都是MRP需要回答的问题。

作为ERP系统的重要组件,MRP需要回答以下5个问题:

① 生产什么?生产多少?何时生产?

② 要用到什么?用到多少?何时用到?

③ 已经有了什么?有多少?何时使用?

④ 还缺少什么?缺少多少?何时需要?

⑤ 何时安排?

实际上,问题①可以由MPS来回答。这里生产的目标对象是独立需求物料,这些内容正是MPS的核心内容。因为MRP建立在MPS的基础上,这些内容是MRP运算的起点。

问题②是问题①的自然延续,是对问题①的补充,也可以说是对MPS内容的进一步细化。这个问题的答案,就是被称为 BOM 的物料清单。这个问题涉及的目标对象是相关需求物料,是独立需求物料和数量根据 BOM 结构分解得到的物料和对应的物料数量。这种分解计算过程是通过 MRP 完成的。

问题①和问题②的研究内容是确定将要生产或采购的对象,问题③则是针对已经确定的对象回答已经有了什么和有了多少。问题③由物料库存信息和已下达的采购订单来回答,这里的目标对象与问题②中的目标对象一致。

实际上,问题④是通过问题②和问题③计算得到的。除此之外,它还需要考虑批量规则、安全库存量、废品率等管理因素。在传统的手工管理方式下,问题④是当真正发生缺料时通过缺料表和缺料计划解决的。在 ERP 系统中,问题④的解决时间已经提前到制定 MRP 时。

在问题②③和④中,有关"何时"问题的解决离不开工艺路线和各种提前期数据。虽然根据工艺路线和各种提前期数据可以解决诸如何时用到、何时使用,以及何时需要等问题,但是并不能完全解决物料采购作业、生产作业的安排问题,这是因为合理解决这些作业安排问题还牵扯到设备能力、人员能力、资金能力和均衡生产等条件。问题⑤的答案实际上就是平衡设备能力、调度生产人员、合理筹措资金及均衡安排作业等。能力需求计划是解决问题⑤的一种有效方法。

MRP 是 ERP 系统的核心内容,它把 ERP 系统中的许多重要组件组合在一起。MRP 把 MPS 作为其基础和输入,是 MRP 要达到的最终目标。BOM 是 MRP 把最终产品分解成各种物料的工具,是最终产品与物料编码和物料数量相关联的方法。毫无疑问,作为一种重要的基础数据,物料编码是整个 ERP 系统包括 MPS 和 MRP 组件识别和使用物料的依据。在 MRP 的计算过程中,如果需要某种指定编码的物料但是这种物料偏偏无法及时满足作业的需要,能否采用性能相近或更高性能的同类物料代替这种指定编码的物料呢?这个问题的答案就是企业制定的物料代用政策。工序和工序组成的工艺路线是 MRP 安排生产作业顺序的基础。工序把将要加工的物料和实施工的工作中心连接了起来。实际上,工作中心把 MRP 和能力需求计划两个重要组件关联了起来。制造日历有助于 MRP 明确地安排采购作业和生产作业的时间。虽然根据 MPS 和 BOM 可以得到需要的物料,但是,企业当前已经有多少物料和真正需要多少物料,需要借助库存状况来回答。已经发放的生产订单(已经下达执行的生产作业计划)和采购订单(已经下达执行的采购作业计划)有助于更加准确地回答真正需要多少物料。在上面这些组件和数据的基础上,MRP 经过复杂的运算输出可以发放的加工订单和采购订单。图 4-7 所示的是这种 MRP 的结构示意图。

在制造企业中,MRP 产生的零件加工、产品装配作业计划不能很好地满足生产车间的作业执行需要,无法有效地从车间生产线上的设备直接读取数据,无法有效地对零件加工、产品装配作业计划的执行程进行跟踪、数据采集和分析,因此产生了制造执行系统(manufacturing execution system,MES)的应用需求。一般认为,MES 的定位是处于 ERP 计划层和现场自动化系统之间的执行层,主要负责车间生产管理和调度执行,具备如生产调度、产品跟踪、质量控制、设备故障分析、网络报表等管理功能,使用统一的数据库,通过网络连接可以同时为生产部门、质检部门、工艺部门、物流部门等提供车间管理信息服务。MES 系统通过强调制造过程的整体优化来帮助企业实施完整的闭环生产,协助企业建立一体化和实时化的信息体系。

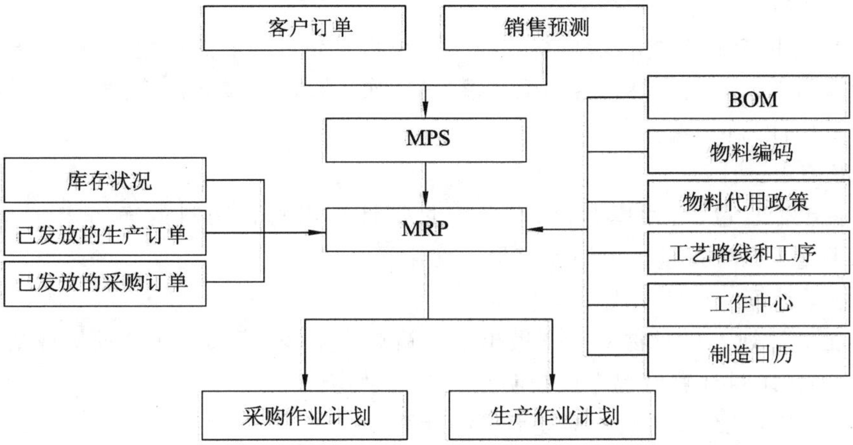

图 4-7　MRP 结构示意

4.4.2　物料需求计划的计算

4.4.2.1　MRP 计算方法

MRP 的计算过程与 MPS 的计算过程非常类似，略有不同。例如，在 MRP 计算过程中，没有预测量、订单量和可供销售等数据，因为 MRP 的计算量都是相关需求，不是可以销售的最终产品项目；在计算 MRP 时需要考虑 BOM 的分解和低层码等影响因素，MPS 只涉及最终产品项目，但是，MRP 涉及组成最终产品项目的所有层次的物料，MRP 的计算量和复杂程度远远大于 MPS 的计算量和复杂程度。MRP 的计算过程示意图如图 4-8 所示。

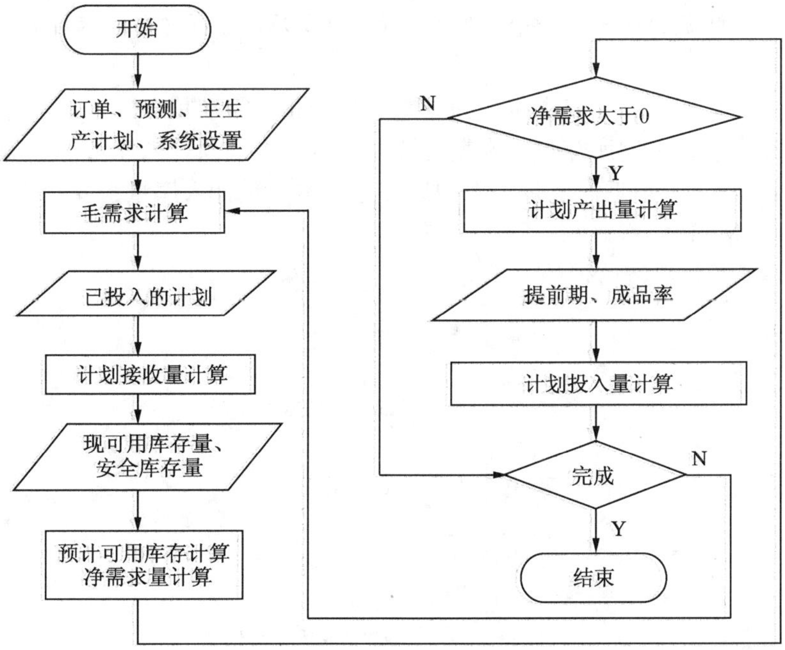

图 4-8　MRP 的计算过程

4.4.2.2 MRP计算步骤

(1) 计算物料的毛需求量

即根据主生产计划、物料清单得到第一层级物料品目的毛需求量,再通过第一层级物料品目计算出下一层级物料品目的毛需求量,依次一直往下展开计算,直到最低层级原材料毛坯或采购件为止。

(2) 净需求量计算

即根据毛需求量、可用库存量、已分配量等计算出每种物料的净需求量,即净需求量=毛需求量+已分配量-可用库存量-在途量。

(3) 批量计算

即由相关计划人员对物料生产做出批量策略决定,不管采用何种批量规则或不采用批量规则,净需求量计算后都应该表明是否有批量要求。

(4) 安全库存量、废品率和损耗率等的计算

即由相关计划人员来规划是否要对每个物料的净需求量做这3项计算。

(5) 下达计划订单

即指通过以上计算后,根据提前期生成计划订单。物料需求计划所生成的计划订单,要通过能力资源平衡确认后,才能正式下达。

(6) 再一次计算

物料需求计划的再次生成大致有两种方式:第一种方式会对库存信息重新计算,同时覆盖原来计算的数据,生成的是全新的物料需求计划;第二种方式则只是在制订、生成物料需求计划的条件发生变化时,才相应地更新物料需求计划有关部分的记录。这两种生成方式都有实际应用的案例,至于选择哪一种要看企业实际的条件和状况。

4.4.2.3 MRP计算规则

根据主生产计划(MPS)、库存计划、物料清单(BOM)制订物料需求计划(MRP)。

主要公式有:

毛需求量=独立需求量+相关需求量

计划库存量=上期库存量+本期订单产出量+本期预计入库量-毛需求量

净需求量=本期毛需求量-上期库存量-本期预计入库量+安全库存量

4.4.2.4 MRP计算案例

图4-9是卡车物料清单带的一个分支。

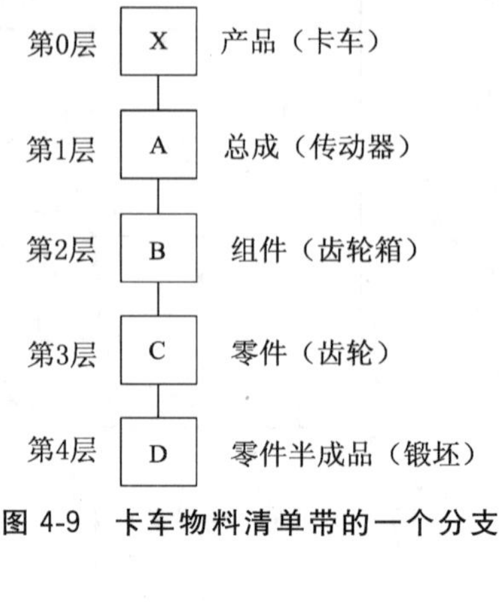

图4-9 卡车物料清单带的一个分支

假定要生产 100 辆卡车 X,库存情况见表 4-7(库存量和已订货量之和)。

表 4-7　项目的库存量和已订货量　件

项目名称	库存量和已订货量
传动器	2
齿轮箱	15
齿轮	7
齿轮锻坯	46

现在来计算上述各项物料的净需求量:

需要生产的卡车数量	100
传动器毛需求量	100
传动器库存量和已订货量	2
传动器的净需求量	98
生产 98 台传动器对齿轮箱的毛需求量	98
齿轮箱库存量和已订货量	15
齿轮箱净需求量	83
生产 83 台齿轮箱对齿轮的毛需求量	83
齿轮库存量和已订货量	7
齿轮净需求量	76
生产 76 个齿轮对齿轮锻坯的毛需求量	76
齿轮锻坯库存量和已订货量	46
齿轮锻坯净需求量	30

下面对齿轮锻坯的净需求量核实一下。卡车生产数量为 100,齿轮锻坯的总需求量,即以下 5 项之和亦应为 100:

齿轮锻坯的库存量和已订货量	46
含有齿轮锻坯的齿轮的库存量和已订货量	7
含有齿轮的齿轮箱的库存量和已订货量	15
含有齿轮箱的传动器的库存量和已订货量	2
齿轮锻坯的净需求量	30
总计	100

净需求量的计算是根据产品结构自上而下逐层进行的。这个计算过程把隐蔽在较高层次的物料项目传动器、齿轮箱、齿轮中的齿轮锻坯都找了出来,并加以计算。净需求量是通过一层一层地把库存量和已订货量分配给各个相应层次上的毛需求量而逐步求得的。只有在确定了父项物料的净需求量以后,才能确定子项物料的净需求量。

有一点应当注意,毛需求量是为了满足父项物料的订货要求而产生的,而不是最终产品所消耗的数量。这两个量不一定相同。

在该例中，要生产 100 辆卡车 X，每一辆卡车含有一个齿轮锻坯，因此齿轮锻坯的总需求量是 100。这个数字虽然在成本核算等方面很有用处，但对于物料需求计划则没有意义。因为我们关心的不是与产品一起出厂的组件的数量，而是需求采购或制造的最小数量，即净需求量。在该例中算出的齿轮锻坯的毛需求量是 76，净需求量是 30。只有在上层物料（齿轮、齿轮箱、传动器）中库存为 0 时，齿轮锻坯的毛需求量才可能是 100。在物料需求计划里，子项物料的毛需求量取决于父项物料的净需求量，而不是取决于最终产品或主生产计划最终项目的需求量。

还应注意，对一个给定的物料项目可能有多个需求源，因此毛需求量也可来自多方。一项物料可能包含在几个父项物料中，也可能用于来自外部的独立需求，如用作备件。我们应把该项物料的所有毛需求量按时区合并起来，如图 4-10 所示。

父项

子项

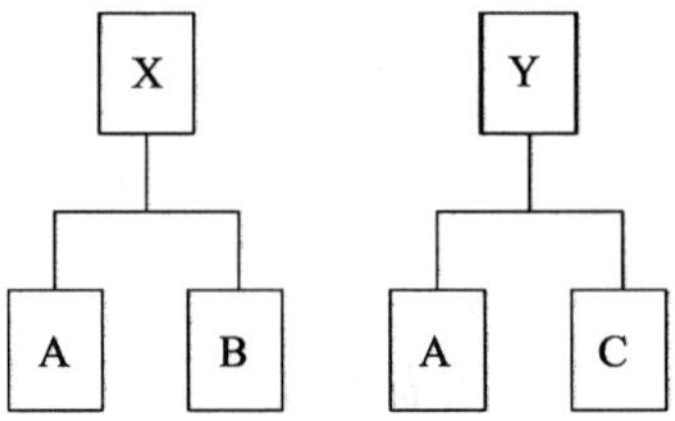

父项X

时区	1	2	3	4	5	6	7	8
计划订单下达		20		10				

父项Y

时区	1	2	3	4	5	6	7	8
计划订单下达				15		15		

备件订单
项目：A　数量：12 交货期：第7时区

子项A

时区	1	2	3	4	5	6	7	8
毛需求量		20		25		15	12	

图 4-10　来自不同需求源的毛需求量

物料需求计划的全过程，即是在展望期内把最终项目的独立需求从主生产计划开始向下逐层分解为各个零部件需求的过程。在此过程中，一个关键的问题是父项记录和子项记录之间的衔接问题：对一项物料的计划订单，下达的同时就产生了其子项物料的毛需求，它们在时间上完全一致，在数量上有确定的对应关系。此过程沿 BOM 的各个分支进行，直到达到外购件（零部件或原材料）为止。

图 4-11 对处于相邻层次的三项物料的需求分解过程做了说明。它们的提前期均为 2。

第一层项目：A

时间		1	2	3	4	5	6	7	8	9
毛需求量		10		15	10	20	5		10	15
预计入库量				14						
库存量	12	2	2	1	−9	−29	−34	−34	−44	−59
计划订单下达			9	20	5		10	15		

第二层项目：B　↓　↓　↓　↓　↓

毛需求量			9	20	5		10	15		
预计入库量										
库存量	28	28	19	−1	−6	−6	−16	−31	−31	−31
计划订单下达		1	5		10	15				

第三层项目：C　↓　↓　↓　↓

毛需求量		1	5		10	15				
预计入库量										
库存量	8	7	2	2	−8	−23	−23	−23	−23	−23
计划订单下达			8	15						

图 4-11　需求量的分解

在此例中，假定物料项目 B 和 C 没有多个父项，即它们不是通用件。然而，实际情况却往往不是如此。它们很可能有着多个父项，尤其是处于 BOM 低层的物料项目更是这样。在这种情况下，如果沿 BOM 各分支分别分解，然后再把对通用件的多项需求相加，则造成计算的重复，降低了数据处理的效率。

获得数据处理高效率的方法称为逐层处理法。做法是先对所有 BOM 算出第一层上所有物料项目的毛需求，按通用件相加，用来确定第二层物料项目的毛需求，依此类推，直至外购件。

在这个过程中，物料的低层代码起到重要的控制作用。一项物料可以出现在多个 BOM 中，在不同的 BOM 中所处的层次也会有不同。所以每项物料都有一个低层代码，用来指明在包含该项物料的所有 BOM 中，该项物料所处的最低层次。在需求展开的过程中，对该项物料的处理被延迟到其出现的最低层次上进行。此时，在所有较高层次上可能出现的对该项物料的毛需求量都已确定，于是可以把所有这些毛需求量按时区合并起来，再继续处理。因此，对每项物料只做一次需求展开，避免了重复检索和处理，提高了效率。

4.4.3 物料需求计划的运行

MRP 系统有两种基本的运行方式：全重排式和净改变式。

两种方式最主要的不同之处在于计划更新的频繁程度，以及引起计划更新的原因。在第一种方式中，计划更新是由主生产计划的变化引起的；在第二种方式中，则是由库存事务处理引起的。

使用全重排方式，主生产计划中的所有最终目的需求都要重新加以分解；每一个 BOM 文件都要被访问到；每一个库存状态记录都要经过重新处理；系统输出大量的报告。

全重排式运行方式是通过批处理作业完成的。因此只能按一定时间间隔(通常为一周)定期进行。在两次批处理之间发生的所有变化，以及计划因素的变化等，都要累计起来，等到下一批次一起处理，所以计划重排结果报告常有延迟。这就使得系统反映的状态会在一定程度上滞后于现实状态。在具体情况下，这个缺点的严重程度取决于 MRP 系统的作业环境。

在一个动态的生产环境中，客户需求变化较大，主生产计划会经常更改，产品的设计也不断更新——所有这些都意味着每项物料的需求数量和需求时间也要随之迅速改变。于是要求系统有迅速适应变化的能力。

在比较稳定的生产环境中，仅就物料需求而论，全重排式 MRP 系统或许能满足需求。然而 MRP 并不只局限于库存管理，还要确保已下达订单的到货期符合实际需求。因此，每周重排一次计划的 MRP 系统，显然不能使订单的完成日期时时与需求情况相符。

由此可以看出，MRP 系统重排计划的时间间隔是一个重要问题。为了能以更小的时间间隔重排计划，必须既考虑到数据处理的经济性即重排计划的范围、时区和输出的数据量，又要避免批量处理作业滞后的弊端。于是，净改变式 MRP 系统出现了。

需求分解是 MRP 最基本的作业。净改变方式采用局部分解的作业方式，对计划进行连续的更新，取代以较长时间间隔进行全面分解的作业方式。

局部分解是问题的关键，因为缩小了每次的运算范围，从而可以提高重排计划的频率，而且每次输出结果的数据也就少了。所谓局部分解是从以下两种意义上来说的：一是每次运行系统时，都只需要分解主生产计划中的一部分内容；二是由库存事务处理引起的分解，只局限在该事务处理所直接涉及的物料及其下属物料。

从净改变的角度看，主生产计划是一个连续存在的计划，而不是一份一份间断产生的计划。主生产计划在任何时候都可以通过增加或减去各种需求量的净改变量而不断得到更新，定期发布的新计划也是以同样的方式处理。在数据处理上，只是对系统中某些物料项目的原有状态数据加上或减去相应的净改变量，从而大大减少了计划重排的工作量。

连续更新的概念可以用图 4-12 来说明，图中主生产计划如同中国书画的长卷，卷轴是向未来无限延伸的，随着时间的推移而逐渐展开。展开的这段形成计划期，在计划期内，主生产计划的每一个时间单元上都含有具体数据，在计划期之外的时间单元上没有数据。随着时间的推移，新的时间单元进入计划期，于是，在这些时间单元上便填上了确定的数据即产生了新计划。

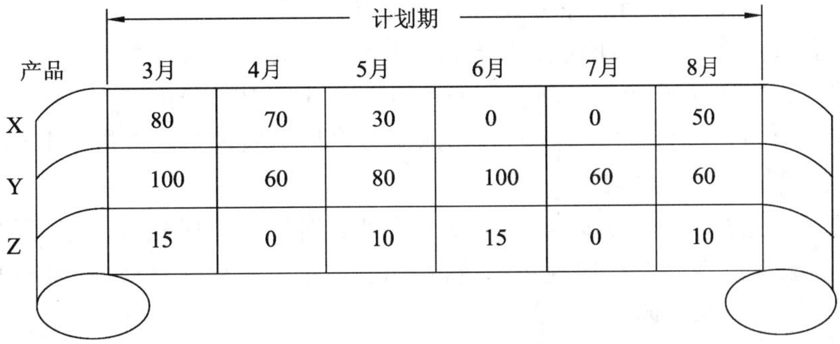

图 4-12　主生产计划的连续性

图 4-13 进一步说明了这种方法。如果一个以 6 个月为计划期的主生产计划在 3 月份看来如图 4-13a 的样子，在 4 月份如图 4-13b 的样子，这两者的差别在图 4-13c 中以净改变的形式表现出来。

产品	3 月	4 月	5 月	6 月	7 月	8 月	9 月
X	80	70	30	0	0	50	0
Y	100	60	80	100	60	60	0
Z	15	0	10	15	0	10	0

(a)

产品		4 月	5 月	6 月	7 月	8 月	9 月
X		70	30	0	0	35	40
Y		60	80	100	60	60	0
Z		0	10	15	0	10	15

(b)

产品		4 月	5 月	6 月	7 月	8 月	9 月
X						－15	＋40
Y							
Z							＋15

(c)

图 4-13　主生产计划中的改变

在上述例子中，在主生产计划的计划期内，总共有 18 个数据单元，其中 15 个单元没有发生变化。产品 *Y* 的计划一直保持不变。在这种情况下，全重排方式要把所有 18 个数据重新输入系统，所有库存记录都要被重新处理，产品 *X*，*Y*，*Z* 的 BOM 都要访问。而净改变方式的数据处理量就只相当于全重排方式数据处理量的一小部分。

还有很重要的一点应当指出，假如在 3 月份就预知产品 *X* 在 8 月份的需求量要减少，则在 3 月份内即可通过净改变方式处理这个数据的改变，而不必等到 4 月份。这样，到了 4 月份，对产品 *X* 而言，处理净改变数据的工作量就只需要考虑 9 月份新增的 40 了。

与全重排方式相比较，净改变方式有以下优点：

① 减少每次发布主生产计划后进行需求计划运算的工作量。

② 在两次发布主生产计划的间隔期间也可以对计划中的变化进行处理。

③ 连续地更新，及时地产生输出报告，从而可以尽早通知管理人员采取相应的措施。

净改变方式也有如下缺点：

① 系统的数据自清理能力较差。净改变式对数据的自清理能力较差，而全重排方式则具有很好的数据清理能力。因为每次运行，原有的主生产计划就被抛弃，因而原计划中的所有错误也随之一起清除。

由于一般 ERP 软件系统都提供两种运行方式可供选择，所以在实际应用中，企业一般的做法是，每月第一次运行 MRP 系统采用全排方式，然后每天运行 MRP 系统则采用净改变方式。

② 数据处理的效率相对来说比较低。由于在库存事务处理和进行分解运算时要多次访问库存记录，所以净改变方式的数据处理效率较低，成本较高。但是，净改变方式是着眼于库存管理和生产计划的效率而不是数据处理的效率。

③ 系统对变化过于敏感。在净改变方式中，每次更新计划都会向管理人员提出建议信息，所以常表现得过于敏感。因此必须注意，系统给出建议信息和计划人员采纳系统给出的建议信息是两件不同的事情，因为有些建议不必采纳。在完全掌握最新信息的基础上有选择地忽略系统的某些建议总是比不了解情况而不采取措施要好。

4.5 能力需求计划

能力需求计划(capacity requirements planning，CRP)的对象是生产能力。CRP 把物料需求转换为能力需求，把 MRP 的计划生产订单和已下达生产订单所需的能力，转换为每个工作中心在各个时区的负荷。

4.5.1 能力需求计划概述

CRP 是一种将 MRP 输出的对物料的分时段需求计划转变成对企业各个工作中心的分时段需求计划的管理工具，是一种协调能力需求与可用能力之间平衡管理的处理过程，是一种协调 MRP 的计划内容和确保 MRP 在现有生产环境中可行、有效的计划管理方法。

从工作内容上来看，MRP 的计划内容是物料，具体内容包括需要的物料编码、物料数量和需用时间等；而 CRP 的计划内容是能力，具体内容包括工作中心加工能力、员工工作时间、设备加工效率、员工出勤率和劳动生产率等。从工作内容角度来看，CRP 起到计划转换器的作用，把 MRP 转换成 CRP，实际上，CRP 又起到一个工作延伸扩散器的作用，把有关物料计划管理和控制工作向设备计划管理和控制工作、人力资源计划管理和控制工作方面延伸和扩散，使得整个 ERP 系统有可能把物料管理、设备管理和人力资源管理等多种职能工作作为一个整体的系统对待。

从处理过程来看，CRP 不仅仅把对物料的需求计划转变成对工作中心的能力需求计划，还要协调和处理有关这些能力的能力需求与可用能力之间的矛盾。能力需求来自于 MRP，可用能力来自于现有的生产作业环境。从宏观角度来看，如果能力需求小于可用能力，那么除了引起可用能力的闲置和浪费之外，一般不会对 MRP 的正常实施运行带来什么负面影响和障碍。但是，经常遇到的情况是，能力需求大于可用能力，该怎么办呢？有以下 3 种不同且各有优劣势的解决方案：一是扩大企业现有的可用能力；二是通过减少 MRP 以降低能力需求；三是通过移峰填谷、加班加点和外部协作等临时性的管理调度手段来解决能力需求和可用能力之间的矛盾。第一种方案是最彻底的解决方案，但这种方案是企业发展壮大的里程碑结果，很难适用于需要随时解决的临时性问题。有人把这种解决方案称为决策性的解决方案。第二种方案是比较保守的一种解决方案。这种方案的目的是通过拒绝过多的、自身无法承担的订单来实现企业内部的生产平衡。这种方案的优点在于经营稳健，缺点在于可能错失发展壮大的良机。第三种方案体现了管理技术和管理艺术有效结合的效果。在这种方案中，需要采用最合适的管理手段、调度措施来尝试协调解决当前面临的问题。实际上，CRP 往往采用这种方案来协调生产管理中的计划和实际中的矛盾。

从管理手段来看，CRP 作为一种约束条件的测试工具，用于检验和确保 MRP 负荷生产环境现状。前面已经介绍过，计算 MRP 的最基础的 3 个数据是 MPS、BOM 和库存状况，但是，这种计算过程并没有完全回答诸如企业是否有能力完成这种计算结果之类的问题。虽说 MPS 已经得到了 RCCP 的验证，在某种程度上确保 MRP 是可行的，但是，实际上，RCCP 并不能准确地回答 MRP 是否可行的问题。从管理的完整性角度来看，CRP 全面解决了 MRP 是否可行和有效的问题。即 MPS 没有经过 RCCP 的验证，CRP 也不会使得不可行的 MRP 进入到实施环节。当然，采用 RCCP 验证 MPS，其好处在于 MRP 的计算和 CRP 对 MRP 的验证都有了更高的工作效率。

CRP 的转换器、协调器和约束机制作用示意图如图 4-14 所示。来自于 MRP 的生产作业表示计划负荷，工艺路线可以提供单位负荷耗用能力标准，这两个数据可以形成对工作中心的能力需求。工作中心提供了企业当前环境的可用能力。能力需求和可用能力经过 CRP 的处理变成可行的生产作业计划和已平衡的能力需求计划报表。

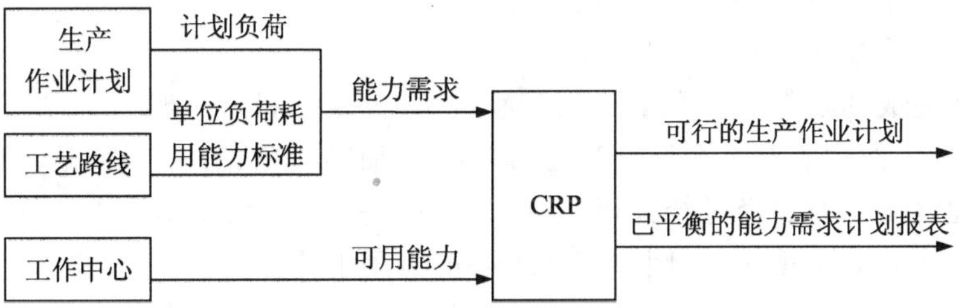

图 4-14　CRP 的作用示意图

通过前面的分析可知，CRP 能够回答下面几个问题：

① 生产什么？生产多少？何时生产？（由生产作业计划回答，并且得到计划负荷。这些计划负荷也可以是分时段的）

② 使用什么工艺路线？工艺路线中包括哪些工作中心？（前面这两个问题可以得到单位负荷耗用能力标准，例如使用某个数控加工床的标准工时定额，再加上计划负荷，即可得到 MRP 对能力的需求量）

③ 工作中心的可用能力是多少？（这是重要的基础数据）

④ 分时段的能力需求状况如何？（分时段的计划负荷加上单位负荷耗用能力标准可

以得到分时段的能力需求状况）

4.5.2 能力需求计划的计算

CRP 的计算过程主要包括计算工作中心可用能力、计算工作中心上的分工序负荷以及计算工作中心的分时段能力需求等关键环节。

4.5.2.1 能力需求计划计算的关键

(1) 计算工作中心可用能力

在描述工作中心的可用能力时，需要确定工作中心能力单位、能力类型和额定能力。额定能力应该经常随着实际能力的变化进行调整。

不同类型的企业采用不同的工作中心能力单位。离散型企业，例如，机械、电子产品等企业，经常采用加工单件物料所需加工时间（小时/件）或单位时间的产量（件/小时）等单位描述工作中心的可用能力。流程型企业，例如，化工、纺织和造纸等企业，经常采用单位时间产量（米/日、吨/日、千克/时）等描述工作中心的可用能力。

经常用到两种类型的能力描述，一种是按照设备工时描述能力，另一种是按照人员工时描述能力。具体采用哪一种类型，往往需要考虑企业产品的特点、管理习惯和成本核算方式等多个因素。

额定能力是指在正常情况下工作中心的可用能力。工作中心的额定能力也被称为标准能力。额定能力往往小于工作中心的最大能力，因为它考虑了工作中心的利用率和效率等影响因素。工作中心的利用率是从计划和实际投入相比较的角度来看工作中心的利用状况；效率是从实际投入和实际产出相比较的角度来看工作中心的工作效果。某个工作中心额定能力（小时/日）计算公式如下：

额定能力＝单个设备每日每班可用工时数×可用设备数×每日班数×利用率×效率
　　　　＝单个设备每日可用工时数×可用设备数×利用率×效率

额定能力＝每人每日每班可用工时数×每班人数×每日班数×利用率×效率
　　　　＝每人每日可用工时数×有效人数×利用率×效率

利用率＝实际投入工时/计划工时

效率＝已完成的物料加工数量×加工额定工时/实际投入工时

例如，某个工作中心有 2 台同样型号和规格的加工设备，有 2 个加工班组，每班 2 人，每班工作时间是 8 小时。经过统计，设备的利用率是 95%，效率是 90%，现在采用设备工时描述该工作中心的可用能力，则该工作中心的可用能力如下：

额定能力＝8×2×2×95%×90%＝27.36 小时

实际能力是指某个工作中心在生产加工过程中实际能力的记录。实际能力是额定能力的基础，并且通过额定能力反映出来。额定能力应该经常调整，以尽可能准确地反映实际能力，两者的误差应该尽可能小。例如，在上面的示例中，最后测得的实际能力是 28.12 小时，大于额定能力，即表示额定能力的利用率或效率估计偏低，应当按照实际能力的大小适当调整额定能力的利用率或效率。

(2) 计算工作中心上的工序负荷

计算工作中心上的工序负荷是指逐个工序计算与某个工作中心相关联的生产负荷。生产负荷来自两个数据：加工的物料数量和加工单个物料需要的额定工时。在 CRP 的计算过程中，加工的物料数量来自于物料的计划投入量，加工单个物料需要的额定工时来自于工艺路线。工作中心上的工序负荷的计算公式如下：

工序负荷＝准备时间＋加工物料数量×加工时间

其中，准备时间是每一个加工物料批次需要的开机、安装刀具、夹具和设备调试等准备性操作耗费的时间；加工时间是加工单个物料耗费的时间。

例如，工序 20 对应的工作中心是 WC15，将要加工一批物料，这批物料的数量是 120 件，准备时间是 15 分钟，加工一个物料耗费的时间（WC15 上的工序 20 的工序负荷）是 3 分钟，工序 20 在 WC15 上的工序负荷如下：

工序负荷＝0.25＋120×0.05＝6.25 小时

需要注意的是，这里需要把准备时间和加工时间统一换算成以小时为单位。

(3) 计算工作中心的分时段能力需求

就像分时段的物料需求计划一样，工作中心的能力需求也应该是分时段的。为了计算工作中心的分时段能力需求，需要计算两方面的数据：第一，计算每一个工序在每一个工作中心上的开始时间和结束时间；第二，以工作中心为基础，按照时段汇总所有工序的能力需求。

工序提前期又被称为工时，每一个作业的工时都由多种不同的时间组成。这些时间包括排队时间、准备时间、加工时间、等待时间和移动时间等。这些时间的单位通常为秒、分和时等。排队时间是指在工作中心安排作业之前耗费的时间。准备时间是指在加工前需要做的准备工作所耗费的时间，例如，开机、检查和调整机器、安装车卸工装夹具及加油等，这是每一批零部件的作业都需要的时间消耗。加工时间是指每一个零部件加工、装配的实际作业时间。等待时间是指物料在某个工作中心加工完成之后不能立即转移到下一个工序或工作中心，需要等待一段时间才能转移到下一道工序的时间消耗。移动时间又称搬运时间或运输时间，即从当前工序转移到下一道工序花费的时间。这些时间之间的关系如图 4-15 所示。

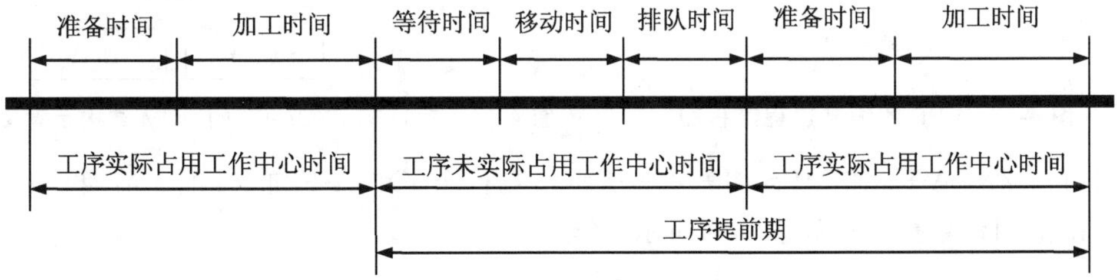

图 4-15　工序提前期概念示意图

从图 4-15 中可以看出，可以把工序提前期分为两大部分，工序未实际占用工作中心时间和工序实际占用工作中心时间。工序未实际占用工作中心时间包括等待时间、移动时间和排队时间，工序实际占用工作中心时间包括准备时间和加工时间。

图 4-15 只是工序提前期概念示意图。在实际生产加工作业中，为了提高作业效率，缩短工序提前期，经常采用交叉作业的方式。某个工序中的物料并不是全部加工完了才可以移动到下一道工序，而是完成一部分之后，就将完成的部分物料移动到下一道工序。交叉程度可以根据物料特点、工作中心位置和距离、管理手段及员工素质等确定。现在许多 ERP 系统产品已经具备了处理交叉作业的能力。

4.5.2.2 能力需求计划的编制过程流程图

CRP 的编制过程流程图如图 4-16 所示。首先读入基础数据，这些基础数据包括加工订单数据、工艺路线数据、工作中心数据和工作中心日历数据等。接下来计算工作中心可用能力，并且根据历史实际能力数据对计算的结果进行调整。然后计算工作中心上的工序负荷或能力需求，之后逐个工序计算其开工时间和结束时间。按照工序的开工时间和完工时间确定其加工的作业时段，并按照时段逐个工作中心汇总各个工序的能力需求。最后按照指定的流程输出有关 CRP 报表和报告等。

4.5.2.3 能力需求计划的计算实例

假设自行车 ZXCA-F2 的 BOM 结构如图 4-17 所示。每个 ZXCA-F2 由 2 个物料 A 和 1 个物料 B 组成，每个物料 B 由 1 个物料 C 和 2 个物料 D 组成。

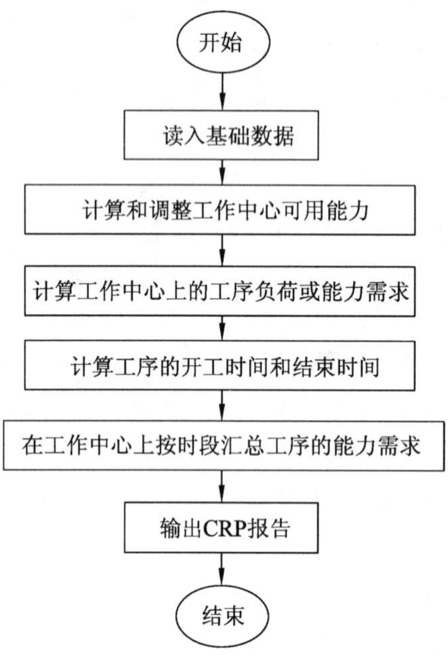

图 4-16 CRP 的编制过程流程图

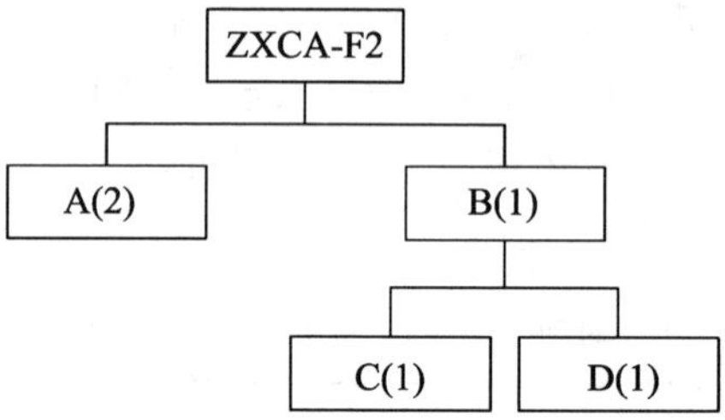

图 4-17 自行车 ZXCA-F2 的 BOM 结构示意图

自行车 ZXCA-F2 的 MPS 如表 4-8 所示。自行车 ZXCA-F2 的装配提前期是 1 时段，计划产出量和计划投入量如表 4-8 所示。

表 4-8 ZXCA-F2 的 MPS

物料名称：自行车 物料编码：ZXCA-F2 提前期：1

时段	当期	1	2	3	4	5	6	7	8	9	10
计划产出量		90	90	90	120	120	120	120	150	150	
计划投入量	90	90	90	120	120	120	120	150	150		

根据表 4-8 中的 MPS 对 ZXCA-F2 进行分解，计算其他物料的 MRP。计算过程和计算结果如表 4-9 所示。其中，物料 A 的有关属性：计划接收量为 150，PAB 初值为 60，订货批量为 150，安全库存量为 30，提前期为 1 时段。物料 A 的毛需求量等于 ZXCA-F2 物料计划投入量的 2 倍，物料 B 的毛需求量等于 ZXCA-F2 物料的计划投入量。物料 B 的

有关属性：计划接收量为 100，PAB 初值为 50，安全库存量为 25，订货批量为 100，提前期为 1 时段。物料 C 的毛需求量等于物料 B 的计划投入量。物料 C 的有关属性：计划接收量为 120，PAB 初值为 80，安全库存量为 80，订货批量为 200，提前期为 1 时段。物料 D 的毛需求量等于物料 B 的计划投入量的 2 倍。物料 D 的有关属性：计划接收量为 300，PAB 的初值为 150，订货批量为 300，安全库存量为 120，提前期为 1 时段。

表 4-9　ZXCA-F2 的 MRP

物料	时段	当期	1	2	3	4	5	6	7	8	9	10
ZXCA-F2	计划产出量			90	90	90	120	120	120	120	150	150
	计划投入量		90	90	90	120	120	120	120	150	150	
A	毛需求量		180	180	180	240	240	240	240	300	300	
	计划接收量		150									
	PAB	60	30	150	120	30	90	150	60	60	60	60
	净需求量			180	60	150	240	180	120	270	270	
	计划产出量			300	150	150	300	300	150	300	300	
	计划投入量		300	150	150	300	300	150	300	300		
B	毛需求量		90	90	90	120	120	120	120	15	150	
	计划接收量		100									
	PAB	50	60	70	80	60	40	120	100	50	100	100
	净需求量			55	45	65	85	105	25	75	125	
	计划产出量			100	100	100	100	200	100	100	200	
	计划投入量		100	100	100	100	200	100	100	200		
C	毛需求量		100	100	100	100	200	100	100	200		
	计划接收量		120									
	PAB	80	100	200	100	200	200	100	200	200	200	200
	净需求量			80		80	80		80	80		
	计划产出量			200		200	200		200	200		
	计划投入量		200		200	200		200	200			
D	毛需求量		200	200	200	200	400	200	200	400		
	计划接收量		300									
	PAB	150	250	350	150	250	150	250	350	250	250	250
	净需求量			70		170	270	170	70	170		
	计划产出量			300		300	300	300	300	300		
	计划投入量		300		300	300	300	300	300			

假设 ZXCA-F2 的加工、装配共涉及 5 个工作中心，每个工作中心每天工作 8 小时，每

个工作中心都有一位操作人员。每个工作中心的利用率、效率都不完全一样，具体参数如表4-10所示。WC02每天可用能力为：8×1×0.98×0.99=7.76额定小时。其他工作中心的计算过程与此类似。

表4-10 工作中心和工作中心的可用能力参数

工作中心编码	每天工作小时	利用率/%	效率/%	可用能力/额定小时/天
WC02	8	98	99	7.76
WC07	8	98	99	7.76
WC15	8	95	98	7.45
WC23	8	95	95	7.22
WC39	8	95	90	6.84

各个物料的工艺路线和额定工时如表4-11所示。工序编码一般采用5,10,15的样式。从图中可以看出，不同物料的不同工序有可能采用相同的工作中心，例如，物料A的5工序与物料C的5工序采用了WC07，这是符合实际情况的。

表4-11 ZXCA-F2的工艺路线和额定工时

物料编码	工序编码	工作中心编码	单件加工时间/h	准备时间/h
ZXCA-F2	5	WC02	0.03	0.52
A	5	WC07	0.01	0.35
	10	WC15	0.04	0.35
B	5	WC02	0.02	0.65
C	5	WC07	0.03	0.65
	10	WC23	0.03	0.65
D	5	WC39	0.05	0.55

根据表4-11中的额定工时数据可以计算出每一个工作中心上的工序负荷，计算公式如下：

工作中心上的工序负荷=加工件数×单件加工时间+准备时间

有关工作中心的工序负荷的计算过程及其结果如图4-12所示。例如，在WC07工作中心上，物料A的工序5和物料C的工序5都在上面加工。物料A的计划投入量的订单数量分别为150和300，物料C的计划投入量的订单数量为200。物料A的工序5的150订单数量的工序负荷为：150×0.01+0.35=1.85小时。工序负荷也称为能力负荷。

表4-12 工作中心的工序负荷计算结果

物料编码	工序编码	工作中心编码	订单数量	能力负荷/h
ZXCA-F2	5	WC02	90	90×0.03+0.52=3.22
			120	120×0.03+0.52=4.12
			150	150×0.03+0.52=5.02

续表

物料编码	工序编码	工作中心编码	订单数量	能力负荷/h
A	5	WC07	150	150×0.01+0.35=1.85
			300	300×0.01+0.35=3.35
	10	WC15	150	150×0.04+0.35=6.35
			300	300×0.04+0.35=12.35
B	5	WC02	100	100×0.02+0.65=2.65
			200	200×0.02+0.65=4.65
C	5	WC07	200	200×0.03+0.65=6.65
	10	WC23	200	200×0.03+0.65=6.65
D	5	WC39	300	300×0.05+0.55=15.55

计算各个工序占用工作中心的时间，即生产作业时间。一般情况下，生产作业时间的单位采用小时。能力负荷除以可用能力即可得到作业天数，然后转换为小时（小数取整）。计算结果如表 4-13 所示。

表 4-13　ZXCA-F2 的生产作业时间

物料编码	工序编码	工作中心编码	可用能力/(h/天)	订单数量	能力负荷/h	生产作业时间/天	生产作业时间/h
ZXCA-F2	5	WC02	7.76	90	3.22	3.22÷7.76=0.41	4
				120	4.12	4.12÷7.76=0.53	5
				150	5.02	5.02÷7.76=0.65	6
A	5	WC07	7.76	150	1.85	1.85÷7.76=0.24	2
				300	3.35	3.35÷7.76=0.43	4
	10	WC15	7.45	150	6.35	6.35÷7.45=0.85	7
				300	12.35	12.35÷7.45=1.66	14
B	5	WC02	7.76	100	2.65	2.65÷7.76=0.34	3
				200	4.65	4.65÷7.76=0.60	5
C	5	WC07	7.76	200	6.65	6.65÷7.76=0.86	7
	10	WC23	7.22	200	6.65	6.65÷7.22=0.92	8
D	5	WC39	6.84	300	15.55	15.55÷6.84=2.27	19

为了计算各个工序在工作中心的开工日期和完工日期，还需要得到物料在各个中心的等待时间、移动时间和排队时间。这些基础数据如表 4-14 所示，时间的单位为小时。需要注意的是，表 4-14 列出了从库房到生产加工地点的移动时间，不考虑其等待时间，是因为物料只在需要时才出库。

表 4-14　工作中心的等待时间、移动时间和排队时间

工作中心编码	等待时间	移动时间	排队时间
WC02	0	1	2
WC07	1	1	2
WC15	1	1	1
WC23	1	1	1
WC39	1	1	1
库房	0	1	0

采用倒序排产法计算物料的能力需求编制过程。倒序排产法是用工序的完工时间减去等待时间、移动时间、排队时间和生产作业时间(准备时间和加工时间)得到工序开工时间的方法。

首先研究物料 C 的工艺路线和制造时间。根据表 4-11 可知，物料 C 的加工工艺路线依次是 5(WC07)，10(WC23)。物料 C 的加工经过了 3 个不同的位置，即库房、工序 5 和工序 10，这些位置之间的顺序图(工艺路线)和相应的时间如图 4-18 所示。

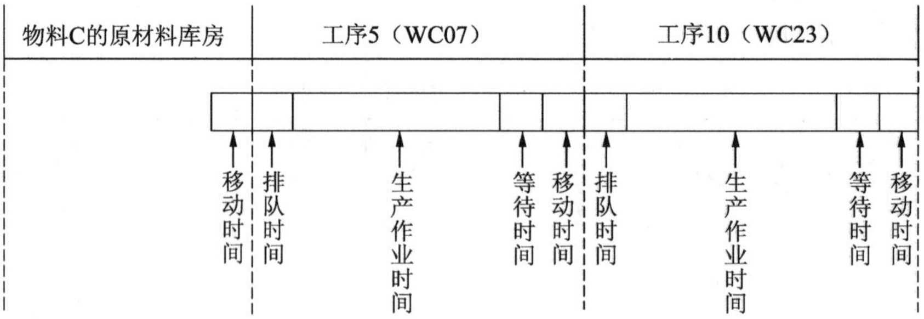

图 4-18　物料 C 的工艺路线和时间之间的关系

根据物料 C 的各种制造时间数据，将这些制造时间数据进行汇总，结果如表 4-15 所示。

表 4-15　物料 C 的制造时间

工序	工作中心编码	排队时间/h	生产作业时间/h	等待时间/h	移动时间/h
库房	—	0	0	0	1
5	WC07	2	7	1	1
10	WC23	1	8	1	1

其次分析物料 C 的开工时间和完工时间。首先假设每周工作 5 天，每天工作 8 小时，每天开始上班时间是 8 点，下班时间是 16 点。

由于物料 C 的提前期是 1 周，其在第 1 周的计划产出量为 200 件，这 200 件是用于第 2 周物料 B 的装配作业的。这 200 件的最晚完工时间是第 1 周的最后一个工作日结束，也就是说，工序 10 必须在第 1 周的周五 16 点之前完成。由于从工序 10 的 WC23 工作中心转移到其他工作中心的等待时间和移动时间都是 1 小时，因此，工序 10 在 WC23 工作

中心的加工操作最晚必须在周五 14 点完成。因为在 W23 工作中心的生产作业时间是 8 小时，因此物料 C 最晚必须在周四 14 点完成。又因为物料在到达 WC23 工作中心能够加工之前，需要排队 1 小时，因此，该物料必须在周四 13 点之前到达 WC23 工作中心。按照上述过程，物料 C 最晚必须在周四 11 点完成 WC07 工作中心的加工，最晚必须在周三 12 点开始在 WC07 工作中心的加工，也就是最晚必须在周三 10 点到达 WC07 工作中心，依此类推，最晚必须在周三 9 点离开库房。由于采用了倒序排产法，所以得到的时间需求都是最晚时间，即最晚开工时间和最晚完工时间。至此得到了物料 C 的工序 5 和工序 10 的最晚开工时间和最晚完工时间，如表 4-16 所示。需要注意的是，这里把最晚开工时间和最晚完工时间简称为开工时间和完工时间。

表 4-16　物料 C 的开工时间和完工时间

工序	工作中心编码	能力负荷	开工时间	完工时间
5	WC07	6.65	第 1 周周三 12 点	第 1 周周四 11 点
10	WC23	6.65	第 1 周周四 14 点	第 1 周周五 14 点

按照上述步骤可以求出物料 C 的分时段能力需求计划，如表 4-17 所示。注意将同一时段(周)的能力负荷汇总在一起。

表 4-17　物料 C 的分时段能力需求计划

物料	工作中心	当期	1	2	3	4	5	6	7	8	9	10
C	WC07		6.65		6.65	6.65		6.65	6.65			
	WC23		6.65		6.65	6.65		6.65	6.65			

基于上述计算过程，针对物料 D，B，A 和 ZXCA-F2 重复上述过程，得到如表 4-18 所示的自行车 ZXCA-F2 的能力需求计划。

表 4-18　分时段能力需求计划

物料	工作中心	当期	1	2	3	4	5	6	7	8	9	10
ZXCA-F2	WC02		3.22	3.22	3.22	4.12	4.12	4.12	4.12	5.02	5.02	
A	WC07		3.35	1.85	1.85	3.35	3.35	1.85	3.35	3.35		
	WC15		12.35	6.35	6.35	12.35	12.35	6.35	12.35	12.35		
B	WC02		2.65	2.65	2.65	2.65	4.65	2.65	2.65	4.65		
C	WC07		6.65		6.65	6.65		6.65	6.65			
	WC23		6.65		6.65	6.65		6.65	6.65			
D	WC39		6.84		6.84	6.84	6.84	6.84	6.84			

根据表 4-18 中的能力需求数据，按照工作中心汇总在一起，即可得到如表 4-19 所示的 CRP 数据，即工作中心能力需求计划。

表4-19 工作中心能力需求计划

工作中心	当期	1	2	3	4	5	6	7	8	9	10
WC02		5.87	5.87	5.87	6.77	8.77	6.77	6.77	9.67	5.02	
WC07		10.00	1.85	8.50	10.00	3.35	8.50	10.00	3.35		
WC15		12.35	6.35	6.35	12.35	12.35	6.35	12.35	12.35		
WC23		6.65		6.65	6.65		6.65	6.65			
WC39		6.84		6.84	6.84	6.84	6.84	6.84			

得到工作中心的能力需求计划表之后，即可绘制能力负荷直方图。如果可用能力大于负荷，则表示能力多余、闲置。如果可用能力等于负荷，即表示能力和负荷一致，这是最为理想的状态。但是，如果可用能力小于负荷，则表示能力不足。能力不足时，需要采取合理有效的措施来解决这些问题。

4.5.3 计算结果分析与调整

超负荷和负荷不足都是应解决的问题。如果超负荷，则必须采取措施解决能力问题。否则不能实现能力计划；如果负荷不足，则作业费用增大。对于流程企业来说，设备不易关闭，负荷不足则问题更严重。因此，必须对负荷报告进行分析，并反馈信息，调整计划。

根据工作中心负荷报告或负荷图，可以对工作中心的负荷和能力进行对比分析。如果有工作中心表现为超负荷或负荷不足，那么能力就不平衡了。必须分析原因，并进行校正。

引起能力不平衡的原因可能是主生产计划的问题，也可能是其他问题。

在制订主生产计划的过程中，已通过粗能力计划从整体上进行了能力分析和平衡。因此在制订能力需求计划之前就会发现主要问题。但对计划进行详细的能力检查时，还会发现有些在粗能力计划中不曾考虑的因素在起作用。例如，主要的维修件订单未反映在主生产计划中；忽略了拖期订单；粗能力计划没有包括所有的关键工作中心等。

如果在主生产计划中忽略了一项影响能力的因素而造成能力不平衡，首先应做的事情是调整能力或负荷以满足主生产计划对能力的需求，而不是修改它。只在确实没有办法满足能力需求时，才修改主生产计划。

4.5.3.1 调整能力的措施

(1) 调整劳力

如果缺少劳力，则根据需要增加工人。如果劳力超出当前需要，则可安排培训，提高工人技术水平。或重新分配劳力，把负荷不足的工作中心的劳力分配到超负荷的工作中心。

(2) 安排加班

加班只能是一种应急措施，经常加班不是好方法。

(3) 重新安排工艺路线

一旦某个工作中心承担的任务超负荷，则可把一部分订单安排到负荷不足的替代工作中心上去，可以使两个工作中心的负荷水平都得到改善。

(4) 转包

如果在相当长的时间内都超负荷，可以考虑把某些瓶颈作业转包给供应商。

4.5.3.2　调整负荷的措施

(1) 重叠作业

为了减少在工艺路线中两个相连的工作中心的总的加工时间，可以在第一个工作中心完成整个批量的加工任务之前，把部分已完成的零件传给第二个工作中心。

(2) 分批生产

将一份订单的批量细分成几个小批量，在同样的机器上同时安排生产。这种方法不能降低负荷，而是将负荷集中在更短的时间内。

(3) 减少准备提前期

将准备过程规范化，可以减少准备时间，从而降低负荷。于是可以把节省下来的能力用于加工过程。

(4) 调整订单

考虑可否把一份订单提前或推迟安排；或者可否先完成一份订单的一部分，其余部分推迟安排；有些订单是否可以取消等。

思考题

1. ERP 系统有哪些计划层次？
2. 什么是销售与运作规划？
3. 销售与运作规划在企业管理中的重要作用是什么？
4. 制定销售与运作规划的流程包括哪些步骤？
5. 什么是主生产计划？为什么要有主生产计划？
6. 主生产计划的作用是什么？
7. 什么是粗能力计划？它的作用是什么？
8. 简述 MRP 的功能和计算过程。
9. MRP 的主要运行方式有几种？各有什么特点？
10. 解释 CRP 的概念及其主要作用。
11. 分析 CRP 的计算过程。
12. 如何进行生产能力和负荷的调整？

第5章　采购管理

导入案例

某高新科学技术股份有限公司是集IT连锁贸易，IT产品与现代办公产品研发、制造、销售，IT服务，系统集成，物流，房地产投资等为一体的多元化、高科技公司。从企业建立伊始就一直把连锁、直销和标准化服务作为基本的经营理念，同时在南京、上海等地建有生产基地，生产自有品牌的家用、商用台式电脑，笔记本电脑及服务器等产品，年生产能力达近200万台。企业在短短3年时间里以惊人的速度壮大起来。该公司在认识到高速发展必须带来的企业现代化管理理念的更新时，把企业管理信息化建设当成头等大事。由于该公司销售型企业的特性，异地连锁的经营模式，销售产品类型、规格的繁杂，所经营的IT产品价格波动大，企业信息流通量大等若干因素，要求该企业管理信息化建设速度要快、标准要高、效果要好。

公司在ERP系统实施后，改变了原有的很多流程运作方式，具体体现在以下方面：

(1) 产品库存下降。系统贯穿了该公司整个供需链流程，包括产品的采购、销售、调拨、组装生产、产品出入库。系统实施后，库存准确率达到99%，库房人员每月进行库存盘点，在多达几千种的库存产品数量的情况下，与库存账实不符的情况很少出现，即使偶尔有也能很快找到原因。系统中的库存信息全面，包括产品的实际库存，待入、待发、好件、坏件等业务状态，以及整个公司总部及各分公司所有仓库的产品库存。这些全面准确的库存信息使采购经理可以更加合理地采购产品，并综合运用整个公司的产品库存，使得整个公司的产品库存比系统实施前下降30%左右。

(2) 销售效率提高。系统实施前产品库存不准，直接影响到销售，往往销售部门已下客户订单，而产品库存数量不足，或产品在途中，没有入库，或产品为坏件，不能销售等，这些情况导致交货延期或销售退单。在系统实施后，销售部门能及时准确地掌握产品库存，下单依据准确。产品组装生成及时，交货期准确或提前，客户满意度提高。销售部门在系统中能及时查询销售信息，迅速了解整个公司的销售收入、成本、毛利、产品排行榜、客户排行榜等销售状况，使得销售针对性强，销售业绩显著提高。

(3) 企业实施ERP后，解决了往来资金的准确控制问题。在业务飞速增长时，资金的流动情况即采购和销售的资金流动情况关系到企业的核心命脉。各种类型的资金往来情况一目了然，为企业的重大决策和成本控制提供了非常重要的参考和依据。在公司涉及的各个产业资金链上，透明的资金控制也使公司获得了极佳的信誉。

案例思考　该公司为何实施ERP？实施ERP后在采购方面取得了哪些优势？

本章概要与要点

企业管理中通过采购管理与外部建立联系与沟通。随着信息技术的发展，使企业购存管理的范围进一步拓宽，同时还强化了对信息流和资金流的管理和控制。

通过本章的学习，在了解和认识采购管理重要性的基础上，理解供应商管理与供应商计划的基本内容，会根据企业的实际情况进行应用。

5.1　采购管理概述

制造业的一个共同特点就是必须购进原材料才能进行生产加工，必须购进配套件、标准件才能进行装配。为了按期交货，满足客户需求，第一个保证环节就是采购业务。因此采购管理也是企业生产经营管理的重要组成内容。

采购管理属于 ERP 的执行层。主生产计划给出了最终产品或最终项目的生产计划，经过物料需求计划按物料清单展开得到对外购件的采购计划订单和自制件的生产计划订单。

5.1.1　采购管理的工作内容

通常，采购管理的工作内容包括以下几个方面：

（1）采购寻源与供应商管理

现代企业要求企业对供应商建立规范的入围和评审机制，对于入围的供应商，企业首先要建立企业的供应商档案，对供应商的有关信息进行记录和管理。其主要的信息包括下面几项内容：

① 供应商基本信息，包括供应商名称、类别、地址、联系人、联系电话、地址等；

② 供应商供货信息，包括商品名称、规格、型号、计量单位等；

③ 供应商价格及商务信息，包括供货价格、批量标准、折扣率、付款条件、货币种类等；

④ 供应商发货信息，包括发货地点、运输方式等；

⑤ 供应商信誉记录，包括按时交货情况、质量及售后服务情况等。

对于已经建立档案的供应商，还应按照一定的周期对其进行复审，以确定供应商是否具备继续向企业供应货物的能力。供应商评审的内容一般包括以下 4 个方面：

① 实物质量，包括产品合格率、返工率、退货率等质量指标；

② 准时供货，包括平均供货提前期、及时交货率、交货率波动范围等指标；

③ 售后服务及质量保证措施，包括服务响应时间、故障处理时间等指标；

④ 技术能力，包括设备能力、模具管理、现场管理、研发能力、工艺能力等指标。

（2）选择供应商和询价，接收供应商报价及比价

采购作业人员通过查询档案记录，选择合适的供应商，并就商品价格、技术和质量条件与供应商进行洽谈，要求供应商报价及接收供应商报价，并对不同供应商的报价进行比较和对比，选择性价比高的货物及供应商。

（3）核准并下达采购订单

按照企业的规定，完成采购订单的审批和核准工作，并与供应商签订供货协议、确定

交货批量和交货日期、收货地点、运输和装卸方式、价格、付款方式、账户信息、违约责任等必要的交易条款。

（4）采购订单跟踪

采购人员的一项重要职责就是订单跟踪，以确保供应商能够按时发货。根据与供应商以往的供货执行情况和物料需求的紧急程度确定对订单跟踪的频度。对某些采购而言，有时还需要在发货前检验货品质量，并跟踪发货和运输的进度。对于未能按时发货的订单，负责以书面或其他方式进行催货。

（5）到货验收入库

根据供应商的发货信息，负责协调货物接收，进行到货验收及入库的业务。对于质量不合格的物料，还应进行退货、退款或补充货品、返工的业务处理。

（6）发票与采购结算

包括采购发票的接收、采购货款结算、其他费用结算、应付账款的处理、费用差异分析等。

5.1.2 采购管理作业流程

采购作业流程是指完成采购任务需要通过的一系列作业的序列。典型的采购管理作业流程如图 5-1 所示。

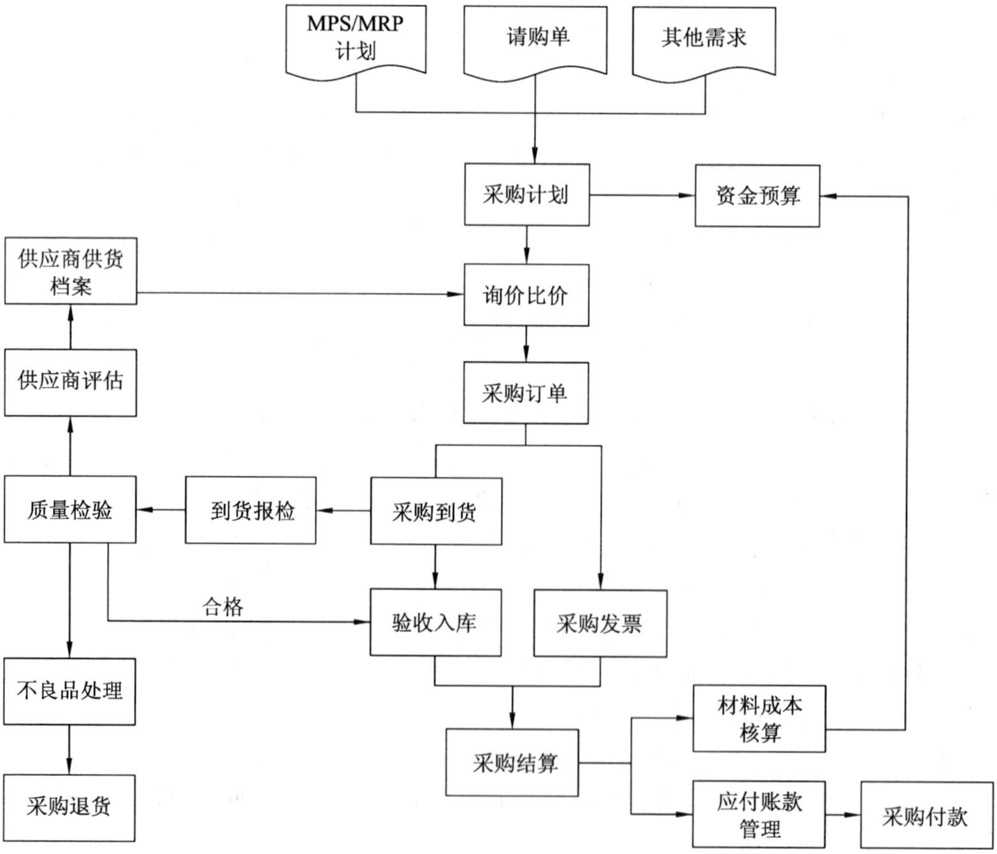

图 5-1 典型的采购管理作业流程图

采购的需求一般来自3个方面：经审批通过的请购单、MPS及MRP计算生成的采购计划及库存补充计划等其他采购需求。所有经审批确认的采购需求列入采购计划，并下达给采购作业的执行人员。

确定的采购需求往往需要通过询价和比价来确定供应商。在这一环节，采购业务人员需要建立和查询企业的供应商供货名录，通过询价和比价，以及必要的商务谈判最终确定供应商，并根据其报价生成和下达采购订单。

采购订单是采购后续作业的最核心的文件，是发出催货函、接收货物、检验、入库发票及采购结算的依据。

采购订单签订后，买方可以根据设定的条件向供应商发出催货函催缴货物。供应商依据采购订单约定的交货时间发运货物，并通知买方。买方则依据采购订单安排货物接收，接收货物后，应清点数量并在系统中维护到货数量。

根据物料档案和采购订单的设置，确定是否需要对货物进行质量检验。需要检验货物的，按照预先定义的质检方法和检验项目由系统生成相应的检验单，经过相应质量检验后，合格的货物自动生成入库单，经确认后验收入库，不合格的货物按照不良品进行处理，甚至退货；不需要检验的货物则可以直接验收入库。

5.2　采购管理系统

5.2.1　采购订单管理

采购订单是企业与供应商签订的采购合同，主要内容包括采购货物名称、货物规格、质量标准、采购数量、采购价格、交货日期、交货地点、运输方式、运输费用、付款方式等。采购订单管理可以帮助企业实现采购业务的事前预测、事中控制、事后统计。

（1）采购订单生成

采购订单的形成有以下3个来源：

① 采购计划生成采购订单。由MPS/MRP展开可以得到生产所需的主要原材料的采购计划，由拷贝MRP计划数据而得来的初始采购订单数据，由采购人员确认生成正式的采购订单。自动生成的采购订单经过审核后就可以进行采购活动。

② 请购单转采购订单。通过MPS/MRP并不能得到非生产用料的消耗量，这些物料的采购需要通过填写请购单来完成。请购单经部门主管审核并得到供应商确认后，就形成采购订单。

③ 手工录入采购订单。ERP系统提供手工录入采购订单的方式，以防某些需采购的物料遗漏了。手工录入的采购订单仍然需要经过审核。

采购订单生成后，可以根据需要进行修改或删除；审核后的采购订单为有效单据，不能修改和删除，可被其他单据、其他系统参照使用。

已审核的采购订单可以弃审。但是，如果已审核的采购订单是由下游单据生成的，系统视该单据为已执行，不能弃审（删除下游单据后可弃审）。

已审核或已执行的单据可以关闭。已关闭的单据不能执行或弃审，但不影响根据该单据生成的下游单据的正常操作。已关闭的单据可以再次打开，打开后的单据状态为关闭前的状态，即已审核或已执行。

(2) 采购订单跟踪

采购订单审核后转给供应商，要求供应商按采购订单供货。采购业务人员对下达的采购订单按计划进行跟踪，了解供应商的生产进度及产品质量情况，并及时对供应商给予支持。在ERP系统中可以设置订单跟踪的时间周期，形成订单跟踪计划。

订单跟踪是采购人员的重要职责，其目的是促进合同正常执行、满足企业的物料需求、保持合理的库存水平。订单跟踪应把握以下事项：

① 跟踪供应商准备物料的详细过程，跟踪其生产工艺文件。发现问题要及时反馈，需要中途变更的应立即与供应商协商解决，必要时可帮助供应商解决疑难问题，保证订单的正常执行。

② 及时响应生产需求变化。市场瞬息万变，生产也在随机应变。因市场变化而产生紧急生产需求时，可能要求供应商提前发货，保证物料的准时供应。当市场出现产品滞销时，可能延缓或取消本次订单物料采购，应尽快与供应商进行沟通，确认可承受的延缓时间，或终止本次订单操作，给供应商相应的赔偿。

③ 控制物料验收环节。物料到达订单规定的交货地点，按照订单对到货的物品、批量、规格、单价及总金额等进行确认，并录入ERP系统归档。

④ 及时查询与采购订单相关联的入库单、质检单、收货单、结账单情况，快速掌握采购订单的执行情况。

5.2.2 采购入库管理

(1) 到货接收

采购到货是采购订货和采购入库的中间环节。对于需要检验的货物，首先参照提货单或送货单生成(或填写)到货单，确认对方所送货物的名称、数量、价格等信息，然后进行质量检验，检验合格后才能入库转为正式库存。对于不需要进行检验的采购件，可以直接入库。

采购到货单也可以参照采购订单生成。当采购到货后，系统冲减采购订单中未到数量。

(2) 检验入库

到货检验主要是对货物的数量和质量进行检验。质量不合格的货物进入退货流程。如果货物数量不正确，则进入补货流程。

系统参照到货单生成采购入库单，传递到仓库作为保管员收货的依据。采购入库单是根据采购到货的实收数量填制的单据。

到货单和入库单是多对多的关系，一张到货单可以多次入库，一个供应商的多张到货单也可以一次入库。如果采购订单的货物全部到达并检验通过后，应进行库存更新，库存更新后应关闭该采购订单。

5.2.3 采购账务管理

采购入库单审核后，财务处的应付账款部门应做相应的制单、记账工作。在制单、记账过程中，应参照相应的采购发票。

(1) 采购发票

采购发票是供应商开出的销售货物的凭证。系统将根据采购发票确认采购成本，并据以登记应付账款。采购发票既可以直接填制，也可以从采购订单、采购入库单拷贝生成。

采购订单发出后，采购货物与采购发票可能同时到达，也可能先后到达。如果双方都使用了ERP系统，那么可以通过电子数据交换系统(EDI)传入采购发票或者到货单。如果企业只收到供应商的发票而没有收到货物，可以对发票压单处理，待货物到达后，再输入系统做报账结算处理；也可以先将发票输入系统，以便实时统计在途货物。

采购发票按发票类型分为增值税专用发票和普通发票两种。其中增值税专用发票的单价为无税单价；普通发票的单价、金额都是含税的。

(2) 采购结算

采购结算也称采购报账，是将采购发票与采购入库进行匹配，确认采购成本的过程。采购结算的结果是生成采购结算单，它是记载采购入库单与采购发票对应的记录关系的结算对照表。

系统提供自动结算、手工结算两种方式。自动结算是由系统自动对符合结算条件的供应商、存货、数量完全相同的采购入库单记录和采购发票记录进行结算，生成结算单。

采购结算时，一张采购发票可以对应多张采购入库单，一张采购入库单也可以对应多张发票。但对于发票的明细记录只能一次结算，不能分次进行结算。采购发票的记录金额作为入库单记录的实际成本。

采购结算时，如果采购发票的数量大于采购入库单的数量，则可以将数量差值录入为合理损耗数量(或非合理损耗数量)，并将发票的金额分摊到采购入库单中。

对于采购过程中发生的运输费用，如果要分摊到存货成本中，可以在结算时选择运费发票按数量和金额分别进行分摊。运费发票是记录采购过程中发生的运输、装卸、入库整理等费用的单据。运费发票记录可以在手工结算时进行费用分摊，也可以单独进行费用折扣结算。

在结算时，如果运费发票和采购发票一起与入库单进行结算，则运费分摊的金额直接记入采购成本；如果采购发票与采购入库单结算后再进行运费的分摊，则分摊后的成本不能直接记入采购成本，要在存货核算中进行分摊。

(3) 采购付款

除采购部门外，采购过程还涉及计划、库存、应付款、存货核算等部门。

采购发票传递给财务付款人员，财务人员按发票金额制定应付单，由财务付款主管审核，生成相应的应付款转账凭证。支付款项转给供应商时，财务付款人员制定付款单，由主管审核后，生成相应的付款凭证。

在ERP中，应付款管理主要完成对采购业务转入的应付款项的处理，提供各项应付款项的相关信息，以明确应付款的发生缘由，有效掌握付款核销情况，提供适时的查询依据。应付单是记录采购业务所发生的各种应付业务的凭证，应付单表头中的信息相当于一条会计分录的贷方信息，其科目必须是应付系统的受控科目，即应付账款。应付单进行审核后将自动生成转账凭证。

付款单是记录企业支付款项的凭证。支付每笔款项都应确认该款项是结算货款，还是提前支付的预付款，或是其他费用。系统用“款项类型”来区别不同的用途。对于不同用途的款项，系统提供的后续业务处理不同。对于应付款及预付款，需要进行付款结算，即将付款单与其对应的采购发票或应付单进行核销勾对，进行冲销企业债务的操作。对于其他用途的款项则不需要进行核销。对于同一张付款单，如果有包含不同用途的款项，应在系统记录中分行显示。付款单进行审核后将自动生成付款凭证。

采购订单关闭后，计划系统自动更新，标志采购活动已经完成；相关数据转财务系统进行金额审核，转存货核算系统进行采购成本核算。金额审核后，存货核算系统可进行月末制单、记账等活动；相关制单与记账活动完成后，反馈累计已付款金额给采购系统。

采购成本的核算在存货核算系统进行。存货核算系统记账后才能确认采购物料的成本。只有采购结算后，采购发票才能自动传递到应付款管理系统，并且需要在应付款管理系统中审核确认，才能形成应付账款。在应付款管理系统中可以根据采购发票制单，也可以根据应付单或其他单据制单；也可以根据一条记录制单，还可以根据应付单或其他单据制单。在采购结算后可以针对每笔业务立即制单，也可以月末一次制单。

5.2.4 供应商管理

供应商管理可以提高企业对供应商的监控与合作能力，使企业保持与供应商的最佳关系。供应商管理的基础是建立供应商档案，即建立一个科学全面的供应商信息库。完备的供应商档案信息有助于采购业务中的询价和比价，并辅助采购系统与应付系统进行业务处理。通过查询供应商交易历史数据、供应商评估信息等，可以帮助采购决策人员选择最佳供应商。

系统生成采购订单时，会自动读入相应的供应商资料。采购业务开始之前，还要初始化供应商的有关账务资料。

(1) 供应商信息

在供应商分类管理模式中，首先按照供应商所供物料的市场特性把供应商分为垄断物料市场供应商、有显著差异物料供应商和无显著差异物料供应商。按照供应商的供货状况，可以把有显著差异物料供应商分为 A、B 和 C 三类。图 5-2 所示的是供应商双层分类管理模式中的供应商结构图。

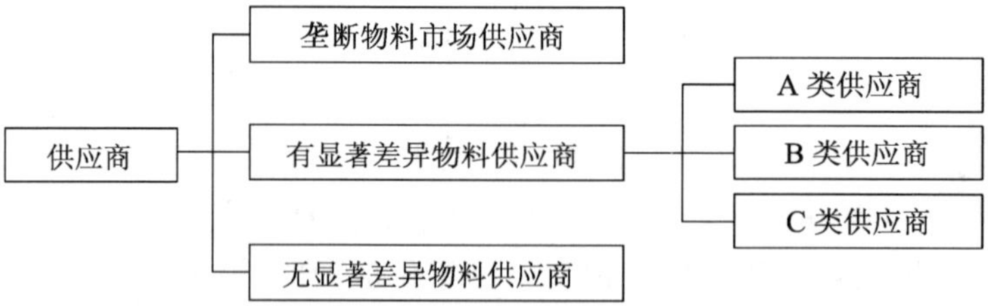

图 5-2 供应商双层分类结构图

垄断物料市场供应商是指那些完全垄断或几乎垄断市场上某种物料供应的供应商，例如中国电力、电信、铁路、特殊钢材和微软 Office 系统等供应商都是特殊供应商，企业往往没有能力和办法去选择其他供应商，或者说，企业选择其他供应商的成本高昂。在计划经济体制下和不完全的市场经济体制下，在市场上物料供应不充分等环境下，这种类型供应商的存在往往不可避免。对于这些特殊的供应商，企业应该采取密切供需关系的管理方式。

有显著差异物料供应商是指这些供应商之间，不同的供应商供应的物料具有质量上的差异、价格上的差异、服务上的差异、品牌上的差异和技术性能上的差异等，并且这些物料构成企业产品的主要成本，或者说，与企业产品的质量和性能密切相关。例如，对于自行车制造企业来说，自行车制造厂需要的管材、丝材、轴承和轮胎等物料供应商就属于典型的有显著差异物料供应商。无论是从数量上，还是从管理投入方面，这些供应商都是企业供应商管理的重点。因此，可以把这些供应商分为 A、B 和 C 类供应商。不同类别的供应商具有不同的供货优先级，其中，A 类供应商具有最高的供货优先级，而 C 类供应商的供货优先级最低。按照企业规定的供应商评估政策，在一定的条件下，C 类供应商可以升级为 B 类供应商，同样，B 类供应商也可升为 A 类供应商。这种供货优先级类别的变化是可逆的，如，A 类供应商也可以降级为 B 类供应商或 C 类供应商，B 类供应商可以降级为 C 类供应商，C 类供应商甚至可以被企业从供应商队伍中剔除。

无显著差异物料供应商是指供应满足下列条件的物料供应商：这些物料不是企业主要产品的构成部分；这些物料与企业产品的质量和性能关系不大；这些物料的价值相对来说比较低。对于这些物料的管理应该尽可能地采用简化的管理方式。这些物料往往包括生产用辅助物料、办公用品和劳动保护用品等。一般情况下，在无显著差异物料供应商的管理中，可以采取标准化采购管理方式和定额采购管理方式。标准化采购管理方式是指制定采购这些物料的标准品牌、型号和规格等，即必须从制定的标准中采购所需要的物料。需要注意的是，标准化采购管理方式也可以应用于有显著差异物料供应商的管理上。定额采购管理方式则是在给定的资金额度下采购所需要的物料的管理方式。哪些物料的采购适合用标准化管理方式，哪些物料的采购适合用定额管理方式，不同的企业有不同的标准。

无论是哪一种类型的供应商，其主要的信息包括供应商编码、供应商名称、简称、类型、所属国家、所属城市、地址、邮编、联系电话、传真电话、网址、电子邮箱，以及会计信息、税务信息、银行信息、法人代表信息和联系人信息等。评估供应商的内容主要包括供应商履约状况、供货质量状况、所供物料的成本状况、供货过程中的服务状况和供货能力状况等。

(2) 采购计划法

采购计划法是在采购系统中运用的一种方法，使用该方法可以生成供应商计划，该计划用来维护采购订单的有效日期。企业与供应商建立比较长期的供求协定，按照滚动计划的方法，把长期协定(一般半年至一年)和短期合同(一般为月)结合起来，近期的采购条件比较具体详细，远期的条件可以比较笼统，一次签约，分期供货。这就是所谓的采购计划法。

使用 MRP 可以向供应商提供一份六个月到一年的采购计划。而且，在 MRP 的环境下，定期更新这些计划从而保持这些计划的有效性也是不成问题的。有了供应商计划，供应商可以提前看到尚未下达的计划采购订单。这使得供应商可以提前做好物料和能力的准备，一旦订单下达，则可以更好地履行计划。

供应商计划的展望可以划分为 3 个时域。在最近的第 1 时域中是已经下达的采购订单。在稍远一些的第 2 时域中的订单，在数量和日期上可能还会有些微调。在第 3 时域中的计划订单仅仅向供应商提供参考信息。3 个时域的划分对于不同的公司、不同的供应商和不同的物料会有很大的不同，但基本的思想是一样的。

如果没有供应商计划及相应的工作环境，那么当提前期发生变化时就要出现问题。

例如，一项物料的提前期从 10 周变为 15 周，那么，有 5 周的订单已经来不及下达了。供应商也无法对这些订单按时发货。如果使用供应商计划，供应商可以预先知道客户的需求，如果提前期改变，则应当提前对供货计划做出安排。

在这些情况下，甚至可以为供应商做能力需求计划，特别是在供应商本身没有 ERP 系统的情况下，这样做是很有用的。

一份采购计划可以如图 5-3 所示。

图 5-3　采购计划法

其中，最初的一个月（第 1 时域）以周为时区，其数量已是确定。供应商要确保每周提供这些材料。

第 2 个月（第 2 时域）仍以周为时区，其数量还可以有细微的调整，但不能取消。对任何取消物料需求的计划改变，供应商将不承担所造成的损失。

以后的 4 个时区（第 3 时域）按月表示，每个月包括 4 周，在这些时区内，采购员仅要求供应商确认有能够满足采购需求的物料和能力。

这份逐步按周展开的计划可以看作是一个采购订单的发放计划。其中包括了已经向供应商下达的采购订单，而且向前看，超出供应商所报的提前期，显示了未来的计划采购订单。这使得供应商能够看到未来的需求，从而可以提前做好准备。

如果使用这种方法来处理和供应商之间的业务联系，那么，当供应商声明提前期从 6 周增加到 8 周时，则无须向供应商提供新的信息。因为已经提供了 6 个月甚至更长的采购计划，远远超过了供应商所报的提前期。

思考题

1. 采购部门的职能是什么？在企业中的实施程序是什么？
2. ERP 中采购管理的流程是什么？
3. 为什么企业采购管理需要使用 ERP？
4. 什么是采购计划法？试举例说明。

第6章 生产管理

导入案例

ERP的生产系统可以使生产管理具备完整的知识体系和专业化的管理方法，生产管理系统被许多ERP厂商认为是最复杂、最困难的部分。

爱德发高科技集团于1996年成立于北京，1998年移师海外，如今已发展成为一个跨国集团公司。该集团现拥有3家公司（北美加拿大爱德发企业、北京爱德发高科技中心、南美阿根廷爱德发电子有限公司）和两个生产基地（分别位于北京、深圳，东莞的生产基地也正在建设中），已形成集工业设计、产品研发、模具制作、注塑成型、喷油丝印、木箱制造、电子装配、扬声器开发生产为一体的大规模生产基地。让我们来看看ERP生产系统是怎样在这家企业中工作的：

首先，制订切实可行的生产计划，该计划除了包含由销售环节转来的订单外，也可直接输入生产计划，如有紧急订单，可通过追加临时生产计划，直接生成物料需求计划并下达到生产车间。

然后，物料需求计划是把生产计划细分为制造件的生产进度计划和原材料、外购件的采购进度计划，确定制造件的投产日期和完工日期，原材料、外购件的订货、采购和入库日期。生成车间定单和采购请购单，分别由车间作业系统和采购系统处理。保证生产过程中既不出现短缺，又不积压库存。ERP中的生产系统根据企业的特点，将物料需求计划设计成正排产、倒排产两种方式。

实施ERP系统时，针对该企业产品、流程的复杂性，对产品进行二次开发，把物料分为两类，一类是能用一个固定的物料编码来表示的产品；而另一类是带附加属性定义的产品，这类产品由物料编码和属性描述构成。一大类产品共用一个物料编码，同时，用属性来描述其他不同的变量，如规格、定尺、合金状态、包装方式、卷芯、技术标准等。这为成品库的管理、统计和排产都提供了很大方便，同时减少了编码的数量，实实在在解决了其生产管理中的棘手问题。

紧接着，车间管理系统按车间订单下达日期，并分别下达到相应的生产车间。在车间订单下达的过程中，将配套生成相应的领料单、流动卡和工艺路线单等车间作业文档，同时，通知物料部门发料。

随后，作业订单下达到车间并规定出一个开始日期和完工日期。车间订单中规定的作业时间不是纯工艺时间，它包含有管理时间，也就是说为该车间主任或调度留有一定的节余时间，他们可以在权限范围内根据经验灵活调整各个订单的实际作业时间。

尽管车间管理人员可以在订单规定的范围内调整定单的作业情况，但具体的完成情况必须及时回报计划部门。生产回报的方式很简单，填写每一道工序的流动卡即可。流动卡中规定了各个工序的建议时间和管理及技术要求，作业人员把该工序实际执行情况

(实际开始时间、准备时间、加工时间、正品数量、次品数量和原因、作业人员和班次等)填入流动卡。

生产完工报告记录了各工序的实际耗费,并作为成本分析的依据,自动生成生产日报表,提供截至当日的产品生产汇总信息。

值得一提的是,ERP中的生产系统不但设备或装置同产品集成在一起,也把流程工业的特点融合进来,定额管理系统能根据一段时间内的实际发生数,优化原(辅)材料和工时定额。并且支持临时紧急订单的直接下达、计划的调整等意外情况。

生产系统要求及时回报车间作业情况,但不要求实时回报,每天集中回报即可。所以生产系统不会像人们想象的那样繁杂、死板。ERP的生产系统的设计针对不同行业也做了特殊处理。

案例思考 生产管理实施的前提是什么?实施过程涉及哪些参与部门?生产流程实施的具体步骤和内容有哪些?

本章概要与要点

本章首先介绍生产管理的定义、内容及作用等,接着详细叙述了生产管理的业务流程和生产订单管理,最后是车间作业管理,包括其工作内容、子系统的业务流程、工序优先级的确定,以及加工单与派工单。

6.1 生产管理概述

生产管理(Production Management)是计划、组织、控制生产活动的综合管理活动。内容包括生产计划、生产组织及生产控制。其通过合理组织生产过程,有效利用生产资源,经济合理地进行生产活动,以达到预期的生产目标。

6.1.1 概念

生产管理是对企业生产系统的设置和运行的各项管理工作的总称,又称生产控制。其内容包括:① 生产组织工作。即选择厂址、布置工厂、组织生产线、实行劳动定额和劳动组织、设置生产管理系统等。② 生产计划工作,即编制生产计划、生产技术准备计划和生产作业计划等。③ 生产控制工作,即控制生产进度、生产库存、生产质量和生产成本等。④ 保证如期正常交付。根据生产计划安排,保证客户产品交付正常。生产管理的任务有:对客户产品交付异常情况进行及时有效的处理。通过生产组织工作,按照企业目标的要求,设置技术上可行、经济上合算、物质技术条件和环境条件允许的生产系统;通过生产计划工作,制定生产系统优化运行的方案;通过生产控制工作,及时有效地调节企业生产过程内外的各种关系,使生产系统的运行符合既定生产计划的要求,实现预期生产的品种、质量、产量、出产期限和生产成本的目标。生产管理的目的就在于,投入少、产出多,取得最佳经济效益。而采用生产管理软件的目的,则是提高企业生产管理的效率,有效管理生产过程的信息,从而提高企业的整体竞争力。

6.1.2 目标

生产管理的目标是要达到高效、低耗、灵活、准时地生产合格产品,最终为客户提供高品质和满意服务。高效是指迅速满足用户需要，缩短订货、提货周期，为市场营销提供争取客户的有利条件。低耗是指人力、物力、财力消耗最少，实现低成本。灵活是指能很快适应市场变化，生产不同品种，不断开发新品种。准时是指在用户需要的时间，按用户需要的数量，提供用户所需的产品和服务。高品质和满意服务是指产品和服务质量达到顾客满意的水平。

6.1.3　管理方法

(1) 目视管理

所谓目视管理，就是通过视觉导致人的意识变化的一种管理方法。

目视管理有 3 个要点：

① 无论是谁都能判明是好是坏(异常)；

② 能迅速判断，精度高；

③ 判断结果不会因人而异。

在日常活动中，我们是通过五感(视觉、嗅觉、听觉、触摸、味觉)来感知事物的。其中，最常用的是视觉。据统计，人的行动的 60% 是从视觉的感知开始的。因此，在企业管理中，强调各种管理状态、管理方法清楚明了，要达到“一目了然”的目的，从而容易明白、易于遵守，让员工自主地完全理解、接受、执行各项工作，这将会给管理带来极大的好处。

(2) 看板管理

看板管理是管理可视化的一种表现形式，即对数据、情报等的状况做一目了然的表现，主要是对于管理项目特别是情报进行的透明化管理活动。它通过各种形式，如标语/现况板/图表/电子屏等把文件上、脑子里或现场等隐藏的情报揭示出来，以便任何人都可以及时掌握管理现状和必要的情报，从而能够快速制定并实施应对措施。因此，管理看板是发现问题、解决问题的非常有效且直观的手段，是优秀的现场管理必不可少的工具之一。

看板管理是一种高效而又轻松的管理方法，有效地应用看板管理对于企业管理者提供了很大的便利。

看板管理一般有生产看板、异常看板等。

6.1.4　生产管理业务流程

生产管理是 ERP 系统的核心功能子系统，围绕企业的经营目标，以生产过程为对象，根据市场需求和生产规划，以 MRP、工艺路线及各工作中心的能力对生产进行合理安排，编排车间工序计划，下达车间生产任务单，跟踪和控制生产进度，保障产品完工入库。它将企业的整个生产过程有机地结合在一起，使得企业能够有效率地降低库存，提高效率。同时将原本分散的生产流程通过 ERP 系统有机地连接起来，也使得生产流程能够前后连贯地进行，从而使生产全过程不出现脱节，耽误生产交货时间。

在 ERP 系统中，生产管理分为生产订单管理和车间作业管理，以生产订单为核心，对生产任务的全过程进行管理，包括设置与生产相关的基础数据、生成或录入生产订单、审核生产订单、生产工序计划(加工单或派工单)、领料、组织生产、检验产品、半成品或产成品完工入库、关闭生产订单等业务流程，如图 6-1 所示。

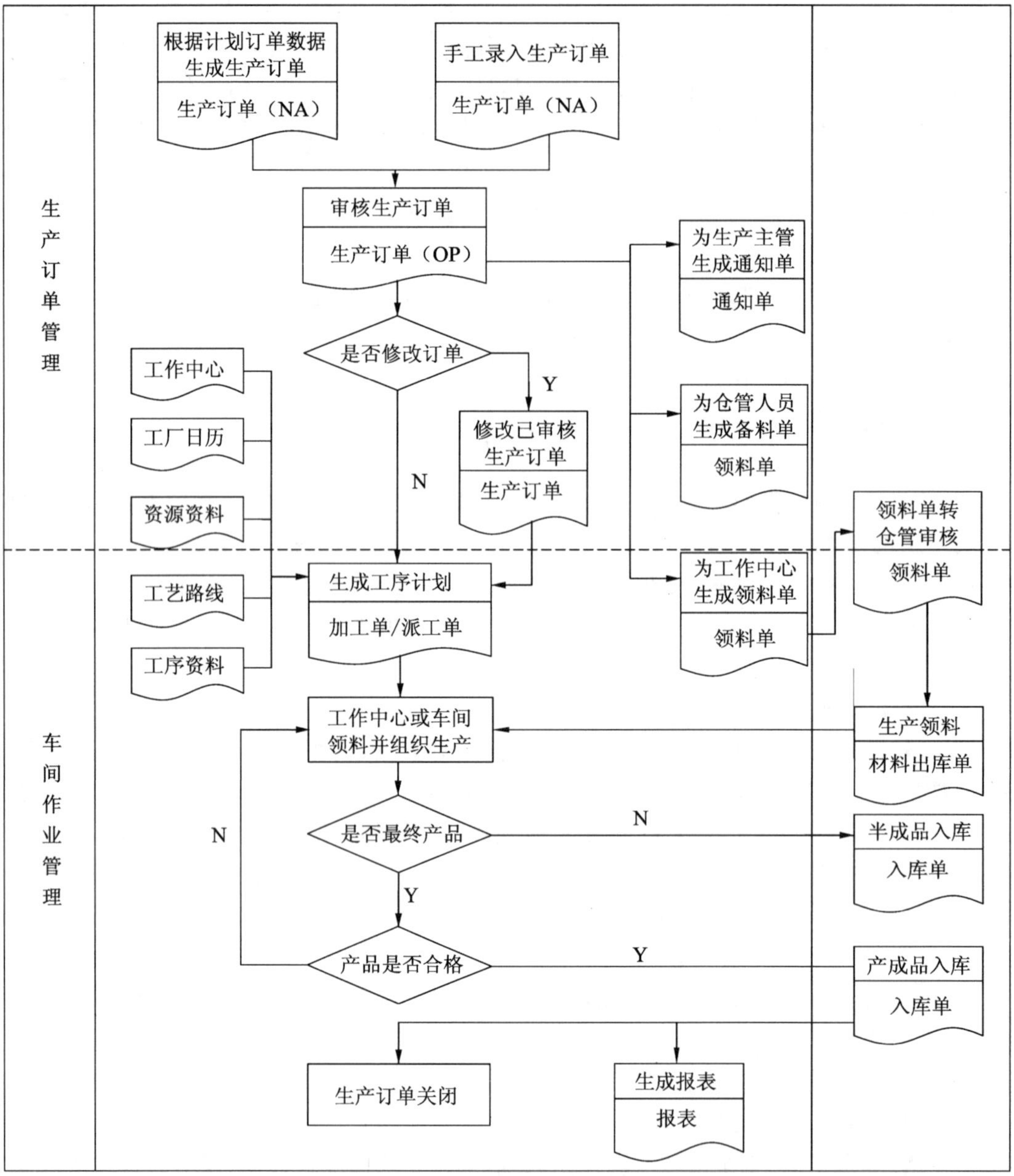

图 6-1　生产管理业务流程图

生产管理是通过对实时信息的分析，了解各项生产指标情况，实时监测生产状态，及时调整不合理的生产过程，梳理生产流程，优化生产资源的配置，降低生产成本，为生产决策提供依据。同时，生产管理子系统还可以从实时信息中准确地得到各项生产投入及产品产出的信息，并将这些信息直接送到成本核算子系统，计算企业的生产成本，提高企业对市场变化的反应速度。

6.2　生产订单管理

制造型企业的生产管理和物料管理通常以生产订单为中心，控制产能的利用、缺料状况、生产效率和进度等，协助企业有效掌握各项制造活动。

生产订单模块的管理功能主要集中在与制造活动相关的订单规划、锁定、订单审核、备料、领料、在制品入库和订单关闭等处理上，如图 6-2 所示。生产计划管理和成本管理都不属于生产管理的部门，但是它们与生产管理之间有直接的数据接口关系。作为 ERP 生产管理的核心文件，生产订单的生命周期可概括为：

(1) 生产订单的生成；

(2) 生产订单的审核、下达与领料；

(3) 对生产订单中所包含的工序的管理、完工确认及产成品的入库；

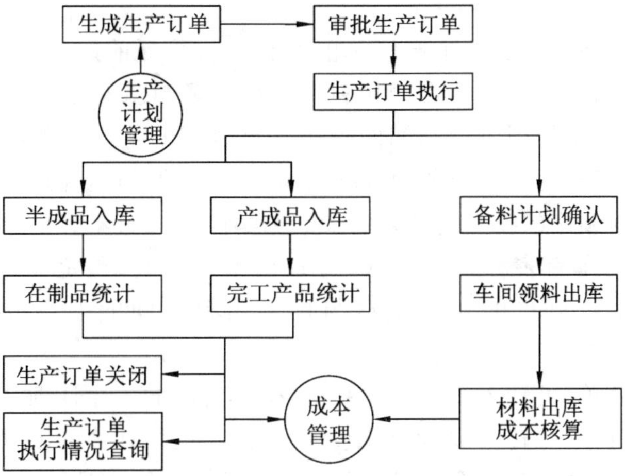

图 6-2　生产订单管理业务概述

(4) 生产订单的关闭与结算。

① 针对主生产计划及需求规划生成的建议制造量，提供分批规划功能，或手动建立生产订单资料，使生产计划作业更有弹性。

② 提供生产订单锁定和审核功能，有效控制计划执行过程。

③ 提供各种角度的订单跟踪信息，有效掌握生产进度。

④ 提供生产订单缺料模拟分析，作为调整生产进度的参考。

⑤ 提供按生产订单设定特殊用料功能，替代料及特殊用料使用。

⑥ 提供生产订单用料分析，有效掌握各生产订单的用料及成本差异信息。

使用生产订单管理子系统处理生产订单之前，必须先对物料清单资料、生产订单类别资料、物料生产线关系资料等基础资料进行设置维护。

6.2.1　生产订单生成

一般根据 MPS/MRP 计划生产的生产计划订单能够自动转换成生产订单，还可以根据实际情况对转换后的生产订单进行调整；如果没有启用 MPS/MRP 计划或者不经过计划的生产订单，也可以手工录入。

实际应用中，对于临时生产插单、特殊产品的生产订单都有灵活的输入方式。有些不便应用 MRP 来作为生产计划管理方式的企业，也可以手动输入来生成生产订单，从而也能用该子系统来达到管理生产的目的。在生产订单录入中，需要确定物料、数量、生产开始日期、结束日期、对应物料的 BOM 和工艺路线。BOM 可以确定领料数量及相应的消耗方式。

生产订单的状态分为未审(not-approved,NA)、锁定(firmed,FM)、已审(opened,OP)和关闭(closed,CL)四种。

6.2.2 生产订单审核及后续业务

MRP生成了生产计划订单,但它还不是正式向车间下达的生产订单,必须经过审核才能下达生产单位执行计划订单上的数据,例如需求日期和需求数量,对正式的生产订单来说还只是建议的日期和建议的数量,还需人工对这些数据进行审核确认。生产计划订单尽管进行了相应的能力需求计算,但仍需对该订单的正确性和可行性进行审核,才能形成正式的生产订单。

审核的过程主要是对完成该生产订单的物料、资源、提前期和工具等进行确认,生产订单审核后,系统自动生成对应的生产领料单。生产领料就是生产或仓库人员根据生产所需用料,从仓库领取物料到生产车间的过程。审核后的生产订单可以作为生产领料的依据,也可以在库存管理的出库业务中选择材料出库单的操作,通过直接选择生产订单号关联出该生产订单需领用的物料,使得生产领料操作简单,且不容易出错。

已审核的生产订单有多种查询方式,可查出制造数量、预定完工日、入库数量等信息,系统也提供各生产订单的实际用料与标准用料之间的差异分析,供成本分析及控制。

已审核的生产订单,可转入车间管理系统,生成对应的工序计划,追踪生产进度等。

已审核的生产订单,可转入成本会计系统,是产品成本计算的依据。

对于已经审核后的生产订单,如果还存在日期、数量、BOM和工艺路线的变动,可以利用对已审核生产订单的再审核功能进行更改。已审核生产订单修改后,会立即更新该生产订单的工序资料,如生产订单工序计划的开工日期、完工日期及其子件需求日期。

通过报表查询可以看到没有审核的生产订单和生产订单缺料表等,对于缺料的情况,可以催促采购、仓管部门及时将物料采购到货。

6.3 车间作业管理

车间作业管理是根据零部件的工艺路线来编制工序排产计划。在此阶段,要处理相当多的动态信息,反馈是重要的工作,因为系统要以反馈信息为依据对物料需求计划、主生产计划、生产规划,乃至经营规划做必要的调整,以便按照企业的基本流程,实现供需平衡。

6.3.1 车间作业管理的工作内容

车间作业管理的工作内容包括以下5个方面。

(1) 检查计划生产订单

MRP为计划生产订单指定了物料代码、数量和计划下达日期,再经过能力需求计划,进一步指明加工工序、工序完成日期、工作中心和标准工时。

例如,图6-3是一份生产订单。加工对象是物料代码为80021的定位栓。需求日期是第42个工作日。这是由物料需求计划根据其上层物料项目的需求来确定的。

生产订单号：18447

物料代码：80021(定位栓)

数量：500　　　　需求日期：412　　　　下达日期：395

工序	部门	工作中心	说明	准备工时	单件工时	标准工时	完成日期
10	08	1	下料	0.5	0.010	5.5	402
20	32	2	粗车	1.5	0.030	16.5	406
30	32	3	精车	3.3	0.048	27.3	410
40	11		检验				412

图 6-3　生产订单图

图 6-3 所表示的这些信息是存储在计算机中的，这些计划的完工日期并不出现在发向车间的文档材料中。因为物料需求计划尚需不断地检查这些需求日期，看看是否发生变化。例如，定位栓的父项物料还需要某种铸件才能构成，而铸件的质量出了问题，最早于第 422 个工作日才能得到一批新的铸件。于是必须改变主生产计划来指明这一点，在计算机中关于定位栓的生产订单也将给出一个新的完成日期，即 422，而工序 30 的完工日期改为 420，工序 20 的完工日期改为 416。所以，在计划生产订单正式下达投产之前，还必须检查物料、能力、提前期和工具的可用性，并解决可能出现的物料、能力、提前期和工具的短缺问题。

(2) 执行生产订单

执行生产订单的工作是从得到计划人员下达生产订单开始的。下达生产订单就是指明这份生产订单已经可以执行了。具体来说，就是这份订单的完工日期、订货数量已经确定，并指明了零件的加工工序和标准工时，可以打印订单和领料单，可以领料、下达派工单，也可以做完工入库的登记了。

当多份生产订单需要在同一时区内、同一工作中心上进行加工时，必须要向工作中心指明这些订单的优先级，说明各生产订单在同一工作中心上的优先级是工作中心派工单的作用。稍后我们将分别讨论确定工序优先级的方法和派工单。

执行生产订单的过程，除了下达生产订单和工作中心派工单之外，还必须提供车间文档，包括图纸、工艺过程卡片、领料单、工票、某些需要特殊处理的说明等。

(3) 收集信息，监控在制品生产

如果生产进行得很正常，那么这些订单将顺利通过生产处理流程。但十全十美的事情往往是很少的，所以必须对工件通过生产流程的过程加以监控，以便了解实际上正在发生什么。为此要做好以下工作：通过投入产出报告显示能力计划的执行情况；监控工序状态、完成工时、物料消耗、废品率；控制排队时间、投料批量和在制品数量；预计是否出现物料短缺或拖期现象。

(4) 采取调整措施

根据监控的结果，如果认为将要出现物料短缺或拖期现象，则应采取措施，如重新调整不同订单的工序优先级，或通过加班、转包或分解生产订单来调整能力及负荷，以满足最后交货日期的要求。

如经过努力发现仍然不能解决问题，则应给出反馈信息，要求修改物料需求计划，甚至修改主生产计划。

（5）生产订单完成

统计实耗工时和物料、计算生产成本、分析差异、执行产品完工入库事务处理。

6.3.2 车间管理子系统业务流程

ERP 系统中车间管理子系统的作用是编制生产作业计划，管理生产过程中的人、物、机械设备和时间等。该系统使用可行的自动化处理系统来代替人工系统，在帮助车间管理人员监督和控制车间生产活动的同时，帮助企业提高劳动生产率，减少车间在制品数量，提高产品质量。

结合 MRP 展开的计划生产订单，下推生成车间任务，投放前要仔细核实车间的实际情况，定义各物料加工车间的进度计划，并根据物料短缺报告说明物料在任务单上的短缺量。再下推生成各工作中心的加工单和派工单，实现在制品管理与控制，车间必须对车间原材料、半成品及成品加以严格的管理，完工入库，同时调度与控制投入、产出的工作量，平衡与充分发挥各工序能力，控制投入、产出的物品流动，控制在制品库存量，保持物流平衡、有序。最后实现投入产出分析，对车间生产过程的各种资源占用情况进行统计与分析，以便提出改进车间管理工作的措施。其业务流程如图 6-4 所示。

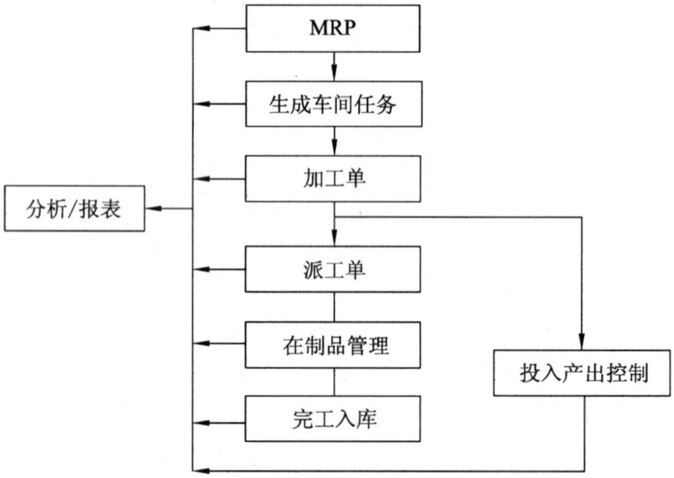

图 6-4 车间管理子系统流程

6.3.3 工序优先级的确定

多项物料在同一时区分派在同一个工作中心上加工，需要确定这些物料的加工顺序，即工序之间相对的优先顺序。实质上，这是一个核实是否有足够提前期的问题。下面介绍几种确定优先级的常用方法。

（1）紧迫系数（critical ratio，CR）

$$CR=(需用日期-今日日期)/剩余的计划提前期$$

公式将剩余时间与需要加工的时间（计划提前期）比，可出现 4 种情况：

① CR＝负值，说明已经拖期；

② CR＝1，剩余时间恰好够用；

③ CR＞1，剩余时间有余；

④ CR＜1，剩余时间不够。

很明显，CR 值小者优先级高。一项物料的加工完成后，其余物料的 CR 值会有变化，要随时调整。

（2）最小单个工序平均时差（least slack per operation，LSPO）

时差也称缓冲时间或宽裕时间。

LSPO＝（加工件计划完成日期－今日日期－尚需加工时间）/剩余工序数

式中，尚需加工时间指剩余工序的提前期之和。很明显，LSPO 值越小，即剩余未完工序可分摊的平均缓冲时间越短，优先级越高。

（3）最早订单完工日期（earliest due date）

要求完工日期越早的订单优先级越高。使用这一规则时，对处于起始工序的订单要慎重，有必要用 LSPO 规则复核。本规则比较适用于加工路线近似的各种订单，或已处于接近完工工序的各种订单。

但是，前两种方法不如第三种方法明确。有时按正确的相对优先级工作着（最紧迫的先做然后做紧迫程度稍低的），并不意味着满足完成日期。一个工作中心可能以正确的相对优先级工作着，但实际上它所做的工作已经落后于计划一周了。所以，不但要指明相对优先级，还要指明要满足的完成日期。

在一份生产订单经过每个工序的过程中，如果它已经落后于计划，将使得这份订单以高优先级出现在派工单中。于是这份订单将会被加快处理，这有助于弥补已经落后于计划的时间。但是，如果一份计划已经落后于计划 5 天，而且应当明天入库，那么，车间人员应当通知计划人员这份生产订单是不能按时完成的，以便计划员采取相应的措施。

确定工序优先级的规则很多，但必须简单明了，便于车间人员使用。

6.3.4　加工单与派工单

6.3.4.1　加工单

确认生产作业计划之后，即可将其作为可行的生产任务来实施。可行的生产任务的表现形式是加工订单。加工订单有时也被称为制令单、制造令、加工单、工单或生产任务指令单等。

每一个加工订单都有一个唯一的编码，称为加工订单编码。每一个加工订单编码都对应一个产成品或半成品。每一个加工订单都应该有具体的任务，可以追溯到某个客户的订单等。

加工单通常包括 3 个部分的内容，即加工订单明细、加工订单工序明细和加工订单用料明细。

加工订单明细主要是描述各个加工订单的基本属性，例如：

① 要生产什么物料？其物料编码、物料名称和型号规格等是什么？

② 要完成多少数量？

③ 该加工订单的来源任务是什么？例如对应哪一个客户订单？

④ 在什么时候开始生产？在什么时候必须完工入库？

⑤ 按照什么样的工艺路线加工？

⑥ 由哪一个生产部门制造？

⑦ 在指定日期之前已经入库了多少数量？

加工订单工序明细主要用于描述指定的加工订单包含的工序编码、工序名称、额定时间和工作中心等属性，例如：

① 完成当前的加工订单需要经过哪些工序？

② 每道工序对应哪一个工作中心？

③ 每道工序的开工日期和完工日期是什么？

④ 每道工序耗费的加工准备时间、加工时间分别是多少？

在一些ERP系统中，加工订单明细的每一条记录被称为加工订单概况。加工订单由加工订单概况和加工订单工序明细组成。如图6-5所示的是一个经常使用的加工单样式。

加工订单编码：M2006080201

物料编码：T20B51892　　物料名称：后轴　　需要数量：200

计划开工日期：20060802　　计划完成日期：20060804

标准工时

工序编码	工作中心编码	加工准备时间	加工时间	计划开始日期	计划完成日期
5	WC102	0.75	0.25	20060802	20060803
10	WC105	1.25	0.25	20060802	20060803
15	WC211	1.25	0.25	20060802	20060803
20	WC212	1.25	0.75	20060802	20060803
25	WC215	1.85	1.15	20060802	20060803
30	WC361	1.85	1.15	20060802	20060803
35	WC493	1.85	1.15	20060803	20060804
40	WC496	1.85	1.20	20060803	20060804
45	WC498	1.85	1.10	20060803	20060804

图6-5　加工单

加工订单用料明细从物料角度描述加工订单，其主要内容如下：

① 完成每道工序需要用到哪些物料？

② 每种物料的单位用量、标准用量、损耗率、固定损耗和需求数量等。

③ 每种物料的发料状况，包括欠料数量、已占用数量和已发料数量等。

④ 每种物料分别发送到哪一个工作中心？

6.3.4.2　派工单

指导车间执行能力需求计划要通过派工单来实现。使用派工单，可以按部门或者按工作中心和工序来显示车间计划，而不仅仅是显示生产订单及其日期。派工单是车间调度最有用的形式，为在计划员和车间之间就优先级进行交流提供了一种方法。

派工单就是按优先级顺序排列的生产订单一览表。当生产订单下达后，订单信息进入车间订单文件。车间订单文件记录了所有已下达但尚未完成的生产订单。每天的派工单列出要在每个工作中心或部门加工的作业，也列出未来几天将要到达工作中心的作业单。

派工单中列出工序的开始日期和完成日期，以及作业订单完成日期。工序开始日期用来确定作业的加工顺序。工序完成日期和订单完成日期都是非常重要的信息。这些日期都是车间管理人员要满足的。

有些公司的派工单是按部门而不是按工序描述的。在这种情况下，派工单中列出部门的开始日期和完成日期，以及生产订单完成日期。这对于在一个部门中连续完成几道工序，而每道工序的加工时间都很短的情况是更适当的。这种情况的一个例子是制药公司。在制药公司生产中，混合、溶解、成颗粒等工序是在一个部门里同一天内发生的。另一个例子是木器家具制造公司，刨平、打磨、黏合等所有工序是在几个小时里完成的。

根据车间文件和工艺路线信息，以及所使用的调度原则，每天由计算机为每个工作中心生成一份派工单，说明各生产订单在同一工作中心上的优先级，利用硬拷贝或计算机屏幕显示的方式，在每个工作日一开始送达车间现场，向工长指明正确的作业优先级。

派工单中包括生产订单的优先级、物料存放地点、数量及能力需求的详细信息，所有这些信息都是按工序排列的。另外，派工单也向车间人员提供了对照计划度量生产过程的手段。图6-6是一个派工单的例子。

工作中心：3001，冲压

今天日期：395

优先级：工序完成日期

物料号	订单		工序		工序日期		工时		剩余数量/件	上道工序		下道工序	
	号	完成日期	号	描述	开始	完成	准备	加工		号	工作中心	号	工作中心
已经到达此工作中心的作业													
L930	1 326	405	10	冲压	391	393	0	4.0	1 500			20	4 510
K421	2 937	403	5	冲压	392	393	2.0	6.0	2 000			10	3 888
D430	2 566	401	10	冲压	397	398	1.0	1.0	500	5	3 000	20	4 566
N862	3 752	402	20	冲压	399	400	0.5	3.5	1 000			30	4 000
在未来3天内将要到达此工作中心的作业													
K319	2 597	403	15	冲压	397	398	1.0	3.0	800			20	4 510
B422	3 638	412	20	冲压	398	399	2.0	20.0	10 000	10	3 000	30	9 500

图6-6 派工单

图6-6中的派工单给出了物料号、生产订单号、工序号，以及每项作业的加工数量、生产准备工时和加工工时等信息。其中，生产准工时指一个工作中心从生产一种项目转换到生产另一种项目所需的时间；加工工时指实际加工生产指定数量的物料项目所需的时间。另外，派工单还提供了上道工序和下道工序的信息。

思考题

1. 什么是生产管理？为什么要进行生产管理？
2. 生产订单如何形成？简述其实施过程。
3. 简述车间作业的工作内容。
4. 确定工序优先级的方法有哪些？
5. 什么是加工单？它的作用是什么？
6. 什么是派工单？它的作用是什么？

第7章　库存管理

导入案例

强化资金使用管理，调整库存物资结构，减少储备资金占用，是企业增加经济效益的重要节点。在这一环节QL公司采取了缜密的措施。

一是对储备资金实行定额管理。制定物资储备定额，把储备资金分解到各科室、各专业、各岗位，明确责任；坚持定期库存结构分析制度和清仓利库制度；还建立了仓储管理对计划采购和入库物资的监督约束机制，与经济责任制挂钩加大奖惩力度，有效地控制无计划物资和积压物资的产生。

二是调整库存物资结构。对库存一年以上无动态物资进行清查盘点和库存分析，查明责任，责任到人；为了保生产的急需，还确定了特储物资；对于一年以内确无使用方向的沉淀物资，采取调剂、改制代用、返销和降价销售等方法，多渠道、多方位地处理积压物资。为了使这项工作落到实处，尽快盘活资金，公司采取了分解压库指标，层层落实，限期完成的方法。这种做法取得了积极的效果，仅2000年1—4月就降低库存900余万元。

三是推行零库存管理，开辟和利用社会库存。公司根据物资的重要程度、使用时间、使用方向及社会资源状况，确定物资实行零库存管理的品种、最佳进货批量和最有效的进货时间，充分利用社会库存来实现零库存管理，从而以最合理的储备额保证了生产建设的物资需要，又降低了储备资金占用，加快资金周转，使企业增加了实质性经济效益。

通过这些措施，QL公司1999年全公司储备资金平均占用(不含储备原油)比1996年下降了27 977万元，资金周转加快了53天(见表7-1)。

表7-1　公司储备资金周转表　　万元

年度/年	资金平均占用	周转天数/天
1996	77 970	130
1997	57 465	99
1998	61 684	104(含兼并两厂)
1999	49 993	77

同时，该公司还紧紧把住采购这一关，彻底避免出现盲目采购，造成新的积压现象发生，增加库存的压力。1995年以前QL公司下属有22个单位设有物资供应部门，年采购总额达21亿元，储备资金占用达11.33亿元，其中三年以上无动态物资2 888.66万元，5年以上无动态物资5 730.63万元，两项合计8 000多万元，究其原因是因为多头采购和重复储备造成的。

为此，QL公司在物资供应系统逐步实行了生产基建合并和事业单位及新老区物资供应部门的集中归口管理，在物资系统建立了生产基建物资计划管理两条线、对外采购一个口的“Y”形管理模式；同时加强合同管理，建立了价格管理体系和质量保证体系；公司还采取了采购资金双向控制方法。所谓“双向控制”是指各单位在对外进行采购物资前，采购计划必须先由物资供应和设备主管部门核对审批，从“物资流”上对物资采购的范围、进货渠道、采购价格、采购时间进行审查；对各单位申报的采购资金使用计划由公司财务处对照物资计划进行审批，从“资金流”上审查储备资金占用是否超定额，审查采购价格是否合理。对采购资金的拨付实行明细控制、分期付款的方法。利用“物资流”和“资金流”双向控制的有效结合，防止随意改变资金用途和造成资金沉淀，防止超计划采购，同时避免因多头采购而造成重复储备等现象的发生。

案例思考 QL公司是如何进行库存管理的？QL公司的库存管理是如何为企业创造价值的？

本章概要与要点

本章详细介绍了库存管理的重要性，首先对库存的定义、目的和成本进行了介绍。然后详细叙述了库存管理作业中的入库作业、出库作业、库存调拨作业及库存盘点作业。最后介绍了6种库存控制方法，包括固定订货批量法、经济订货批量法、按固定时区需求量确定批量法、按需订货法、最小单位费用法和最小总费用法，并给出了计算案例。

7.1 库存管理概述

库存管理是对制造业或服务业生产、经营全过程的各种物品、产成品以及其他资源进行管理和控制，使其储备保持在经济合理的水平上；是连接采购管理、生产管理和销售管理的桥梁，是企业生产管理过程中的重要组成部分。

7.1.1 库存目的

任何物料的库存总是有某种目的，通常可把库存的目的归纳为5种类型。

（1）安全库存

需求和供应都可能出现偏离计划或预测的情况。为了不中断生产，在计划需求量之外经常保持一定量的库存作为安全储备。安全库存量不是不变的，更不是所有物料都需要有安全库存。对物料清单上层的物料，确定其安全库存时要特别慎重，处理不当会造成连锁反应，使库存失控。应当注意，预测的准确性、市场和供应的稳定性、生产率的高低、提前期的长短都会影响安全库存量。因此，要随情况的变化调整安全库存量。

（2）预期库存

受季节供应影响的外购物料，受季节市场变化影响的产品，或为工厂节假日及设备检修事先做好储备，统称预期库存。

（3）批量库存

批量库存是受供应、加工、运输、包装或者达到一定批量可以享受折扣优惠等因素的影响，在实际需求的基础上调整订货批量所形成的库存。

（4）在途库存

对厂内来说，在途库存指在工序之间传送、等待、缓冲而形成的在制品库存；对厂外来说，在途库存指为保持连续向用户供货而保有的在运输途中的物料。

（5）囤积库存

针对通货膨胀或市场物料短缺的趋势而储备的生产必需物料。

总之，如果没有目的就没有储存物料的必要，这是控制库存的原则。有的 ERP 软件可以根据用户的规定，把超过一定时间而未发生任何事务处理的物料报告出来，称为超储报告，供用户用于分析库存呆滞的原因，以便采取必要的措施。

7.1.2　库存成本

库存成本要考虑的因素有以下 5 个方面。

（1）物料成本

对于采购物料来说，物料成本包括物料本身的价格和采购间接费，即把物料运进工厂所发生的成本，包括运输、保管、关税、保险等费用。包含这些费用的成本通常称为到岸价格（landed price）。

对于公司生产的产成品和半成品来说，物料成本则包括直接材料费、直接人工费和制造费。

（2）订货成本

订货成本是指为获取物料所要支付的费用，如准备订单、洽商、运输、搬运、验收、办公管理等费用。订货成本同订货批量和次数有关。

（3）保管成本

保管成本是指为保存物料而支付的费用，随库存量的增加而增加。保管成本包括以下几类：

① 存储成本。存储物料所发生的库房、人工、设备费用。

② 机会成本。资金用来投资于库存物料，就失去了其他投资机会。

③ 风险成本。包括由于技术进步和市场购买倾向变化而造成的物料陈旧，以及损坏、损耗、失盗等造成的物料价值损失。

（4）缺货成本

缺货成本是指由于物料短缺造成的损失。例如，非正常的补充订货比正常订货要增加额外的开支，为补足物料短缺造成加班加点的额外支出，未按期交货引起客户索赔、撤销合同甚至客户流失等经济损失。通过安全库存可以避免或减少物料短缺成本。

（5）与产能相关的成本

由于市场的变化，有时需要改变产出水平，例如，有些产品的销售会有旺季和淡季之分。产出水平的改变涉及产能的改变。于是，涉及加班、雇用或解雇、培训等成本。这方面的成本可以通过均衡生产来避免，即在淡季多生产以备旺季所需，这样就增加了淡季的库存成本。

7.1.3　安全库存

为了防止不确定性因素（交货期突然延期、临时用量增加、交货误期、突发性设备故障等特殊原因）的发生，满足日常维修备件需求，保证设备的正常运行、生产的顺畅，而保持在采购周期内所有备品备件，及其他一般性消耗材等的物料需求计划外的适量库存量，属动态的库存，也称安全存储量。

7.1.3.1 安全库存的作用

备件安全库存的作用主要有两方面：一方面是为了满足日常维修需要，提供充足的备品备件，提高抢修速度，降低故障率，减少因事故而造成的设备及生产损失。因为设备的多样性和故障的随机性，以及日常、专业维护保养的好坏程度而造成的备件需求量，在时间和数量上都是不可预测的，因此需保持一定的安全库存来缓冲日常维修对备品备件需求的波动，急需更换时可以立即更换，使设备能以最快的速度投入到生产当中；另一方面是合理利用了经济订购量的好处，保持有一定的库存量有助于实现采购和运输中的成本节约，有效降低库存成本和物流运作成本。

将故障率降到最低是设备管理的最终目标，是保持生产稳定的重要指标，而备件的库存对日常维修有极大的影响，因此备件的库存在整个生产系统中同样占有重要地位。但备件库存需要成本，设备越多，标准越高，成本越高。过高地追求备件存储量势必带来过高的库存成本，这种不正常超额库存又会掩盖许多质量缺陷和管理上的缺陷。而每一个管理上的失误最终又都会变成库存。如此的恶性循环将会严重地制约公司经营的正常、健康进行。随着设备的不断磨损和各种备品备件的损耗，所用备件数量与日俱增，维修所使用的备件清单将逐渐膨胀，这又要求我们对安全库存进行新的调整以适应设备的正常使用要求。

7.1.3.2 安全库存的原则

① 不因缺少备品备件而导致关键设备不能正常使用，影响生产的正常进行。

② 在保证生产系统稳定的基础上做最少量的库存。

③ 不呆料。

7.1.3.3 安全库存计算公式

客户需求不确定、生产过程不稳定、配送周期多变、服务水平高低等是影响安全库存的重要因素。根据经典的安全库存公式，安全库存 SS 是日平均需求 d、日需求量的标准差 σ_d、提前期 L（补货提前期和采购提前期）、提前期 L 的标准差 σ_L 的函数，故有：

$$SS = z\sqrt{\sigma_d^2(\overline{L}) + \sigma_L^2(\overline{d})^2} \tag{7-1}$$

式中，SS 为安全库存，$\overline{L}$ 为提前期的平均值，$\overline{d}$ 为日平均需求量，z 为某服务水平下的标准差个数，σ_d 为日需求量 d 的标准差，σ_L 为提前期 L 的标准差。

式(7-1)即经典的安全库存公式，看起来简单，可是在企业实践中的应用却颇为复杂，原因是数据收集量难度很大，例如对于具有几千至几万种物料的制造业企业或大中型零售企业而言，收集关于物料或产品的日需求量 d 和提前期 L 的数据，其难度之大不可预计。而且，理论或方法越复杂，其在企业实践中的广泛应用越受到限制。在需求随机分布并服从正态分布的假设下。根据提前期不变和提前期可变两种不同的情况，本文将分别提出两个简洁实用的 SS 公式。

(1) 提前期 L 不变

目前众多企业都重视供应链管理，强调快速响应和协同、预测，实施 ERP、SCM 和电子商务来加强信息交流，并且大幅改善了运输条件以准时交货，强调对提前期变异的管理，因而提前期的变异可以视为很小。在需求随机分布并服从正态分布和提前期不变的

假设下，式(7-1)的第二项 $\sigma_L^2(\bar{d})^2$ 为零，故式(7-1)简化为

$$SS = z\sigma_d\sqrt{\bar{L}} \tag{7-2}$$

不妨设一个时间单位周期为 T(T=周、旬、月、季等)，根据统计学中一系列独立事件的方差等于各方差之和，单位周期的需求量标准差 σ_T 与日需求量标准差 σ_d 之间有如下关系式：

$$\sigma_T^2 = T\sigma_d^2 \tag{7-3}$$

综合式(7-2)、式(7-3)，得：

$$SS = z\sigma_T\sqrt{\frac{\bar{L}}{T}} \tag{7-4}$$

这是本文提出的第一个安全库存 SS 公式。

(2) 提前期 L 可变

如果提前期 L 变化很大，则式(7-1)的第二项 $\sigma_L^2(\bar{d})^2$ 不为零，设式(7-1)的第一项和第二项存在如下关系：

$$k\sigma_d^2(\bar{L}) = \sigma_L^2(\bar{d})^2 \tag{7-5}$$

本文把式(7-5)的 k 称为调整系数，综合式(7-1)、式(7-3)、式(7-5)，得：

$$SS = z\sigma_T\sqrt{(1+k)\bar{L}/T} \tag{7-6}$$

式(7-6)是提出的第二个安全库存 SS 公式。式中，定义 k 为调整系数，$k \in [O, K]$(K 是一个充分大的正数)。若 $k=0$，则提前期 L 不变，式(7-6)就变成了式(7-4)。

7.1.3.4　降低安全库存的措施

(1) 订货时间尽量接近需求时间。

(2) 订货量尽量接近需求量。

(3) 库存适量。

但是与此同时，由于意外情况发生而导致供应中断、生产中断的危险也随之加大，从而影响到为顾客服务，除非有可能使需求的不确定性和供应的不确定性消除，或减到最小限度。这样，至少有 4 种具体措施可以考虑使用：

① 改善需求预测。预测越准，意外需求发生的可能性就越小。还可以采取一些方法鼓励用户提前订货。

② 缩短订货周期与生产周期，这一周期越短，在该期间发生意外的可能性也越小。

③ 减少供应的不稳定性。其中，途径之一是让供应商知道你的生产计划，以便它们能够及早做出安排。途径之二是改善现场管理，减少废品或返修品的数量，从而减少由于这种原因造成的不能按时按量供应。还有一种途径是加强设备的预防维修，以减少由于设备故障而引发的供应中断或延迟。

④ 运用统计的手法通过对前 6 个月甚至前 1 年产品需求量的分析，求出标准差后即得出上下浮动点后，做出适量的库存。

7.1.4　安全提前期

安全提前期(也称为安全前置时间)是指在物品加工中，为应付意外情况而设置的安全提前天数，安全提前期将计算入物品的累计提前期中。

为了确保某项订货在实际需求日期之前完成，而在通常提前期的基础上再增加一段

提前时间作为安全提前期。如果采用安全提前期，MRP 系统将按安全提前期，把订单的下达日期和完成日期设置得比采用安全提前期的相应日期更早。其作用和安全库存类似，都是为了缓冲供需的不平衡性。一般来说，安全库存是针对数量不确定性比较大的物料，如备品、备件，以及面向订单装配产品的公用件和可知选件。对供需时间的不确定性，如受运输或其他因素影响，不能如期抵达的采购件或完工产品，则应采用安全提前期。

7.2 库存管理作业内容

库存作业是指库存管理过程中的主要活动。这些活动包括入库作业、出库作业、库间调拨作业和库存盘点作业等。在这些库存作业中，一定要尽可能地保证库存记录的准确性。从某种意义上来说，库存记录的准确程度的高低是 ERP 系统实施成功和失败的标志。

7.2.1 入库作业

入库作业是库存管理最基本的业务。仓库在收到采购物料、生产完工物料和销售退回物料后，保管员需要检验物料的数量、外观质量和型号规格等，验收入库后办理入库手续。常见的入库作业类型包括采购到货直接入库、采购到货检验转入库、销售退回到货直接入库、销售退回到货检验转入库、半成品临时入库、在制品临时入库、产成品入库及其他入库等。入库处理的业务单据是入库单，入库单处理之后应该增加库存量。一般情况下，入库单应该支持下列处理方式：根据采购订单生成库单、根据采购到货检验单生成入库单、根据生产订单生成入库单和手工输入入库单等。当根据采购订单直接生成入库单时，除了保留原始单据的信息之外，还应该增加入库数量、入库日期、入库仓库和货位及操作保管员等信息。

7.2.2 出库作业

与入库作业对应的是出库作业，出库作业也是最基本的库存管理作业。仓库根据销售订单、销售提货单和生产领料单等单据发放物料的过程称为出库作业。根据定义可知，出库作业的主要类型包括销售出库、生产领用及展览领用等。出库作业的单据为出库单，出库单办理之后应该减少库存量。在 ERP 系统中，既可以根据销售订单生成出库单，也可以根据生产订单中对应的零料定额生成出库单，还可以手工录入出库单。

这里需要进一步解释的是，在制造企业中，出库作业往往和发料作业、送料作业和物料供应计划关联在一起。在许多制造企业中，库存管理不仅仅是做到物料的保管，而且包含物料的发放和将发放的物料送达指定的生产加工地点。物料发放作业的复杂程度往往与物料的性质有关。有些物料是随时可以发放的，如毛坯件、外购电器件等；有些需要经过简单的下料处理，如棒材、丝材和板材等往往需要执行简单的切割等作业；有些需要经过配套，如有些小的电器元件、电线和紧固件等。因此，物料发放需要一定的提前期。在手工处理阶段，很多企业的物料发放是在物料供应计划指导下进行的。这里提到的物料供应计划是指根据物料的生产作业计划制定的有关发料、送料的具体时间安排。不同的 ERP 系统对物料的发放有不同的处理。有些 ERP 系统把物料发放和送料作为库存管理作业的内容，但是也有些 ERP 系统把物料发放作为生产作业的第一道工序。

7.2.3 库存调拨作业

在实际工作中，由于仓库位置的变化、物料状态的改变和管理方式的调整等原因，经常需要把物料从一个仓库移送到另一个仓库，这种库存管理方式称为库间调拨作业，也称为物料调拨、物料转库等。库间调拨有多种不同的形式，例如，同一个仓库中不同货位之间的物料移动、同一个部门中不同仓库之间的物料移动及不同部门中不同仓库之间的物料移动等。在具体的作业处理中，根据仓库、货位之间的距离和调拨时间的长短，通常采取两种不同的作业处理方式，即一步式调拨作业和两步式调拨作业。对于那些仓库或货位的物理位置比较接近的物料，适合采用一步式调拨作业处理方式。在一步式调拨作业处理中物料发放和物料接收同步进行，不监控物料的在途过程。但是，对于仓库位置比较远、很难同步进行的调拨作业，适用于采用两步式调拨作业。在这种调拨作业中，物料发放和物料接收分步进行，并且监控物料的在途过程。库间调拨作业的单据大多数是转库单或调拨单。

7.2.4 库存盘点作业

库存盘点是库存管理中的一项重要工作，是确保库存中物料状态或存货状态达到高准确度的有效的管理措施，是ERP系统能够高质量顺利运行的管理保障。库存盘点是定期或不定期对仓库内的存货进行全部或部分清点，以准确掌握当前的实际库存量，并且针对存货的账面数量与实际数量不符的差异，分析造成差异的原因，采取相应管理措施的过程。在实际工作中，有多种不同的库存盘点方法。按照盘点的对象是“账面”还是“实物”，可以把盘点分为账面存货盘点（也称为永续盘点）和实际存货盘点。永续盘点是根据出入库的数据资料计算出存货的账面盘点方法，实际存货盘点是通过对仓库中的实际存货进行清点得到实际存货数量的盘点方法。当存货实际数量大于账面数量时，称为盘盈；当存货实际数量小于账面数量时称为盘亏。盘盈、盘亏应该按照分析后的差异原因进行处理。在ERP系统中，这两种方法都是经常采取的盘点方法。可以通过设置盘点参数来控制盘点作业，常用的盘点参数包括盘点周期、额定损耗率等。

周期盘点（cycle counting）是指定期对库存中的部分物料项目进行盘点，从而使一年中对所有物料项目的盘点次数达到预定的值，是得到并保持库存记录准确性的有效途径，对一项物料进行盘点的时间间隔称为该项物料的盘点周期。一年中对某项物料进行盘点的次数，称为该项物料的盘点频率。

库存按计划定期盘点，而不是一年才盘点一次。例如，某种物料的库存达到订货点时，或新物料到库时都可以进行盘点。也可以事先订立某种一贯的盘点原则，比如对价值高并且流动快的物料多盘点；对价值低或流动慢的物料少盘点。最有效的周期盘点制度要求每个工作日清点一定数目的物料。周期盘点最主要的目的是发现那些疵点存货（如存在数量、质量、规格、日期等方面的问题），进而追究其原因，最终消除导致问题产生的根本因素。

7.2.4.1 周期盘点的主要目标

（1）发现出错原因，并消除之

每当发现库存错误，就要校正库存记录，同时找出原因，这些原因可能是库存安全没有得到切实保证、软件故障、不合理的规程，也可能是对库房人员培训不足等等。一旦发现，立即纠正，避免错误再次出现。

（2）检测系统运行结果

周期盘点可以对工作现状做出评价，定期给出关于准确性的百分数，可以使人们知道库存记录是否充分准确。确定库存记录数据百分比的方法：以一项物料的实际盘点数为分母，以实际盘点数与库存记录数之差的绝对值为分子，得到一个分数。将此分数化为百分数，如不超过计数容限，则认为此项物料的库存记录是准确的；否则认为是不准确的。然后，以物料总数为分母，以库存记录数据准确的物料数为分子，又得到一个分数，再将此分数化为百分数即库存记录数据准确性的百分比。

（3）校正不准确的记录

当周期盘点的结果和计算机中的记录不相匹配时，应重新清点有关项目，如果两次清点的结果相同，则应校正计算机中所存的库存余额记录。

（4）取消年度库存盘点

年度库存盘点一般是出于财务审查的目的。由于库存记录的准确性已达到 95%，所以，年度盘点已无必要，从而可以消除由于年度盘点而造成的停产。

（5）提高周期盘点人员的素质

通过周期盘点，盘点人员能熟练地识别零件，获得精确的记录，调整偏差，找到解决系统错误的方法，使得库存记录更精确。

7.2.4.2 周期盘点的方法

（1）ABC 分类法

① ABC 分类法概念

物料的 ABC 分类的依据是 Pareto 原理。Pareto 是 19 世纪意大利一位经济学家，他发现当时意大利 80%的财富集中在 20%的人手里，后来人们发现很多场合都符合这一规律，于是称之为 Pareto 原理。它是根据事物在技术或经济方面的主要特征进行分类排队，分清重点和一般，从而有区别地确定管理方式的一种分析方法。由于它把被分类对象分成 A、B、C 三类，所以称为 ABC 分类法。

一般情况下，库存物料存在着这样的规律：少数库存物料占用着大部分库存资金，而大多数的库存物料只占用小部分库存资金。ABC 分类法就是利用库存资金占用之间的这种规律对库存物料进行分类，如图 7-1 所示。

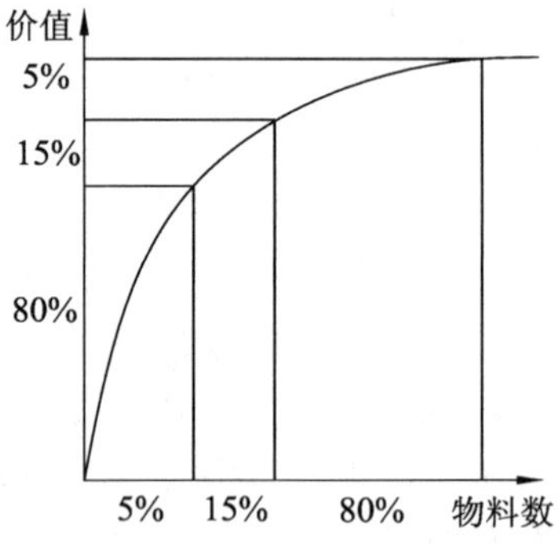

图 7-1 库存的 ABC 分类法

A 类库存物料。A 类库存物料即高值物料，往往占有 75%～80%的库存资金，而其品种数只占库存物料总数的 10%～20%。

B 类库存物料。B 类库存物料即中值物料，占有 10%～15%的库存资金，品种数占 20%～25%。

C 类库存物料。C 类库存物料即低值物料，占有 5%～10%的库存资金，品种数占 60%～65%。

许多公司在此基础上做进一步分类。例如，加一个 D 类，或把 A 类再分为 AAA、AA 与 A 三等。

ABC 分类法的意义在于，根据库存物料重要程度的不同，实施不同的库存控制策略。例如，对 A 类物料的订货点、订货量及库存信息的准确性要求比 C 类高很多。

［例 7.1］ 利用 ABC 分类法对 10 种库存物品进行分析。

第一步，列出这些物品及其年度使用量，然后用单位成本乘以年度使用量，得到每个物料的年度使用金额，最后按年度使用金额对这些物料进行降序排序，如表 7-2 所示。

表 7-2　ABC 分析步骤 1

物料编号	物料年用量/件	单位成本/元	年度使用金额/元	序号
P-201	4 000	0.70	2 800	5
P-202	11 000	3.33	36 530	1
P-108	4 000	0.10	400	9
L-101	10 000	0.50	5 000	3
L-511	2 000	0.14	280	10
L-674	4 000	5.40	21 600	2
L-221	16 000	0.08	1 280	6
O-821	8 000	0.60	4 800	4
O-910	10 000	0.07	700	7
O-101	5 000	0.09	450	8

第二步，按序号排列这些物料，并计算出累计年使用金额（将所有物料的年使用金额加起来，确定总的年使用金额）。将每个物料的年使用金额数除以总金额，得到每个物料占总使用金额的百分比，在此基础上再计算累计百分比，如表 7-3 所示。

表 7-3　ABC 分析步骤 2

物料编号	物料年用量/件	单位成本/元	年度使用金额/元	所占百分比/%	累计百分比/%	序号	类别
P-202	11 000	3.33	36 530	49.47	49.47	1	A
L-674	4 000	5.40	21 600	29.25	78.72	2	A
L-101	10 000	0.50	5 000	6.77	85.49	3	B
O-821	8 000	0.60	4 800	6.50	92.00	4	B
P-201	4 000	0.70	2 800	3.79	95.79	5	B
L-221	16 000	0.08	1 280	1.73	97.52	6	C
O-910	10 000	0.07	700	0.95	98.47	7	C
O-101	5 000	0.09	450	0.61	99.08	8	C
P-108	4 000	0.10	400	0.54	99.62	9	C
L-511	2 000	0.14	280	0.38	100.00	10	C

第三步，检查年使用金额和物料数的分布情况，并根据相对年使用金额和物料数的百分比对物料进行分组。考虑影响物料重要性的其他因素，调整物料分类。假定 A 类物料占总年度使用金额的百分比是 80%左右，B 类所占百分比是 15%左右，且 B 类物料数占总物料数的 30%。则 A 类将包括第一与第二两种物料，第三到第五这三类物料将属 B 类物品，其余 50%的物料将属 C 类。此例的 ABC 分析结果如表 7-4 所示。

表 7-4 ABC 分析结果

	占总物料数的百分比/%	每组的年使用金额/元	占总金额的百分比/%
A 包括 P-202,L-674	20	58 130	78.72
B 包括 L-101,O-821,P-201	30	12 600	17.07
C 包括所有其他	50	3 110	4.21
总计	100	73 840	100

如果把最大精力集中于 A 类物品,可使其库存压缩 25%。这就会使总库存成本显著下降,即使 C 类物品由于控制不严而增加了 25%也不要紧。

② 基于 ABC 分类法的库存管理策略

A. 控制程度

对 A 类物品,尽可能地严加控制,包括最完备、准确的记录,最高层监督的经常评审,供应商按订单频繁交货,车间紧密跟踪以压缩提前期,等等。一般可以每月或每周盘点一次。

对 B 类物品,做正常控制,包括良好的记录与常规的关注,一般可以每季或每月盘点一次。

对 C 类物品,尽可能使用最简便的控制方法,诸如定期目视检查库存实物、简化的记录或采用最简单的标志法表明存货已经补充了,采用大库存量与订货量以避免缺货,在安排车间日程计划时给予低优先级就可以了。一般可以每年或每季盘点一次。

B. 库存记录

A 类物品属重点库存控制对象,要严格按照物品的盘点周期进行盘点,检查其数量与分类情况,并要制定不定期检查制度,密切监控该类物品的使用与保管情况,要求有准确、完整与明细的记录,频繁甚至实时地更新记录。对事务文件、报废损失、收货与发货进行严密控制。

B 类物品只需正常的记录处理,成批更新。

C 类物品不用记录(或只用最简单记录),成批更新,以大量计数予以简化。

C. 优先级

在一切活动中给 A 类物品高优先级以压缩其提前期与库存。

B 类物品只要求正常的处理,仅在关键时给予高优先级。

给 C 类物品最低的优先级。

D. 订货过程

对 A 类物品提供仔细、准确的订货量、订货点与 MRP 数据,对计算机数据需用人工核对,再加上频繁地评审以压缩库存。

对 B 类物品,每季度或当发生主要变化时评审一次经济订货批量与订货点,MRP 的输出按例行公事处理。

对 C 类物品不要求做经济订货批量或订货点计算,订货往往不用 MRP 做计划,手头存货还相当多时就按上一年的供应量进行订货,使用目视评审。

ABC 分类法简单、易用,长期以来为许多企业所采用,但 ABC 分类法主要用于最终物料，其核心是控制关键物料。

（2）分区分块法

为了提高盘点的效率，将库存项目按所在的区域分组，这种方法常用于分区存放系统及在制品或中间库存的盘点。对每个区整个盘查一次，并与库存记录相比较，分区管理员以一个固定周期进行盘点。

（3）存放地点审查法

通常每个库房内都有很多库位。如果物料放错了地方，正常的周期盘点就不能进行，存放地点审查法用于准确地确定物料的有效地点。使用这种方法时，所有的库位都做了编号，每个盘点周期对特定的物料进行检查，通过对每个库位上的物料代码与库存记录中的进行比较，核实每项物料所在的库位。这种方法是容易实施的，因为它只需要核查物料代码而不需要检查物料的数量。盘点方法的选择取决于库存系统的实际情况，对于快速周转的物料项目，分区分块法是有效的方法；对于有许多库位的库房，ABC 分类方法和存放地点审查法结合在一起将会更有效。

周期盘点可以当作一项制度，同时也允许在特别需要时做一次特别盘点。经过周期盘点，应产生一份周期盘点报告，其中包括所盘点的物料代码、存放地点、度量单位、原记录数量、盘点数量等重要信息。如果盘点结果与库存记录之间出现偏差，则要进行分析。如果偏差在计数容限范围内，则将库存记录调整为盘点结果，如果偏差超出了计数容限，则做一个“错误”标记，留待进一步处理，其中包括查找错误原因并采取有效措施予以消除。

7.3　库存控制方法

经过前面的分析可以得出以下结论：如果库存量过低，则不能有效地满足生产和销售的需要；如果库存量过高，则造成流动资金压力、存货成本增高等问题。那么，什么样的库存量才是合适的呢？下面介绍几种常见的库存控制方法。

7.3.1　固定订货批量法

固定订货批量法(fixed order quantity，FOQ)，是指每次的订货数量相同，但订货间隔期不一定相同。它一般用于订货费用较大的物料。固定订货批量的大小是根据直观分析和经验判断而决定的，也可以以净需求量的一定倍数作为订货批量。

固定批量法在实际中应用较多，它对物料的订货规定一个固定的批量，在 MRP 计算时将净需求量与此固定批量进行比较，若净需求量小于或等于该批量，则计划订购等于批量；若净需求量大于该批量，则按净需要量订货，以保证计划需求。

固定批量由下列因素确定：

① 制造过程生产能力的限制，如一炉钢生产量为 200 吨，或热处理炉能力为 200 千克。订货数量低于生产负荷能力，经济效益会受影响，因而将它们定为固定批量。

② 运输能力受包装容器大小的限制。

③ 物料尺寸和重量的限制。

④ 逻辑上的订货倍数(如打、箱等)。

表 7-5 中给出了例子，假设某物料的订货量凭经验确定是 60。其中，9 个时区的净需求量数值将沿用于以下对各种订货量方法的讨论中。

表 7-5　固定订货批量法

时区/月	净需求量/件	计划订货量/件
1	35	60
2	10	
3		
4	40	60
5		
6	20	
7	5	
8	10	
9	30	60
总计	150	180

7.3.2　经济订货批量法

经济订货批量(economic order quantity,EOQ),是固定订货批量模型的一种,可以用来确定企业一次订货(外购或自制)的数量。当企业按照经济订货批量来订货时,可实现订货成本和储存成本之和最小化。

订货批量的概念是根据订货成本来平衡维持存货的成本。了解这种关系的关键是要记住,平均存货等于订货批量的一半。因此,订货批量越大,平均存货就越大,相应地,每年的维持成本也越大。然而,订货批量越大,每一计划期需要的订货次数就越少,相应地,订货总成本也就越低。把订货批量公式化可以确定精确的数量,据此,对于给定的销售量,订货和维持存货的年度联合总成本是最低的。使订货成本和维持成本总计最低的点代表了总成本。

购进库存商品的经济订货批量,是指能够使一定时期购、存库存商品的相关总成本最低的每批订货数量。企业购、存库存商品的相关总成本包括购买成本、相关订货费用和相关储存成本之和,如图 7-2 所示。

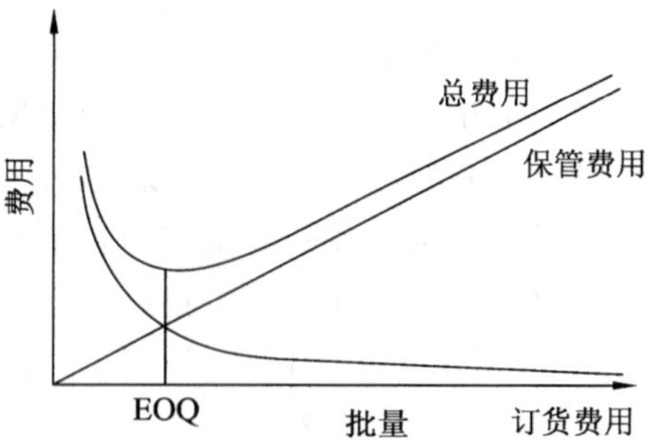

图 7-2　经济订货批量

确定经济订货批量 EOQ 的公式如下 :

$$EOQ=\sqrt{\frac{2RS}{IC}}$$

式中,R 为年需求量;S 为一次订货成本;I 为年保管成本占平均库存值的百分比;C 为物料单价。

假定例中的时区单位是月,并假定各种有关的成本数据:$S=100$,$C=50$,$I=0.24$。年需求量可从 9 个月的需求量推算出来,即 9∶150=12∶R,求得 $R=200$。

将这些数据代入上式,求得:$Q=58$。

表 7-6 表示了用 EOQ 方法确定批量的结果。

表 7-6　经济订货批量法

时区/月	净需求量/件	计划订货量/件
1	35	58
2	10	
3		
4	40	58
5		
6	20	
7	5	
8	10	58
9	30	
总计	150	174

经济定货批量模型有如下假设条件：

① 外部对库存系统的需求率已知，需求率均匀且为常量。

② 一次订货量无最大最小限制。

③ 采购、运输均无价格折扣。

④ 订货提前期已知，且为常量。

⑤ 订货费与订货批量无关。

⑥ 维持库存费是库存量的线性函数。

⑦ 不允许缺货。

⑧ 补充率为无限大，全部订货一次交付。

⑨ 采用固定量系统。

7.3.3　按固定时区需求量确定批量法

固定时区需求量确定批量法(fixed period quantity，FPQ)首先确定每批订货所要覆盖的时区数，然后由所覆盖的几个时区内的需求量来确定批量。在这里，时间间隔是常数，而批量是变数，这是和固定订货批量法正好相反的。表 7-7 是按覆盖 9 个时区的需求量来确定批量的。

表 7-7　按固定时区需求量确定批量法

时区/月	净需求量/件	计划订货量/件
1	35	45
2	10	
3		
4	40	40
5		
6	20	25
7	5	
8	10	40
9	30	
总计	150	150

7.3.4 按时区需求量确定批量法

时区需求量确定批量法(period order quantity,POQ)是属于先假设需求时间后确定该时区的需求量。在实际操作中,先利用 EOQ 法确定理论的 Q,然后求出经济订货次数 $n=R/Q$,最后由全年的时区数 N 除订货次数 n,得到订货间隔。计算结果如表 7-8 所示。

表 7-8 按时区需求量确定批量法

时区/月	净需求量/件	计划订货量/件
1	35	85
2	10	
3		
4	40	
5		
6	20	65
7	5	
8	10	
9	30	
总计	150	150

7.3.5 按需确定批量法

按需确定批量法(lot for lot,LFL),是根据各时区的净需求量来决定订货量,需要多少订多少,也称为直接批量法,计算结果如表 7-9 所示。每当净需求量改变时,相应的订货量也随之动态地调整。采用这种方法也可以降低物料存储成本,因而常用于价值较高和需求极不连续的外购件及制造件。

表 7-9 按需确定批量法

时区/月	净需求量/件	计划订货量/件
1	35	35
2	10	10
3		
4	40	40
5		
6	20	20
7	5	5
8	10	10
9	30	30
总计	150	150

7.3.6　最小单位费用法

最小单位费用法(least unit cost,LUC)的订货批量是变动的,根据一个或几个后续计划时区内的净需求量来确定批量,使订货批量与净需求量相等。LUC 吸收了 EOQ 中关于使订货成本与保管成本之和最小的思想,但是采用的手段不同。

LUC 实际上是一种试探法。为了确定订货批量,LUC 要考虑这样的问题:该批订货应该等于第 1 时区的净需求量,或是等于第 1、2 两个时区的净需求量之和,还是等于第 1、2、3 这 3 个时区的净需求量之和? 为此,LUC 要算出以上三种批量对应的"单位成本"(即单位订货成本加上单位保管成本)。单位成本最小的那个批量将作为订货批量。表 7-10 说明了第 1 时区订货批量应取 45 的计算过程,以后的订货批量可类似地计算,其结果如表 7-11 所示。

表 7-10　最小单位费用计算

时区数	净需求	存时区	一次订货	保管费	单位保管费	单位订货费	单位费用
1	35	0	35	0	0	2.86	2.86
2	10	1	45	10	0.22	2.22	2.44
3	0	2		10	0.22	2.22	2.44
4	40	3	85	130	1.58	1.18	2.76

表 7-11　最小单位费用法

时区/月	净需求量/件	计划订货量/件
1	35	45
2	10	
3		
4	40	60
5		
6	20	
7	5	45
8	10	
9	30	
总计	150	150

7.3.7　最小总费用法

最小总费用法(least total cost,LTC)属于同时确定时间与供应量,依据计划期内的订货费用越接近保管费用,这个计划期内所有批量订货费用与保管费用之和也越小的原理,先计算出经济单位库存时区量(economic part period,EPP),然后分别计算出随时延伸的物料保管费,取保管费用最低 EPP 的值的订货时区数和订货量。EPP 是指存储一个时区使订货费用与保管费用相等的量,因此 EPP 的计算方法为 $EPP=S/(I\times C)/12$,根据上述假设代入得 $EPP=100$。表 7-12 列出了 LTC 的计算过程。

表7-12　最小总费用的计算

时区	净需求	存放时区数	可能的批量	库存保管费用累计
1	35	0	35	0
2	10	1	45	10
3		2		
4	40	3	85	130
5		4		
6	20	5	105	230

于是,应选85为第一个订货批量,这是因为其对应的库存单位时区值130比较接近于EPP的值100,这批订货可以满足第1至第5时区的需求。用同样的方法可以确定第二个订货批量为65,可以满足第6至第9时区的需求,计算结果如表7-13所示。

表7-13　最小总费用法

时区/月	净需求量/件	计划订货量/件
1	35	85
2	10	
3		
4	40	
5		
6	20	65
7	5	
8	10	
9	30	
总计	150	150

综上所述,某一物料采用不同的订货批量确定方法,订货量和订货时间是不相同的,形成的库存量也不相同。采用LFL方法的库存量最小,采用EOQ方法计划期内所花费用最少。企业在实际确定订货批量时,还要根据具体的各种订货因素确定。

思考题

1. 简述库存的分类和作用。
2. 什么是安全库存?
3. 什么是安全提前期?
4. 简述库存管理作业内容。
5. 库存控制方法有哪些?
6. 确定订货批量的方法有哪些?

7. 最小单位费用法和最小总费用法有什么区别？

8. 请简述 ABC 分类法。

9. 设某企业年需设备 1 200 件。单价为 45 元/件，年报关费率为 20%，每次订货成本为 350 元，求其经济订购批量 EOQ。

第8章 财务管理与成本控制

导入案例

某企业是一家大型化工企业，业务以经营有机化工、无机化工、塑料、橡胶、液体石油等200多种化验室原材料为主。公司销售规模、年进出口额均居同行业之首。随着企业经营规模的不断扩大，公司不断加大制度管理和创新管理的力度，成立了物流管理中心，并提出“三流”分离的新型管理模式，即资金流、物流、商流分轨运行，实现了企业的精细化管理。至21世纪初，公司销售额突破5亿元。然而，随着业务增长，传统的手工操作渐渐暴露出效率低下的弊端。各部门的工作越来越忙，业务处理的过程也越来越长。尤其是财务部，每天近千张单据的制作和业务处理，使得财务人员的工作压力明显增大。与此同时，各种数据、报表的及时性和准确性也大大降低。公司管理层意识到，企业要想适应快速增长的需求，仅有精细化的管理是远远不够的，还必须建立一套快捷、准确、高效的管理信息系统。为此，公司决定从财务部入手，对其进行信息化改造，进行ERP的实施。

实施ERP后，业务运作的效率明显提高，而且业务操作的规范性也大大增强。以调单管理为例，每张调单有唯一的凭证号，只要输入系统，业务就确定了，避免了价格波动对业务的影响。同时，调单的管理和查询也只需通过系统即可实现。无论是财务数据，还是业务信息的查询和统计的时效性和准确度都大大提高了。此外，财务系统与业务系统的对接，为财务部门核算各业务部门的成本、效益提供了很大的方便。此外，公司的成本核算已经细化到每个部门，从而为企业领导层的决策支持提供了有力的数据保障。

财务的准确性和实时性对于企业管理层的决策起到了积极的作用，能够极大地推动企业在整个竞争环境中的前进步伐。

案例思考 企业实施ERP的动因是什么？实施ERP系统后为企业带来了哪些好处？

本章概要与要点

财务管理是ERP运行的资金流监控。随着企业对业务伙伴、第三方生产商和外包商的依赖性的增大，企业拥有高度复杂的经济过程已经不足为奇，空前增长的财务需求不仅要求其与所有企业过程相集成，更加成为所有企业部门的一个管理工具。企业希望从财务管理系统中能够进行更多的协调和控制。

通过本章的学习，在了解财务管理基本内容的基础上，掌握ERP总账管理、应收账款管理、应付账款管理、固定资产管理、资金管理、工资管理和成本管理的相关概念与内容，理解财务管理各组成部分的主要功能和业务流程，为后续实验的顺利进行打下基础。

8.1　财务资源概述

现今空前复杂多变的经济市场给企业带来了紧迫感和奋进感。市场的所有参与者都会密切注视企业经营行为及其经济后果，以便及时做出决策。那么根据什么来评估企业的业绩，做出较为可靠的决策呢？主要是依据企业财务部门所提供的信息，即会计信息。这些信息涉及一个企业的资金（包括运用和来源）、成本和盈利，反映了指定日期的财务状况、指定期间的经营业绩和现金流量。

8.1.1　财务会计与管理会计

会计是以货币作为反映方式，对经济业务进行核算和监督的一种管理活动。

会计业务是指由确认、计量、记录、报告、分析、预测（计划）、评估等一系列元素（环节）有机构成的集合，跟踪生产和经营的全过程，捕捉需要处理的数据，通过加工转换，使之成为可用于评估企业生产经营效率和收益，可用货币予以量化的信息。

现代会计学将向企业外部提供财务信息的会计事务称为财务会计，将为企业内部提供财务信息的会计事务称为管理会计。它们共同使用一个重要的（但不是唯一的）信息源——以复式簿记为基础的传统会计的数据，分别生成的财务会计信息（表现为对外的财务报告）和管理会计信息（表现为对内的预测、计划、评估方案等），两者既互相配合、渗透，又互相利用，特别是成本会计，有机地将两者紧密联系在一起。二者的联系：

① 二者是现代会计两大基本内容。管理会计与财务会计源于同一母体，共同构成现代企业会计系统的有机整体。两者相互依存、相互制约、相互补充。

② 二者的最终目标相同。管理会计与财务会计所处的工作环境相同，共同为实现企业管理目标和经营目标服务。

③ 相互分享部分信息。管理会计所需的许多资料来源于财务会计系统，其主要工作内容是对财务会计信息进行深加工和再利用；财务会计也有资料来源于管理会计。管理会计信息有时也使用一些与财务会计并不相同的方法来记录、分析和预测企业经营状况。

然而，财务会计的重点在于报告企业财务状况和运营状况；管理会计为企业的管理层提供信息，作为企业内部各部门进行决策的依据，没有标准的模式，也不受会计准则的控制。因此，财务会计和管理会计均有特定的目标及相应的处理程序和方法，从而形成不同的体系结构，其区别如表 8-1 所示。

表 8-1　财务会计与管理会计的主要区别

对比项目	财务会计	管理会计
会计主体	整个企业为工作主体	企业内部各层次的责任单位为主体
基本职能	向股东、债权人、政府主管部门提供会计报表	向企业管理当局和有关管理人员提供会计报表
对象属性	企业外部	企业内部
保密属性	对外公开发布	不对外公开，属于企业内部保密信息
报表内容	资产负债表；损益表；现金流量表等	成本物料单；成本差异分析报表；其他各种分析报表等
报表格式	固定格式（国家会计制度）	非固定格式（企业标准）

续表

对比项目	财务会计	管理会计
时间属性	按规定时间(年月)定时发布信息	按管理需求定时或不定时报告企业信息
信息特征	大多为过去时态	跨越过去、现在和未来 3 个时态
约束条件	以国家会计制度、准则、法规为准绳,并符合其规范	不受公认会计准则限制,以满足企业成本效益分析要求为准

ERP 财务管理系统涉及的会计事务既有财务会计内容又有管理会计内容,如 ERP 中的财务总账、应收账管理、应付账管理、固定资产管理、工资管理、出纳管理等子系统均属于日常财务会计管理内容,而 ERP 系统中的成本管理则属于管理会计范畴。

8.1.2 财务业务特征及运作流程

8.1.2.1 财务业务的特征

企业的财务作业旨在提供正确及时的会计信息给企业内外的信息用户,供其作为决策参考,因此一般企业的财务作业有以下几项特色:

① 财务作业是所有企业的必需业务。

② 企业内部唯一需要遵循外部用户数据处理规范要求的流程。

③ 数据处理量大。

④ 以处理真实数据为主。

8.1.2.2 财务会计业务流程

各企业的财务作业流程彼此之间虽不免有些许小差异,但大致上都会遵循公认的会计原则来设计其作业流程一般模式。因此,以图 8-1 来说明财务会计作业流程的一般模式。

一般财务作业流程是企业对其所营运的一连串经济事件或交易加以确认、分类、记录与汇总的全部过程。可以将其分为以下 7 个阶段:确认、记录分录、过账、试算、调整、结账、编表。

① 确认阶段。交易事件发生后,先确认是否为财务所处理的经济事务,并同时将交易事件加以分类,分类到合适的会计科目及账号。

② 记录分录阶段。确定交易事件是财务系统应该处理的事件,并将之分类到合适的会计科目及账号,之后决定其会计分录的借贷方向与借方贷方金额,根据交易的时间顺序,分别记入日记账。

③ 过账阶段。因为分录是根据交易的先后顺序记载的,因此只能提供每日交易情况的信息,无法显示个别会计科目的变化情形,因此财会作业的下一阶段便是在过账阶段将按时间先后顺序记录的分录转为按会计科目记录的分类账。

④ 试算阶段。为检查记录分录或过账是否正确无误,在试算阶段,可将分类账各科目总额与余额汇总到一处,检查借方金额与贷方金额是否相等。

⑤ 调整阶段。通常是在会计期间完成时,将会计分类账内总分类账户所记录的金额,根据期间发生的事实状况加以调整。

⑥ 结账阶段。为分清各会计期间的销货收益、费用及成本等绩效权责,在会计期间完成时,将各项收入、费用科目结清,并将资产、负债及所有者权益等科目的期末余额结转为下期的期初余额。

⑦ 编制报表阶段。结账完毕或用户要求财务作业输出信息时,财务作业在编表阶段

汇总编制各财务报表。

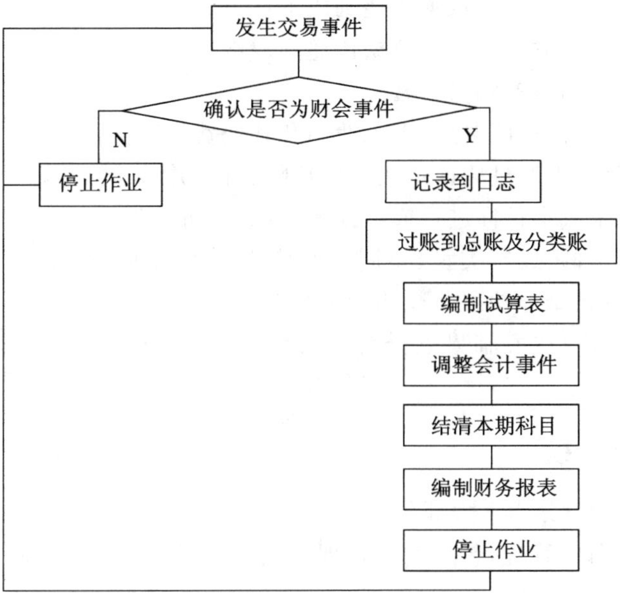

图 8-1　财务会计作业流程的一般模式

这 7 个阶段的作业主要是将在会计期间内发生在企业内的所有经济或会计事件依发生的先后顺序经确认后加以记录，再将类似的交易以累积或求和的方式处理后，于期末以标准化的格式汇报给组织内外的所有用户。当企业长时间经营下去时，交易事件不断发生，财务会计便不断地进行确认、记录、过账、试算、调整、结账及编表报告的作业，成为一个周而复始的循环周期，称这一循环为会计循环。

8.1.2.3　管理会计业务流程

管理会计主要是对成本部分进行比较，做出财务分析报表，提供给企业的管理层以辅助决策。在此主要介绍管理会计中成本管理的业务流程。

为加强成本管理控制，需要进行成本预测、决策，并按照管理需要对成本管理结果进行分析处理。图 8-2 描述了成本管理的日常业务过程。

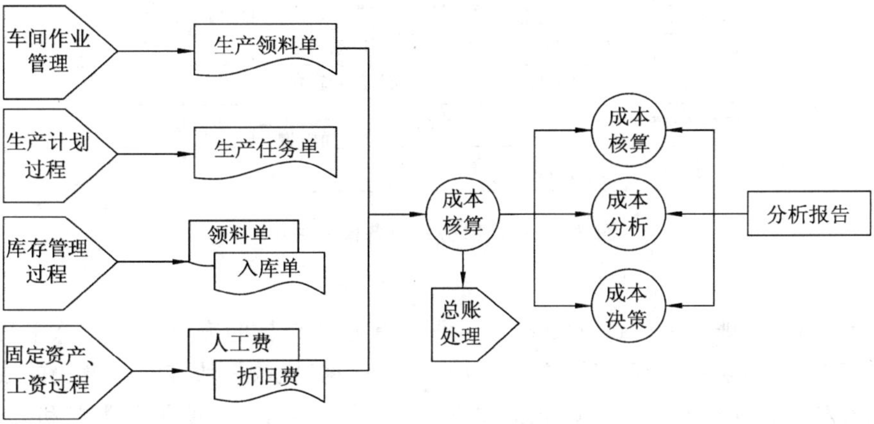

图 8-2　成本管理的主要流程

① 车间作业管理过程的生产领料单数据传递到成本环节。

② 根据生产任务单确定投入产量并将数据传递到成本环节。

③ 根据产品入库单确定完工产品数量并将数据传递到成本环节。

④ 采集废品产量、劳务耗用量和在制品数据。

⑤ 从固定资产、工资等环节获得折旧费用、人工费用和其他费用数据。

⑥ 计算成本，并将成本核算结果通过凭证定义生成转账凭证，并传递到总账处理。

⑦ 依据历史成本数据和未来成本目标进行成本预测，生成分析报告。

⑧ 成本分析。主要从成本结构、成本类型、不同期间成本 3 种角度对成本升降原因进行分析，生成分析报告，为企业的成本决策提供重要的信息。

⑨ 利用本量利分析模型等进行盈亏临界点分析、目标利润分析和产品定价决策，生成分析报告。

8.2 ERP 财务管理系统

ERP 系统的财务管理系统一般分为三大部分。

① 财务管理。它是传统的财务管理，包括财务管理、应收、应付、工资核算理、现金管理、材料、销售核算等业务。

② 固定资产管理。固定资产管理描述 ERP 系统对企业固定资产的管理。

③ 成本管理。成本管理描述成本核算、成本控制等业务的有关理论与实现。

由于 ERP 系统的财务管理集成了采购管理、销售管理、库存管理、设备管理、固定资产管理等所有与企业有关的财务活动，因而它比单一的计算机财务系统集成度高，信息处理及时。根据集成财务系统的特点，通常将财务管理系统分为总账管理模块、应收账款模块、应付账款模块、银行账管理模块、现金管理模块、固定资产管理模块、工资管理模块和成本管理模块等，各模块间的关系如图 8-3 所示。

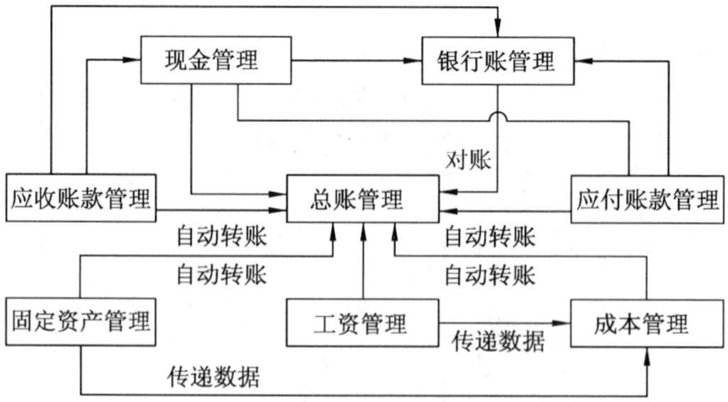

图 8-3 集成财务系统各模块关系

8.2.1 总账

从本质上讲，总账(general ledger)是企业所有业务交易的完整记录。总账及整个财务信息系统的范围，包括库存管理模块的物料进出单据、应收模块和应付模块的收款单等交易明细资料。总账处理包含记账凭证输入、登录，输出日记账、明细分类账和总分类账，编制主要会计报表工作。总账账务处理流程图如图 8-4 所示。

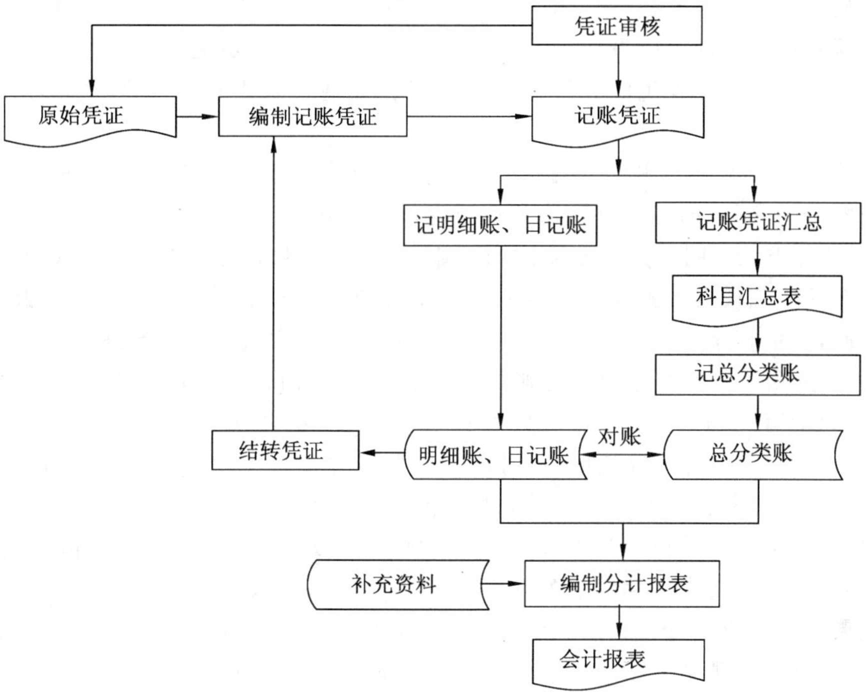

图 8-4　总账账务处理流程图

(1) 企业的会计循环

企业在一个会计期间内，其会计工作必须经历填制和审核会计凭证、登记会计账簿、结账与编制会计报表、会计报表分析利用等一系列会计程序。这些会计程序从一个会计期间的期初开始，至会计期末结束，并循环往复、周而复始，故称之为会计循环。

① 填制和审核会计凭证。首先，取得或编制原始凭证，即企业发生经济业务和会计事项后，必须取得或编制有关原始凭证，然后会计人员对性质相同的原始凭证汇总后，作为记账的依据。其次，编制记账凭证，即会计人员根据审核无误的原始凭证或原始凭证汇总表，根据已设置的账户，采用复式记账原理，编制记账凭证。

② 登记账簿。根据审核无误的记账凭证中的借方、贷方账户和金额，登记日记账、明细分类账和总分类账。根据权责发生制的原则，调整有关账户的经济业务，处理会计期间需要递延或预记的收入和费用项目。

③ 编制会计报表。根据结账的账户余额、本期发生额和相关资料，编制资产负债表、利润表、现金流量表等会计报表。

(2) 会计程序中涉及的凭证、账簿和报表

① 原始凭证。原始凭证，又称原始单据，是在经济业务发生或完成时取得或填制的，用以记录、证明经济业务已经发生或完成的原始证据，是进行会计核算的原始资料。如购买商品时取得的发票，材料入库时填制的入库单。原始凭证按照填制人的不同，可分为自制原始凭证和外来原始凭证两种。外来原始凭证一般包括发运单、购货发票、银行进账单等凭证，自制原始凭证一般包括领料单、工资结算单、费用分配表等凭证。

② 记账凭证。记账凭证是会计人员根据审核无误的原始凭证或汇总原始凭证，按照

经济业务的内容加以归类、整理，用来确定会计分录而填制的直接作为登记账簿依据的会计凭证。编制记账凭证可以看成是一种“翻译”工作，会计人员通过记账凭证用会计特有的语言重新描述了企业发生的经济业务。记账凭证通常采用收款凭证、付款凭证和转账凭证三种。

③ 日记账。日记账又称序时账，是按照企业经济业务发生的先后顺序登记的账簿。日记账一般分为两种，即现金日记账和银行存款日记账。

④ 明细分类账。明细分类账简称明细账，是根据记账凭证或原始凭证登记的一种账簿。每一企业必须设置各种明细分类账。明细分类账簿的账页格式一般需要根据所反映内容的不同，在借贷余三栏式账页、数量金额式账页和多栏式账页中选择。

⑤ 总分类账。总分类账简称总账，是根据总分类科目设置的，每个企业都要有一本总账，而且只能有一本。总分类账簿的账页格式采用三栏式账页。

⑥ 会计报表。财务报告包括会计报表（主表和附表）、会计报表附注和财务情况说明书。会计报表是财务报告的主干部分，是以企业的会计凭证、会计账簿和其他会计资质为依据，以货币作为计量单位总括地反映企业的财务状况、经营成果和现金流量，按照规定的格式、内容和填报要求定期编制并对外报送的书面报告文件。由于它一般以表格的形式简明扼要地体现出来，因而称为会计报表。企业应该对外提供的会计报表主要包括资产负债表、利润表和现金流量表。会计报表附注是财务报告不可缺少的组成部分，是对会计报表本身难以充分表达或无法表达的内容和项目，以另一种形式（如脚注说明、括弧旁注说明等文字形式）对会计报表的编制基础、依据、原则、方法及主要项目所做的补充说明和详细解释。财务报告体系中包括一定量的报表附注，可以提高会计报表内有关信息的可比性，增进会计报表内有关信息的易懂性，详细说明、重点披露，突出有关会计信息的重要性。

(3) 总账的功能

ERP中总账模块主要有以下功能，定义会计核算单位，定义会计科目和会计期间，定义记账本位币、税率、银行账号，通过手工输入或自动方式制作各类记账凭证，记账凭证过账，建立日记账、总分类账和明细分类账，进行试算平衡并编制试算平衡表，计算费用摊销，编制资产负债表、利润表和现金流量表，提供多公司账务合并和公司内部往来账务处理，具有自动制表功能，可以计算汇兑损益。账务处理系统的基本功能模块如图8-5所示。

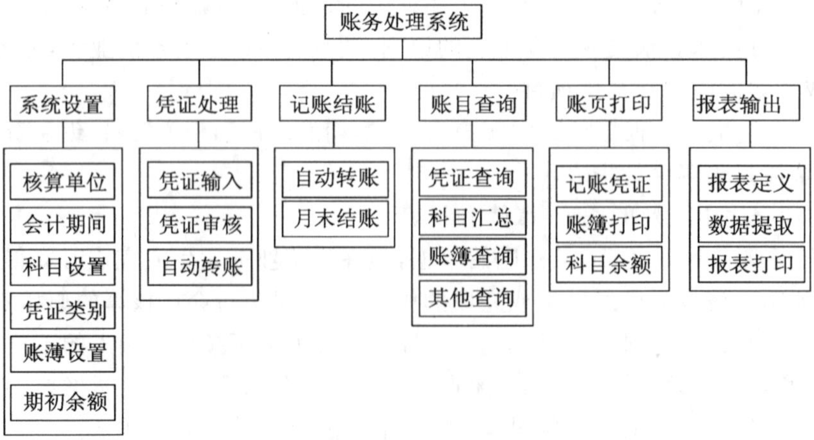

图8-5 账务处理系统基本功能模块

8.2.2　应收账款

(1) 概念

应收账款是指企业因销售商品、材料、物资或提供劳务等业务应向客户收取的账款。应收账款可以按照不同货币和不同客户设立账户。在应收账款的账务处理中，往往会产生各种应收票据，如期票、汇票和支票，这些应收票据要有收到和签发的处理、到期收回和偿付处理、贴现处理、票据登记处理，还要有坏账处理和客户账龄报告与分析。

应收账款记录和管理客户的核算资料是销售管理的一部分，同时应收账款的所有交易(如应收账款的产生、收款作业等)资料也将进入总账系统，即应收账款系统不仅是财务会计的一部分，而且通过与销售系统集成，向销售系统提供有效地进行客户管理所需的信息。

(2) 功能

应收账款模块主要包含以下功能：

① 发票管理。发票管理将订单信息传递至发票，并按订单查询发票和信用证的功能，列出需要审核的发票和信用证，打印已审核的发票和信用证，提供发票调整的审计线索，查询历史资料。

② 客户管理。提供有关客户的信息，如使用币制、付款条件、折扣代号、付款方式、付款银行、信用状态、交易信息(如交易金额、折扣额)等。

③ 付款管理。付款管理提供多种处理方法，如自动处理付款条件、折扣、税额和多币种的转换，列出指定客户的付款活动及指定时期内的信用证的应用情况。

④ 账龄分析。建立应收账款客户的付款到期期限，以及为客户打印结算单的过期信息，并打印对账单。

⑤ 借贷通知单。当发票过账至应收账款，产生汇票、计算财务费用或接受未指定用途的付款时，都会产生借贷通知单，并且所有的借贷通知单的金额将会汇总起来得出客户的余额。

⑥ 生成会计分录。应收账款模块能够自动生成有关应收账款的全部会计分录，这些分录可以自动过到总账中去，当然在过账之前，需要认真地检查会计分录是否准确无误。

8.2.3　应付账款

(1) 概念

应付账款是企业应付的购货账款，是企业向外赊购商品的会计处理。企业在购入商品时，按照发票价格分别记入购货和应付账款账户，如果附有折扣条件，则在按期偿付账款时，将取得的折扣数额贷入购货折扣的账户，一般设有应付账款账户。

在应付账款的账务处理中往往会产生各种应付票据，如期票、汇票和支票，这些应付票据要有发出和签发处理、到期偿付处理、贴现处理、票据登记处理，以及税金的处理和账龄分析。应付账款记录及管理供应商和委外商的核算资料，成为采购管理和委外管理的一部分，同时应付账款的所有交易(如应付账款的产生、付款作业等)资料也将进入总账系统。

(2) 作用

ERP 系统中应付账款模块的主要作用如下：

① 减少处理应付账款时间。应付账款简化了发票付款的处理流程，在发票与采购入

库匹配时，大大减少了执行三方核对的时间。

② 改进现金支付控制。现金支付控制保证了由供应商开出的所有发票，以及开给供应商的所有支票都经过了审核。这样，很容易在支票发出前的付款处理的每一步，验证入库和付款信息。支票发出以后，也可以执行支票核对。

③ 提高商业信用。应付账款可以协助企业及时向供应商付款并获得折扣，由此得到更大的优惠。利用该功能能够更好地理解现金需求，有更多的时间进行决策。应付账款协助企业更有效地利用商业信用、改进现金周转、发票自动传递功能，从而避免了重复劳动。

(3) 功能

应付账款模块主要具有发票管理、供应商管理、付款管理、账龄分析等功能。

① 发票管理。将发票输入后验证发票上所列物料的入库情况，核对采购订单物料，计算采购单和发票的差异，查看指定发票的所有采购订单的入库情况，列出指定发票的有关支票付出情况和指定供应商的所有发票和发票调整情况。

② 供应商管理。提供每个物料的供应商信息，如使用币别、付款条件、折扣代码、付款方式、付款银行、会计科目和交易信息。

③ 付款管理。可以处理多个付款银行与多种付款方式，能够进行支票验证和重新编号，将开出支票与银行核对，查询指定银行开出的支票，作废支票。

④ 账龄分析。可以根据指定的过期天数和未来天数计算账龄，也可以按照账龄列出应付账款的余额。

8.2.4 固定资产

(1) 概念

固定资产是指一个企业在生产经营中使用比较持久的且不打算出售的各项资产。固定资产是企业的重要资源，由于它占用企业大量的资金，因此，固定资产管理是企业的一项重要的基础性工作。企业应根据自身的情况制定固定资产目录与分类方法、各类或各项固定资产的折旧年限和折旧方法，这些方法可作为企业固定资产核算的依据。

固定资产管理系统的基础数据有固定资产分类、固定资产科目设置(如固定资产、累计折旧、租金费用等)和固定资产卡片等。企业固定资产的业务处理有固定资产增减、出租与租入、修理与折旧等。

(2) 主要功能

ERP系统的固定资产管理模块功能主要有基础数据维护、固定资产折旧管理、固定资产增减管理、固定资产维修管理和固定资产租赁管理等。

① 基础数据维护。对固定资产分类，定义固定资产科目(如固定资产、计提折旧、租金费用等)，维护和管理固定资产卡片。

② 固定资产折旧管理。所谓资产折旧，是指将固定资产的原始成本分配到使用资产的各个会计期间的过程。固定资产折旧管理的主要功能是通过设置折旧参数和折旧方法来计算折旧费用，并自动生成记账凭证。其中，折旧参数主要包括折旧基数、净残值、折旧年限等。

③ 固定资产增减管理。固定资产增减管理包括固定资产的增加和固定资产的减少两个功能。其中，固定资产增加包括投资者投入固定资产、企业购入固定资产、接受捐赠

固定资产、盘盈固定资产、融资租入固定资产等处理功能，固定资产减少包括出售固定资产、报废固定资产、事故毁损固定资产、投资转出固定资产、盘亏固定资产等处理功能。

④ 固定资产维修管理。固定资产的维修按照其修理范围的大小和修理时间的长短，可分为经常性修理和大修理。对经常性修理所需的费用，因数额较小，一般在发生时就直接计入当期损益。对大修理费用，因数额较大，一般采用预提方法或待摊方法。

⑤ 固定资产租赁管理。固定资产租赁管理包括对固定资产的租入和租出的租赁合同管理及租金管理。其中，租赁合同将作为计算相应费用的依据，其内容包括租赁起始日期、结束日期、费用计算方法、费用明细、付款方式等；租金管理则分为两种情形：对于固定资产的租入，为取得使用权而发生的租金费用应列入当期的有关成本费用中，租入的固定资产不作为自有固定资产入账，而只需要在备查簿中做辅助登记；对于固定资产的租出，由于只暂时转让固定资产的使用权，资产的所有权并未丧失，因此固定资产仍要反映在租出方的账簿中，并计提折旧，而取得的租金收入则列作当期的其他业务收入。

8.2.5　资金管理

(1) 概念

资金管理是对现金、支票、汇票和银行存款的管理的统称。

资金是企业进行生产、经营等一系列经济活动中最基本的要素，资金管理贯穿企业整个生产经营的始末，具有举足轻重的作用，因此，必须建立健全资金管理体制，加强资金管理，从而保证账款相符，保证正常经营和日常支付。一个健全的资金收入和资金支出的管理体制主要表现在：

① 建立明确的资金管理制度，规范日常处理程序；

② 经手资金的出纳与记账会计人员要严格分开，各尽其责；

③ 资金支出活动和资金收入活动分开，做到收支两条线；

④ 所有收入的现金必须每天存入银行，所有支出的现金必须使用支票。

(2) 主要功能

资金管理的主要功能模块有：现金管理、银行存款管理、票据管理等。

① 现金管理。回收销售现金收入和应收账款结算处理，以及现金支出的会计处理、购货、退货、折扣的核算。

② 银行存款管理。对银行类账目进行管理，能录入或导入银行对账单，并进行银行对账，以及银行存款日记账与总账对账，确保资金账实相符。

③ 票据管理。对各种本票、汇票等收款票据和支票等付款票据的管理，方便用户管理日常业务票据。在集团资金管理模式下，企业票据信息可以传递到集团结算中心，为集团资金管理提供依据。

8.2.6　工资管理

(1) 概念

工资是指用人单位依据劳动关系、法律规定或行业规定或根据与员工之间的约定，并对员工提供的劳动数量和质量进行考核后，以货币形式对员工的劳动所支付的报酬。

(2) 主要功能

工资管理的主要功能模块有：基础信息维护、工资计算和工资报表。

① 基础信息维护。人员基本信息、工资标准、职务级别等基础信息的维护。

② 工资计算。对员工工作情况、考勤记录情况、工资标准(基本工资、绩效工资、职务工资等)、各种应发项(各种补助、福利等)、各种应扣款(个人所得税、医疗保险费、养老保险等)等原始资料进行加工处理。根据这些原始数据,计算出付给员工的应发工资和实发工资。

工资计算后,计提费用,进行分配和结转,编制转账凭证。

③ 工资报表。查询和打印各类工资发放表、工资汇总表等。

8.2.7 成本管理

企业要使自己的产品占领市场,就必须对其成本进行控制,否则就会失去市场竞争力,从而影响到企业的生存和发展。ERP 为企业的成本管理提供了工具。把财务和成本管理纳入到系统中来,是 ERP 系统发展过程中的一个重要标志。

成本管理系统主要计算生产成本,即对生产制造进行成本计算,计算成本中心的成本、产品成本、产品标准成本,对其进行成本预测、成本分析。此系统有助于企业进行成本控制,且为销售部门制定正确的销售价格提供不可缺少的数据信息。

(1) 成本核算概念

在 ERP 系统中,成本核算是根据产品结构、工作中心、工序、采购等信息进行成本计算工作的,包括人工费、材料费、生产费用的计算,核算所需要的标准成本及估计所需要的新成本,并对成本差异做出分析。

成本核算的过程是一个累积的过程,它是按照 BOM 的反向自底向上进行的。在 BOM 中,有一种类型称为成本物料清单,如图 8-6 所示。它就是成本累积过程的一个说明。

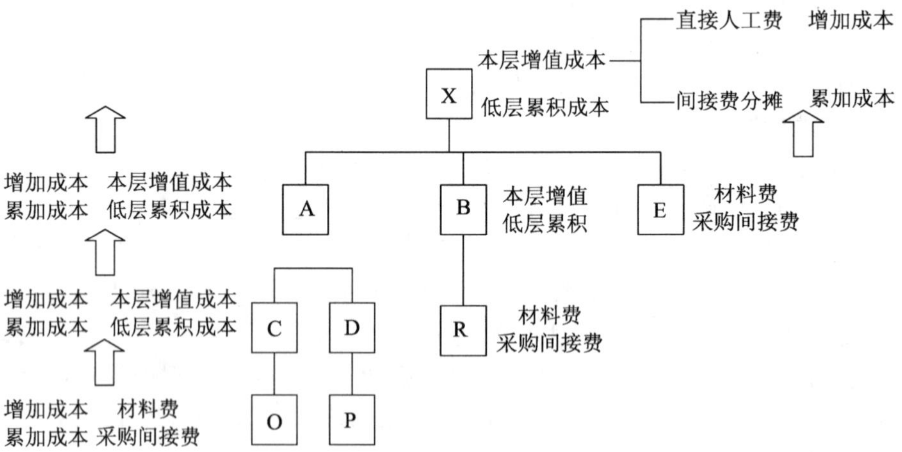

图 8-6 成本 BOM、成本累计过程

在物料清单上,除了最底层以外的每一层的成本值均为低层累积值,再加上本层增值成本,而本层的增值成本是由本层的直接人工费加上间接费分摊而成的。而最底层的成本则是最底层材料费加上采购间接费用。

按此成本计算方法,在图 8-6 中,零件 O、零件 P、零件 R 和零件 E 为最底层,它们的成本分别由各自的材料费加上采购间接费用组成。零件 C 和零件 D,它们的成本分别由零件 O 的累积成本加上零件 C 的增值成本部分,以及零件 P 的累积成本加上零件 D 的增值成本部分所组成。同理,零件A和零件B,它们的成本分别由零件C的累积成本和零件D的累积成本加上零件A的增值部分,以及零件R的累积成本加上零件B的增值成本部分所组成。而产品X的成本则由零件A的累积成本、零件B的累积成本、零件E的累积成本加上X的增值成本部分所组成。

ERP成本计算的基本数据包括采购成本、材料定额、工时定额及各种费率等。它们分别记录在物料主文件、物料清单、工作中心和工艺路线等文件中。

这些基本数据中有一些是数量性数据,如工时定额、材料定额;有一些是价格性数据,如材料价格和各种费用。这些基本数据的准确性是成本计算准确性的保证。

ERP成本计算方法采用滚加法,是按物料清单所规定的物料之间的层次、需求关系和制造过程,从产品结构的最底层次开始,从低层向高层逐层累计。成本的发生和累计与生产制造过程同步,随着生产制造过程的进行,在材料信息和生产计划信息动态产生的同时,成本信息也随之产生,使得在计划、控制物流的同时,也控制了资金流,做到了物流、信息流和资金流的统一。

采用滚加法进行成本计算时,滚加的结构和依据就是产品的物料清单。在物料清单中,处于各个不同层次的物料项目的成本都包含两部分,即本层发生的成本和低层累计的成本。

在一个典型的产品物料清单中,最底层的物料项目都是外购件,即原材料或标准件,它的材料费(采购件费)和采购间接费(采购部门的管理费、运输及保管费等)之和组成产品成本中的直接材料费。其中,

$$\text{采购间接费} = \text{采购件费} \times \text{采购间接费率}$$

此时尚未发生加工成本。

进入上一层以后,如果发生加工装配作业,则发生这一层的直接人工费和制造费,它们的计算公式如下:

$$\text{直接人工费} = \text{工作中心记录的人工费率} \times \text{工艺路线记录的工时数}$$

$$\text{制造费} = \text{工作中心记录的制造费率} \times \text{工艺路线记录的工时数}$$

这里的制造费包括可变制造费和固定制造费,它们可以有不同的费率,但计算公式相同。

直接人工费和制造费之和称为加工成本,是物料项目在本层的增值,也称为增值成本。再将加工成本同低层各项成本累加在一起,则组成滚加至本层的物料项目成本。

如此逐层由低向高累加,最后到顶层组成最终产品的成本(每一层的成本均由本层增值成本和低层累计成本两部分组成)。

滚加法对于成本的分解较细,便于企业按不同要求进行汇总,对实行各种成本计算方法(如品种法、分步法、分批法)都很方便。

如前所述,制造费用是一种间接成本,当其发生时尚不能直接判定所属的成本计算对象。因此要对制造费用先行归集,再定期分摊。这样一来,在进行产品成本计算时,制造费用的计算和分摊都有某种程度的滞后。为了避免这种情况,使得在成本滚加的过程中,制造费用的计算能和直接费用的计算同步进行,应事先指定制造费率。有了制造费率才能把制造费用分摊到工作中心上去。分摊之前先要确定工作中心的能力水平,一般用正常生产条件下的能力小时数来表示。制造费率是在一定产能规模、能力水平和效率的条

件下预先制定的，条件发生变化时应进行修订。制造费率(元/h)公式如下：

$$制造费率=\frac{预计某个时期的制造费总额}{预计该时期完成的工作小时}$$

固定制造费和可变制造费的费率是分别计算的。划分这两种制造费的方法很多，基本上是取历史上两个产量差别较大的时期的制造费总额之差除以产量之差，从而求出单位产量的可变制造费，再计算计划期内的可变制造费和固定制造费。

(2) 成本差异分析

成本差异分析就是以成本费用预算为依据，将实际成本与预算成本相比较，解释实际成本脱离预算成本的差异，并对差异进行分析，以便查明原因，及时采取措施，降低成本费用。

① 直接材料成本差异的计算分析

直接材料成本差异的计算公式如下：

直接材料成本差异 =实际价格×实际数量—标准价格×标准数量

直接材料成本差异包括价格差异和数量差异两部分，计算公式如下：

材料价格差异 =(实际价格 — 标准价格)× 实际数量

材料数量差异 =(实际耗用量 — 标准耗用量)× 标准价格

一般情况下，材料价格差异应由采购部门负责，材料数量差异应由生产部门负责。但也有例外，由于生产临时急需资料，运输方式改变等引起的价格差异就应由生产部门负责。顺差与逆差都要分析，某一顺差可能也会对企业产生不利的影响。如降低质量要求，使用价格较低的材料，短期内可能会增加企业利润，但会降低企业的声誉，影响以后的长期利润。

② 直接人工成本差异的计算分析

直接人工成本差异的计算公式如下：

直接人工成本差异 = 实际工资价格 × 实际工时 — 标准工资价格 × 标准工时

直接人工成本包括人工工资价格差异和人工效率差异，计算公式如下：

人工工资价格差异 =(实际工资价格 — 标准工资价格)× 实际工时

人工效率差异 =(实际工时 — 标准工时)× 标准工资价格

造成直接人工成本中价格逆差的原因有很多，如派工不当，把高一级熟练程度的工人派去做低一级工人应做的工作；工人加班加点，领了额外的奖励工资等。造成人工效率差异的原因有材料质量、工人操作方法、机器设备或工长管理能力等因素。

③ 制造费用差异的计算分析

制造费用差异的计算公式如下：

制造费用差异 = 实际分配率 × 实际工时 — 标准分配率 × 标准工时

制造费用开支差异 =(实际分配率 — 标准分配率)× 实际工时

制造费用效率差异 =(实际工时 — 标准工时)× 标准分配率

制造费用开支逆差的原因有两个：一是各项费用项目的价格高于预计价格；二是各项费用的耗用量大于预计耗用量。

(3) 主要功能

成本模块用于计算原材料和成品的实际、标准、冻结和模拟的成本，反映由于价格、工艺流程和制造费用的变化而引起的成本变化。通过 BOM 和工序的累计方法来逐层计算成本，按批或单位方法来计算成本，提供标准成本、冻结标准成本、实际成本和模拟成本等多种成本集来计算价格和利润，并可以进行“如果怎样，将会怎样”的成本模拟过程。此外，还可以计算成本差异，以便帮助管理者进行分析。

① 成本转换。成本集可以进行转换，成本信息可以从一个成本集自动地转移至另一个成本集之中，以便产生新的成本模型。

② 成本变更。利用总体成本变更来反映由于成本模型、制造费用分配方法等的变化所产生的后果。

③ 成本维护。允许将物料、人工和费用分配在成本栏目中，以便跟踪生产成本，对这些成本栏目的信息做好维护工作。

④ 成本物料清单和标准成本的查询。可以根据需要对成本物料清单中各层次的内容进行查询，也可以按照物料、人工和费用 3 个部分查询标准成本。

⑤ 成本差异。在计算机上，能显示出标准成本与实际成本的差异，使管理者了解生产过程和物料耗用偏离标准成本的情况。

⑥ 各项报告输出。系统从标准成本、成本差异、毛利分析、库存估价、在制品、月末汇总等各个角度，输出各种需要的成本报告。

8.3 财务分析及趋势

8.3.1 财务分析概念

在企业信息化建设过程中，财务管理依然是企业管理者最关心的问题。财务管理是对企业经营状况和经营成果的评价，是监督企业经营管理各个环节的有效工具，更是企业进行预测、决策，实施战略管理的基础和依据。随着市场经济的不断发展，市场竞争日趋激烈，把握企业发展方向，选择合适的投资决策，及时掌握和控制生产成本及各种间接费用，确定市场开拓和产品促销的策略等，都与企业的财务管理密切相关，而通过财务分析，有效利用财务数据信息实现正确的经营决策显得尤为重要。

财务分析以企业财务报告及其他相关资料为主要依据，对企业的财务状况和经营成果进行评价和剖析，反映企业在经营过程中的利弊得失和发展趋势，从而为改进企业财务管理工作和优化经济决策提供重要的财务信息。

财务分析的最基本功能是将大量的报表数据转换为对特定决策有用的信息，减少决策的不确定性，它遵循一定的理论和方法。财务分析的起点是财务报表，即分析使用的数据主要来源于企业的财务报表，分析的结果是得出企业的偿债能力、盈利能力和抵抗风险能力，并做出评价或找出问题所在。

由于财务分析是一个认知过程，通常只能发现问题而不能提供解决问题的现成答案，只能做出评价而不能改善企业的状况，因此，财务分析是检查的手段，而不是具体的治疗手段。通常，不同的使用对象各自的关注点不同，财务分析的目的也不一致，其使用对象主要包括投资人、债权人、经理人员、供应商、政府、雇员、工会和中介机构等。因此，财务分析的目的可以总结为：评价过去的经营业绩，衡量现在的财务状况，预测未来的发展趋势。

财务分析的主要内容是会计报表分析、财务比率分析和预算分析。在具体的分析目标上,可分为流动性分析、盈利能力分析、财务风险分析、专题分析等。通常,企业的经营状况和财务状况都可以通过资产负债表、利润表、现金流量表等财务报表进行反映,通过对财务报表的数据进行财务分析,可以使企业的经营管理者及时了解企业的经营和财务状况,了解企业的收入、利润及偿债能力,发现和避免企业的经营风险,促使企业采取正确的发展策略,以实现企业的长远发展。

8.3.2 财务分析的发展趋势

现行财务分析是以企业财务报表反映的财务指标为主要依据,对企业的财务状况和经营成果进行评价和剖析的一项手段。财务分析的起点是财务报表,因此,财务报表的局限性就带来了财务分析所面临的局限性。

随着市场经济的不断发展,以及企业规模的不断扩大,各个行业都面临着激烈的市场竞争,企业对财务分析的要求也在不断提高,因此,提高财务分析的手段势在必行。

今后财务分析的发展趋势主要体现在以下几个方面:

(1) 财务分析的依据更广泛

虽然财务报表的内容在逐步充实和完善,但企业经营中有许多信息在财务报表中无法容纳,因此,今后财务分析将不仅仅依靠财务报表,而且还将结合具体的财务数据和业务数据来进行整体的、全面的分析,避免目前财务分析的局限性。

(2) 财务分析的目的以预测为主

财务分析是为经营管理者决策提供服务的,而决策是面向未来的,经营管理者掌握财务分析信息是为了做出对未来有利的投资、筹资及生产经营决策。因此,经营管理者除关注历史和当前财务信息外,更加关注未来发展的预测分析信息。

(3) 充分应用现代技术

未来财务分析的内容越来越多,财务分析的范围越来越广,财务分析的方法也越来越复杂。而且,财务分析既要分析表内数据,又要分析表外信息;既要分析财务信息,又要分析非财务信息;既要分析历史和当前信息,又要分析预测信息。这些信息的数量之多,结构之复杂,依靠现在的一般手段无法及时完成,而财务信息又有很强的实效性。因此,未来财务分析必须借助现代信息技术来完成,而且,随着信息技术和网络技术的不断发展和成熟,通过计算机这样的电子手段,可以更加快速、准确地进行各种数据的运算、分析、比较,数据处理能力增强,大大提高了分析的效果和质量。

思考题

1. 理解会计的含义,说明财务会计与管理会计的关系。
2. 总账的主要作用是什么?
3. 简述采用成本滚加计算法计算直接人工费用的基本思想。
4. 如何进行成本差异分析?
5. 说明 ERP 财务管理系统的主要内容。
6. 在财务管理子系统中,各管理子系统间的信息关联有哪些?

第二篇

ERP 实训篇

本篇对金蝶 K/3 系统展开系统性介绍，通过分析系统实施流程，逐步讲述金蝶 K/3 系统的功能模块。以生产轴承的制造型企业为虚拟企业，结合系统基础资料管理、销售管理、计划管理、采购管理、生产管理、仓存管理、财务管理、生产成本管理、人力资源管理、设备管理 10 个功能模块的操作，完成相应的实验流程。

第9章　金蝶 K/3 虚拟工厂环境与基础数据模块

9.1　金蝶 K/3 虚拟工厂环境的功能介绍

基于不同规模和应用层次企业的需求，金蝶分别推出了针对小型企业的金蝶 KIS、针对中小型企业的金蝶 K/3，以及针对中大型企业的金蝶 EAS 三大管理软件产品系列，在满足企业需求的同时，有效地保护了企业的信息化投资，为企业揭示价值源于实效的真谛。同时，金蝶 ERP 系列产品具备移动商务应用功能，让企业用户实现了 3A(anyone, anytime, anywhere)的应用模式。

本实验教程所实施的金蝶 K/3 创新管理平台包括六大部分：财务管理、供应链管理、人力资源、企业绩效管理、移动商务、BOS，如图 9-1 所示。

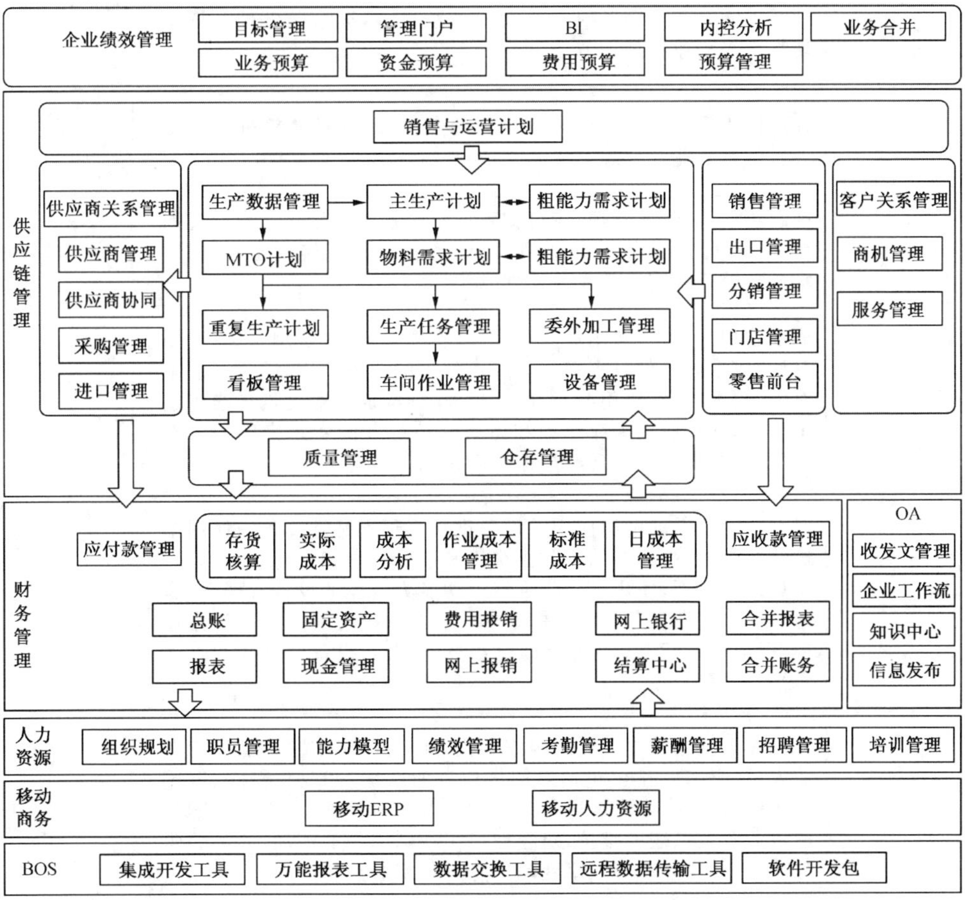

图 9-1　金蝶 K/3 创新管理平台系统构成

金蝶 K/3 成长版包含六大板块：财务会计、供应链、人力资源（human resources，HR）、移动商务、生产制造、BOS，涉及系统基础数据资料管理、生产管理、库存管理、采购管理、销售管理、财务管理、成本管理、设备管理和 HR 等功能模块，具体功能见表 9-1。

表 9-1　金蝶 K/3 虚拟工厂环境的功能

业务	功能描述	所属阶段
资料管理	理解系统管理在整个系统中的作用和重要性；掌握系统管理如何实现对整个系统的统一管理和维护，包括账套数据的输入、输出，用户、角色的增减与设置，权限的设置	基本 MRP 闭环 MRP MRPⅡ ERP
生产管理	生产管理系统面向企业计划、生产管理人员，对企业的 BOM、生产规划、MPS、MRP、能力需求计划、排产、车间作业管理等进行全面的管理，帮助企业实现精细化管理，提升企业的管理效率	基本 MRP 闭环 MRP MRPⅡ ERP
库存管理	理解库存管理系统各项参数设置的意义，掌握库存管理系统实现库存日常业务处理方法	基本 MRP 闭环 MRP MRPⅡ ERP
采购管理	理解采购管理系统各项参数设置的意义，掌握采购管理系统实现日常采购业务处理方法	闭环 MRP MRPⅡ ERP
销售管理	理解销售管理系统各项参数设置的意义，掌握销售管理系统实现日常销售业务处理方法	闭环 MRP MRPⅡ ERP
财务管理	理解总账、应收款管理、应付款管理系统各项初始化参数设置的意义；掌握凭证管理、出纳管理、账簿管理的具体内容和方法；掌握各财务系统日常业务处理方法	MRPⅡ ERP
成本管理	成本管理是围绕“费用对象化”的基本理念，通过费用归集、费用分配、成本计算的过程来实现成本处理的业务流程，结合了成本对象、成本项目、费用要素、废品损失、标准成本等元素来描述整个过程，并集成出入库业务和出入库核算共同实现完整的成本管理系统，是企业实现经济效益管理的关键业务	MRPⅡ ERP
设备管理	对企业经营活动中所使用的设备进行管理；提供设备的使用维护信息管理，将设备的预防性维修和事后修理相结合，建立起一个集设备计划、使用、保养、维修等功能为一体的设备管理系统，通过编制周期设备计划，并根据事先的计划或是故障产生作业单，形成维修记录；通过查询设备报表，提高设备的监督和管理水平	ERP
HR	首先在系统中建立企业的组织架构，通过建立职位体系，进行在职人员的管理，主要包括对职员信息的新增、修改与删除、审核等操作，还包括对职员进行入错职位调整；可以实现人事档案与职员业务信息表的维护，对企业员工在部门间的流动、人员的职称变动、职位异动等人事变动信息进行实时更新	ERP

9.2　实验目的

(1) 认知金蝶 ERP 产品——K/3，熟悉相关界面和功能，为后续实验打好基础。

(2) 学习和熟悉如何通过虚拟机进入金蝶 K/3 软件。

(3) 根据 ERP 理解 4 类账套，理解整个虚拟工厂的账套体系，理解金蝶K/3 软件组织架构体系、账套模板和账套之间关系。

(4) 掌握金蝶 ERP 软件系统中有关设置公司信息、用户权限等基本信息的内容。

(5) 理解系统设置在整个系统中的作用和重要性。

9.3　实验要求

阅读系统使用说明书，理解指导老师现场讲解内容，结合上机操作，对金蝶 K/3 产品有所认知和理解，并撰写相应实验报告。

(1) 掌握基于虚拟机的客户端进入服务器的方法。

(2) 选择账套并进入系统。

(3) 增加用户并设置用户权限。

9.4　实验内容

(1) 理解 ERP 产品构成、相关概念，包括组织架构体系、账号、账套模板等。

(2) 弄清如何使用虚拟机及如何进入 K/3 系统。

(3) 进行分组及确定小组管理员(负责本小组各同学的账套管理，有远程连接服务器的权限，远程服务器同时支持两个连接)。

(4) 掌握以下的实际操作：

① 启动虚拟机；

② 进入金蝶 K/3；

③ 按照相应的实验手册(数据)进行基础数据设置和定义。

9.5　实验准备

(1) 理解金蝶 K/3 软件的功能。

(2) 理解总体实验安排。

一共 20 个课时，分为 10 次，见表 9-2。

表 9-2　课时安排

一	二	三	四	五	六	七	八	九	十
系统基础数据资料管理	销售管理	计划管理	采购管理	生产管理	仓存管理	财务管理	生产成本管理	人力资源管理	设备管理

(3) 理解实验环境，正确进入客户机和服务器，并进入软件系统。

① 确认已正确安装金蝶 ERP 软件。金蝶 ERP 软件分为客户端和服务器端，客户端安装在学生所用计算机的虚拟机里。

② 启动客户端。

A. 点击桌面 VMware Workstation 图标，进入虚拟机。

B. 点击【菜单】文件打开虚拟机，打开指定的虚拟机文档 Windows Server 2003 Enterprise Edition（D：\ VM-VFactory-Client \ Windows Server 2003 Enterprise Edition)，请勿打开错误虚拟机。

C. 点击【Power on】(打开虚拟机电源)，点击一系列确定，等待机器启动。同时，可点击工具栏全屏放大。

D. 按 Ctrl＋Alt＋Insert 进入。

E. 输入用户名与密码登入 Windows 2003 系统，用户名与密码均是 kduser＋学号最后两位数字，第一遍显示“无法让您登入系统”，再输入一遍密码即可正常进入。

F. 在“为什么计算机意外关闭”选项任选一个，点击【确定】。

G. 关闭弹出的“管理您的服务器”弹出框。

H. 进入 Windows 2003 系统，点击金蝶图标——金蝶 K/3 WISE 创新管理平台，进入系统。

③ 实验过程中授权的学生需要进入服务器操作，通过 telnet 远程进入服务器。

提醒：服务器请勿随意操作，否则系统会崩溃。

④ 服务器端给每个学生恢复账套进度(由授权的学生或老师操作)。

A. 首先使用远程连接进入服务器，在系统菜单找到金蝶菜单组。

B. 单击打开【账套管理】，进入账套管理界面，点击菜单栏上方【恢复】来还原账套。在打开的界面里选择“sql server 身份验证”，输入相应的用户名：sa，密码为 123，点击【确定】即可。

C. 在跳出的界面里找到所要恢复的数据库(未初始化—蓝海机械有限公司. bak)，选中，并输入相应的账套号(你的用户名. 01，01 意味着这是你的第 1 次实验)，如果用户名是 kduser02，则请输入 kduser02. 01，账套名为蓝海机械有限公司，点击【确定】，即可恢复。

⑤ 在服务器端删除使用过的账套进度(由授权的学生或老师操作)。

提醒：在个人用户如 kduser02 下，为了节约服务器存储空间，只允许保留 1 次实验进度的账套，第 2 次实验时，请删除第 1 次实验的账套。

9.6 实验资料

9.6.1 企业基本信息

企业基本信息见表 9-3。

表 9-3 企业基本信息

企业名称	蓝海机械有限公司
主营业务	轴承的研发、生产与销售
所在地区	中国深圳
业务开展地区	中国各省市

续表

税务登记号	TAGD20011
联系电话	07558607(000)02
企业组织架构	分为销售、计划、生产、仓存、采购、财务六大环节部门，详细的组织架构及职责划分见以下相关描述

9.6.2　企业组织架构图

企业组织架构见图 9-2。

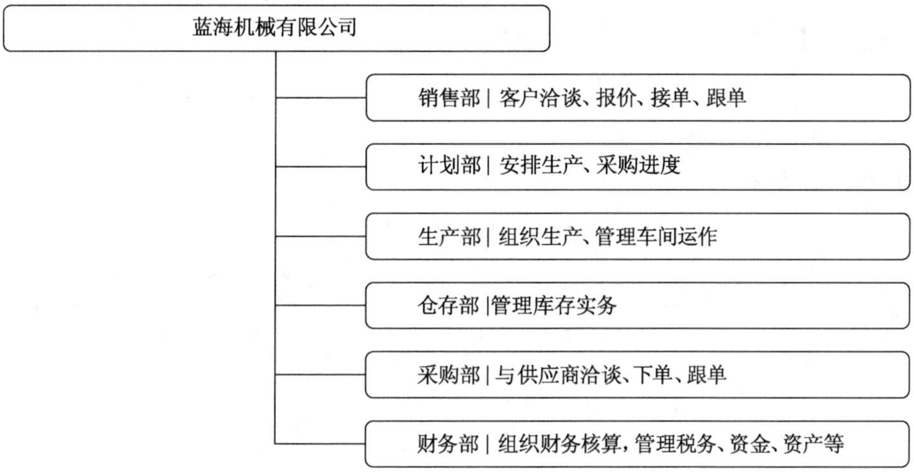

图 9-2　企业组织架构

9.6.3　整体业务流程图

整体业务流程见图 9-3。

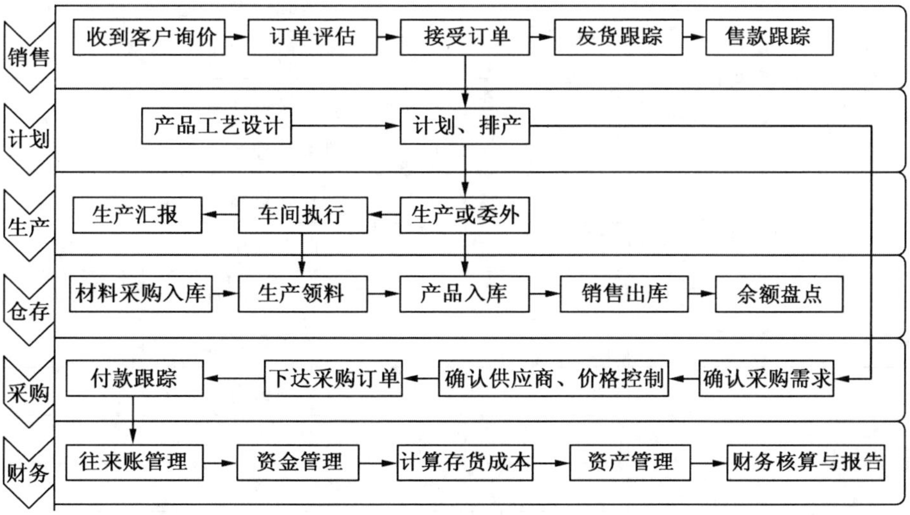

图 9-3　整体业务流程

9.6.4 新增用户组

新增用户组信息见表 9-4。

表 9-4 新增用户组信息

编号	用户组名称	用户组说明
01	财务部	组织财务核算，管理税务、资金、资产等
02	销售部	与客户洽谈、报价、接单、跟单
03	生产部	组织生产、管理车间运作
04	采购部	与供应商洽谈、下单、跟单
05	计划部	安排生产、采购进度
06	仓存部	管理库存实务

9.6.5 用户组功能权限

用户组功能权限见表 9-5。

表 9-5 用户组功能权限

编号	用户组名称	一级功能权限
01	财务部	基础资料
		数据引入引出
		系统参数配置
		总账
		应付账
		应收账
		存货核算系统
02	销售部	基础资料
		数据引入引出
		系统参数配置
		销售管理系统
03	生产部	基础资料
		数据引入引出
		系统参数配置
		生产管理系统
04	计划部	基础资料
		数据引入引出
		系统参数配置
		生产管理系统

续表

编号	用户组名称	一级功能权限
05	采购部	基础资料
		数据引入引出
		系统参数配置
		采购管理系统
06	仓存部	基础资料
		数据引入引出
		系统参数配置
		仓存管理系统

9.6.6　新增用户

新增用户信息见表 9-6。

表 9-6　新增用户信息

编号	用户	用户类别	职责说明	隶属用户组名称
0101	王总经理	K/3 用户	专项事务的审批、查看相关管理报表	财务部
0102	李出纳	K/3 用户	备用金管理、员工报销付款、根据资金业务记录日记账	
0103	张会计(成本)	K/3 用户	根据采购发票核算采购入库成本，进一步核算原材料库存、出库成本；再根据加工情况、费用数据、生产领料数据核算产品成本，结转销售成本，并进行相应的财务处理	
0104	吴会计(总账)	K/3 用户	审核业务凭证，根据业务明细分类账登记总账，结转损益，编制财务报表	
0105	肖会计(应收)	K/3 用户	开具销售发票，登记应收账款，收款跟催，并进行相应的账务处理	
0106	肖会计(应付)	K/3 用户	收取供应商发票，登记应付账款，提请出纳付款，并进行相应的账务处理	
0107	张会计(资产与费用)	K/3 用户	处理内部各部门借款、费用报销事务；登记固定资产账务，保护资产安全，计提固定资产折旧，同时进行相应的账务处理	
0201	孙业务员	K/3 用户	客户报价、订单接单、订单跟踪、收款跟催	销售部
0202	销售部李经理	K/3 用户	销售政策制定、订单审核、信用控制、业绩分析	
0301	郭操作员	K/3 用户	实际操作设备，进行生产	生产部
0302	生产部高经理	K/3 用户	监督车间操作，指导操作工序	
0401	苏计划员	K/3 用户	订单评审、订单排期	计划部

续表

编号	用户	用户类别	职责说明	隶属用户组名称
0501	林业务员	K/3 用户	与供应商洽谈、下单、跟单	采购部
0502	采购部肖经理	K/3 用户	采购计划制订，与供应商洽谈	
0601	仓管季经理	K/3 用户	出、入库单的审批，监督仓库盘点	仓存部
0602	李仓管员	K/3 用户	销售发货、出库	

9.7 实验步骤

9.7.1 选择账套

（1）根据学生学号选择组织机构，通过学号最后两位数字找到自己对应的账套，如学号最后两位是 23 号，则账套号为 01.023；

（2）以命名用户身份登录 administrator，密码为空；

（3）双击打开还原的账套，在“账套列表”中选中新建好的账套，单击工具栏的【设置】，弹出“属性设置”窗口，在其中进行账套参数设置。

① 系统设置，其参数见表 9-7。

表 9-7　系统设置的企业信息

说明	公司名称	地址	联系方式
录入用户企业的基本信息（根据上述提供的实验资料）	蓝海机械有限公司	中国.深圳	07558607(000)02

② 总账设置，其参数见表 9-8。

根据用户实际业务情况设置相关总账参数，必录项有＜记账本位币代码＞（系统默认 RMB）、＜名称＞（系统默认人民币）。

表 9-8　总账信息

属性	属性值
记账本位币代码	RMB
名称	人民币
小数点位数	2
凭证过账前必须审核	否
启用标准成本体系	否

③ 会计期间设置，其参数见表 9-9。

系统默认为“自然年度会计期间”，无须修改，但需要将会计年度改为 2011 年。

表 9-9　会计期间

属性	属性值
启用会计年度	2011 年
启用会计期间	1 月份

(4) “属性设置”窗口信息录入完整后，单击【保存修改】。如填写的信息校验无误，单击【确定】，退出“属性设置”窗口，同时弹出提示框：“确认启用当前账套吗？”单击【确定】，则系统启用当前账套。或者点击上方工具栏里的【启用】，此时完成新建账套操作，账套建立的工作即完成。

(5) 退出“账套管理”界面。

(6) 进行账套启用。

注意：账套建立完成之后，必须启用账套。

9.7.2　用户管理

(1) 单击进入“金蝶 K/3 WISE 创新管理平台”，选择相应的组织机构与当前账套，以命名用户的身份进入。如：用户名为 administrator，密码为空。

(2) 单击打开【系统设置】—【用户管理】—【用户管理】，添加相应的用户组，以上述的实验资料为基础，具体角色添加操作步骤如下：

第一步：新增用户组

(1) 单击上方工具栏里的【新建用户组】，在弹出的窗口里填写所要建立的用户组名称与说明。

(2) 以销售部的用户组为例，输入用户组名称为销售部，用户组说明为与客户洽谈、报价、接单、跟单。在“隶属于该组”列表下显示了当前用户组下所有的用户信息。设置完成后，点击【确定】。如果不小心提交了错误信息，可在下方双击该用户组进行修改，参考数据见表 9-10。

表 9-10　销售部用户组说明

用户组名称	用户组说明
销售部	与客户洽谈、报价、接单、跟单

(3) 其他用户组的建立同以上步骤，其他用户组数据见表 9-11。

表 9-11　其他部门用户组说明

用户组名称	用户组说明
财务部	组织财务核算，管理税务、资金、资产等
生产部	组织生产、管理车间运作
计划部	安排生产、采购进度
采购部	与供应商洽谈、下单、跟单
仓存部	管理库存实务

第二步：设置用户组权限

（1）选中所要更改权限的用户组——销售部（以此为例），点击上方工具栏【功能权限管理】，在弹出的窗口里勾选销售部的功能权限，销售部用户组的功能权限见表 9-12（其中所列出的为一级权限，即包含对应的二级及以下所有权限）。

表 9-12　销售部门功能权限

用户组名称	功能权限
销售部	基础资料；数据引入引出；系统参数配置；销售管理系统（包括其中的所有内容）

（2）将上述对应的销售部用户组的功能权限打"√"，完成之后，点击【授权】，授权后点击【关闭】，即完成销售部用户组的功能授权操作。

（3）其他 5 个用户组功能权限信息见表 9-13，对其进行相应设置，步骤同上。

表 9-13　其他部门功能权限

用户组名称	一级功能权限
财务部	基础资料
	数据引入引出
	系统参数配置
	总账
	应付账
	应收账
	存货核算管理系统
生产部	基础资料
	数据引入引出
	系统参数配置
	生产管理系统
计划部	基础资料
	数据引入引出
	系统参数配置
	生产管理系统
采购部	基础资料
	数据引入引出
	系统参数配置
	采购管理系统

续表

用户组名称	一级功能权限
仓存部	基础资料
	数据引入引出
	系统参数配置
	仓存管理系统

第三步：新增用户

(1) 单击上方工具栏里的【新建用户】，在弹出的窗口里进行用户属性的设置。

(2) 以用户“销售部李经理”为例(对用户的 4 项属性：用户、认证方式、权限属性、用户组进行设置)。

① “用户”设置(对于属性值为“是”的打“√”)，其参数见表 9-14。

表 9-14　用户属性设置

子属性	子属性值
用户姓名	销售部李经理
用户说明	销售政策制定、订单审核、信用控制、业绩分析
用户类别	K/3 用户
对应门户用户	
对应客户	
对应 IM 客户	
用户始终有效	是
密码始终有效	是

② “认证方式”设置，其参数见表 9-15。

表 9-15　认证方式设置

子属性	子属性值
NT 安全认证	否
密码认证	是
传统认证方式	是
密码	可自行设置
确认密码	可自行设置
动态密码锁认证方式	否
智能钥匙认证方式	否
自定义认证方式	否

③ “权限属性”设置(对于属性值为“是”的打“√”)，其参数见 9-16。

表 9-16　权限属性设置

子属性	子属性值
用户可以进行业务操作	是
用户具有用户管理权限	否
用户可以浏览其他用户的权限	否
用户可以将自己的功能权限授予其他用户	否
用户可以将自己的字段权限授予其他用户	否
用户可以将自己的数据权限授予其他用户	否
用户的许可使用记录在超过使用时间时不被清除	否

④ “用户组”设置：选中不隶属于字段下面的“销售部”，点击【添加】，即将用户“销售部李经理”加入销售部用户组当中。

⑤ 完成以上步骤后，点击【确定】，即可完成销售部经理用户的设置。

(3) 其他用户设置的方法同(2)。下面给出相应的用户数据信息，其中没有给出的属性信息与销售部李经理用户的属性相同，可参照上述设置；不同的属性主要有用户与用户组，子属性为用户姓名、用户说明、用户所属的用户组。

① “用户”设置，其说明见表 9-17。

表 9-17　用户说明

用户	用户说明
王总经理	专项事务的审批、查看相关管理报表
李出纳	备用金管理、员工报销付款、根据资金业务记录日记账
张会计(成本)	核算原材料库存、出库成本；结转销售成本，并进行相应的财务处理
吴会计(总账)	审核各业务凭证，根据业务明细分类账登记总账，结转损益，编制财务报表
肖会计(应收)	开具销售发票，登记应收账款，跟催收款，并进行相应的账务处理
肖会计(应付)	收取供应商发票，登记应付账款，提请出纳付款，并进行相应的账务处理
张会计(资产与费用)	处理内部各部门借款、费用报销；登记固定资产账务，保护资产安全，计提固定资产折旧，同时进行相应的账务处理
孙业务员	客户报价、订单接单、订单跟踪、收款跟催
销售部李经理	销售政策制定、订单审核、信用控制、业绩分析
郭操作员	实际操作设备，进行生产
生产部高经理	监督车间操作，指导操作工序
苏计划员	订单评审、订单排期
林业务员	与供应商洽谈、下单、跟单
采购部肖经理	采购计划制订，与供应商洽谈
仓管季经理	出、入库单的审批，监督仓库盘点及盘亏盈
李仓管员	销售发货、出库

② “用户组”设置，其具体参数见表 9-18。

选中不隶属于字段下面的“××部”，点击【添加】，即将用户加入××部用户组当中。

表 9-18　用户组设置

用户	隶属用户组名称
王总经理	财务部
李出纳	
张会计(成本)	
吴会计(总账)	
肖会计(应收)	
肖会计(应付)	
张会计(资产与费用)	
孙业务员	销售部
销售部李经理	
郭操作员	生产部
生产部高经理	
苏计划员	计划部
林业务员	采购部
采购部肖经理	
仓管季经理	仓存部
李仓管员	

(4) 设置完成之后，退出“用户管理”，即完成用户管理新增与权限设置。

9.8　实验报告要求

(1) 交上机报告，要求每位同学以“学号＋姓名＋班级”形式提交实验电子版，并上交实验报告书。

(2) 实验报告提交要点：

① 金蝶 ERP 软件的主要模块及其组织架构体系。

② 简单介绍如何新增用户组、新增用户并设置用户权限。

思考题

1. 金蝶 K3 创新管理平台涉及的六大板块包括哪些？简述六大板块在企业运作流程中的地位和交互机制。

2. 结合 ERP 实施的阶段，陈述金蝶 K/3 创新管理平台功能模块的功能及实施所处的阶段。

3. 结合模块实验过程，陈述金蝶 K/3 实验账套的内涵，以及如何维护与管理。

第 10 章　销售管理模块

10.1　销售管理模块功能介绍

金蝶 K/3 销售管理系统是面向制造企业和商业流通企业的销售管理人员而设计的。该系统提供销售模拟报价、销售订货、仓库发货、销售退货、销售开票处理、销售订单全程跟踪等全面的销售业务流程管理，以及客户管理、价格及折扣管理、仓库管理、信用管理等综合业务管理功能，帮助企业实现销售业务全过程的物流、资金流、信息流的有效管理和控制。该系统可以与采购管理、仓库管理、存货核算管理和应收款管理等系统结合运用，提供更完整、更全面的企业供应链解决方案。其总体流程见图 10-1。

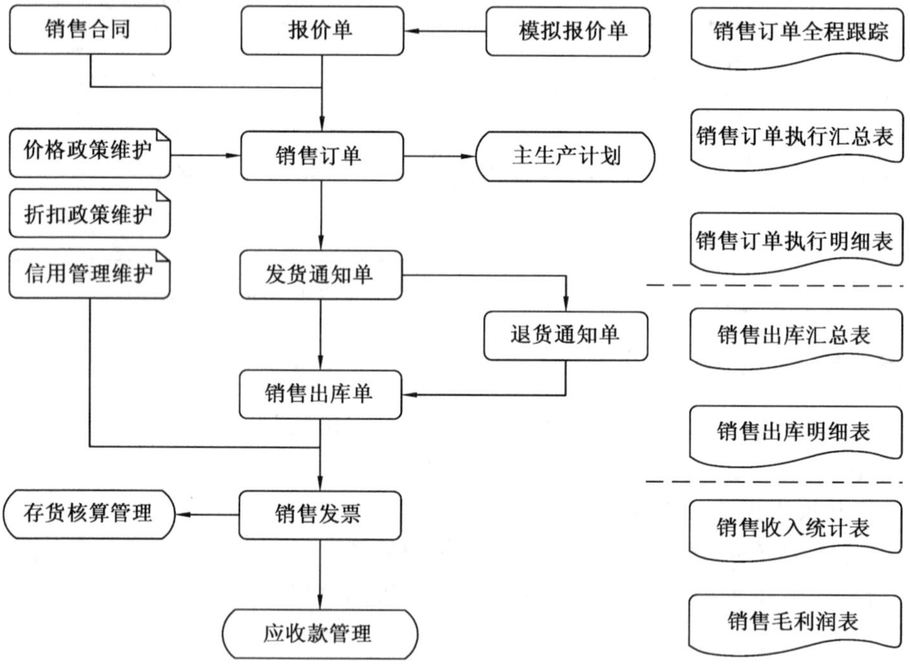

图 10-1　销售管理总体流程

10.2　实验目的

在认知 ERP 产品、熟悉相关界面和功能的基础上，参照销售管理操作手册和销售实验数据手册，进行相应的实验。

（1）了解并学习金蝶 ERP 软件的基础资料。

（2）掌握金蝶 ERP 软件系统中的一般销售业务的流程及操作。

（3）了解销售在 ERP 中的业务位置及作用。

10.3　实验要求

本实验要求学生使用所学的销售管理知识，录入相应的模拟数据，更好地理解销售管理，并撰写相应报告。

（1）理解销售管理模块。

（2）按照销售管理操作手册熟悉模块和功能。

（3）按照销售管理实验数据手册进行操作和数据录入。

10.4　实验内容

（1）基础资料的录入（物料及产品、仓库、库存余额信息）。

（2）客户基础资料的录入。

（3）销售价格的录入及应用。

（4）销售报价单的维护及审核。

（5）销售订单的维护、审核及执行（不含订单变更申请）。

（6）销售发货通知。

（7）销售出库单维护及审核。

10.5　实验资料

销售部根据客户及公司的需求，负责销售相关策略的制定、接单和跟单及销售相关分析。

10.5.1　企业基本信息

（1）该企业生产标准产品——轴承，采用标准报价。

（2）价格促销政策由销售部门制定，销售经理审核后应用于所有销售业务。

（3）财务部门和销售部门联合制定企业信用政策，按照客户控制信用，达不到信用额度不允许下单。

（4）当前产成品：1.01.01 轴承，现有库存余额为 300 PCS，标准售价为 300 元/个。

（5）当前该企业无其他未执行完成的订单。

（6）该企业由计划部门进行产能分析和生产排产。

（7）业务角色设计见表 10-1。

表 10-1　业务角色

业务部门	角色	职责
销售部	销售部李经理	专项事务的审批、查看相关管理报表
销售部	孙业务员	客户报价、订单接单、订单跟踪、收款跟催
销售部	销售主管	销售政策制定、订单审核、信用控制、业绩分析
财务部	会计 ——往来会计	管理应收账款，包括应收账款入账、报表分析、与客户对账与催收
计划部	计划员	订单评审、订单排期
仓管部	仓管员	销售发货、出库

10.5.2 销售业务流程图

（1）业务员接到客户询价单，取得产品的标准报价，销售经理内部评估。

（2）业务员编制报价单，客户确认后，编制初始订单。

（3）评估订单——信用评估：与财务部门协调，评估客户信用，即客户过往交易信用记录，以及信用额是否符合控制政策。

（4）评估订单——交期评估：协调计划部门，对订单的交期进行评估，即考虑加工提前期、采购提前期等，评估是否可按客户需求日期交货。

（5）评估可以接的订单，与客户确认，编制正式的订单，交由相关部门审批。

（6）业务员将已审核的订单编制成一式四联，下发计划、财务和仓管部门，本部门留底。计划部门根据订单排产，仓管部门根据订单制订出货计划，财务部门根据订单跟进应收款。

（7）业务员跟单，向客户通报订单进展：跟踪交货、质量、跟踪款项回收情况。

（8）销售经理定期分析销售数据，进行销售业绩分析。

（9）该企业的销售实务流程见图 10-2。

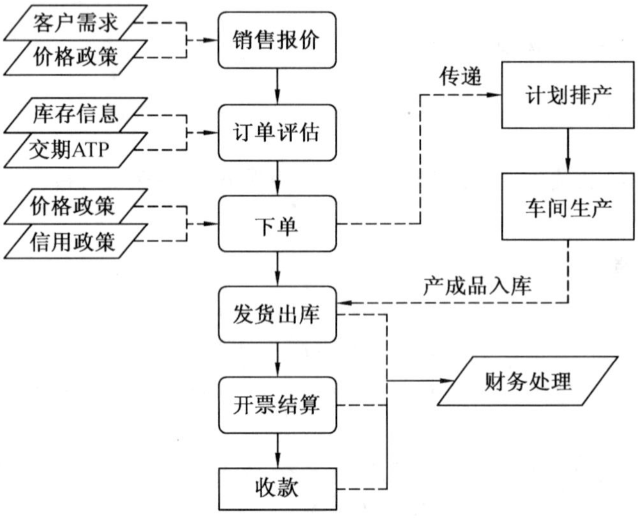

图 10-2 企业销售实务流程

10.5.3 销售实务

10.5.3.1 接到订单 1

（1）报价

1 月 4 日，东方机械公司客户联系孙业务员表示需求轴承产品，要求孙业务员给东方机械公司进行报价。孙业务员取得公司标准报价资料，产品为 1.01 轴承，价格为 300.00 元（含税）/个。孙业务员制作报价单，发送给客户。

注：报价单单据编号从 AQ 000 001 开始。下同。

（2）接受并编制订单

1 月 4 日，东方机械公司接受报价，确定下单，要求 2011 年 1 月 14 日交货，需求数量 300 PCS。

业务员编制初始订单，交由计划部门对交期进行评估。计划部门评估后与客户确认，签署订单。业务员将已审核的订单编制一式四联，下发计划、财务和仓管部门，本部门留底。计划部门根据订单排产，仓管部门根据订单制订出货计划，财务部门根据订单跟进应收款。

10.5.3.2　接到订单 2

1 月 5 日，业务员接到客户东方机械公司的需求，要求业务员对产品进行报价，孙业务员给客户进行报价，报价产品 1.01 轴承，价格为 300.00 元/个。1 月 5 日，客户接受报价，确定购买意向，需求数量 1 000 PCS，交货日期要求为 2011 年1 月 18 日。

10.5.3.3　接到订单 3

1 月 6 日大宇机械公司需要购买 1.01 轴承 2 000 PCS，孙业务员对产品给予报价。1 月 6 日，客户接受报价，确定购买。交货日期要求为 2011 年 2 月 18 日，价格为 300.00 元/个。

10.5.3.4　接到订单 4

（1）报价

1 月 10 日，客户大宇机械公司要求业务员对产品进行报价，孙业务员进行报价，报价产品 1.01 轴承，价格为 300.00 元/个。1 月 10 日，客户接受报价，确定购买意向，需求数量5 000 PCS，交货日期要求为 2011 年 1 月 19 日。

（2）订单评估

计划员对客户需求进行产能评估，发现在要求的日期内无产能安排。委外厂商也无法在 1 月 19 日前安排生产。因此评估无法按客户要求接单。

10.5.3.5　订单跟踪

（1）孙业务员查询订单情况并向客户汇报。

（2）孙业务员由财务部获取客户款项回收数据，向客户催收账款。

（3）2011 年 1 月 31 日，销售经理要求查看本月度销售订单执行情况明细表。

10.6　实验步骤

登录金蝶 K/3 软件：

（1）点击桌面 VMware Workstation 图标，进入虚拟机；

（2）点击菜单文件，打开虚拟机，打开指定的虚拟机文档 Windows Server 2003 Enterprise Edition（D：\ VM-VFactory-Client \ Windows Server 2003 Enterprise Edition）；

（3）点击【Power on】（打开虚拟机电源），点击一系列确定，等待机器启动；

（4）按 Ctrl＋Alt＋Insert 进入；

（5）输入用户名与密码登入 Windows 2003，用户名与密码均是 kduser＋学号最后两位数字；

（6）双击虚拟机桌面的“金蝶 K/3 WISE 创新管理平台”图标。

10.6.1　基础资料录入

双击虚拟机桌面的“金蝶 K/3 WISE 创新管理平台”图标，登录金蝶 K/3 系统，选择自己学号对应的账套，以命名用户身份登录，用户名为 administrator，密码为空。

菜单位置：进入 K/3 主界面—系统设置—基础资料—公共资料

10.6.1.1 新增计量单位

(1) 选中“计量单位”,单击【新增】,即增加计量组,新增“件数”和“重量”两个计量单位组。

(2) 选中“计量单位”,单击右侧的【件数】,点击工具栏【管理】,在跳出的界面里选中【件数】,点击【计量单位】—【新增】,输入以下信息:代码:01,名称为 PCS,其他属性为缺省值,点击【新增】即可。

(3) 选中“重量”,点击工具栏【管理】,在跳出的界面里选中“重量”,点击【计量单位】—【新增】,输入以下信息:代码:02,名称为 KG,其他属性为缺省值,点击【新增】即可。

(4) 设置完成之后,关闭窗口,退出。

10.6.1.2 引入科目

双击【科目】,点击上方工具栏里面的【文件】—【从模板中引入科目】,在弹出的窗口里选择“企业会计制度科目”,点击【引入】—【全选】—【确定】。

10.6.1.3 新增部门

(1) 回到主控台,在“公共资料”右侧明细功能下双击打开“部门”,点击上方工具栏里面的【新增】,输入表 10-2 所列数据,每录入完一条信息,点击【保存】即可。全部添加完毕后,关闭窗口。如发现有输入错误,可以选中条目,双击打开进行修改。

表 10-2 新增部门

代码	名称
01	财务部
02	销售部
03	生产部
04	计划部
05	采购部
06	仓存部

(2) 按住 Ctrl 键选中所添加完成的部门,点击上方工具栏【审核】。

注意:如果不对新增部门进行审核,是无法正常使用该部门的。

10.6.1.4 新增客户

回到主控台,在“公共资料”右侧明细功能下双击打开“客户”界面,点击上方工具栏里面的【新增】,输入表 10-3 所列数据,每录入完一条信息,点击【保存】即可。

表 10-3 新增客户

代码	名称
01	东方机械
02	大宇机械

10.6.1.5 新增供应商

回到主控台,在“公共资料”右侧明细功能下双击打开“供应商”界面,点击上方工具栏里面的【新增】,输入表 10-4 所列数据,每录入完一条信息,点击【保存】即可。“应收应付资料”中“结算币种”在此默认选中 RMB 并双击即可。

表 10-4　供应商结算信息

代码	供应商名称	结算币种	开户银行	银行账号	税务登记号
01	雅俊实业	人民币	中行××支行	Z00222	SW00333
02	明瑞五金	人民币	农行××支行	N00222	SW00444
03	天利公司	人民币	商行××支行	N00333	SW00555
04	美华公司	人民币	招行××支行	N00444	SW00666

10.6.1.6　新增职员

回到主控台,在“公共资料”右侧明细功能下双击打开“职员”界面,点击上方工具栏里面的【新增】,输入表 10-5 所列数据,每录入完一条信息,点击【保存】即可。

表 10-5　员工信息

代码	名称	部门
0101	王总经理	财务部
0102	李出纳	
0103	张会计(成本)	
0104	吴会计(总账)	
0105	肖会计(应收)	
0106	肖会计(应付)	
0107	张会计(资产与费用)	
0201	孙业务员	销售部
0202	销售部李经理	
0301	郭操作员	生产部
0302	生产部高经理	
0401	苏计划员	计划部
0501	林业务员	采购部
0502	采购部肖经理	
0601	仓管季经理	仓存部
0602	李仓管员	

10.6.1.7　物料信息录入(基础属性;计划属性;财务属性)

登录蓝海机械有限公司的管理系统,选择自己的账套,用户名为 administrator,密码为空。

菜单位置:系统设置—基础资料—公共资料—物料

进入基础平台“物料”界面后,单击【物料】,点击上方工具栏里面的【新增】,在弹出的窗口里点击【上级组】，输入表 10-6 所列信息，每录入完一条信息点击【保存】。

表 10-6　物料信息

代码	名称
1	成品
2	半成品
3	原材料

在执行物料信息录入时，先执行新增库存操作。

首先打开 K/3 主界面，接着依次点击【系统设置】—【基础资料】—【公共资料】—【仓库】，单击打开【仓库】，点击上方工具栏里面的【新增】，在弹出的窗口里点击【项目属性】—【基本资料】，新增仓库类别(见表 10-7)，每录完一条数据，点击【保存】。新增完仓库类别之后，退出。

表 10-7　新增库存

代码	名称
1	成品仓
2	半成品仓
3	原材料仓库

(1) 物料基础属性录入

返回“公共资料”界面，双击再次进入“物料”界面。点击上方工具栏的【新增】选项，打开物料新增的窗口，点击【项目属性】—【基本资料】，填写信息，如代码：1.01；名称：轴承，物料属性为自制；计量单位组为 PCS(件数)，其他属性为缺省值(默认值)。“存货科目代码”“销售科目/成本代码”和“计价方法”属性可随机选择。需要录入的数据见表 10-8。

表 10-8　物料基础属性

代码	名称	物料属性	计量单位组
1.01	轴承	自制	PCS
2.01	外圈	自制	PCS
2.02	内圈	自制	PCS
3.01	轴承钢 D=45	外购	KG
3.02	轴承钢 D=40	外购	KG
3.03	保持架	外购	PCS
3.04	滚珠	外购	PCS

(2) 物料计划属性录入

打开物料新增的窗口，点击【项目属性】—【计划资料】，填写信息，其他属性为缺省值(默认值)。其中，“默认仓库”属性可在“基本资料”中找到。需要录入的数据见表 10-9。

表 10-9　物料计划属性

代码	名称	默认仓库	固定提前期	最小订货量	批量增量
3.01	轴承钢 D=45	原材料仓库	1	5	1
3.02	轴承钢 D=40	原材料仓库	1	5	1
3.03	保持架	原材料仓库	2	100	1
3.04	滚珠	原材料仓库	2	100	1

(3) 物料财务属性录入

打开物料新增的窗口，点击【项目属性】—【物流资料】，填写信息，如代码：1.01；名称：成品，物料属性为自制；计量单位组为 PCS，其他属性 01 为缺省值(默认值)。其他需要录入的数据见表 10-10。

表 10-10　物料财务属性

代码	名称	计价方法	存货科目	销售收入科目	销售成本科目
1.01	轴承	加权平均	库存商品	主营业务收入	主营业务成本
2.01	外圈	加权平均	自制半成品	主营业务收入	主营业务成本
2.02	内圈	加权平均	自制半成品	主营业务收入	主营业务成本
3.01	轴承钢 D=45	加权平均	原材料	主营业务收入	主营业务成本
3.02	轴承钢 D=40	加权平均	原材料	主营业务收入	主营业务成本
3.03	保持架	加权平均	原材料	主营业务收入	主营业务成本
3.04	滚珠	加权平均	原材料	主营业务收入	主营业务成本

注意：填写物料信息时，必须将以上物料属性全部填写完整之后，才能保存。

10.6.1.8　库存信息设置

(1) 设置核算参数：依次选择【系统设置】—【初始化】—【仓存管理】—【系统参数设置】，启用时间改成 2011 年，月份是 1 月，不断点击【下一步】，最后点击【完成】。

(2)【系统设置】—【初始化】—【仓存管理】—【初始数据录入】，单击打开，选中相应的仓库，新增信息见表 10-11(系统内没有单价和数量)。

表 10-11　物料库存

代码	名称	本年度累计收入金额/元	本年度累计收入数量/PCS	本年度累计发出数量/PCS	期初数量/PCS	本年度累计发出金额/元	期初金额/元	仓库
1.01	轴承	90 000	300	300	300	90 000	90 000	成品仓
3.01	轴承钢 D=45	320	16	16	16	320	320	原材料仓库

续表

代码	名称	本年度累计收入金额/元	本年度累计收入数量/PCS	本年度累计发出数量/PCS	期初数量/PCS	本年度累计发出金额/元	期初金额/元	仓库
3.02	轴承钢 D=40	100	5	5	5	100	100	原材料仓库
3.03	保持架	40 000	80	80	80	40 000	40 000	原材料仓库
3.04	滚珠	62 000	6 200	6 200	6 200	62 000	62 000	原材料仓库

10.6.2 销售管理系统初始化

菜单位置：系统设置—初始化—销售管理—系统参数设置

(1) 依次选择【系统设置】—【初始化】—【销售管理】—【系统参数设置】，在弹出的窗口里，将“业务系统”启用年度设定为 2011 年，启用期间为 1 月份。依次点击【确定】—【下一步】—【下一步】—【完成】即可。

(2) 双击【启用业务系统】，弹出的窗口里选择“是”，即完成销售管理的初始化。然后重新以命名用户身份登录，用户名为 administrator，密码为空。

10.6.3 应收款参数设置及初始化

10.6.3.1 会计科目核算项目设置

菜单位置：系统设置—基础资料—公共资料—科目

(1) 点击【科目】出现“会计科目—修改”界面，找到“1131—应收账款”双击该科目，出现如图 10-3 所示界面。

(2) 对“科目受控系统”选择“应收应付”，点击【核算项目】标签页，如图10-4 所示。

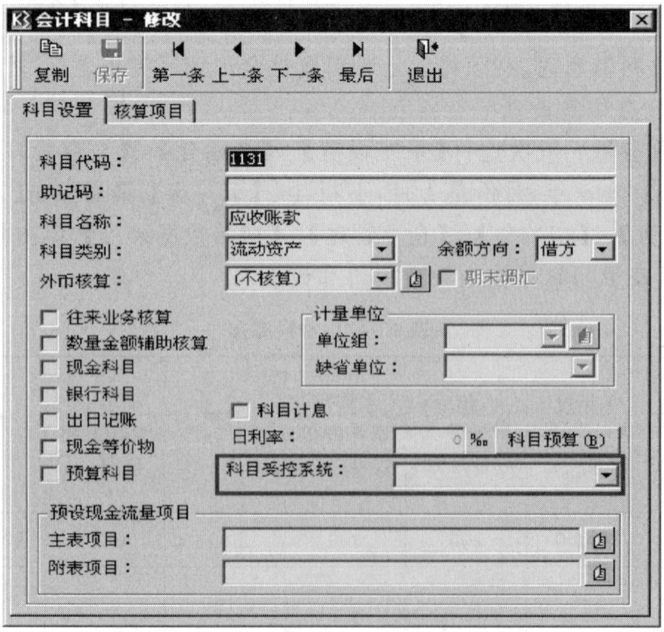

图 10-3 会计科目修改—科目设置

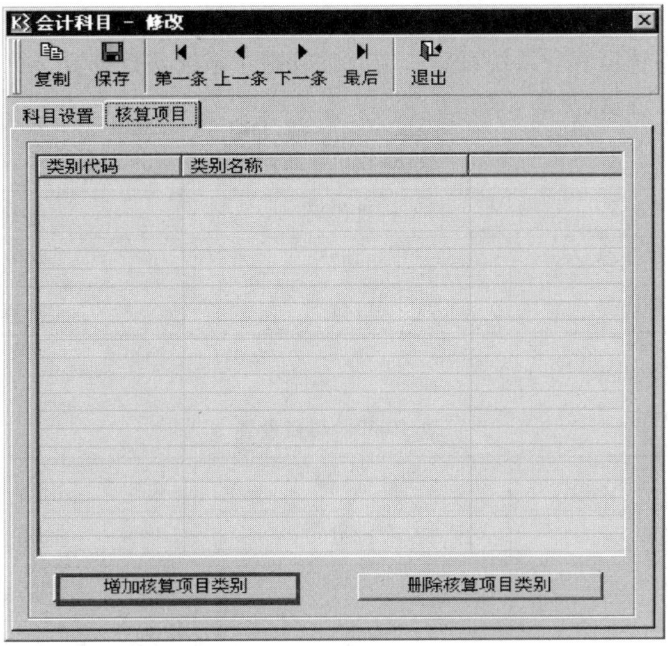

图 10-4　会计科目修改—核算项目

(3) 点击【增加核算项目类别】按钮，出现如图 10-5 所示界面。

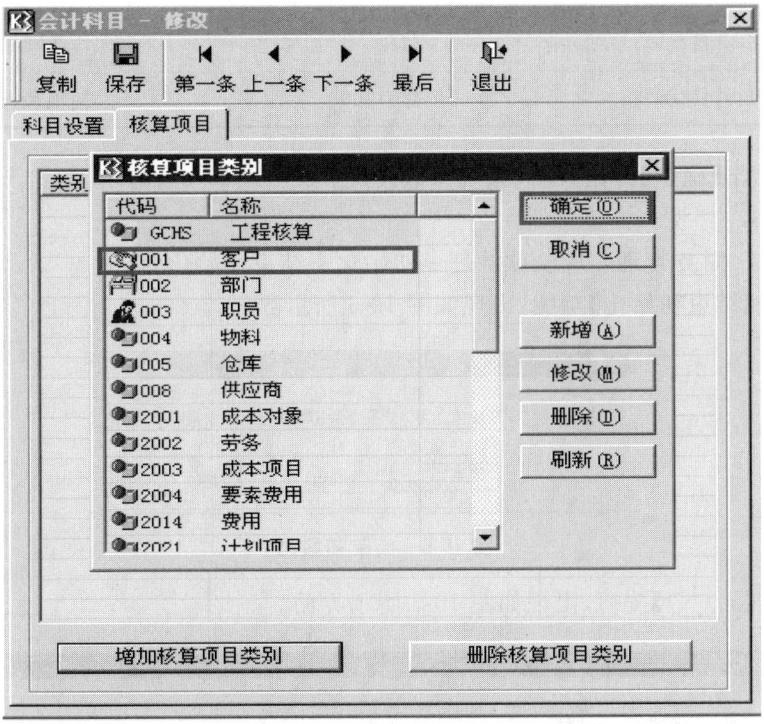

图 10-5　增加核算项目

(4) 选择“001　客户”点击【确定】，然后点击【保存】，完成应收账款核算项目设置。

10.6.3.2　应收款系统参数设置

菜单位置：系统设置—系统设置—应收款管理—系统参数设置

(1) 坏账计提方法(见表 10-12)

表 10-12　坏账计提

名称	科目代码	科目名称
坏账损失科目代码	5502	管理费用
坏账准备科目代码	1141	坏账准备

(2) 科目设置(见表 10-13)

表 10-13　科目设置

名称	科目代码	科目设置
其他应收单	1131	应收账款
收款单	1131	应收账款
预收单	1131	应收账款
销售发票	1131	应收账款
退款单	1131	应收账款
应收票据科目代码	1111	应收票据
应交税金科目代码	2171.01.05	销项税额

完成后点击【确定】按钮，完成系统参数设置。

10.6.3.3　应收款初始化设置

菜单位置：财务管理—应收款管理—初始化—结束初始化

(1) 点击【结束初始化】功能，出现如图 10-6 所示界面。

图 10-6　结束初始化

(2) 点击【否(N)】按钮，出现如图 10-7 所示界面。

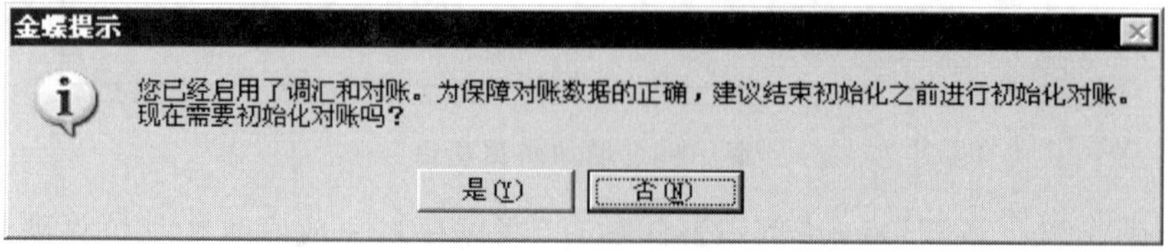

图 10-7　初始化对账

(3) 点击【否(N)】按钮，出现如图 10-8 所示界面，应收款管理初始化完成。

图 10-8 初始化完成

10.6.4 销售实务操作

点击主控台上方的【更换操作员】，选择自己学号对应的账套，以命名用户身份登录系统中，用户名为孙业务员，密码为空。

整体业务流程见图 10-9。

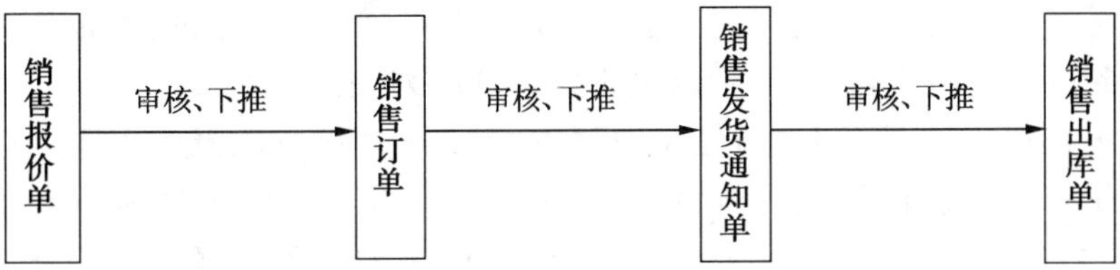

图 10-9 销售业务流程

10.6.4.1 销售报价单

从 2011 年 1 月 4 日到 2011 年 1 月 10 日，销售部孙业务员收到来自客户东方机械公司和大宇机械公司的订单共 4 条，均是客户先提出订货请求后，孙业务员进行报价和评估，最后在客户接受报价或计划员评估通过的情况下生成销售订单，其中订单 4 因评估不通过未能生成销售订单。

(1) 销售报价单新增

菜单位置：供应链—销售管理—销售报价单

销售报价单见表 10-14～表 10-17。

表 10-14 报价单 1

日期	单据编号	购货单位	物料代码	产品名称	含税单价	订单数量	交货日期
2011-01-04	AQ 000001	东方机械	1.01	轴承	300 元（含税）	300 PCS	2011-01-14

表 10-15 报价单 2

日期	单据编号	购货单位	产品代码	产品名称	含税单价	订单数量	交货日期
2011-01-05	AQ 000002	东方机械	1.01	轴承	300 元	1 000 PCS	2011-01-18

表 10-16 报价单 3

日期	单据编号	购货单位	产品代码	产品名称	含税单价	订单数量	交货日期
2011-01-06	AQ 000003	大宇机械	1.01	轴承	300 元	2 000 PCS	2011-02-18

表 10-17 报价单 4

日期	单据编号	购货单位	产品代码	产品名称	含税单价	订单数量	交货日期
2011-01-10	AQ 000004	大宇机械	1.01	轴承	300 元	5 000 PCS	2011-01-19

双击打开销售报价单新增界面，输入上述表格中的相应信息，将以上 4 条销售报价单新增完成，并增加“单据头”和“业务员”属性，完成后及时保存。

10.6.4.2　销售报价单的维护及审核

(1) 销售报价单的维护

点击主控台上方的【更换操作员】,选择自己学号对应的账套,以命名用户身份登录(该步骤可以忽略),用户名为孙业务员,密码为空。

菜单位置:供应链—销售管理—销售报价单

登录金蝶 K/3,依次打开【供应链】—【销售管理】—【销售报价单】,双击打开销售报价单"维护"界面,"审核状态"过滤条件选择"全部",即可展现所有的销售报价单,例如:业务员=孙业务员,点【确定】即可显示以上 4 条报价单列表。

在销售报价单维护界面上方有【新增】【查看】【修改】【删除】【下推】等工具按钮,可以新增销售报价单,或者对已有的销售报价单进行查看、修改、删除等操作,也可点击工具栏的【下推】将销售报价单下推生成销售订单,但下推操作必须是对已经审核成功的单据。

(2) 销售报价单的审核

点击主控台上方的【更换操作员】,选择自己学号对应的账套,以命名用户身份登录,用户名为 administrator,密码为空。

① 对苏计划员授权,允许其审核销售报价单。

菜单位置:系统设置—系统设置—销售管理

双击【审批流管理】进入"销售报价单—审核工作流界面"。展开左栏的销售报价单,单击【销售报价单】,单击右下方的【用户设置】选项卡,从左侧选择所需授权审核销售报价单的用户,如该业务中审核销售报价单的人员为"苏计划员",则找到左侧用户姓名列表里的苏计划员,双击即可将其引入右侧被授权的用户姓名列表中,再单击上方工具栏的【保存】图标,确定即可。

② 对苏计划员授权,允许其进行销售管理系统的查询与管理。

菜单位置:系统设置—用户管理—用户管理

双击【用户管理】进入用户管理界面后,选中苏计划员,单击上方工具栏的【功能权限管理】按钮,勾选销售管理系统的"查询权"与"管理权",点击【授权】即可。

③ 审核报价单。

点击主控台上方的【更换操作员】,选择自己学号对应的账套,以命名用户身份登录,用户名为苏计划员,密码为空。

菜单位置:供应链—销售管理—销售报价

双击打开明细功能里的"销售报价单—维护"界面,过滤条件选择"全部",即可查看到所有的销售报价单。选中需要审核的报价单,单击上方工具栏的【审核】按钮,当弹出单据审核成功的窗口后,该条销售报价单即审核完毕。

因为订单 4 未通过评估,本业务中需要审核的报价单为业务一里的报价单 1、报价单 2、报价单 3,找到相应记录,依次审核即可。

(3) 生成销售订单

菜单位置:供应链—销售管理—销售报价单

依次选中已审核通过的销售报价单,单击上方工具栏的【下推】生成销售订单,弹出销售订单新增界面,单击左上方的【保存】按钮,保存成功后关闭即可。此时,在销售订单维护界面会出现相应的单据。

注意：此时将销售订单的“建议交货日期”信息对应地录入进去。

10.6.4.3　销售订单的维护、审核及执行

点击主控台上方的【更换操作员】，选择自己学号对应的账套，以命名用户身份登录，用户名为孙业务员，密码为空。

菜单位置：供应链—销售管理—销售订单—销售订单维护

(1) 销售订单的维护

双击打开“销售订单—维护”界面，过滤条件中时间选“全部”，确定后即可查看到所有的销售订单。

在销售订单维护界面上方有【新增】【查看】【修改】【删除】等工具按钮，可以新增销售订单，或者对已有的销售订单进行查看、修改、删除等操作。

(2) 销售订单的审核

双击打开明细功能里的“销售订单—维护”界面，过滤条件选择“全部”，确定后即可查看到所有的销售订单。选中所有需要审核的报价单，单击上方工具栏的【审核】按钮，当弹出单据审核成功的窗口后，该条销售订单审核完毕。

(3) 销售订单的执行

点击销售订单维护界面上方工具栏的【下推】按钮，可以将销售订单下推生成销售出库单、销售发票、发货通知单等，但下推操作的对象必须是已经审核成功的单据。

① 生成销售发票

点击【下推】—【生成销售发票(专用)】，弹出如图 10-10 所示界面。

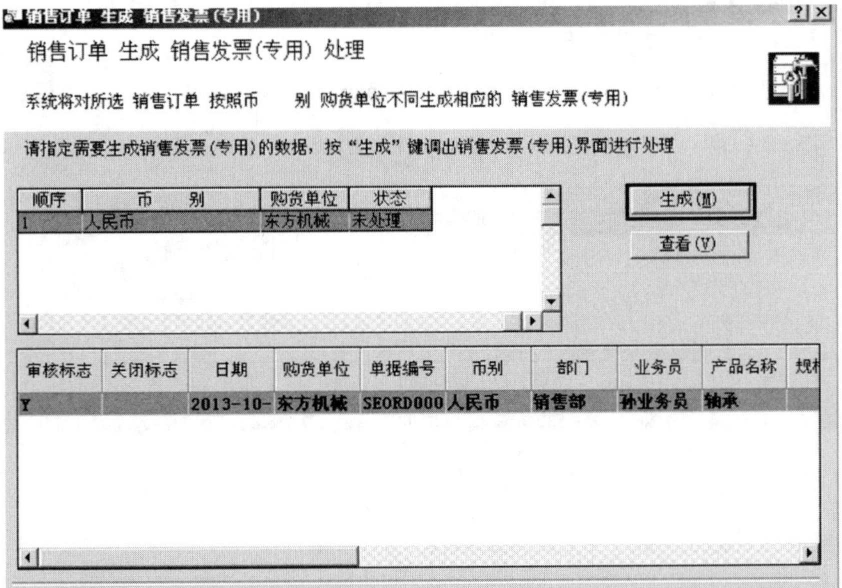

图 10-10　销售订单生成发票

点击【生成】出现如图 10-11 所示界面。

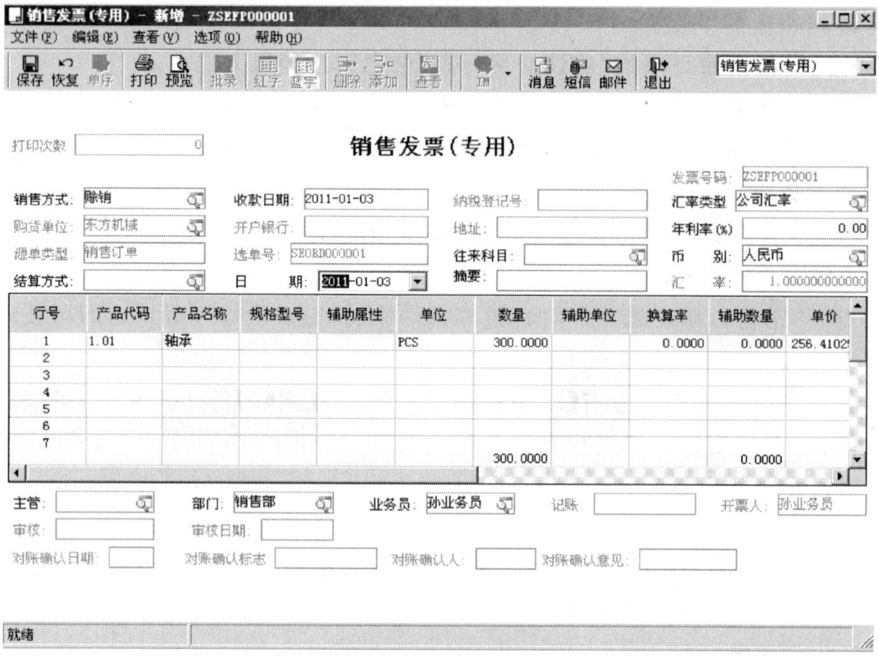

图 10-11 销售发票

同时更改系统时间：

虚拟机右下方显示时间处，右击打开时间，更改为 2011 年 1 月，保存。保存成功后关闭窗口，销售发票已生成，如图 10-12 所示，点击【确定】即可。

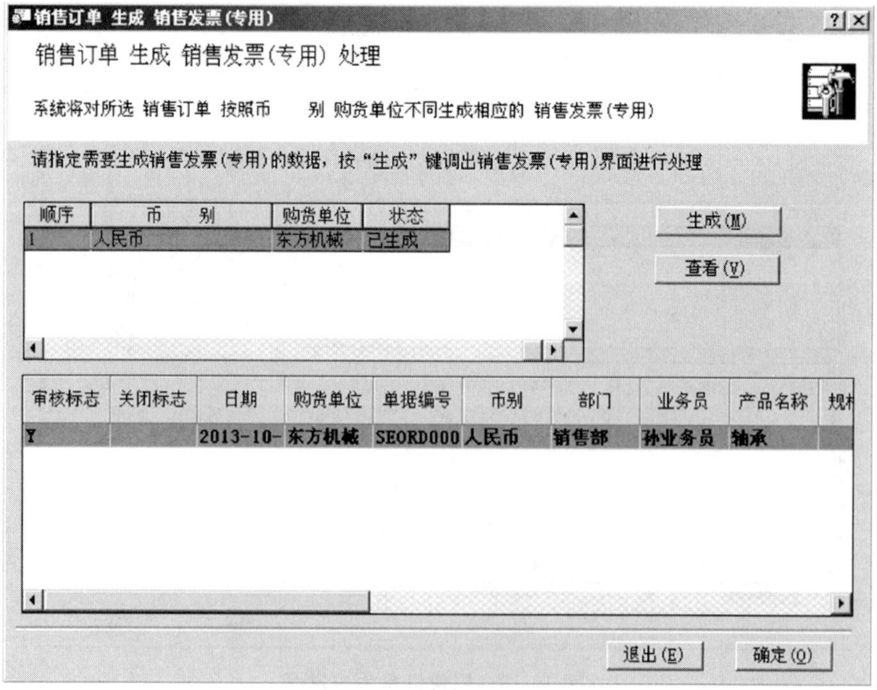

图 10-12 销售发票 2

10.6.4.4　销售发货通知单

(1) 销售发货通知单的生成

菜单位置：供应链—销售管理—销售订单—销售订单维护

销售订单审核通过后可以下推生成销售发货通知单，操作如下：

选中一条已审核通过的销售订单，单击上方工具栏的【下推】生成发货通知单，如图10-13 所示。

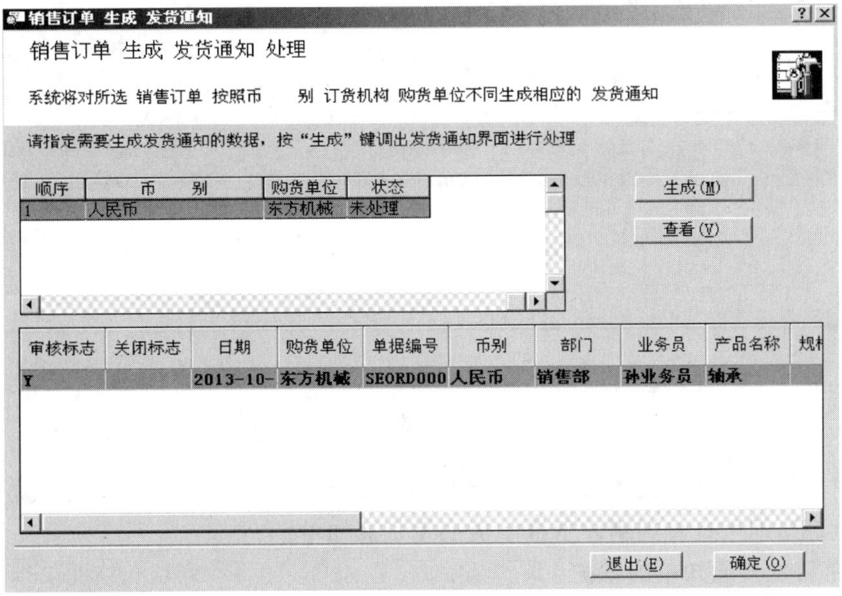

图 10-13　发货通知

点击【生成】，出现如图 10-14 所示界面。

图 10-14　发货通知单新增

点击【保存】,保存成功后退出,出现如图 10-15 所示界面,点击“确定”即可。

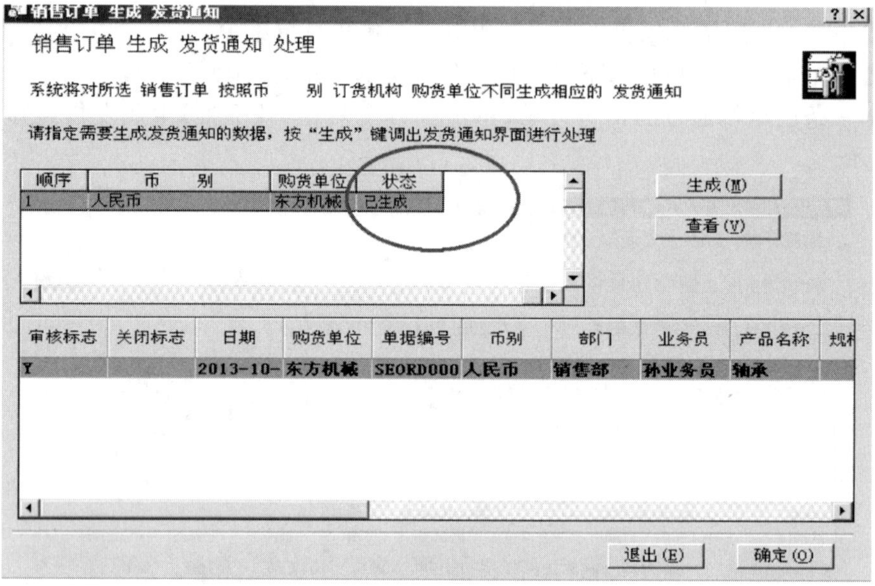

图 10-15 发货通知

此时打开“供应链—销售管理—发货通知—发货通知单维护”界面,过滤条件中的时间选择“全部”,即可查看到刚才下推生成的发货通知单。

(2) 销售发货通知单的维护

依次选择每一条单据或按 Shift 键同时选中多条单据,单击上方工具栏的【审核】按钮,即可弹出单据审核成功的窗口。

10.6.4.5 销售出库单维护及审核

销售发货通知单审核通过后,开始进行下一步的销售出库业务,凭借销售部发来的销售出库单,仓管人员才能安排产品出库。在金蝶 K/3 系统中,销售出库单可由销售发货通知单直接下推生成。

点击主控台的【更换操作员】,以 administrator 的身份登录蓝海机械有限公司的管理系统。选择自己的账套,以命名用户身份登录,用户名为 administrator,密码为空。

打开“系统设置—用户管理—用户管理—用户管理”界面,选中孙业务员,点击上方工具栏的【功能权限管理】,在“仓存管理系统”“销售与运营计划系统”前打“√”,点击【授权】,关闭。

点击主控台上方的【更换操作员】,选择自己学号对应的账套,以命名用户身份登录,用户名为孙业务员,密码为空。

菜单位置:供应链—销售管理—发货通知—发货通知单维护

打开“发货通知单—维护”界面,点击工具栏的【下推】生成销售出库单,如图 10-16 和图 10-17 所示。

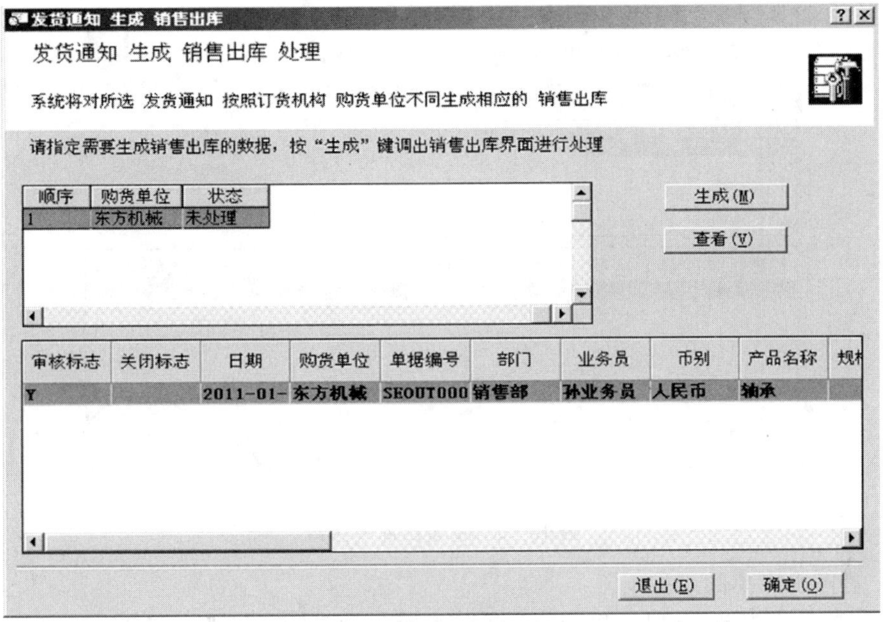

图 10-16　销售出库单

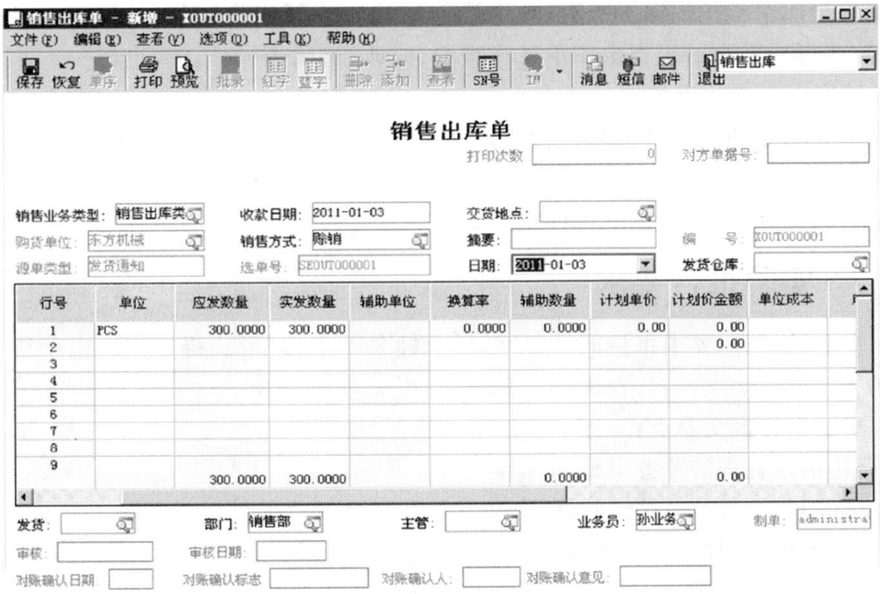

图 10-17　销售出库单新增

发货仓库：成品仓；

发货：李仓管员；

保管：销售部李经理。

单击【保存】，退出后，选择【确定】，即可在销售出库单维护中查看到该条通过发货通知单下推生成的销售出库单，如图 10-18 所示。

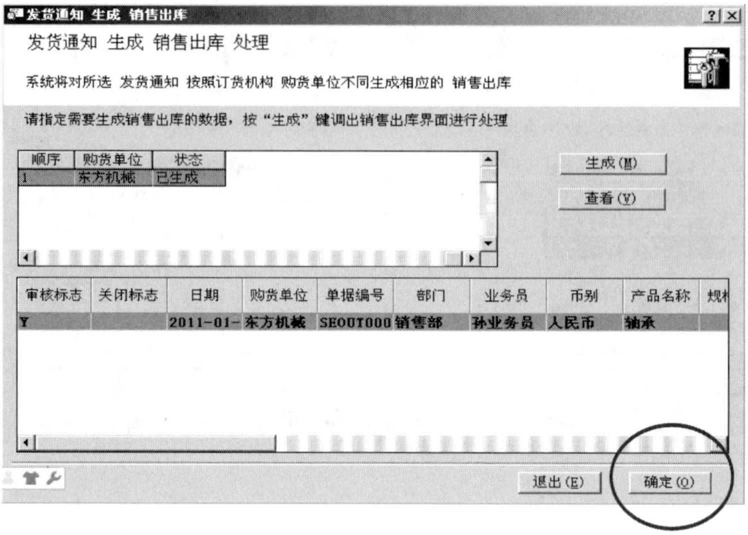

图 10-18　销售出库单生成

(1) 销售出库单的维护

打开“销售出库单—维护”界面，过滤条件中的时间选“全部”，确定后显示所有的销售出库单。

在销售出库单维护界面上方有【新增】【查看】【修改】【删除】等工具按钮，可以新增销售出库单，或者对已有的销售出库单进行查看、修改、删除等操作。

(2) 销售出库单的审核

双击打开明细功能里的“销售出库单—维护”界面，过滤条件选择“全部”，可查看到所有的销售出库单。选中需要审核的出库单，单击上方工具栏的【审核】按钮，当弹出单据审核成功的窗口后，该条销售出库单即审核完毕。

10.7　实验报告要求

(1) 交上机报告，要求每位同学以“学号＋姓名＋班级”形式提交实验电子版，并上交实验报告书。

(2) 实验报告提交要点：

① 简述销售管理的业务类型和过程。

② 绘制销售管理的总体流程图，分析其与应收账款之间的关系。

③ 陈述销售合同的组成要素，并简要地解释。

④ 简述金蝶 K/3 系统是如何实现销售订单的全程跟踪的。

思考题

1. 销售管理系统当中的可视化管理主要涉及哪些方面的管理？试对其进行详细的阐述。
2. 销售合同主要包括哪些要素？对销售合同当中包含的信息进行说明。
3. 请解释销售发票与费用发票是如何产生的。
4. 请描述销售计划的制订包括哪些方面，以及销售计划对于销售管理的作用？

第 11 章　计划管理模块

11.1　计划管理模块功能介绍

生产管理与控制是以计划为导向的生产、管理方法。企业首先要确定它的总生产计划，再经过层层细分，下达到各部门去具体执行，即生产部门以此生产，采购部门以此采购等。这个过程主要涉及主生产计划、物料需求计划、能力需求计划等。

(1) 主生产计划

主生产计划根据客户订单、预测和生产计划安排将来各周期中提供的产品种类和数量，将生产计划转为产品计划，在平衡了物料供应和设备能力后，制订精确到时间、数量的详细的进度计划，是综合生产计划、实际订单和历史销售情况后进行预测所产生的。

(2) 物料需求计划

在主生产计划决定生产多少最终产品后，再根据物料清单，把要生产的产品数量转变为生产需要的零部件数量，并对照现有的库存，计算出还需生产多少、采购多少。

(3) 能力需求计划

在制订出初步的物料需求计划，平衡所有工作中心的负荷能力后，得出详细的工作计划，用以确定生成的物料需求计划是否是企业生产能力可行的需求计划。能力需求计划是一种短期的、当前实际应用的计划。

11.2　实验目的

(1) 了解并学习金蝶 ERP 软件做生产计划的前置数据及计划设置。

(2) 掌握计划的编排及输出。

(3) 掌握最终计划的下达。

11.3　实验要求

结合上机操作，认识和理解金蝶 K/3 产品，并撰写相应报告。

(1) 计划前置数据的录入(产品 BOM、工艺数据、工厂日历、计划展望期等)。

(2) 计划的数据来源准备，包括销售订单、销售预测等。

(3) 计划的编制及审批。

(4) 生产需求下达给生产部门，采购需求下达给采购部门。

11.4　实验内容

(1) 启动虚拟机，进入 K/3 系统，按照相应的实验手册(数据)进行基础数据设置和定义。

（2）对产品 BOM、工艺数据、工厂日历、计划展望期等数据进行录入。

（3）计划的编制。

（4）生产任务的下达。

11.5 实验资料

11.5.1 产品 BOM

该虚拟企业以生产和销售标准件——轴承为主要业务活动，该标准件是由内圈、外圈、滚珠和保持架等部件构成，其中，内圈、外圈为企业自制件，而滚珠和保持架为外购件，具体结构如图 11-1 所示，产品的 BOM 表结构如图 11-2 所示。

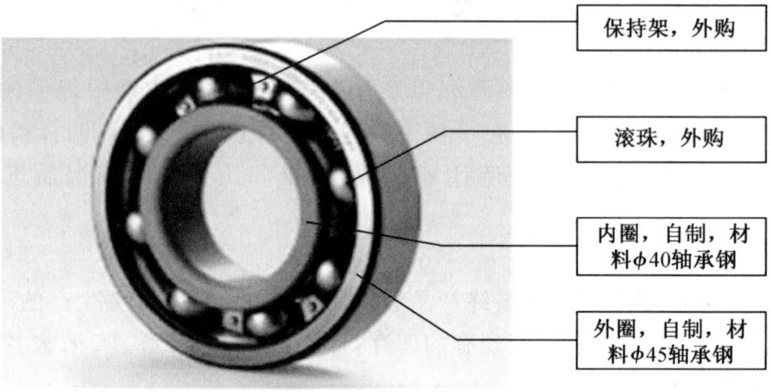

图 11-1 轴承产品实物图片

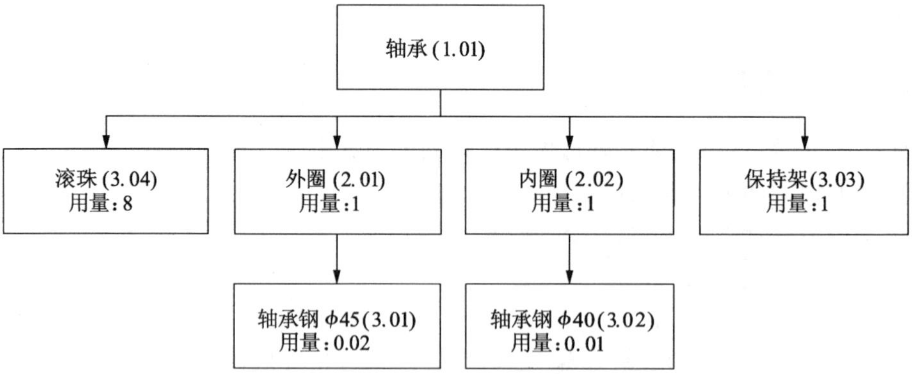

图 11-2 轴承产品结构

11.5.2 工厂工作日历

工厂工作日历说明：2011-01-01 至 2011-12-31。

上班时间：8：00—12：00，14：00—18：00。

2011 年 1 月及 2 月的工厂日历见表 11-1（阴影表示休息日）。

表 11-1　工厂日历(2011.1 和 2011.2)

一月						
一	二	三	四	五	六	日
					1	2
3	4	5	6	7	8	9
10	11	12	13	14	15	16
17	18	19	20	21	22	23
24	25	26	27	28	29	30
31						

二月						
一	二	三	四	五	六	日
	1	2	3	4	5	6
7	8	9	10	11	12	13
14	15	16	17	18	19	20
21	22	23	24	25	26	27
28						

11.5.3　关键业务流程

该企业计划管理模块的关键业务流程如图 11-3 所示，而流程中涉及的计划员和计划经理的角色职责定义见表 11-2。

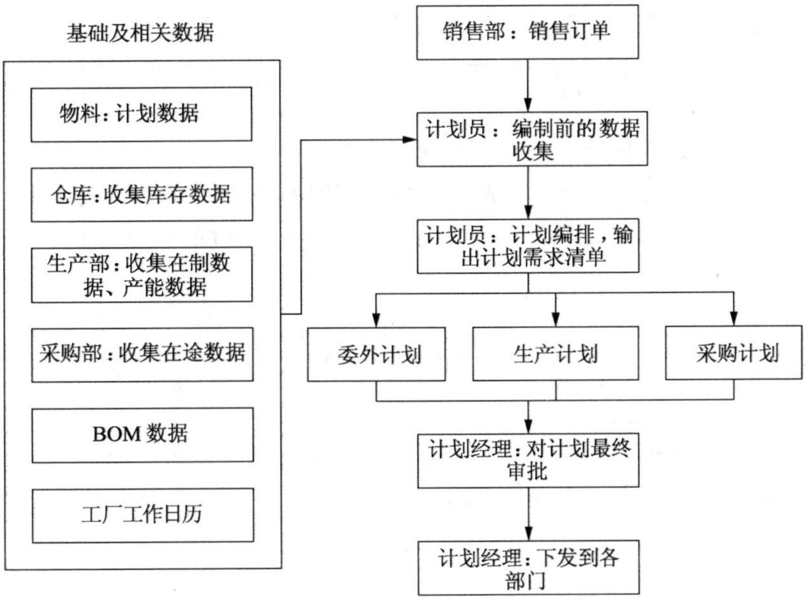

图 11-3　关键业务流程

表 11-2　业务角色

业务部门	角色	职责
计划部	计划经理	审批计划 将计划下发到各部门
	计划员	库存、在途量等数据收集 计算最终产品需求 下展 BOM，计算半成品及采购件需求 编制委外计划、生产计划、采购计划

流程描述如下：

(1) 计划员接到业务员销售需求，协调仓库管理人员，考虑加工提前期、采购提前期等，评估是否可按客户需求日期交货。

(2) 对于已经确认的订单，计划员根据订单需求信息、物料清单、加工工艺，结合库存、采购信息，编制计划。

(3) 计划内容包括产品独立需求(销售需求)、产品/半成品生产需求、原材料采购需求，计划经理对编制的计划进行审批。

(4) 计划员将生产需求下达给生产部门，将采购需求下达给采购部门。

(5) 计划员跟踪执行情况。

11.5.4 业务一

销售订单 SO001 业务演练：2011-01-04，计划员收到销售部提供的销售订单 SO001，仓管主管郭主管查询库存后，发现轴承成品库存有 300 PCS，可供使用，销售订单 SO001 情况见表 11-3。

表 11-3 业务一

销售订单	产品代码	名称	订单数量	交货日期	可用库存
SO001	1.01.01	轴承	300 PCS	2011-01-14	300 PCS

(1) 计划员赵计划编排计划前需要收集的信息：

由仓管主管郭主管提供成品、半成品、原材料的库存信息，查询库存余额：产品轴承有库存 300 PCS(见表 11-4)，经分析后发现，该库存还没分配，是多余的，可分配给订单 SO001 使用。

表 11-4 业务一物料

物料代码	名称	库存数量	已使用	可用库存
1.01	轴承	300 PCS	0	300 PCS

(2) 计算销售订单 SO001 的计划需求，把订单评审结果反馈到相关部门，计划下发到相关部门。

11.5.5 业务二

销售订单 SO002 业务演练：2011-01-05，计划员收到销售部提供的销售订单 SO002，数据见表 11-5。

表 11-5 业务二

销售订单	产品代码	名称	订单数量	交货日期	可用库存
SO002	1.01	轴承	1 000	2011-01-18	0

(1) 计划员赵计划编排计划前需要收集的信息：

① 由仓管主管郭主管提供成品、半成品、原材料的库存信息，查询库存余额：由于轴承的库存已经分配给销售订单 SO001，需要减去此库存方为本次计划可使用库存，当前可用库存信息见表 11-6。

表 11-6　业务二物料

物料代码	名称	库存数量/PCS	已使用/PCS	可用库存/PCS
1.01	轴承	300	300	0
3.01	轴承钢 D=45	16		16
3.02	轴承钢 D=40	5		5
3.03	保持架	800		800
3.04	滚珠	6 200		6 200

② 收集在途、在制数据：由采购经理提供在途信息，调度员吴调度提供在制信息；采购经理提供的在途信息见表 11-7。

表 11-7　在途物料

物料代码	名称	单据编号	在途量	单位	交货日期
3.01	轴承钢 D=45	PO001	20	KG	2011-01-10

③ 由调度员吴调度提供的在制信息：已下达的加工任务，无。

④ 收集物料计划、采购数据：物料固定提前期、变动提前期、最小采购批量、增量批量等数据可从物料基本及计划属性中查询到。

⑤ 收集产品明细表和材料定额表数据：计算零部件需求时，需要下展 BOM，该数据可到产品明细表和材料定额表中取得。

⑥ 收集工厂工作日历信息：从工厂日历中查询。

⑦ 收集产能数据：生产部门的产能安排。

◇ 装配车间：2011-01-06—2011-02-18 时间段生产空闲，其他时间已安排生产；

◇ 机加车间：2011-01-06—2011-01-15 时间段生产空闲，其他时间已安排生产。

(2) 计算销售订单 SO002 的计划需求，把订单评审结果反馈到相关部门，计划下发到相关部门：

① 计算出销售 SO002 的计划需求清单。

② 输出生产计划清单。

③ 输出采购计划清单。

11.6　实验步骤

11.6.1　系统设置*

以系统管理员 administrator 的身份进入。

(1) 依次选择【系统设置】—【初始化】—【仓存管理】—【初始数据录入】，单击打开，选中相应的仓库，新增表 11-8 所列信息(表 11-8 所列信息在第 10 章销售管理的仓管管理的初始化中已经做过)。

* 此部分已经设置，不需要学生操作。

表 11-8　新增物料

代码	名称	本年度累计收入金额/元	本年度累计收入数量/PCS	本年度累计发出数量/PCS	期初数量/PCS	本年度累计发出金额/元	期初余额/元	仓库	数量/PCS	单价/元
1.01	轴承	90 000	300	300	300	90 000	90 000	成品仓	300	300
3.01	轴承钢 D=45	320	16	16	16	320	320	原材料仓库		20
3.02	轴承钢 D=40	100	5	5	5	100	100	原材料仓库		20
3.03	保持架	40 000	80	80	80	40 000	40 000	原材料仓库	0	50
3.04	滚珠	62 000	6 200	6 200	6 200	62 000	62 000	原材料仓库		10

注意：如果没有“初始数据录入”选项，即已完成初始化内容，无须再操作。

(2) 依次选择【系统设置】—【生产管理】—【核算参数设置】，在弹出的窗口里，将“业务系统”启用年度设定为 2011 年，启用期间为 1 月份。依次点击【确定】—【下一步】—【下一步】—【完成】即可。

(3) 单击打开【系统设置】—【初始化】—【生产管理】—【工厂日历】，设置如下：工厂日历起始日为 2011 年 1 月 1 日，周六、周日同样设置为工作日，不打“√”，点击【保存】即可。

注意：此处设置的前提是将系统时间改为 2011 年 1 月，否则无法设置。必须以 administrator 的身份登录，才能进行初始化设置。

(4) 双击【启用业务系统】，在弹出的窗口里选择【是】，即完成生产的初始化。然后重新以命名用户身份登录，用户名 administrator，密码为空。

11.6.2　采购在途信息设置

以“林业务员”的身份登录系统，启动采购管理系统。

(1) 依次单击【供应链】—【采购管理】—【采购订单】—【新增采购订单】，点击工具栏上方的【新增】，在弹出的界面里，录入表 11-9 所列信息，完成后输入，部门：采购部；业务员：林业务员，点击【保存】。

表 11-9　新增采购订单

编号	供应商	物料代码	名称	单位	数量	单价	交货日期
PO001	雅俊实业	3.01	轴承钢 D=45	PCS	20	20	2011-01-10

注意：设置订单编号人工输入的方法：

以用户 administrator 身份登录，密码为空，登录进系统中依次打开【系统设置】—【系统设置】—【采购管理】—【系统设置】，选中“单据设置”，找到“采购订单”，双击，选择选项卡“选项”，选中“允许手工录入”，点击【保存】后退出即可。再以“林业务员”的身份登录系统新增采购订单。

(2) 退出新增界面，进入采购订单维护界面，对新增的订单进行审核。

11.6.3　生产计划数据设置

以“苏计划员”的身份登录系统，启动生产计划管理系统。

11.6.3.1 工艺路线设置

(1) 部门添加(见表 11-10)

菜单位置：系统设置—基础资料—公共资料—部门

表 11-10 新增部门

代码	名称	部门属性
07	机加车间	车间

(2) 依次打开【系统设置】—【基础资料】—【公共资料】—【工作中心】，在右边窗口单击后，点工具栏【新增】，新增内容见表 11-11。

表 11-11 新增工作中心

工作中心代码	工作中心名称	所属部门	班制代号	能力计算类型
01	车床	07|机加车间	0001|一班制	0|设备
02	热加工设备	07|机加车间	0001|一班制	0|设备
03	磨床	07|机加车间	0001|一班制	0|设备

(3) 依次打开【计划管理】—【生产数据管理】—【基础资料】—【资源清单】，这时候会出现设置工厂日历的界面，将工厂日历起始日期设为 2011 年 1 月 1 日，周六、周日同样设置为工作日，不打“√”，点击【保存】即可。点击工具栏【编辑】—【新增组别】，代码：01；名称：设备，完成后保存。

(4) 选中“设备”，点击工具栏【新增】，新增以下数据，每录入完一条，点击【保存】，数据信息见表 11-12。

表 11-12 新增设备

代码	名称	类型	所属工作中心	生产率
011	装配	人	01|车床	0.000 000
012	装配	人	01|车床	0.000 000
013	装配	设备	01|车床	0.000 000
017	装配	设备	02|热加工设备	0.000 000
018	装配	设备	02|热加工设备	0.000 000
019	装配	设备	03|磨床	0.000 000

(5) 依次打开【计划管理】—【生产数据管理】—【工艺路线】。

① 首先，打开工艺路线新增(工艺路线下无子选项，需要从主控台添加，菜单设置路线为“系统—设置—主控台编辑”，选中“功能列表—计划管理—生产数据管理—工艺路线”，勾中“新增”和“维护”选项，勾选“应用”然后关闭即可)，点击上方的【编辑】—【新增组别】，添加新的组别。在弹出的窗口里填写如下信息：代码：RT(000)001；组别名称：机加车间工艺路线，完成之后，点击【确定】即可。

A. 依次点击【计划管理】—【生产数据管理】—【工艺路线】—【工艺路线新增】。

B. 点击【编辑】菜单，选择“新增组别”，增加工艺路线组别。代码：01，组别名称：

轴承。

② 新增组别之后，在界面左侧选中新增的组别，点击【编辑】—【新增】，出现相应界面。

③ 点中工序代码单元格，按【F7】，在弹出的界面里，点击【新增】，输入表 11-13 所列信息，每条录完之后点击【保存】。

表 11-13 新增组别

工序代码	工序名称
001	车
002	热加工
003	磨

④ 在里面其他栏输入相应的信息，无法输入的项目按【F7】，在跳出的窗口里进行选择，录入完每条工艺路线之后，点击【保存】即可。

⑤ 数据见表 11-14 和表 11-15。

表 11-14 工艺路线名称：外圈加工工艺；物料代码：2.01

工序号	工序代码	工序名称	工作中心代码	工作中心名称	工作中心部门	时间单位	排队时间	准备时间	加工批量	运行时间	移动批量	移动时间	资源数
10	001	车	01	车床	机加车间	小时	0	0	1 000	8	1 000	0	1
20	002	热加工	02	热加工设备	机加车间	小时	0	0	1 000	16	1 000	0	1
30	003	磨	03	磨床	机加车间	小时	0	0	1 000	8	1 000	0	1

装配车间有 2 个班组：装配一班、装配二班。仅装配，无须工艺管理。

表 11-15 工艺路线名称：内圈加工工艺；物料代码：2.02

工序号	工序代码	工序名称	工作中心代码	工作中心名称	工作中心部门	时间单位	排队时间	准备时间	加工批量	运行时间	移动批量	移动时间	资源数
10	001	车	01	车床	机加车间	小时	0	0	1 000	8	1 000	0	1
20	002	热加工	02	热加工设备	机加车间	小时	0	0	1 000	16	1 000	0	1
30	003	磨	03	磨床	机加车间	小时	0	0	1 000	8	1 000	0	1

11.6.3.2 BOM 设置

依次打开【计划管理】—【生产数据管理】—【BOM 维护】—【BOM 新增】，在弹出的界面里，新增轴承、内圈、外圈等物料信息，填写相应的数据信息，见表 11-16～表 11-18，每填完一张，点击【保存】即可。

具体操作：双击打开【BOM 新增】，鼠标点击【BOM 单组别】，然后按【F7】，在出现的界面中点击【新增组】，录入 BOM 单组别的代码和名称，从而完成 BOM 单组别的录入。然后在表中录入相关数据，无法输入的按【F7】，进行浏览与选择，录入完成之后，点击【保存】。录入完毕后，进行 BOM 维护，点击进入界面，选中一条 BOM 之后，点击上方的菜单栏，进行审核、使用等操作。

表 11-16　BOM 新增——轴承

BOM 单组别							
代码：001；名称：轴承材料用量表							
物料代码	物料名称	物料属性	单位	数量	成品率/%	生产车间	
1.01	轴承	自制	PCS	1	100	装配车间	
BOM							
序号	子项物料代码	物料名称	物料属性	单位	用量	发料仓库	负责部门
1	3. 03	保持架	外购	PCS	1	原材料仓库	采购部
2	3. 04	滚珠	外购	PCS	8	原材料仓库	采购部
3	2. 01	外圈	自制	PCS	1	半成品仓	机加车间
4	2. 02	内圈	自制	PCS	1	半成品仓	机加车间

表 11-17　BOM 新增——内圈

BOM 单组别							
代码：002；名称：半成品定额明细表(内圈)							
物料代码	物料名称	物料属性	单位	数量	成品率/%	生产车间	
2.02	内圈	自制	PCS	1	100	机加车间	
BOM							
序号	子项物料代码	物料名称	物料属性	单位	用量	发料仓库	负责部门
1	3.02	轴承钢 D=40	外购	KG	1	原材料仓库	采购部

表 11-18　BOM 新增——外圈

BOM 单组别						
代码：003；名称：半成品定额明细表(外圈)						
物料代码	物料名称	物料属性	单位	数量	成品率/%	生产车间
2.01	外圈	自制	PCS	1	100	机加车间

续表

BOM							
序号	子项物料代码	物料名称	物料属性	单位	用量	发料仓库	负责部门
1	3.01	轴承钢 D=45	外购	KG	1	原材料仓库	采购部

注意：进行 BOM 维护时，可能在“BOM 维护”界面无法找到新增的 BOM，可以通过“BOM 查询—单级展开或者是多级展开”来查看新增的 BOM 表，然后依次打开相应的 BOM 表，在工具栏上方找到相应的工具按钮，实现 BOM 的查看、修改和审核操作。

11.6.3.3 计划展望期设置

依次打开【计划管理】—【主生产计划】—【系统设置】—【计划展望期维护】，在弹出的窗口里，点击【新增】，输入信息见表 11-19。

表 11-19 计划展望期维护

时区序列	时区个数	各时区天数
1	1	10
2	6	5

11.6.4 生产计划实务操作

11.6.4.1 MPS 计划方案维护

(1) 依次点击【计划管理】—【主生产计划】—【系统设置】—【MPS 计划方案维护】，单击打开“MPS 计划方案维护”。

(2) 选中 MPS 方案文件夹底下的“MTO(SYS)”，点击上方工具栏【修改】，勾选“投放参数”下的“运算完成直接投放计划订单”和“统一按方案制定采购负责人”，对其属性进行设置，见表 11-20。

表 11-20 MPS 计划方案维护

子属性	子属性值
采购申请单的最大分录数	1 000
单据生成有效时间范围：距系统当前日期之后	30
采购申请人默认值	采购部肖经理
采购部门默认值	采购部
自制件默认生产类型	普通订单
自制件默认生产部门	机加车间

11.6.4.2 MPS 计算

首先要修改物料的计划策略，将“MRP”改为“MPS”。进入 K/3 主控台，依次点击【系统设置】—【基础资料】—【公共资料】—【物料】，点击主菜单【查看】下面的【选项】，选中选项按钮“显示所有明细”，取消复选框“核算项目简化显示”，点击【确定】。选中物料“1.01 轴承”，双击，修改项目属性，将选项框“计划资料”的“计划策略”由“MRP”改为“MPS”。

依次点击【计划管理】—【主生产计划】—【MPS 计算】，点击【计算向导】，开始计算，计算步骤如下：

(1)“欢迎使用 MPS 运算向导”，点击【下一步】。

(2)“MPS 运算预检查”，点击【下一步】。

(3)“MPS 运算方案参数”，选择开始日期与运算方案，其中开始日期可任意选择，只要在工厂日历范围内即可，运算方案为 MTO(SYS)，点击【下一步】。

(4)“MPS 运算预计量展示”，点击【下一步】。

(5)“MPS 运算需求计算”，该步骤耗用时间较长，完成之后，点击【下一步】。

(6) MPS 运算结果查看。

(7) MPS 运算完成。

注意：BOM 物料的计划属性必须设置为 MPS！

11.6.4.3 销售订单设置

以销售员“孙业务员”的身份登录系统，此处操作见第 10 章销售订单新增与维护的操作(注意：只需要这两个步骤)，新增两张销售订单(见表 11-21)再审核。

购货单位：东方机械；部门：销售部；业务员：孙业务员；主管：销售部李经理。

表 11-21 订单信息

序号	产品代码	名称	数量	交货日期	可用库存
01	1.01	轴承	300	2011-01-14	300
02	1.01	轴承	1 000	2011-01-18	0

11.6.4.4 MRP 计划方案维护

以“苏计划员”身份登录系统。

(1) 依次点击【计划管理】—【物料需求计划】—【系统设置】—【MRP 计划方案维护】，单击打开“MRP 计划方案维护”。

(2) 选中 MRP 方案文件夹底下的“MTE(SYS)”，点击上方工具栏【修改】，对其属性“投放参数”进行设置，见表 11-22。

表 11-22 MRP 计划方案维护

子属性	子属性值
采购申请单的最大分录数	1 000
单据生成有效时间范围：距系统当前日期之后	30
采购申请人默认值	采购部肖经理
采购部门默认值	采购部
自制件默认生产类型	普通订单
自制件默认生产部门	机加车间

11.6.4.5 MRP 计算

依次点击【计划管理】—【物料需求计划】—【MRP 计算】，点击【计算向导】，开始计算，计算步骤如下：

(1)“欢迎使用 mrp 运算向导”，点击【下一步】。

(2)“mrp 运算预检查”,点击【下一步】。

(3)“mrp 运算方案参数”,选择开始日期与运算方案,其中运算方案为 MTE(SYS)。

(4)“mrp 运算需求获取”,必须选择相应的订单,见表 11-23。

表 11-23　MRP 计算

序号	产品代码	名称	订单数量	交货日期	可用库存
01	1.01	轴承	300	2011-01-14	300
02	1.01	轴承	1 000	2011-01-18	0

(5)“mrp 运算预计量展示”,点击【下一步】。

(6)“mrp 运算需求计算”,开始运行净需求计算,并等待计算结束,点击【下一步】。

(7)“mrp 运算结果查看”,可查看系统产生本次运算的报告和结果,点击【下一步】。

(8)“mrp 运算完成”,到此步骤为止,运算已经全部完成,点击【完成】。

11.7　实验报告要求

(1) 交上机报告,要求每位同学以“学号+姓名+班级”形式提交实验电子版,并上交实验报告书。

(2) 实验报告提交要点:

① 描述生产计划制订及展开的过程,并绘制计划管理的业务流程图。

② 简述生产计划制订与其他模块的关系。

思考题

1. 结合 ERP 实施过程,简述计划管理所处的实施阶段和功能,并绘制业务流程图。

2. 在 ERP 系统中,计划管理包括的计划层次有哪些? 有哪些层次需要由 ERP 系统计算实现?

3. 什么是 MPS? 结合本模块实验过程,简述其计算流程。

4. 什么是 MRP? 结合本模块实验过程,简述其计算流程。

第 12 章　采购管理模块

12.1　采购管理模块功能介绍

采购管理系统包括金蝶 K/3 中的供应商管理与采购管理两个子系统，通过采购申请、采购订货、进料检验、仓库收料、采购退货、购货发票处理、供应商管理、价格及供货信息管理、订单管理等功能综合运用的管理系统，对采购物流和资金流的全过程进行有效的双向控制和跟踪，实现完善的企业物费供应信息管理。该系统既可以执行采购操作，又可以与供应链其他子系统、应付款管理系统等结合使用，能提供更完整、全面的企业物流业务流程管理和财务信息管理。

12.1.1　供应商管理

供应商管理系统以建立和维护供应商伙伴关系为导向，涉及供应商整个生命周期的管理。该系统既可以独立执行供应商管理操作，也可与供应链其他子系统、应付款管理系统等结合运用，提供更完整、全面的企业物流业务流程管理和财务信息管理。

供应商管理包括供应商档案、供应商资质申请表、样品试制申请单、供应商评估方案、供应商评分表、询报价管理、品质异常报告、采购订单变更通知单、采购/委外对账单等功能，具体流程如图 12-1 所示。

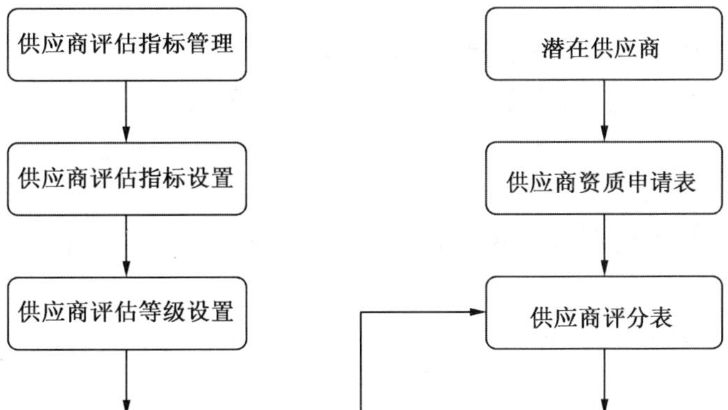

图 12-1　供应商管理流程

12.1.2　采购管理

采购管理系统通过采购申请、采购订货、进料检验、仓库收料、采购退货、购货发票处理等功能综合运用的管理系统，对采购物流和资金流的全过程进行有效的双向控制和跟踪，实现完善的企业物资供应信息管理，具体流程如图 12-2 所示。

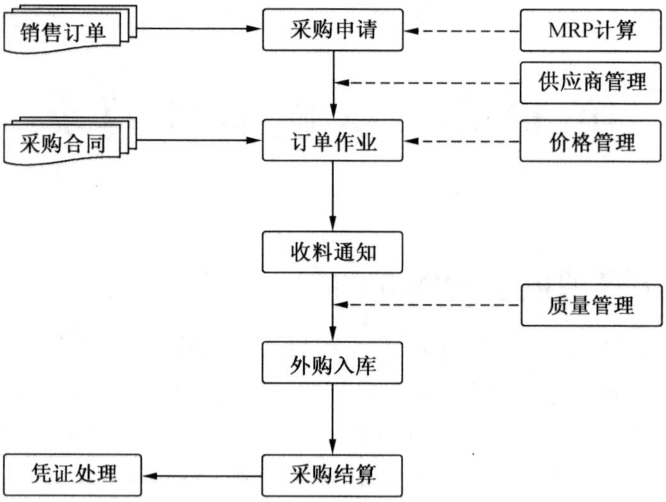

图 12-2 采购管理流程

12.2 实验目的

在认知 ERP 产品、熟悉相关界面和功能的基础上，参照采购管理操作手册和采购实验数据手册，进行相应的实验。

12.3 实验要求

本实验要求学生使用所学的采购管理知识，录入相应的模拟数据，更好地理解采购管理。

(1) 理解采购管理模块。

(2) 按照采购管理操作手册熟悉模块和功能。

(3) 按照采购管理实验数据手册进行操作和数据录入。

12.4 实验内容

(1) 采购基础数据的录入(采购价格等)。

(2) 询价、比价。

(3) 采购订单的编制、下达。

(4) 跟催。

(5) 收货。

(6) 入库。

12.5 实验资料

采购业务目标：识别合格供应商，获得满足质量和数量要求的商品和服务，确保供应商提供尽可能好的服务并快速交货，以及建立和维护稳定的供应商关系。

12.5.1 采购实务总体流程

(1) 该企业的采购实务流程见图 12-3。

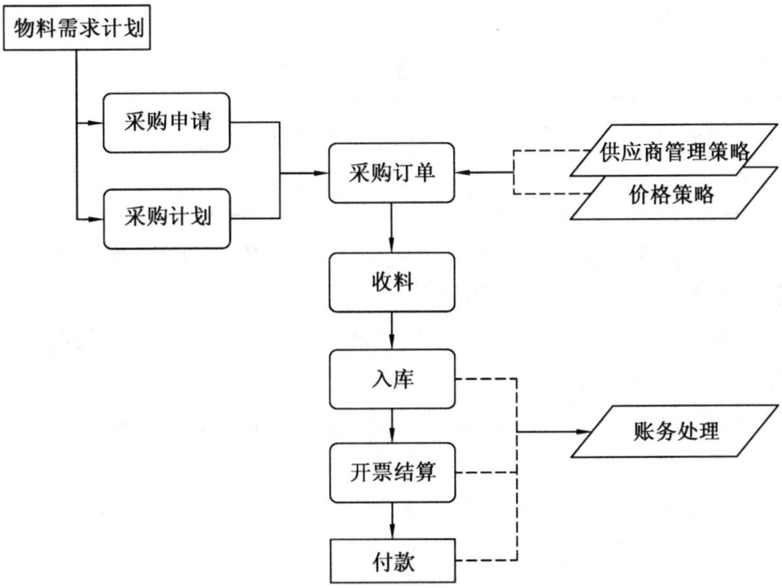

图 12-3　企业的采购实务流程

（2）采购业务流程具体为：

① 供应来源的选择；

② 采购策略（一般性采购/战略采购）；

③ 价格管理/采购成本；

④ 采购过程控制；

⑤ 采购结算。

表 12-1 列出了采购部和仓管部相关人员的角色分配及职责。

表 12-1　采购业务角色设置

业务部门	角色	职责
采购部	林业务员 采购经理	寻找供应商、采购业务执行 采购政策制定、订单审核、采购价格控制
仓管部	李仓管员	采购入库

12.5.2　采购业务实务

（1）1 月 5 日，林业务员收到来自计划部门的物料采购计划。

（2）寻求供应商，要求供应商报价，询、比价，挑选合适的供应商。

（3）1 月 6 日，林业务员根据报价初步确认供应商，确定交货日期，下采购订单，具体信息见表 12-2。

表 12-2　采购单价信息

供应商代码	供应商	物料代码	名称	单位	单价/元	生效日期
02	明瑞五金	3.03	保持架	PCS	50	2011-01-05
02	明瑞五金	3.04	滚珠	PCS	10	2011-01-05
02	明瑞五金	3.02	轴承钢 D=40	KG	20	2011-01-05

（4）根据在途采购订单，填写在途订单信息，下发计划部、仓库部门，见表12-3。

表12-3 在途订单信息

编号	供应商	物料代码	名称	单位	数量/PCS	单价/元	到货日期
POREQ 000001	雅俊实业	3.01	轴承钢 D=45	KG	20	20	2011-01-10

（5）订单签署：采购员将订单提交采购主管审核，核对订单、成本等信息，审核通过后，采购员与供应商双方正式签订采购订单。

（6）订单下发：采购员将签订的一式四联订单，下发计划部、仓管部门，本部门留底。仓管部门根据采购订单制订收货计划。

（7）采购跟催：在1月9日上午，采购员通过仓管部门了解采购订单执行情况，进行采购跟催。

（8）收料：供应商根据订单发货，采购员通知仓管部门安排收料。

（9）入库：仓库人员收到供应商送来的货物，验收后入库。

12.6 实验步骤

12.6.1 采购管理基础数据录入

打开“金蝶K/3 WISE创新管理平台”，选择自己的账套，以命名用户身份登录，用户名为administrator，密码为空。

菜单位置：系统设置—基础资料—采购管理—采购价格管理

双击【采购价格管理明细功能】，在显示的系统基本资料（采购价格管理）窗口中点击左上方的【供应商按钮】，找到左栏的供应商，展开列表，显示有4个供应商，选中供应商名称，点击上方工具栏的【新增】，弹出供应商供货信息窗口，输入表12-4中的报价信息，当提示当前报价大于最高限价时仍然选择保存。

表12-4 报价信息

供应商代码	供应商	物料代码	名称	单位	报价	生效日期
01	雅俊实业	3.01	轴承钢 D=45	KG	20	2011-01-05
02	明瑞五金	3.02	轴承钢 D=40	KG	20	2011-01-05
02	明瑞五金	3.03	保持架	PCS	50	2011-01-05
02	明瑞五金	3.04	滚珠	PCS	10	2011-01-05

12.6.2 采购实务操作

12.6.2.1 采购申请单

点击主控台上方的【更换操作员】，选择自己学号对应的账套，以命名用户身份登录，用户名为林业务员，密码为空。

菜单位置：供应链—采购管理—采购申请

（1）采购申请单新增

双击【采购申请单新增明细功能】，在打开的新增采购申请单界面输入表12-5所列的采购计划信息。

使用部门：计划部。供应商：雅俊实业，下单日期 2010-12-31。申请人：苏计划员。

表 12-5　采购计划信息

供应商	物料代码	名称	单位	数量/PCS	建议采购日期	到货日期
雅俊实业	3.01	轴承钢 D=45	KG	20	2011-01-09	2011-01-10

输入完成后，点击上方工具栏的【保存】即可，保存成功后点击【退出】或直接关闭该单据新增窗口。

(2) 采购申请单维护

双击打开采购申请单维护界面，过滤条件中时间选“全部”，确定后会显示所有的采购申请单。

在采购申请单维护界面上方有【新增】【查看】【修改】【删除】等工具按钮，可以新增采购申请单，或者对已有的采购申请单进行查看、修改、删除等操作。

(3) 采购申请单的审核

双击明细功能里的【采购申请单维护】，过滤条件中时间选“全部”，显示所有的采购申请单。选中所有需要审核的采购申请单，单击上方工具栏的【审核】，当弹出单据审核成功的窗口后，该条采购申请单审核完毕。

12.6.2.2　采购订单

(1) 生成采购订单

菜单位置：供应链—采购管理—采购申请

依次选中已审核通过的采购申请单，单击上方工具栏的【下推】，出现如图 12-4 所示的界面，点击【生成】，生成如图 12-5 所示的采购订单，可以查看到生成的采购订单。

将日期和结算日期全部修改为 2011 年 1 月 5 日，主管为采购部肖经理，部门为采购部，业务员为林业务员。单击左上方的【保存】按钮，保存成功后关闭即可，如图 12-6 所示。此时，在采购订单维护界面会出现相应的单据。

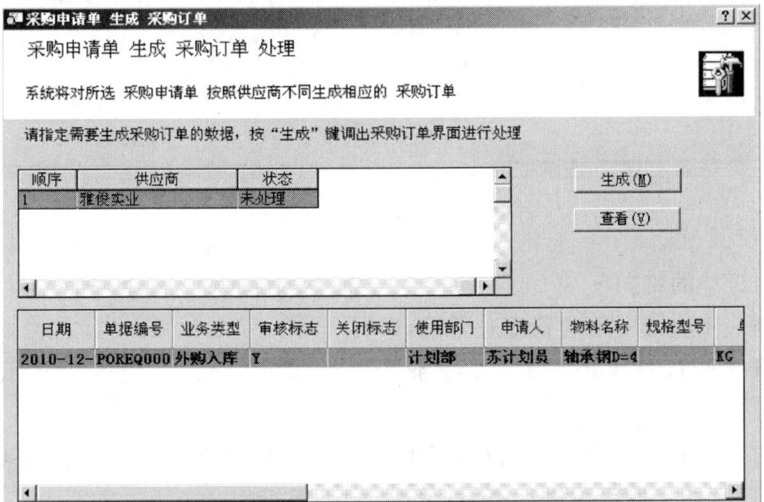

图 12-4　采购申请单

图 12-5　采购订单新增

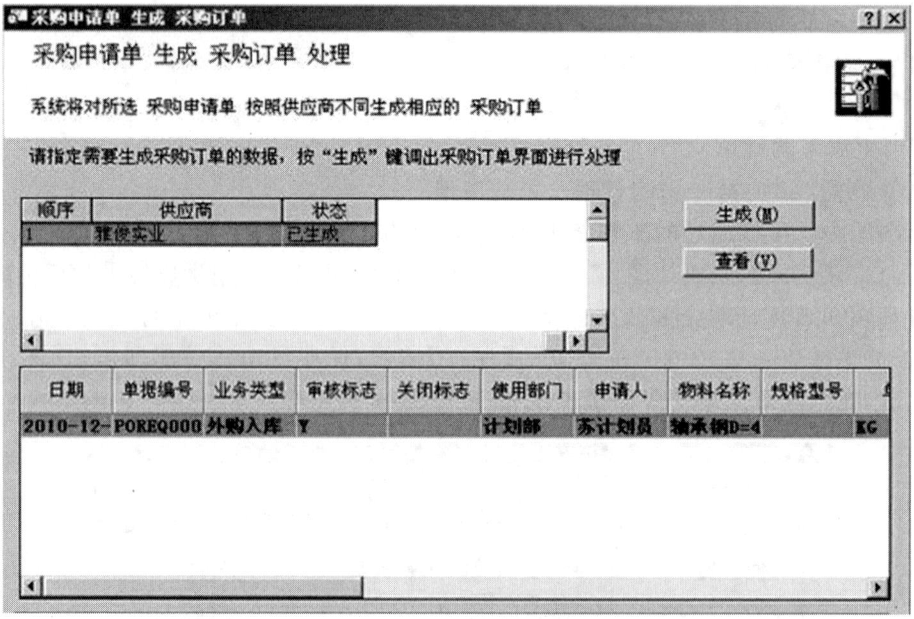

图 12-6　采购订单生成图

(2) 采购订单的维护

菜单位置：供应链—采购管理—采购订单

双击打开采购订单维护界面，过滤条件中时间选“全部”，确定后显示所有的采购订单。

在采购订单维护界面上方有【新增】【查看】【修改】【删除】等工具按钮，可以新增采购订单，或者对已有的采购订单进行查看、修改、删除等操作。

(3) 采购订单的审核

双击明细功能里的【采购订单维护】，过滤条件中时间选“全部”，确定后显示所有的采购订单。选中所有需要审核的采购订单，单击上方工具栏的【审核】，当弹出单据审核成功的窗口后，该条采购订单即审核完毕。

12.6.2.3　订单跟踪

菜单位置：供应链—采购管理—采购订单

双击【采购订单执行情况汇总表】和【采购订单执行情况明细表】可以查看采购订单的执行情况，在此要注意的是，在选择过滤条件的时候尽量将时间范围放大，比如起始日期选择 2010 年的某日，截止日期选择 2012 年的某日，点击【确定】，便可显示整个会计期间内的订单执行情况。

双击【供应链】—【采购管理】—【采购订单】—【采购订单全程跟踪报表】，过滤条件直接点击【确定】即可跟踪整个会计期间内的订单执行信息。

12.6.2.4　收料入库

菜单位置：供应链—采购管理—采购订单

(1) 生成收料通知单

依次选中已审核通过的采购订单，单击上方工具栏的【下推】生成收料通知/请检单，如图 12-7 所示，点击【生成】，生成单据如图 12-8 所示，将单据日期改为 2011-01-10，保存，点击【保存】后退出。此时在收料通知/请检单维护界面即可查看该单据。

(2) 收料通知/请检单维护与审核

菜单位置：供应链—采购管理—收料通知

双击【收料通知/请检单】—【维护】，过滤时间选择"全部"，点击【确定】，查看到上一步下推生成的单据，界面上方有【查看】【修改】【删除】【审核】等工具按钮，可以对已有的收料通知/请检单进行查看、修改、删除、审核等操作。其中审核操作必须要有，选中单据，点击【审核】，提示审核成功即可。

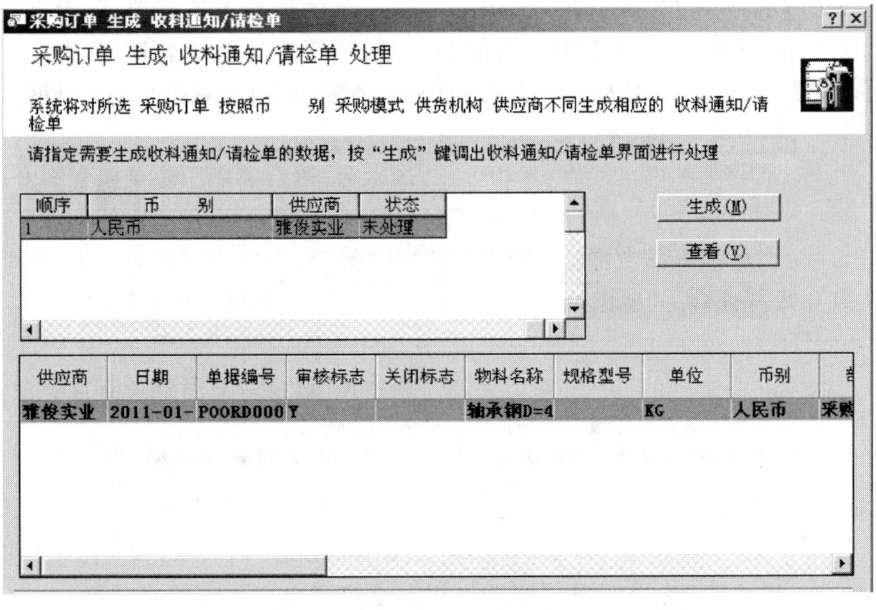

图 12-7　收料通知/请检单生成

图 12-8　收料通知/请检单新增

（3）生成外购入库单

点击主控台上方的【更换操作员】，选择与自己学号对应的账套，以命名用户身份登录，用户名为 administrator，密码为空。

菜单位置：系统设置—用户管理—用户管理—用户管理

双击【用户管理】进入用户管理界面后，选中“林业务员”，单击上方工具栏中的【功能权限管理】，勾选仓存管理系统的查询权与管理权，点击【授权】即可。

然后再点击主控台上方的【更换操作员】，选择与自己学号对应的账套，以命名用户身份登录，用户名为林业务员，密码为空。

菜单位置：供应链—采购管理—收料通知

依次选中已审核通过的收料通知/请检单，单击上方工具栏的【下推】生成外购入库单，如图 12-9 所示，点击【生成】，生成如图 12-10 所示的外购入库订单，将单据日期改为 2011-01-10，验收、保管、负责人均为李仓管员，收料仓库为原材料仓库，保存。保存后退出，点击【确定】。此时在外购入库单维护界面即可查看该单据，如图 12-11 所示。

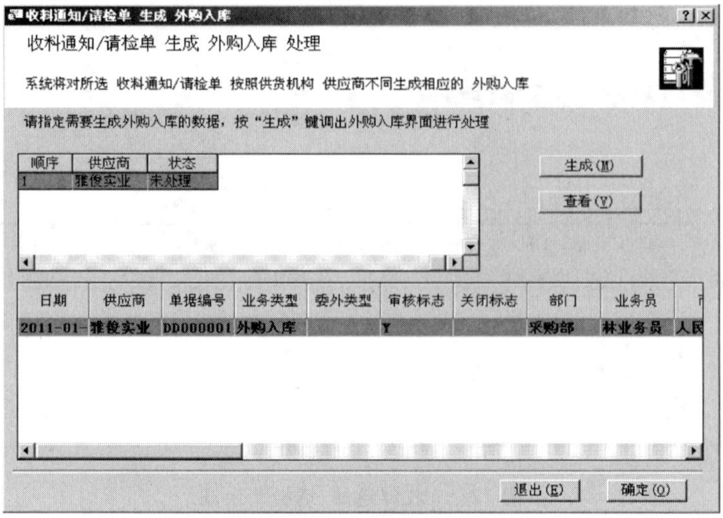

图 12-9　外购入库生成

图 12-10　外购入库单新增

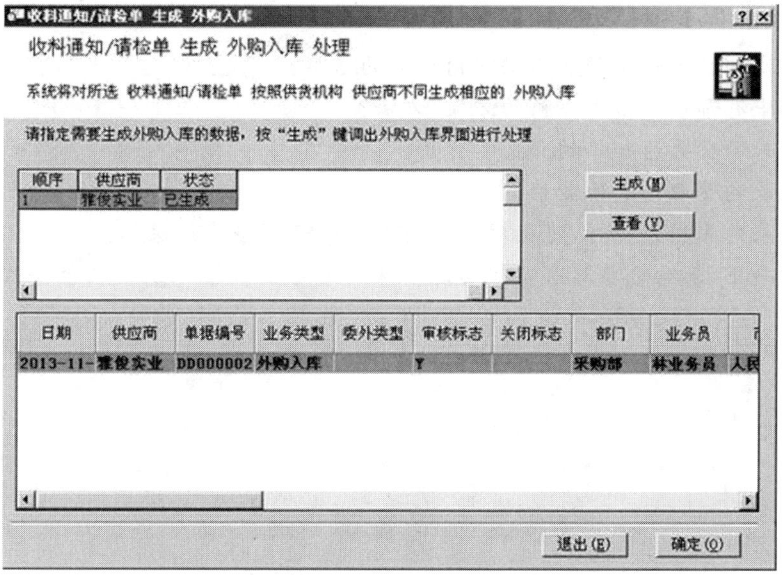

图 12-11　外购入库生成图

(4) 外购入库单维护

点击主控台上方的【更换操作员】，选择与自己学号对应的账套，以命名用户身份登录，用户名为李仓管员，密码为空。

菜单位置：供应链—采购管理—外购入库

双击打开外购入库单维护界面，过滤条件中时间选“全部”，确定后显示所有的外购入库单。

在外购入库单维护界面上方有【新增】【查看】【修改】【删除】等工具按钮，可以新增外购入库单，或者对已有的外购入库单进行查看、修改、删除等操作。

(5) 外购入库单的审核

双击明细功能里的【外购入库单维护】,过滤条件中时间选“全部”,确定后显示所有的外购入库单。选中所有需要审核的外购入库单,单击上方工具栏的【审核】按钮,当弹出单据审核成功的窗口后,该条外购入库单审核完毕。

12.7 实验报告要求

(1) 交上机报告,要求每位同学以“学号+姓名+班级”形式提交实验电子版,并上交实验报告书。

(2) 实验报告提交要点:

① 绘制供应商管理流程图,并陈述其功能。

② 绘制采购管理流程图,并简述采购管理与应付账款之间的关系。

③ 供应商评估的方案有哪些?

④ 陈述采购订单的作用。

思考题

1. 供应商档案记录了哪些与供应商相关的信息?
2. 系统中有哪些评估供应商的方案、方法?
3. 简述采购变更通知单的含义和作用。
4. 描述采购管理的总体流程。
5. 执行采购管理模块时,可以对收料通知单进行哪些维护操作?
6. 思考一下,采购订单具有哪些功能?试陈述其在K/3系统中的重要性。

第13章　生产管理模块

13.1　生产管理模块功能介绍

生产管理是对企业生产系统的设置和运行的各项管理工作的总称，又称生产控制。其内容包括：① 生产组织工作，即选择厂址、布置工厂、组织生产线、实行劳动定额和劳动组织、设置生产管理系统等。② 生产计划工作，即编制生产计划、生产技术准备计划和生产作业计划等。③ 生产控制工作，即控制生产进度、生产库存、生产质量和生产成本等。生产管理包括以下子系统：生产数据管理、主生产计划、物料需求计划、生产任务管理、车间作业管理等。

13.1.1　生产任务管理

金蝶 K/3 生产任务管理系统面向生产制造企业的生产管理人员，提供生产任务管理、生产任务变更、生产任务改制、生产投料、生产领料、生产物料报废、生产任务汇报等生产业务流程管理，并提供模拟发料配套查询、生产任务全程跟踪、生产任务可视化排程等功能，具体流程如图 13-1 所示。

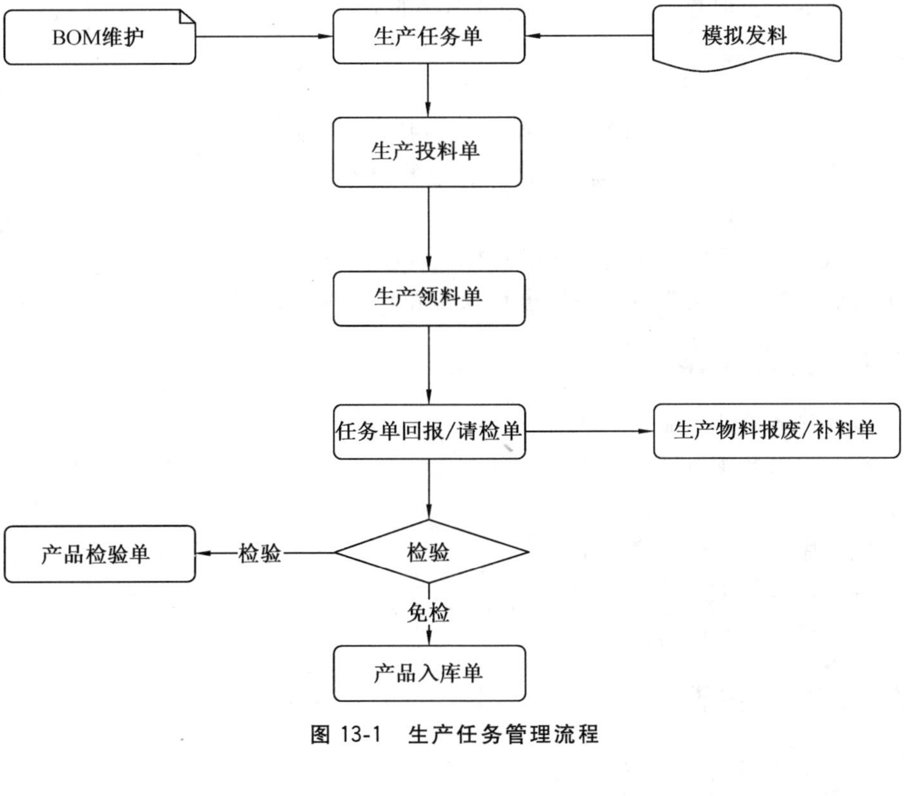

图 13-1　生产任务管理流程

金蝶K/3生产任务管理系统是进行企业生产过程管理的综合信息系统，帮助企业生产计划部门、生产作业部门、物流部门对生产过程的物流、信息流进行有效的管理和控制。该系统是金蝶K/3 ERP制造整体解决方案中的重要内容，通常与销售管理、采购管理、仓存管理、生产数据管理等子系统结合运用，提供一体化的生产管理解决方案。

13.1.2 车间作业管理

金蝶K/3车间作业管理系统主要面向离散型制造企业的车间管理人员，提供工序计划管理、任务优先级管理、工序排程、工序变更管理、工序派工管理、工序汇报管理、工序移转管理、车间在制品管理、计时计件工资管理等功能。

通过对生产过程的精细化管理，系统将生产进度、资源消耗、生产质量透明化，强化企业生产过程控制和异常情况追溯能力，从而有效地保障生产订单交期，降低不良品率，减少车间在制品积压。车间作业管理系统通常结合生产任务管理系统，为车间现场生产管理提供全面的支持。

13.2 实验目的

生产管理是ERP中非常重要的组成部分，是制造型企业管理工作的核心。本实验要求学生使用所学的生产管理知识，录入相应的模拟数据，更好地理解生产管理。

(1) 理解生产任务与车间作业的管理业务。

(2) 掌握生产任务与车间作业的基本业务流程。

(3) 了解生产管理与计划管理、库存管理等的业务关系。

13.3 实验要求

在认知ERP产品，熟悉相关界面和功能的基础上，参照生产管理操作手册和生产管理实验数据手册，进行相应的实验，并撰写相应的报告。

(1) 了解生产管理模块。

(2) 按照生产管理操作手册操作熟悉模块和功能。

(3) 按照生产管理实验数据手册进行操作和数据录入。

13.4 实验内容

(1) 生产任务单的生成。

(2) 生产投料及领料。

(3) 生产工序计划的编制。

(4) 按工序计划进行工序派工。

(5) 工序汇报及工序转移。

(6) 任务单汇报及产品入库。

13.5 实验资料

13.5.1 关键业务流程图

关键业务的流程见图13-2。

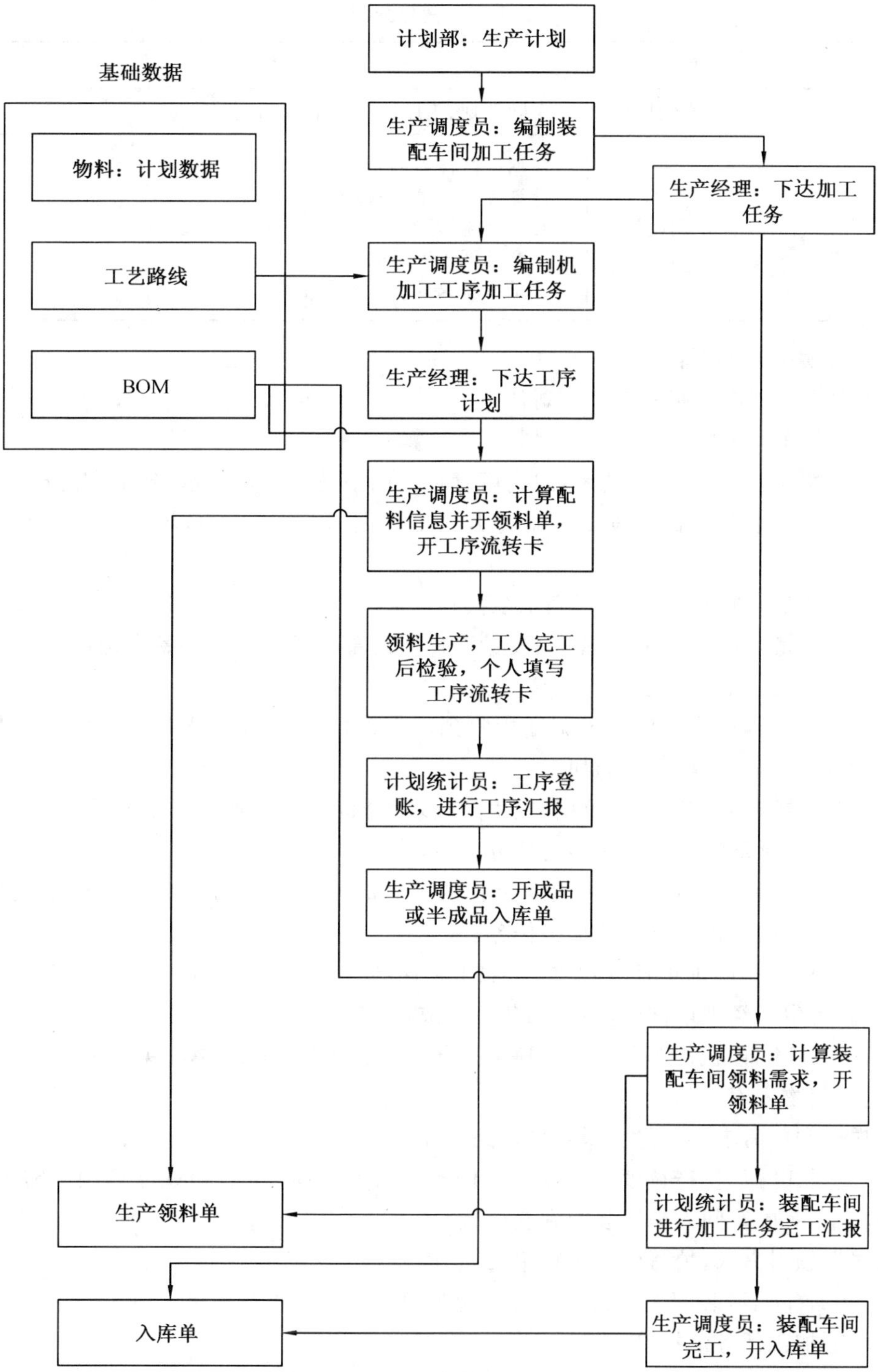

图 13-2　关键业务流程

13.5.2　角色分配及流程说明

生产部主要有生产经理和生产调度员两种角色，具体职责见表 13-1。

表 13-1 角色分配

业务部门	角色	职责
生产部	生产经理	车间计划、工序计划的审核、下达
	生产调度员	根据生产计划编制车间生产计划与工序计划 计算领料需求，开领料单 开工序流转卡 生产进度和数量的跟踪 开半成品及成品的入库单据

流程说明描述如下：

(1) 取得计划部编制的生产计划任务；

(2) 编制车间工序计划，下达计划；

(3) 计算配料信息，开领料单，向仓库管理部门下达生产领料单，开工序流转卡；

(4) 工人工序完工后填写工序流转卡完工数据，检验员质检，填写工序流转卡检验数据；

(5) 统计车间加工信息，进行完工汇报；

(6) 产品完工后，开产品入库单，交给仓库管理部门接收产品并签字确认。

13.5.3 生产业务场景

(1) 1 月 5 日，生产调度员吴调度接收到计划部门下发的编号为 SO002 的销售订单的生产计划后，编排装配车间的加工任务。

请填写装配车间加工任务单据，经生产经理审核后，下发到各班组成员；装配车间共有两个班组，每个班组各负责一半的任务。

(2) 1 月 5 日，生产调度员吴调度接收到计划部门下发的编号为 SO002 的销售订单的生产计划后，编排机加车间的加工任务。

请填写机加车间加工任务单据，参照工艺路线计算每道工序的计划开工日期和计划完工日期，经生产经理审核后，下发到各班组成员。

(3) 1 月 14 日，机加车间末道工序完成统计后，由生产调度员开编号为 35 的产品入库单，进行实物入库。

请根据领料需求，填写生产领料单，到仓库领料。

(4) 1 月 14 日，生产调度员根据轴承任务计划数量和产品 BOM 计算领料需求清单，生成领料单，装配车间人员钱装配到仓库领料。

请根据领料需求，填写生产领料单，到仓库领料。

(5) 1 月 17 日，装配人员钱装配对装配车间加工任务进行汇报。

请填写加工任务汇报单。

(6) 1 月 17 日，装配车间生产完成，装配人员钱装配开成品入库单，进行实物入库。

请填写产品入库单。

(7) 生产报表案例：

① 1 月 18 日，提交车间生产计划统计表。

要求：分析任务单完成情况，报送生产主管及计划部门。

② 1 月 18 日，提交生产物料差异统计。

要求：分车间统计物料发放情况差异，报送生产主管领导。

13.6　用户权限设置及系统参数设置

(1) 单击进入“金蝶 K/3 WISE 创新管理平台”，选择相应的组织机构与当前账套，以命名用户的身份进入，用户名为 administrator，密码为空。

(2) 单击打开【系统设置】—【用户管理】—【用户管理】，找到用户“郭操作员”，选中，点击上方工具栏里面的【功能权限管理】，赋予其权限(见表 13-2)，授权完成后，点击【退出】即可。

表 13-2　用户功能权限管理

用户组名称	一级功能权限
生产部	基础资料
	数据引入引出
	系统参数配置
	生产管理系统
	销售管理系统
	仓存管理系统
	采购管理系统

仍旧以命名用户 administrator 的身份进行操作：

依次点击【系统设置】—【系统设置】—【生产管理】—【系统设置】，在窗口左侧找到“车间作业管理选项”，打开，在该选项中找到名称为“允许工序派工单数量大于工序接收数量”的参数，在该参数值栏处打“√”。

13.7　实验步骤

13.7.1　下达生产任务

以“郭操作员”的身份登录系统。

(1) 菜单位置：计划管理—主生产计划—MPS 维护

具体步骤：

单击打开“MPS 计划订单维护”，选中当前单据信息，点击上方工具栏里面的【审核】，审核成功之后，点击【投放】，投放成功后在弹出的界面里点击【是】，可查看具体的投放信息。

(2) 菜单位置：计划管理—物料需求计划—MRP 维护

具体步骤：

单击打开“MRP 计划订单维护”，选中每一条单据信息，点击上方工具栏里面的【审核】，审核成功之后，点击【投放】，投放成功后在弹出的界面里点击【是】，可查看具体的投放信息。

在第 8 章本实验账套基础上，显示信息如图 13-3 所示。

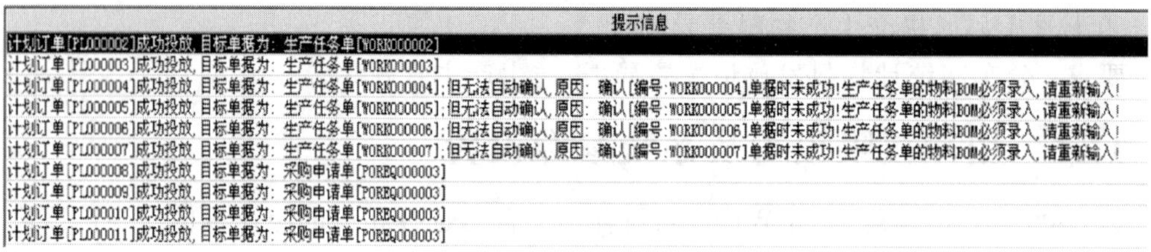

图 13-3 提示信息

此步骤可以生成相应的生产任务单。

13.7.2 生产任务设置

菜单位置：生产管理—生产任务管理—生产任务

13.7.2.1 新增生产车间

单击打开【生产任务单】—【新增】,查看所列出的销售订单,选中“生产车间”,双击打开(或鼠标点中该区域,点击【F7】),在打开的“部门”界面里,点击菜单栏上方的【新增】(即在已有的部门中新增“装配车间”),该部门信息见表 13-3。

表 13-3 生产车间新增信息

代码	名称	部门属性	成本核算类型	部门主管
10	装配车间	车间	基本生产部门	生产部高经理

13.7.2.2 新增生产任务单

每次新增完成一条订单之后,依次点击上方菜单栏里面的以下选项：

(1)【保存】—【确认】(弹出“单据确认成功”窗口,点击【确定】即可)。

(2)点击主菜单【查看】—【下达】(弹出“单据下达成功”窗口,点击【确定】即可)。

(3)任务单数据信息见表 13-4。

表 13-4 生产任务单新增信息

生产任务单序号(以具体单据内容为准)	销售订单号	生产车间	物料代码	物料名称	生产类型	BOM 编号	工艺路线	计划开工日期	计划完工日期
WORK000008	SEORD000011	机加车间	1.01	轴承	工序跟踪普通订单	BOM000001	外圈加工工艺	2011-01-05	2011-01-11
WORK000009	SEORD000012	装配车间	1.01	轴承	工序跟踪普通订单	BOM000001	外圈加工工艺	2011-01-05	2011-01-11

注意：在进行数据录入时,生产类型栏为“工序跟踪普通订单”,并不是系统默认的普通订单!

13.7.2.3 生产投料设置

只有处于“确认”状态还未“下达”的生产任务单才能生成生产投料单,其他状态一概不能生成生产投料单，生产任务单“下达”后系统自动生成生产投料单。

依次点击【生产管理】—【生产任务管理】—【生产任务】—【生产任务单维护】，双击打开“生产任务单维护”，对每一条生产任务单进行“下达”（依次选中“确认”状态的每一条单据，点击上方工具栏里面的【下达】即可）。

进入【生产管理】—【生产任务管理】—【生产投料】—【生产投料单维护】，双击进入条件过滤界面，点击【确定】，查看全部的生产领料单，则生产领料单全部都通过审核。

13.7.2.4　生产领料设置

菜单位置：供应链—仓存管理—领料发货

前提条件：生产投料单已经建立并审核完成。

具体操作：

（1）单击打开【生产领料】—【新增】，在相应的单元格里面填写信息，无法手工填写的按【F7】键或是点击【查看】按钮进行选择。录入的信息见表 13-5。

注意：第一条单据对应的是手工录入的生产任务单序号 WORK000008 生成的生产投料单，第二条对应的为 WORK000009 生成的生产投料单，以具体的单据信息为准。

表 13-5　生产领料新增信息

领料类型	领料部门	源单类型	选单号	实发数量	领料人	发料人
一般领料	机加车间	生产任务单	WORK000008	外圈 2 000 内圈 2 000 保持架 2 000 滚珠 16 000	郭操作员	李仓管员
一般领料	装配车间	生产任务单	WORK000009	外圈 5 000 内圈 5 000 保持架 5 000 滚珠 40 000	郭操作员	李仓管员

注明：“选单号”只要与“领料部门”匹配即可，每次实验可能会有不同的“选单号”。

（2）单击打开“生产领料维护”，选中每一条单据，单击上方工具栏里面的【审核】即可。

13.7.2.5　任务单汇报/请检单设置

本次操作的生产任务单是针对所有生成的生产任务单的。

前提：只有是“下达”非挂起状态，“非工序跟踪”的生产任务单才可以生成任务单汇报。

（1）单击打开【生产管理】—【生产任务管理】—【生产任务】—【生产任务单维护】，选中所要下推的一条生产任务单，找到上方工具栏里面的“下推—生成任务单汇报/请检单”，将所有的生产任务单全部依照下述步骤下推。

① 在如图 13-4 所示的界面里，点击【生成】。

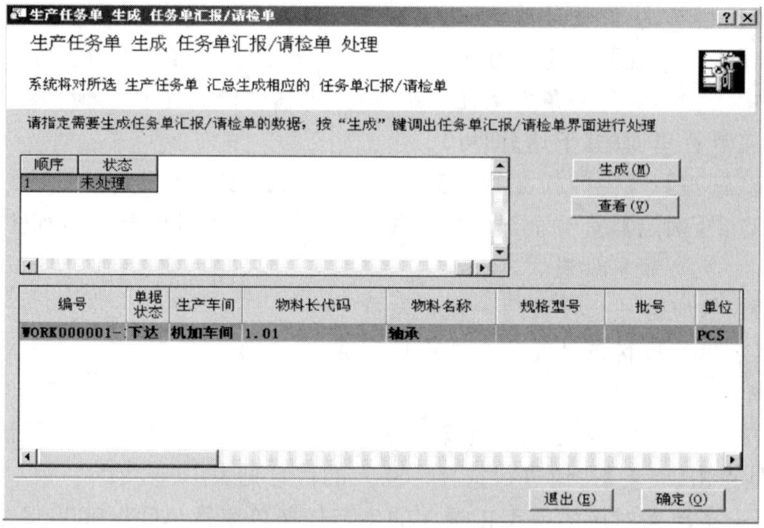

图 13-4 任务单汇报/请检单 1

② 对弹出的任务单汇报/请检单，点击【保存】后【退出】，再下推其他满足条件的生产任务单。界面如图 13-5 所示，点击【退出】即可。

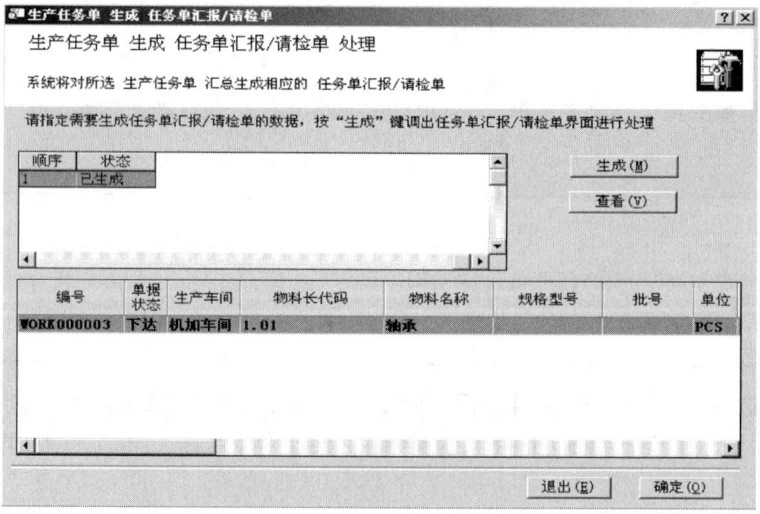

图 13-5 任务单汇报/请检单 2

(2)“任务单汇报/请检单”的审核。

单击打开【生产管理】—【生产任务管理】—【任务单汇报/请检单维护】，选中每一条单据之后，点击上方工具栏里面的【审核】，即可完成对“任务单汇报/请检单”的审核。

13.7.3 车间作业设置

前提：必须完成本实验的“实验准备”当中的“系统设置”。

菜单位置：生产管理—车间作业管理—工序计划

注意：工序计划单是由生产任务单直接生成的，生成工序计划单的前提是生产任务单的生产类型为工序跟踪普通订单。

13.7.3.1　派工单设置

（1）单击打开【生产管理】—【车间作业管理】—【工序计划】—【派工单】—【新增】，在相应的单元格里面填写信息（见表 13-6），无法手工填写的按【F7】或点击【查看】按钮进行选择。

表 13-6　派工单信息

派工单号	工序计划单号	产品代码	产品名称	班次	计划生产数量	计划开工日期	计划完工日期
PG000001	WB000001	1.01	轴承	一班早晨	150	2011-01-05 8：00	2011-01-08 12：00
PG000002	WB000001	1.01	轴承	一班下午	150	2011-01-08 12：00	2011-01-11 17：00
PG000003	WB000004	1.01	轴承	一班早晨	500	2011-01-05 8：00	2011-01-08 12：00
PG000004	WB000004	1.01	轴承	一班下午	500	2011-01-08 12：00	2011-01-11 17：00

（2）单击打开【派工单维护】，选中每一条单据，单击上方工具栏里面的【审核】即可。

13.7.3.2　工序汇报单设置

（1）单击打开【生产管理】—【车间作业管理】—【工序计划】—【工序汇报】—【新增】，在相应的单元格里面填写信息（见表 13-7），无法手工填写的按【F7】或点击【查看】按钮进行选择。

表 13-7　工序汇报单新增信息

派工单号	日期	实作数量	合格数量	返修数量
PG000001	2011-01-11	150	150	0
PG000002	2011-01-11	150	150	0
PG000003	2011-01-11	500	500	0
PG000004	2011-01-11	500	500	0

（2）录入完每一条单据信息之后，点击【保存】（会弹出一个“GXHB000001 的累计实作数量 150 大于 WB000001 的累计接受数量 0”的窗口，直接退出窗口即可）。

（3）单击打开【工序汇报单】—【维护】，选中每一条单据，单击上方工具栏里面的【审核】即可。

13.7.3.3　工序移转单设置

（1）单击打开【生产管理】—【车间作业管理】—【工序计划】—【工序移转单】—【新增】，在相应的单元格里面填写信息（见表 13-8），无法手工填写的按【F7】或点击【查看】按钮进行选择。

表 13-8 工序转移单新增信息

移转类型	移转日期	转出工序计划单号	接收工序计划单号	移转数量	转出人	接收人
移转	2011-01-11	WB000001	WB000002	300	郭操作员	郭操作员
移转	2011-01-11	WB000004	WB000005	500	郭操作员	郭操作员

(2) 单击打开【工序移转单维护】，选中每一条单据，单击上方工具栏里面的【审核】即可。

13.7.4 产品入库单设置

(1) 依次单击打开【生产管理】—【生产任务管理】—【生产任务单】—【生产任务单维护】，依次选中手工录入的两条单据信息，单击上方菜单栏【下推】—【生成产品入库】，在弹出的窗口里点击【生成】，弹出相应的产品入库单，对应的每条单据输入信息见表 13-9。

表 13-9 产品入库单维护信息

交货单位	源单类型	生产任务单序号(以具体单据内容为准)	日期	金额/元	收货仓库	检验人	保管人
机加车间	生产任务单	WORK000008	2011-01-13	30 000	成品仓	仓管季经理	李仓管员
装配车间	生产任务单	WORK000009	2011-01-13	45 000	成品仓	仓管季经理	李仓管员

(2) 单击打开【供应链】—【仓存管理】—【验收入库】—【产品入库维护】，选中每一条单据，单击上方工具栏里面的【审核】即可。

13.8 实验报告要求

(1) 交上机报告，要求每位同学以“学号＋姓名＋班级”形式提交实验电子版，并上交实验报告书。

(2) 实验报告提交要点：

① 简述生产任务管理的功能及涉及的部门，绘制生产任务管理运行的流程图。

② 简述车间作业管理的功能，绘制车间作业管理运行的流程图。

思考题

1. 请阐述生产任务变更单与生产任务改制单的区别与联系。
2. 请列举出生产物料报废/补料所涉及的部门。
3. 请简述工序计划这一节涉及的各项单据(派工单、转移单等)与工序计划单的关系。
4. 请解释工序流转卡与工序流转汇报卡的区别与联系。
5. 请论述车间作业管理的含义及其所包含的管理要素。

第 14 章　仓存管理模块

14.1　仓存管理模块功能介绍

金蝶 K/3 仓存管理系统面向生产制造、商业流通企业的仓库管理人员，提供入库业务、出库业务、仓库调拨、库存调整、库存盘点等全面的仓库业务流程管理，以及批次管理、序列号管理、保质期管理、条形码管理、库龄分析、组装作业、虚仓管理、即时库存管理等综合业务管理功能，帮助企业实现对仓库管理全过程的信息流、物流、资金流的有效管理和控制。该系统可以与采购管理、销售管理、存货核算管理、应收款管理和应付款管理等系统结合运用，提供更完整、全面的企业供应链解决方案。

仓存数据主要包括验收入库、领料发货、虚仓管理、盘点作业、库存查询等，具体流程如图 14-1 所示。

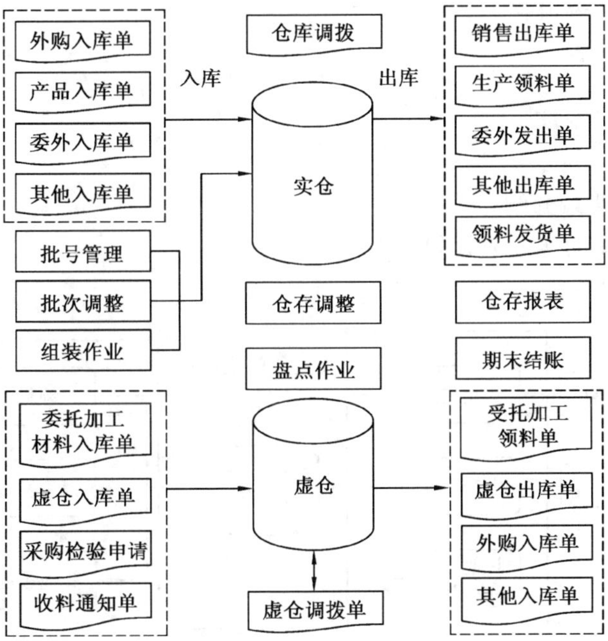

图 14-1　仓存管理流程

14.2　实验目的

在认知 ERP 产品、熟悉相关界面和功能基础上，参照库存管理操作手册和库存实验数据手册，进行相应的实验。

（1）理解库存业务在 ERP 中的业务位置。

（2）掌握库存管理中各类出入库业务流程。

（3）掌握库存盘点业务。

14.3　实验要求

本实验要求学生使用所学的库存管理知识，录入相应的模拟数据，更好地理解生产管理。

（1）理解库存管理模块。

（2）按照库存管理操作手册熟悉模块和功能。

（3）按照库存管理实验数据手册进行操作和数据录入。

14.4　实验内容

（1）期初库存的维护。

（2）外购入库业务流程。

（3）领料业务流程。

（4）产品入库业务流程。

（5）销售发货业务流程。

（6）盘点业务流程。

14.5　实验资料

14.5.1　业务背景介绍

（1）该企业仓库的实务流程如图 14-2 所示。

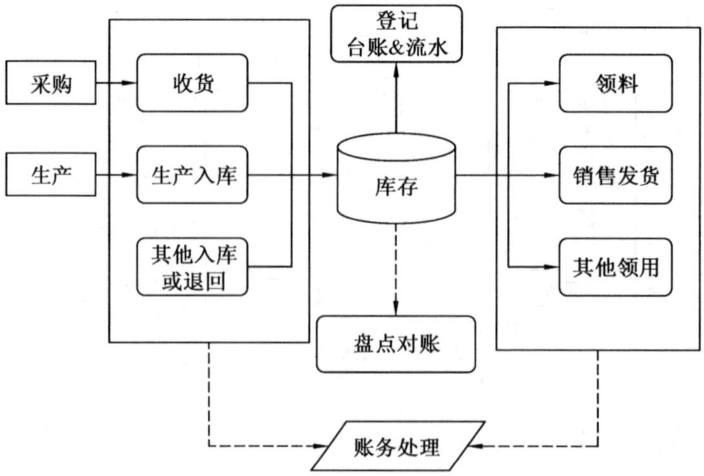

图 14-2　企业仓库实务流程

(2) 该部分业务涉及角色的信息见表 14-1。

表 14-1　业务部门角色

业务部门	角色	职责
仓管部	仓管员	物料或成品进出仓时，核实数量及单据相关信息，进行发货或入库处理 物料或成品进出仓时，进行台账登记
	仓库主管	出入库单的审批 确认出入库，严格按订单数量执行
物控部/计划部	计划员、生产调度员	物料需求计划、采购计划
财务部	会计—应付款 —应收款	客户应付款、应收款处理
采购部	采购员	采购入库、采购订单跟踪

(3) 物料无运输提前期，发货方式为客户到仓库自提。

14.5.2　仓库实务

14.5.2.1　外购入库业务流程

(1) 仓管部门根据采购订单、供应商的送货单和质检员的检验单，将物料运入原材料仓库，并填制外购入库单。

(2) 外购入库单需经手人采购员和仓库保管员签字。外购入库单一式三联，一联存根留仓库做仓库账，一联交采购员，一联交财会做账。

(3) 仓库管理员登记库存台账、流水账。

14.5.2.2　领料业务流程

(1) 仓管人根据生产部领料需求分拣物料，编制领料单，发料。

(2) 领料单一式三联，交财会、领料人和仓库留底，由领料人、仓管员及仓库主管签字确认。

(3) 仓库管理员登记库存台账、流水账。

14.5.2.3　产品入库业务流程

(1) 仓管人员根据生产部门完工的入库需求收料，编制产品入库单。

(2) 入库单一式三联，交财会、领料人和仓库留底，由领料人、仓管员及仓库主管签字确认。

(3) 仓库管理员登记库存台账、流水账。

14.6　用户权限设置

(1) 单击进入"金蝶 K/3 WISE 创新管理平台"，选择相应的组织机构与当前账套，以命名用户的身份进入，用户名 administrator，密码为空。

(2) 单击【系统设置】—【用户管理】—【用户管理】，找到用户"李仓管员"，选中，点击上方工具栏里面的【功能权限管理】，赋予其表 14-2 所列权限。

表 14-2　功能权限管理

用户组名称	一级功能权限
仓存部	基础资料
	数据引入引出
	系统参数配置
	仓存管理系统
	销售管理系统
	生产管理系统
	采购管理系统

14.7　实验步骤

以“李仓管员”的身份进入系统。

14.7.1　期初库存的维护

期初库存在第 10 章生产计划中已维护完成，无须操作（见生产计划管理实验的系统设置第一步）。

14.7.2　外购入库业务流程

菜单位置：供应链—仓存管理—验收入库

（1）手工增加外购入库单

单击打开【外购入库单】—【新增】，在相应的菜单栏里填写信息，填写完成之后点击【保存】即可（无法填写信息的按【F7】或者点击上方工具栏里面的【查看】，表格中未显示的属性值为默认即可，无须修改）。数据信息见表 14-3。

表 14-3　外购入库单新增信息（手工）

外购入库单号	采购方式	供应商	物料名称	实收数量	单价/元	收料仓库	保管	负责人	部门	验收	业务员
WIN000002	赊购	雅俊实业	轴承钢 D=45	300	20	原材料仓	李仓管员	仓管部季经理	仓存部	李仓管员	林业务员
WIN000003	赊购	天利公司	滚珠	500	3	原材料仓	李仓管员	仓管部季经理	仓存部	李仓管员	林业务员

（2）由采购订单生成外购入库单

单击打开【外购入库单】—【新增】，在相应的菜单栏里面填写信息，填写完成之后点击【保存】即可（无法填写信息的按【F7】或者点击上方工具栏里面的【查看】，表格中未显示的属性值为默认即可，无须修改）。数据信息见表 14-4。

表 14-4　外购入库单新增信息(采购订单)

外购入库单号	采购方式	源单类型	选单号	单价/元	收料仓库	保管	负责人	验收
WIN000004	赊购	采购订单	POORD000001	20	原材料仓	李仓管员	仓管部季经理	李仓管员

(3) 外购入库单审核

单击打开【外购入库单】—【维护】,依次选中每一条产生的单据,点击上方工具栏里面的【审核】,即可完成外购入库单据的审核。

14.7.3　领料业务流程

菜单位置:供应链—仓存管理—领料发货

(1) 手工增加领料单

单击【供应链】—【仓存管理】—【领料发货】—【生产领料】—【新增】,在相应的菜单栏里面填写信息,填写完成之后点击【保存】即可(无法填写的信息的按【F7】或者点击上方工具栏里面的【查看】,表格中未显示的属性值为默认即可,无须修改)。数据信息见表 14-5。

表 14-5　生产领料单新增(手工)

领料类型	领料部门	物料代码	单价/元	实发数量	发料仓库	领料人	发料人
一般领料	生产部	2.01	20	300	半成品仓	林业务员	李仓管员
一般领料	销售部	1.01	200	50	成品仓	孙业务员	李仓管员

(2) 由外购入库单生成领料单

单击打开【生产领料】—【新增】,在相应的菜单栏里面填写信息,填写完成之后点击【保存】即可(无法填写信息按【F7】或者点击上方工具栏里面的【查看】,表格中未显示的属性值为默认即可,无须修改)。数据信息见表 14-6。

表 14-6　生产领料新增表(外购入库单)

领料类型	领料部门	源单类型	选单号	单价/元	领料人
一般领料	生产部	外购入库	WIN000002	20	郭操作员
一般领料	生产部	外购入库	WIN000003	3	郭操作员
一般领料	生产部	外购入库	WIN000004	20	郭操作员

(3) 由生产任务单生成领料单

在生产管理模块中已经完成,无须操作(详见本书第 13 章)。

(4) 生产领料单审核

单击打开【生产领料单维护】,依次选中每一条产生的单据,点击上方工具栏里面的【审核】,即可完成领料单单据的审核。

14.7.4　产品入库业务流程

菜单位置:供应链—仓存管理—验收入库

(1) 手工增加产品入库单

单击打开【供应链】—【仓存管理】—【验收入库】—【产品入库】—【新增】,在相应的菜单栏里面填写信息，填写完成之后点击【保存】即可(无法填写信息的按【F7】或者点击上方工具栏里面的【查看】，表格中未显示的属性值为默认即可，无须修改)。数据信息见表14-7。

表14-7　产品入库新增(手工)

交货单位	物料代码	实收数量	单价/元	收货仓库	验收人	保管人
生产部	2.01	300	20	半成品仓	李仓管员	李仓管员
生产部	1.01	50	200	成品仓	李仓管员	李仓管员

(2) 销售订单生成产品入库单

单击打开【产品入库单】—【新增】，在相应的菜单栏里面填写信息，填写完成之后点击【保存】即可(无法填写信息的按【F7】或者点击上方工具栏里面的【查看】，表格中未显示的属性值为默认即可，无须修改)。数据信息见表14-8。

表14-8　产品入库单新增(销售订单)

交货单位	源单类型	选单号	单价/元	收货仓库	验收人	保管人
生产部	销售订单	SEORD000011	200	半成品仓	李仓管员	李仓管员
生产部	销售订单	SEORD000012	200	成品仓	李仓管员	李仓管员

(3) 由生产任务单生成产品入库单

在生产管理模块中已经完成，无须操作(详见本书第13章)。

(4) 产品入库单审核

单击打开【产品入库】—【维护】，依次选中每一条产生的单据，点击上方工具栏里面的【审核】，即可完成入库单单据的审核。

14.7.5　销售发货业务流程

菜单位置：供应链—仓存管理—领料发货

(1) 手工增加销售出库单

单击打开【销售出库单】—【新增】，在相应的菜单栏里面填写信息，填写完成之后点击【保存】即可(无法填写信息的按【F7】或者点击上方工具栏里面的【查看】，表格中未显示的属性值为默认即可，无须修改)。数据信息见表14-9。

表14-9　销售出库单新增(手工)

购货单位	产品代码	实发数量	单位成本/元	销售单价/元	发货仓库	发货人	部门	主管	业务员	保管人
东方机械	1.01	40	150	200	成品仓	李仓管员	销售部	销售部李经理	孙业务员	李仓管员
大宇机械	1.01	50	150	200	成品仓	李仓管员	销售部	销售部李经理	孙业务员	李仓管员

(2) 由销售订单生成销售出库单

单击打开【销售出库单】—【新增】,在相应的菜单栏里面填写信息,填写完成之后点击【保存】即可(无法填写信息的按【F7】或者点击上方工具栏里面的【查看】,表格中未显示的属性值为默认即可,无须修改)。数据信息见表 14-10。

表 14-10　销售出库单新增(销售订单)

源单类型	选单号	单位成本/元	销售单价/元	发货仓库	发货人	主管	保管人
销售订单	SEORD000011	150	200	成品仓	李仓管员	销售部李经理	李仓管员

(3) 由产品入库单生成销售出库单

单击打开【销售出库单】—【新增】,在相应的菜单栏里面填写信息,填写完成之后点击【保存】即可(无法填写信息的按【F7】或者点击上方工具栏里面的【查看】,表格中未显示的属性值为默认即可,无须修改)。数据信息见表 14-11。

表 14-11　销售出库单新增(产品入库单)

源单类型	选单号	购货单位	单位成本/元	销售单价/元	发货仓库	发货人	主管	保管人
产品入库单	CIN000002	大宇机械	150	200	成品仓	李仓管员	销售部李经理	李仓管员

(4) 由外购入库单生成销售出库单

单击打开【销售出库单】—【新增】,在相应的菜单栏里面填写信息,填写完成之后点击【保存】即可(无法填写信息的按【F7】或者点击上方工具栏里面的【查看】,表格中未显示的属性值为默认即可,无须修改)。数据信息见表 14-12。

表 14-12　销售出库单新增(外购入库单)

源单类型	选单号	购货单位	单位成本/元	销售单价/元	发货仓库	发货人	主管	保管人
外购入库单	WIN000001	大宇机械	150	200	成品仓	李仓管员	销售部李经理	李仓管员

(5) 销售出库单审核

单击打开【销售出库单】—【维护】,依次选中每一条产生的单据,点击上方工具栏里面的【审核】,即可完成销售出库单单据的审核。

14.7.6　盘点业务流程

菜单位置:供应链—仓存管理—盘点作业

(1) 盘点方案设置

① 单击打开【盘点方案】—【新建】,在弹出的界面里点击上方工具栏里面的【新建】,在弹出的"备份仓库数据"界面里,将三类仓库打"√",如图 14-3 所示。

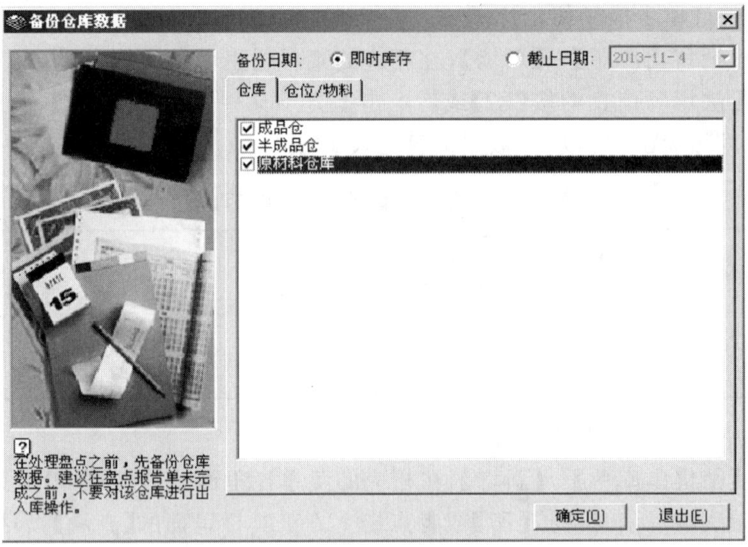

图 14-3　备份仓库数据

② 点击【确定】出现如图 14-4 所示界面，点击【确定】即可。

图 14-4　仓库备份完成

③ 生成的盘点方案如图 14-5 所示，点击【保存】并退出即可。

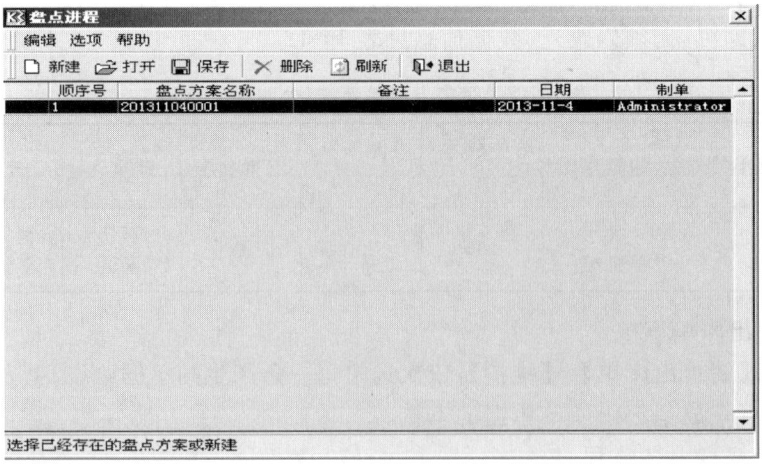

图 14-5　盘点进程

(2) 盘点数据录入

注意：调整数量录入后会影响盘点报告单中的账存数量(在录入盘点数量界面账存数量不会有变化)，从而会影响盘盈、盘亏数量。

盘点报告单界面的账存数量＝录入盘点界面账存数量＋调整数量

用户需注意，在录入数据时，此栏数据慎重录入。

单击打开【盘点数据录入】，再点击工具栏上方的【添加】，在弹出的界面里录入以下信息，填写完成之后点击【保存】即可(无法填写信息的按【F7】或者点击上方工具栏里面的【查看】，表格中未显示的属性值为默认即可，无须修改)。数据信息见表 14-13。

表 14-13　盘点数据信息

物料代码	物料名称	仓库代码	仓库名称	盘点数量
1.01	轴承	1	成品仓	500
2.01	外圈	2	半成品仓	2 000

(3) 编制盘点报告

注意:

第一点：生成成功后，会给予用户生成成功的提示，并列出单据号。生成的盘盈单和盘亏单把供应商、仓库、仓位、物料代码、名称，批号、生产采购日期、保质期，账存、实存数量，盘盈、盘亏数量，备注、出单人已记到单据上，但这并不是完整的单据，剩下的必录项还需用户打开单据手工补录。

第二点：出单生成的单据不会自动更新库存，必须重新保存或审核后才能更新库存。如果某个仓库已经出过盘盈单、盘亏单，需重新生成的，需将该仓库已生成过的单据删除才可重新出单。

① 单击打开【编制盘点报告】后，在弹出的窗口里依次选中每一条信息，单击上侧工具栏的【盘盈单】，再点击【盘亏单】后，系统根据盘盈或盘亏数量，自动生成物料的盘盈单、盘亏单。

② 单击打开【盘盈入库】—【维护】，打开该盘盈单，增加表 14-14 所列信息(其他信息为默认值，无须修改)；录完之后，点击【保存】即可。

表 14-14　盘盈入库维护信息

盘点报告单编号	保管人	负责人	经办人
YADJ000001	李仓管员	仓管季经理	仓管季经理

③ 返回到【盘盈入库】—【维护】界面，选中单据，单击上方工具栏里面的【审核】，即可完成单据的审核。

14.8　实验报告要求

(1) 交上机报告，要求每位同学以“学号＋姓名＋班级”形式提交实验电子版，并上交实验报告书。

(2) 实验报告提交要点：

① 绘制仓存管理的流程图。

② 简述库存管理的主要子功能。

③ 陈述验收入库与领料发货两大子功能的联系与区别。

思考题

1. 描述仓存管理中涉及主要的子功能。
2. 描述仓存管理的整体流程。
3. 简述仓存管理系统中验收入库与领料发货两大子功能的联系与区别。

第 15 章　财务管理模块

15.1　财务管理模块功能介绍

金蝶 K/3 财务管理系统面向企业财务核算及管理人员，对企业的财务进行全面管理，在完全满足财务基础核算的基础上，实现集团层面的财务集中、全面预算、资金管理、财务报告的全面统一，帮助企业财务管理从会计核算型向经营决策型转变，最终实现企业价值最大化。财务管理系统各模块既可独立使用，也可与业务系统无缝集成，构成财务与业务集成化的企业应用解决方案。财务管理流程如图 15-1 所示。

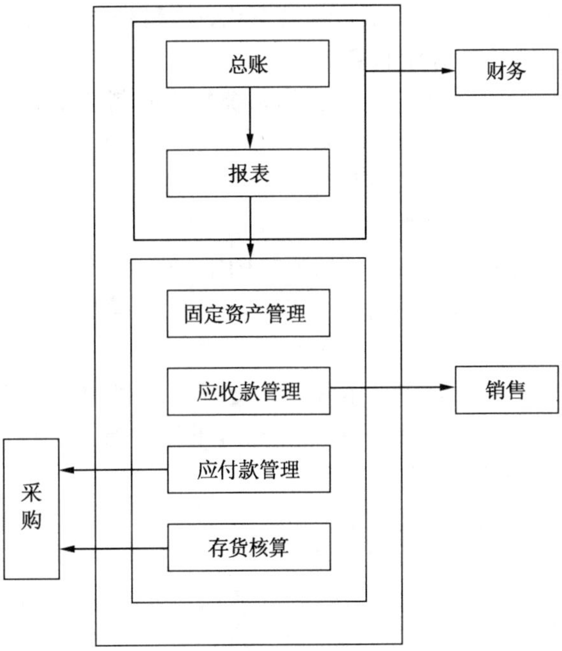

图 15-1　财务管理流程

(1) 总账

金蝶 K/3 总账系统面向各类企事业单位的财务人员，是财务管理信息系统的核心。系统以凭证处理为主线，提供凭证处理、预提摊销处理、自动转账、调汇、结转损益等会计核算功能，以及科目预算、科目计息、往来核算、现金流量表等财务管理功能，并通过独特的核算项目功能，实现企业各项业务的精细化核算。在此基础上，系统还提供了丰富的账簿和财务报表，帮助企业管理者及时掌握企业财务和业务运营情况。该系统完全符合 2006 年发布的新《企业会计准则》对企业会计核算的各项要求，既可以独立运行，又可以与报表、工资管理、现金管理、固定资产管理、应收款管理、应付款管理等模块共同使用，提供更完整、全面的财务管理解决方案。

主要内容：凭证处理、账簿、财务报表、结账、往来。

(2) 应收款管理

应收款管理系统通过销售发票、其他应收单、收款单等单据的录入，对企业的往来账款进行综合管理，及时、准确地提供给客户往来账款余额资料，提供各种分析报表，如账龄分析表、周转分析、欠款分析、坏账分析、回款分析等，通过各种分析报表合理地进行资金的调配，提高资金的利用效率。同时系统还提供了各种预警、控制功能，如到期债权列表的列示、及时对到期账款进行催收，以防止发生坏账，信用额度的控制有助于随时了解客户的信用情况。此外应收款管理还提供应收票据的跟踪管理，可以随时对应收票据的背书、贴现、转出、退票、收款等操作进行监控。

(3) 应付款管理

金蝶K/3应付款管理系统面向制造企业、商业流通企业和行政事业单位的往来业务管理人员，系统提供应付合同管理、采购发票、付款申请、付款、退款、应付票据管理、应付款结算等全面的应付业务流程管理，以及凭证自动生成、到期债务预警、与总账和往来单位自动对账等综合业务管理功能，同时提供账龄分析、付款分析、趋势分析等管理报表，帮助企业及时支付到期账款，合理地进行资金的调配，提高资金的使用效率。该系统可以与总账系统、应收系统、报表系统、现金管理等财务系统组成完整的财务解决方案，也可与采购管理系统、销售管理系统、仓库管理系统、存货核算管理系统组成完整的供应链解决方案。

(4) 存货核算

金蝶K/3存货核算系统是面向制造企业和商业流通企业的财务管理人员而设计的。该系统提供入库核算、出库核算、根据业务单据和凭证模板自动生成凭证、存货跌价准备计提、关账、与总账对账、期末结账等功能，支持2006年发布的新《企业会计准则》，全面管理企业的存货计价及出入库核算业务，帮助企业快速确定存货出入库的成本。该系统作为保证物流和资金流同步的重要模块，可以与采购管理、销售管理和仓库管理等系统结合运用，提供更完整、全面的企业供应链解决方案。

(5) 固定资产管理

以固定资产卡片管理为基础，帮助企业实现对固定资产的全面管理，包括固定资产的新增、清理、变动，按国家会计准则的要求进行计提折旧，以及与折旧相关的基金计提和分配的核算工作。

15.2 实验目的

在认知ERP产品、熟悉相关界面和功能的基础上，参照财务管理操作手册和财务实验数据手册，进行相应的实验。

(1) 理解从凭证录入到总账的完整的账务处理过程。

(2) 掌握应收应付和固定资产核算。

(3) 能使用报表和期末结转。

15.3 实验要求

本实验要求学生使用所学的财务管理知识，掌握应收款、应付款、固定资产管理系统的操作流程及日常业务处理，录入相应的模拟数据，更好地理解财务管理，并撰写相应报告。

(1) 理解金蝶K/3的财务管理模块。

(2) 按照财务管理操作手册熟悉模块和功能。

(3) 按照财务管理实验数据手册进行操作和数据录入。

由于该财务管理部分实验内容较多，建议安排两次上机实验。

15.4 实验内容

(1) 账套相关基础数据设置。

(2) 应收管理。

（3）应付管理。

（4）报表使用。

（5）固定资产管理。

（6）期末结转。

15.5　实验步骤

登录金蝶 K/3 软件。

15.5.1　系统资料维护

双击虚拟机桌面的“金蝶 K/3 WISE 创新管理平台”图标。选择自己学号对应的账套，以命名用户身份登录，用户名为 administrator，密码为空。

菜单位置：系统设置—基础资料—公共资料

（1）凭证字

双击明细功能中的【凭证字】，点击【新增】，凭证字为“记”，点击【确定】即可。

（2）结算方式

双击明细功能中的【结算方式】，点击【新增】，代码为“JF06”，名称为“现金支票”。

15.5.2　总账

15.5.2.1　系统参数设置

菜单位置：系统设置—系统设置—总账—系统参数

双击【系统参数】，点击选项卡【总账】，点击下方基本信息，设置本年利润科目代码为：3131 本年利润，利润分配科目代码为：3141 利润分配。

当出现如图 15-2 所示画面时，对以下账套选项打“√”：①（选中“基本信息”）启用往来业务核销；②（选中“凭证”）新增凭证自动填补断号，点击【确定】即可。

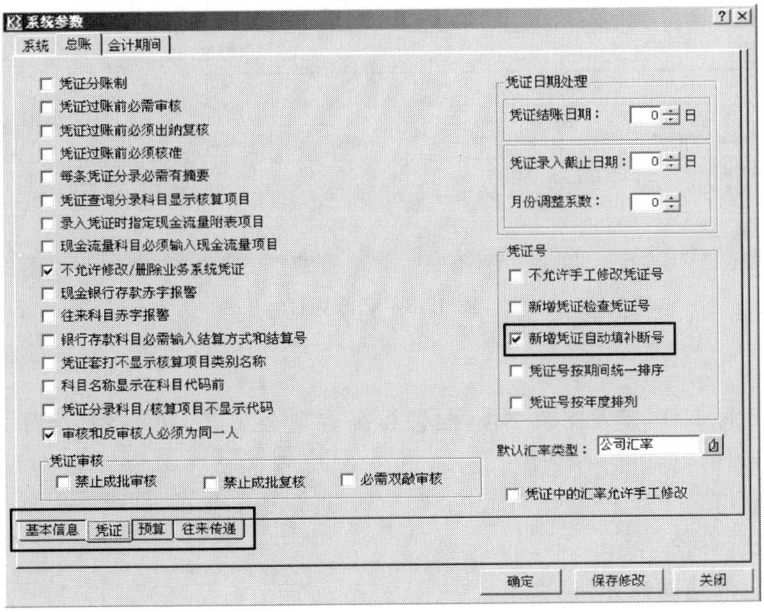

图 15-2　系统参数设置

15.5.2.2 初始化设置

菜单位置：系统设置—初始化—总账

双击【结束初始化】，点击【开始】—【确定】即可。

15.5.2.3 总账日常业务处理

双击虚拟机桌面的“金蝶 K/3 WISE 创新管理平台”图标。选择与自己学号对应的账套，以命名用户身份登录，用户名为吴会计（总账），密码为空。

(1) 录入记账凭证

菜单位置：财务管理—总账—凭证处理—凭证录入

步骤：双击【凭证录入】，进入【记账凭证】—【新增】界面，若提示“请输入核算项目”，则在最下方的供应商或客户或商品选框中输入相应内容。以记账凭证 1 为例，在业务日期和日期输入 2011 年 2 月 1 日，摘要可写为“向工行提取现金备用，用现金支票结算”，输入科目、结算方式时可按【F7】查找所需项，具体如图 15-3 所示。点击【保存】后，按同样的操作方法录入剩余的记账凭证 2、凭证 3、凭证 4。

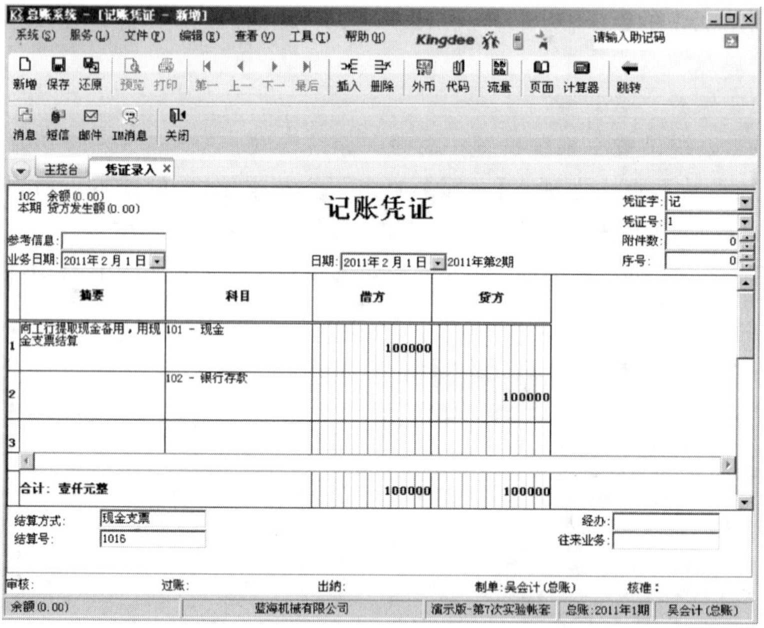

图 15-3 记账凭证

① 提现类

2011 年 2 月 1 日，签发支票一张，向银行提取现金 1 000 元备用，结算方式：现金支票，支票号：1016。

借：现金 1 000.00

　贷：银行存款 1 000.00

② 数量金额辅助核算类

2011 年 2 月 5 日，企业从雅俊实业外购原材料 100 个，单价 210 元，材料已验收入库，货款从工商银行支付。摘要：“支付雅俊实业外购原材料，以银行存款结算”。

借：原材料 21 000.00

贷：银行存款 21 000.00

③ 多核算项目辅助核算(费用报销类)

2011 年 2 月 6 日，财务部报销办公费，金额 350 元，以现金支付。摘要：“财务部报销办公费，以现金结算”。

借：管理费用(科目代码 5502) 350.00

贷：现金 350.00

④ 往来核算业务类

2011 年 2 月 10 日，销售部向大宇机械公司销售产品轴承 1 000 个，售价 15 元(不考虑税金)，发票已开，货款尚未收回，计入应收账款。摘要：“向大宇机械公司销售产品轴承，货款尚未收回，计入应收账款”。

借：应收账款/1131.01.01—大宇机械公司 15 000.00

贷：产品销售收入 15 000.00

注意：选中“应收账款”，点击【新增】，输入科目代码：1131.01.01，科目名称：大宇机械，将“科目受控系统”设置成空白，点击【保存】后退出，如图 15-4 所示。

图 15-4 新增应收账款

输入贷方“产品销售收入”，若没有该科目，则自行新建，点击右方【新增】，科目代码：1134，科目名称：产品销售收入，科目类别：流动资产，点击【保存】后退出，如图 15-5 所示。

图 15-5　会计科目新建

(2) 凭证查询、审核与过账

菜单位置：财务管理—总账—凭证处理

对前面所做的所有记账凭证审核、过账。

①双击【凭证查询】明细功能，首先弹出“过滤条件”对话框。过滤条件选择“全部”后，可查看所有凭证。

② 单击工具栏的【修改】或【删除】可对凭证进行修改或删除操作。

③ 凭证审核。

因为系统默认审核人与制单人不为同一人，所以在审核前需要更换系统操作员，点击主控台上方的【更换操作员】，选择与自己学号对应的账套，以命名用户身份登录，用户名为 administrator，密码为空。

单击打开【财务管理】—【总账】—【凭证处理】—【凭证查询】在“凭证查询”界面，单击选中各条凭证，点击【编辑】—【审核】，或者单击工具条的【审核】，显示界面如图 15-6 所示，再次点击【审核】。

在此，要求将之前录入的记账凭证逐条审核完毕。

审核完毕后，点击主控台上方的【更换操作员】，选择与自己学号对应的账套，以命名用户身份登录，用户名为吴会计(总账)，密码为空。

注意：在审核凭证时可能会有如图 15-7 所示报错情况。

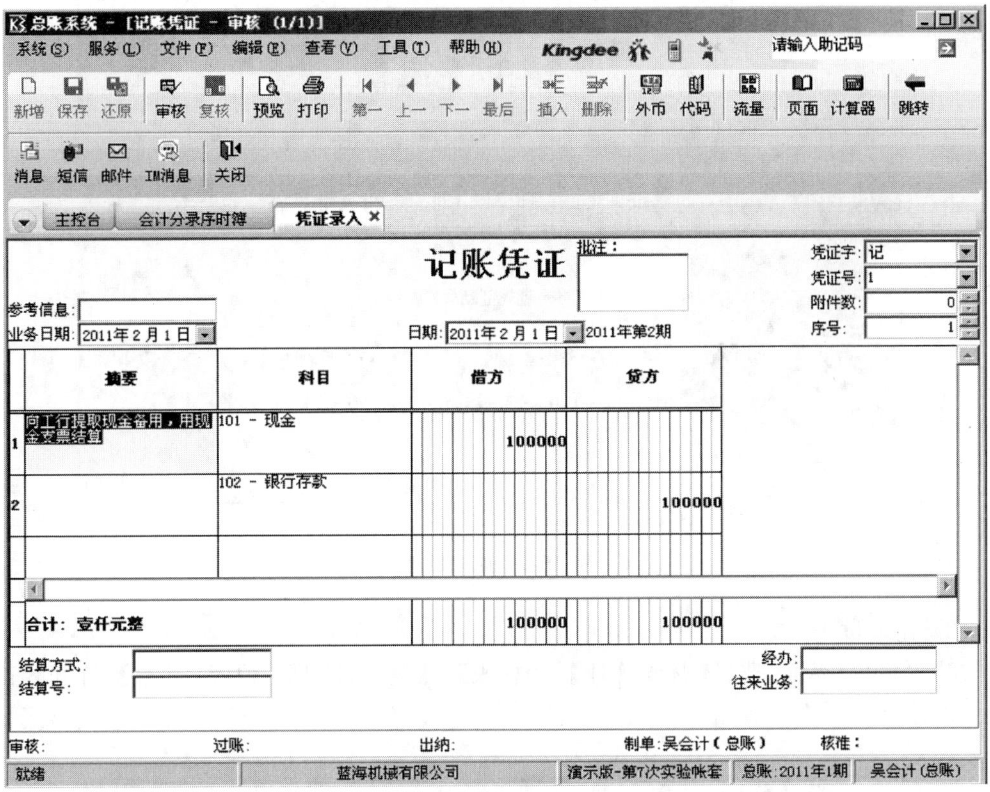

图 15-6　记账凭证录入

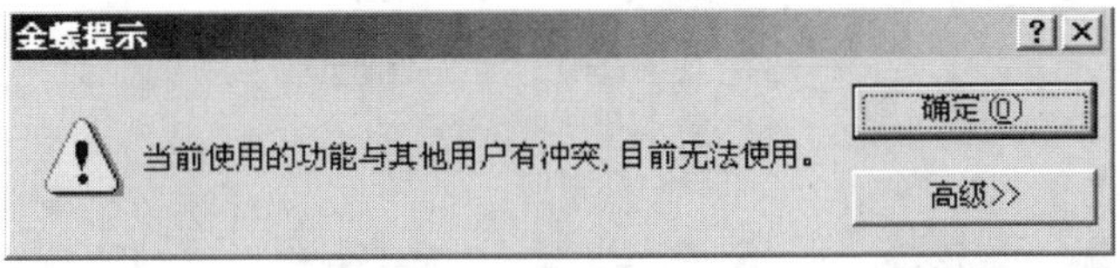

图 15-7　审核凭证报错

解决方法：返回主控台，点击左上角【系统】—【K/3 客户端工具包】，左边选择系统工具，右边选择网络控制工具，然后打开，出现 K/3 登录界面，将用户名改为报错提示出现时所用的登录名，如果在此处出现“需改用户名为吴会计(总账)”，确定，点击【控制】—【清除当前任务】，然后退出、关闭即可。再次返回主控台，继续完成出错前的操作即可。

15.5.2.4　期末结账

(1) 结账

菜单位置：财务管理—总账—结账—期末结账

双击打开“期末结账”向导界面，如图 15-8 所示，点击【开始】，并确认期末结账。

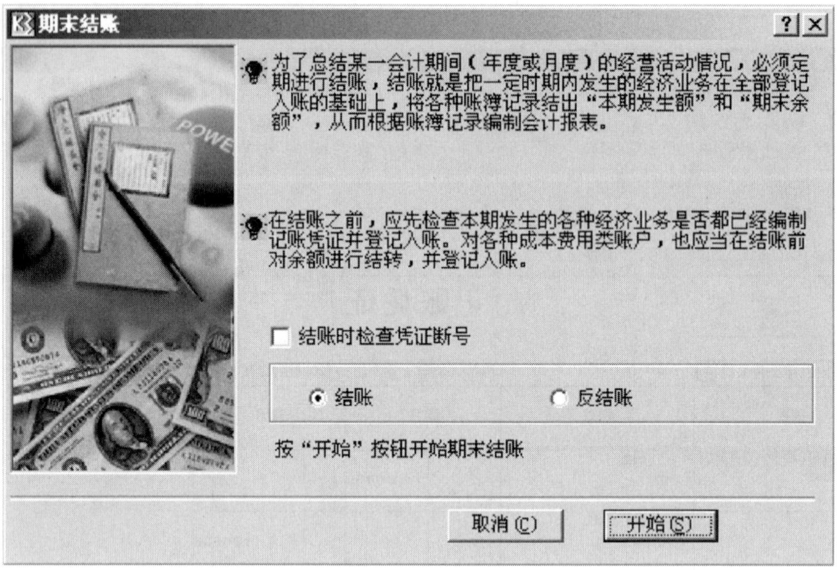

图 15-8　期末结账

(2) 凭证过账

在“主控台”界面，选择【财务管理】—【总账】—【凭证处理】—【凭证过账】，打开界面如图 15-9 所示。

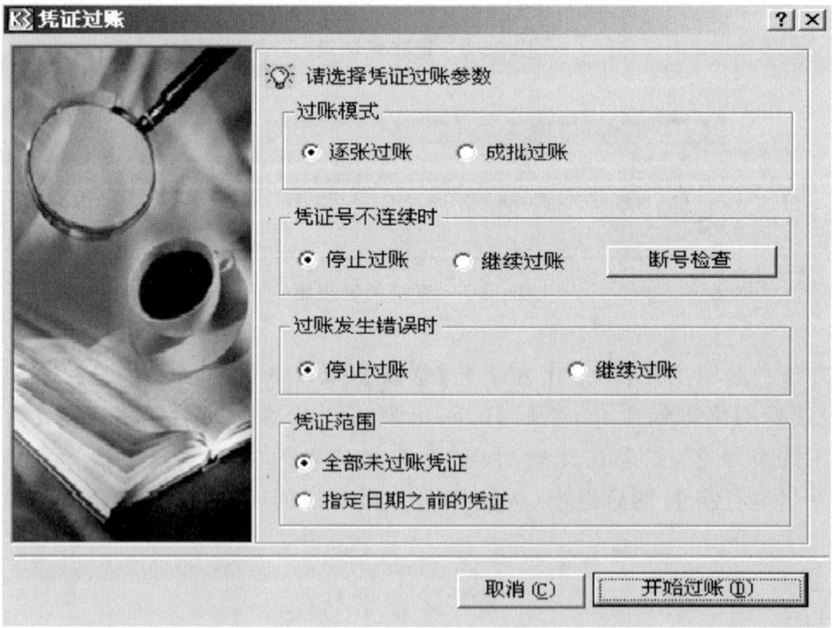

图 15-9　凭证过账 1

点击【开始过账】，再点击【关闭】，显示界面如图 15-10 所示。

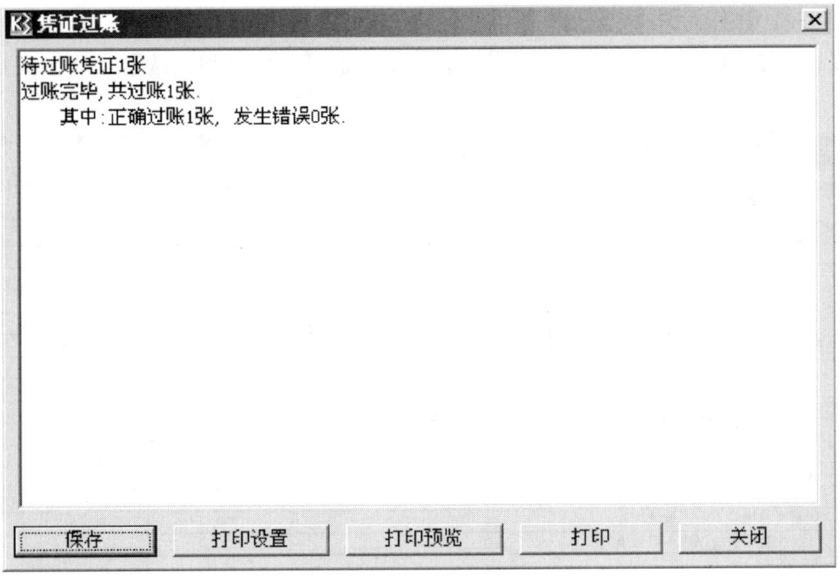

图 15-10　凭证过账 2

15.5.3　报表

返回到主控台，点击主菜单【系统】—【设置】—【主控台编辑】，点击【财务管理】，在右侧的报表行“是否可见”处打“√”，点击【应用】。

再点中左栏的报表，右边相应的属性列表全部勾选，点击上方【关闭】即可，如图 15-11 所示。

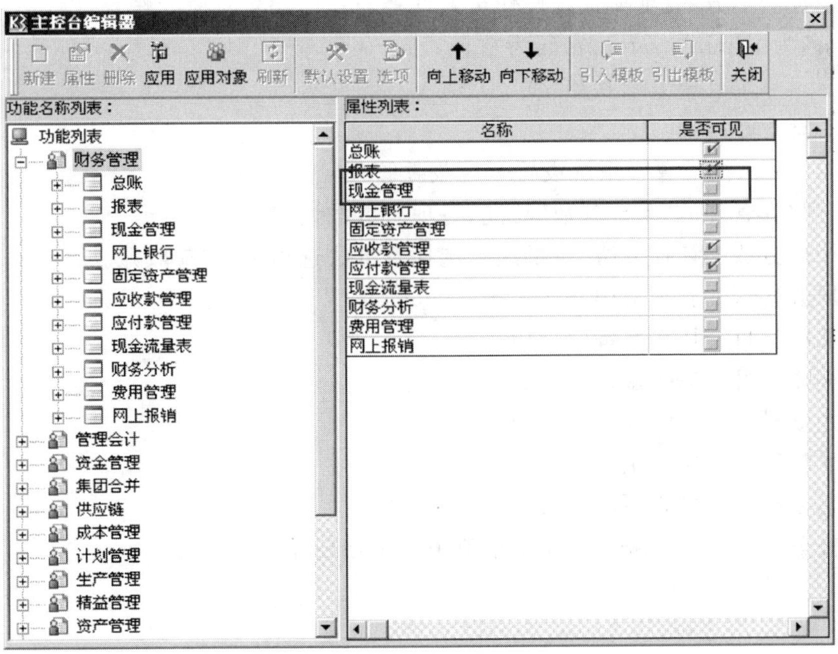

图 15-11　主控台编辑器

菜单位置：财务管理—报表

点击【行业】—【工业企业】，双击明细功能里的【工业企业利润表】，如图 15-12 所示。

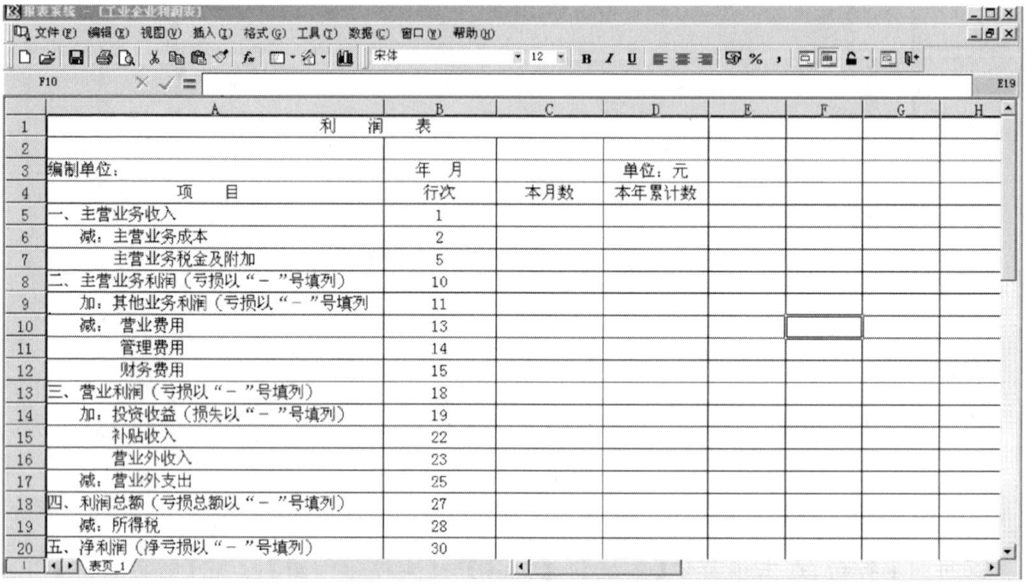

	A	B	C	D
1	利　润　表			
2				
3	编制单位：	年　月		单位：元
4	项　目	行次	本月数	本年累计数
5	一、主营业务收入	1		
6	减：主营业务成本	2		
7	主营业务税金及附加	5		
8	二、主营业务利润（亏损以"－"号填列）	10		
9	加：其他业务利润（亏损以"－"号填列	11		
10	减：营业费用	13		
11	管理费用	14		
12	财务费用	15		
13	三、营业利润（亏损以"－"号填列）	18		
14	加：投资收益（损失以"－"号填列）	19		
15	补贴收入	22		
16	营业外收入	23		
17	减：营业外支出	25		
18	四、利润总额（亏损总额以"－"号填列）	27		
19	减：所得税	28		
20	五、净利润（净亏损以"－"号填列）	30		

图 15-12　工业企业利润表

15.5.4　应收款管理

点击主控台上方的【更换系统操作员】，选择与自己学号对应的账套，以命名用户身份登录，用户名为 administrator，密码为空。

15.5.4.1　应收款系统初始化

(1) 系统设置

菜单位置：系统设置—系统设置—应收款管理

打开应收款管理的"系统参数"功能，各项参数的设置如下：

坏账计提方法—计提方法"备抵法"，选择备抵法选项中的"应收账款百分比法"；

坏账损失科目—管理费用—坏账损失(5504)；

坏账准备科目—坏账准备(1141)；

计提坏账科目—应收账款(1131)；

应收账款科目—应收账款(1131)；

预收账款科目—预收账款(2131)；

应收票据科目—应收票据(1111)；

应交税金科目—应交税金—应交增值税—销项税额(2171.01.05)。

① 基本信息见图 15-13。

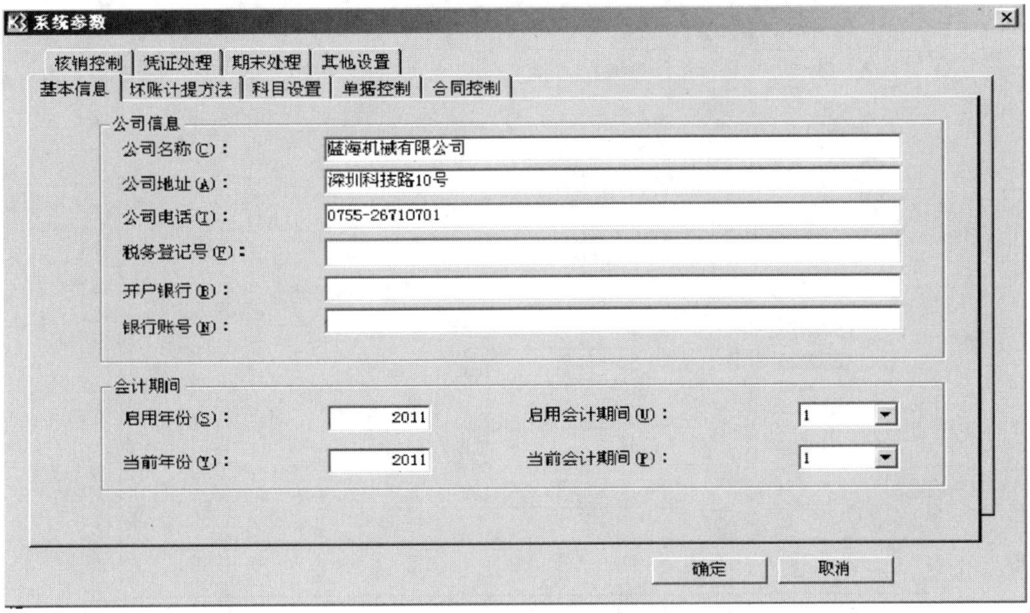

图 15-13　系统参数设置

② 坏账计提方法见图 15-14。

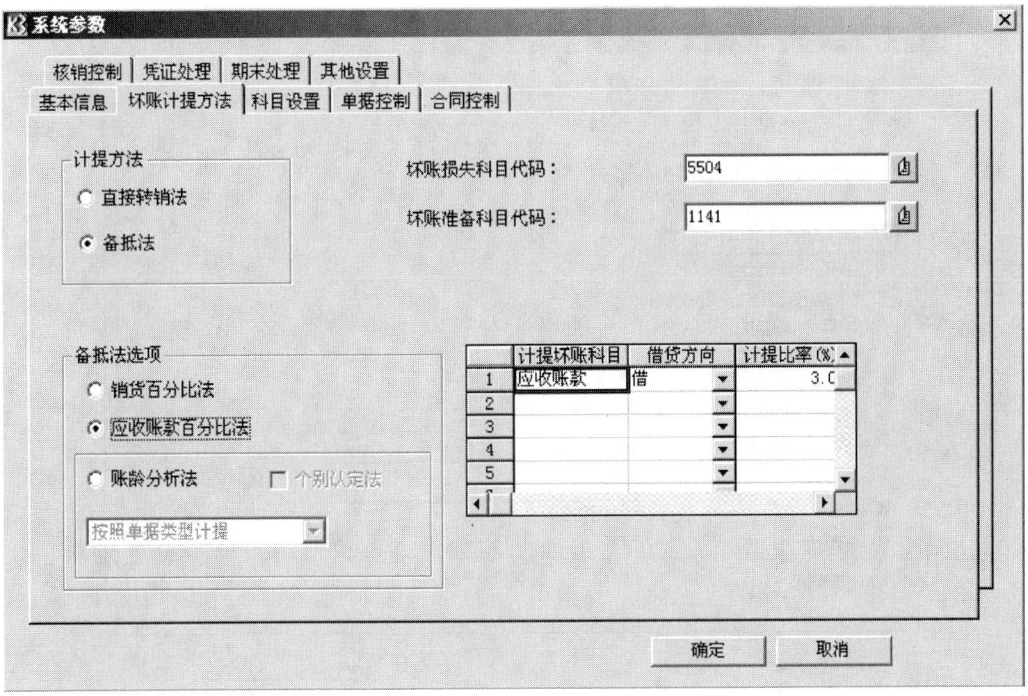

图 15-14　坏账计提方法

③ 科目设置见图 15-15。

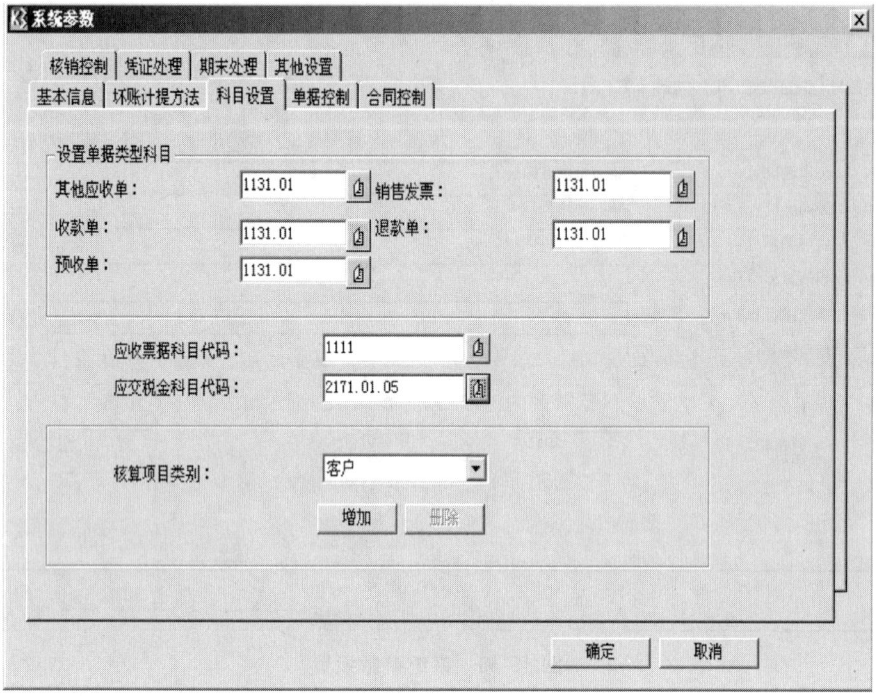

图 15-15　科目设置

④ 单据控制见图 15-16，注：“审核人与制单人不为同一人”前不要打“√”！

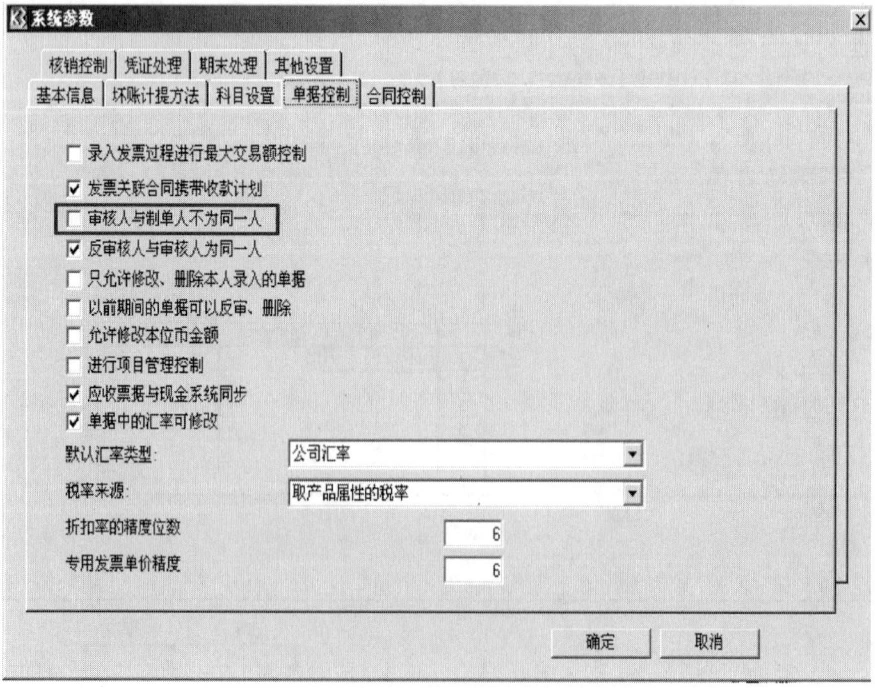

图 15-16　单据控制

⑤ 合同控制见图 15-17。

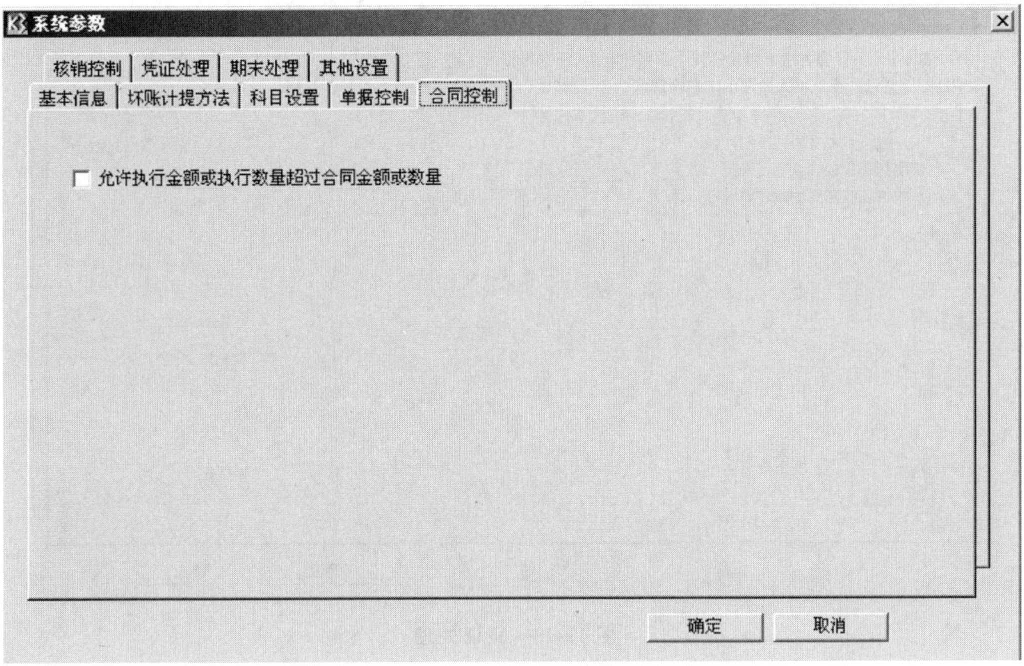

图 15-17　合同控制

⑥ 核销控制见图 15-18。

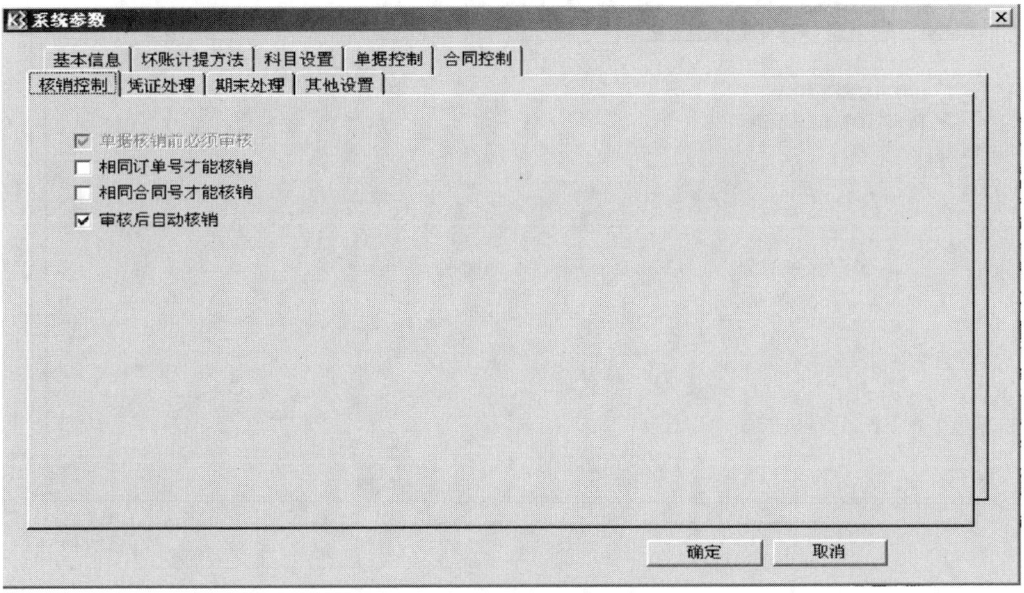

图 15-18　核销控制

⑦ 凭证处理见图 15-19。

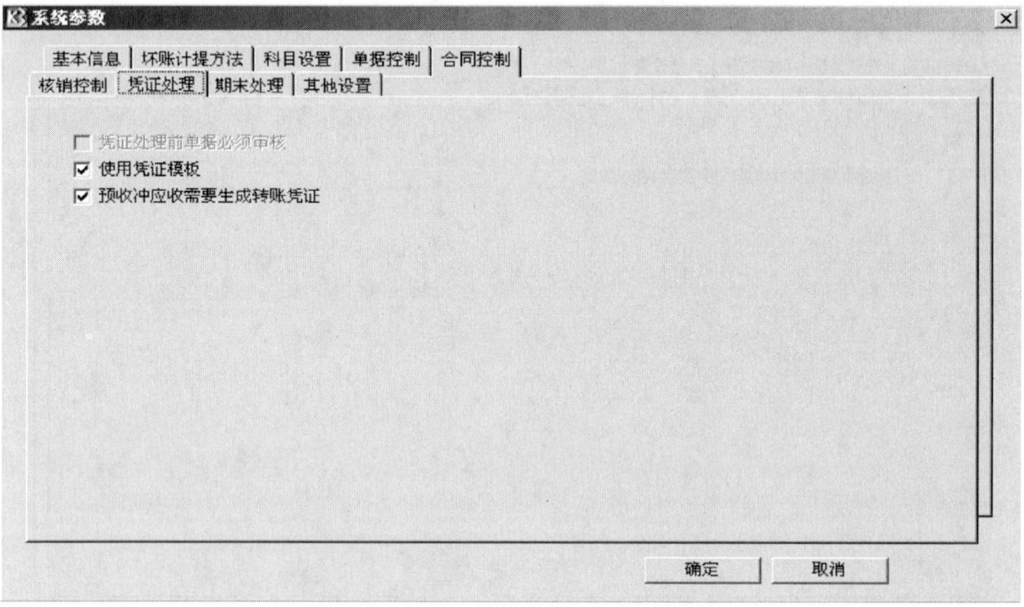

图 15-19　凭证处理

⑧ 期末处理见图 15-20。

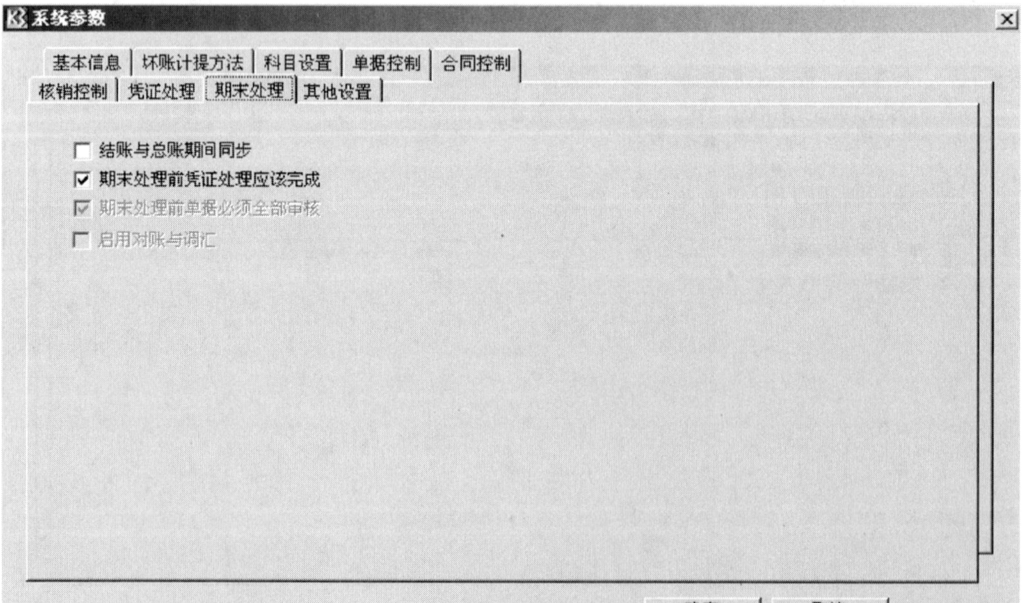

图 15-20　期末处理

⑨ 其他设置见图 15-21。

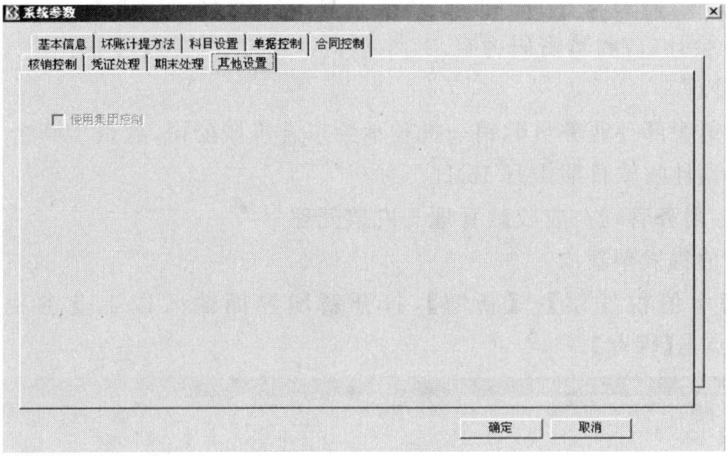

图 15-21　其他设置

设置完成后，点击【确定】。

(2) 系统初始化

菜单位置：财务管理—应收款管理—初始化

① 初始化对账

双击【初始化对账】，设置过滤条件如图 15-22 所示。

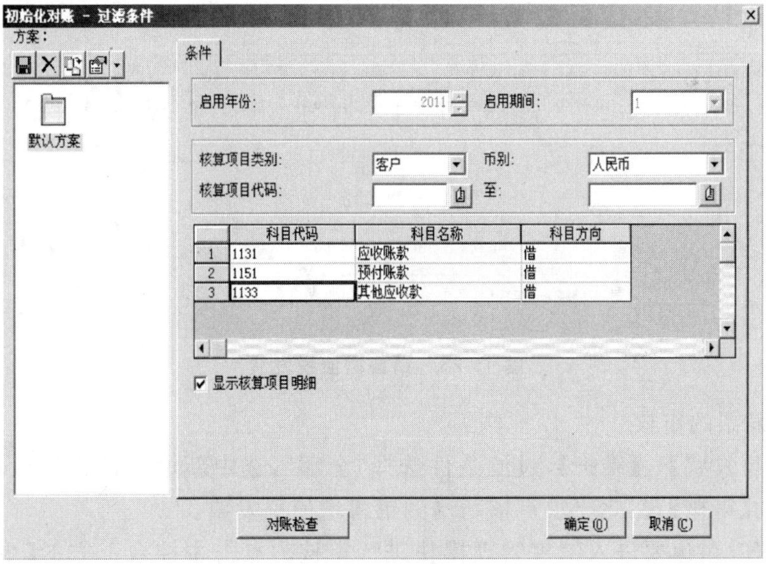

图 15-22　系统初始化

分别添加 3 个科目“1131—应收账款”“1151—预付账款”“1133—其他应收款”，选中“显示核算项目明细”，单击【确定】。

② 结束初始化

双击结束初始化，单击【确定】按钮。

15.5.4.2 应收款业务处理

点击主控台上方的【更换操作员】，选择与自己学号对应的账套，以命名用户身份登录，用户名为肖会计(应收)，密码为空。

(1) 发票处理

1月5日，销售部孙业务员赊销一批轴承给东方机械公司，数量100个，含税单价150元，税率17%，预计收款日期1月15日。

菜单位置：财务管理—应收款管理—发票处理

① 销售增值税发票新增

双击【销售增值税发票】—【新增】，打开新增界面输入以上业务描述的信息，如图15-23所示，点击【保存】。

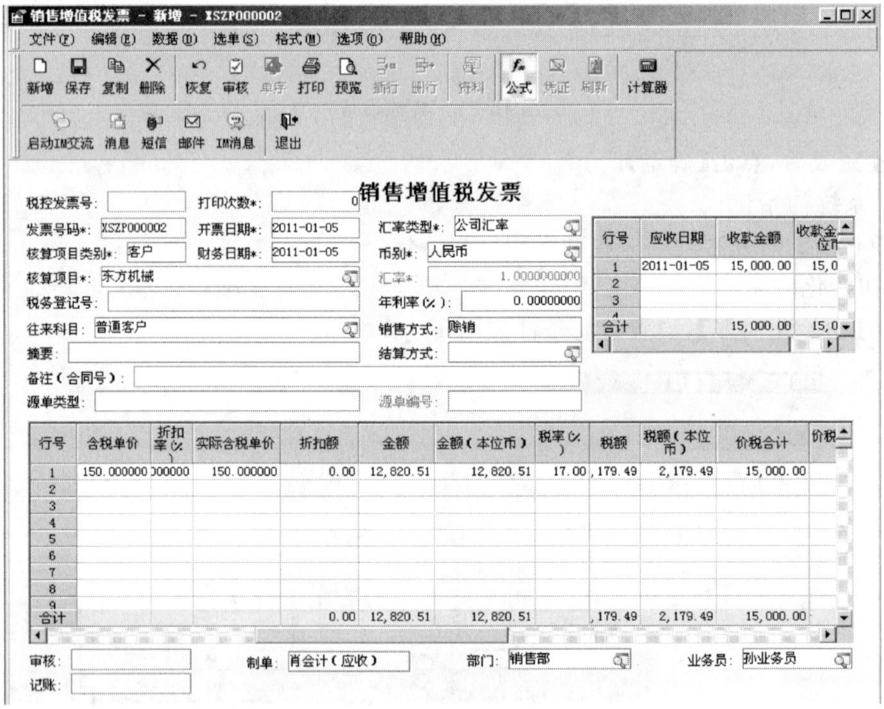

图 15-23 销售增值税发票

② 销售发票的审核

双击【销售发票】—【维护】，过滤条件选择“全部”，选中新增的销售增值税发票，单击上方工具栏的【审核】，在此要求审核新增的销售增值税发票。

其他销售发票也要进入销售管理模块进行审核。点击主控台上方的【更换系统操作员】，选择与自己学号对应的账套，以命名用户身份登录，用户名为administrator，密码为空。

菜单位置：供应链管理—销售管理—销售发票

双击【销售发票】—【维护】，全部选项(时间、作废标志、红蓝标志、审核标志、钩稽状态、记账标志)都选择“全部”，对显示的全部销售发票进行审核。

这样，全部的销售发票都审核完毕。

（2）其他应收单

点击主控台上方的【更换操作员】，选择与自己学号对应的账套，以命名用户身份登录，用户名为肖会计（应收），密码为空。

菜单位置：财务管理—应收款管理—其他应收单

① 其他应收单新增

双击【其他应收单】—【新增】，打开新增界面输入应收单，信息见表 15-1。

表 15-1　其他应收单信息

单据日期	财务日期	核算项目类别	核算项目	部门	业务员	应收日期	收款金额
2011-01-13	2011-03-07	客户	大宇机械	销售部	孙业务员	2011-03-07	19 000
2011-01-08	2011-02-08	客户	东方机械	销售部	孙业务员	2011-02-23	400 000

操作界面如图 15-24 所示，点击【保存】后退出。

图 15-24　其他应收单

② 其他应收单审核

打开“其他应收单维护”界面，依次选中每条单据，单击【审核】，可以对其他应收单进行审核操作。审核后的其他应收单不允许修改。在此要求审核所有新增的其他应收单，如图 15-25 所示。

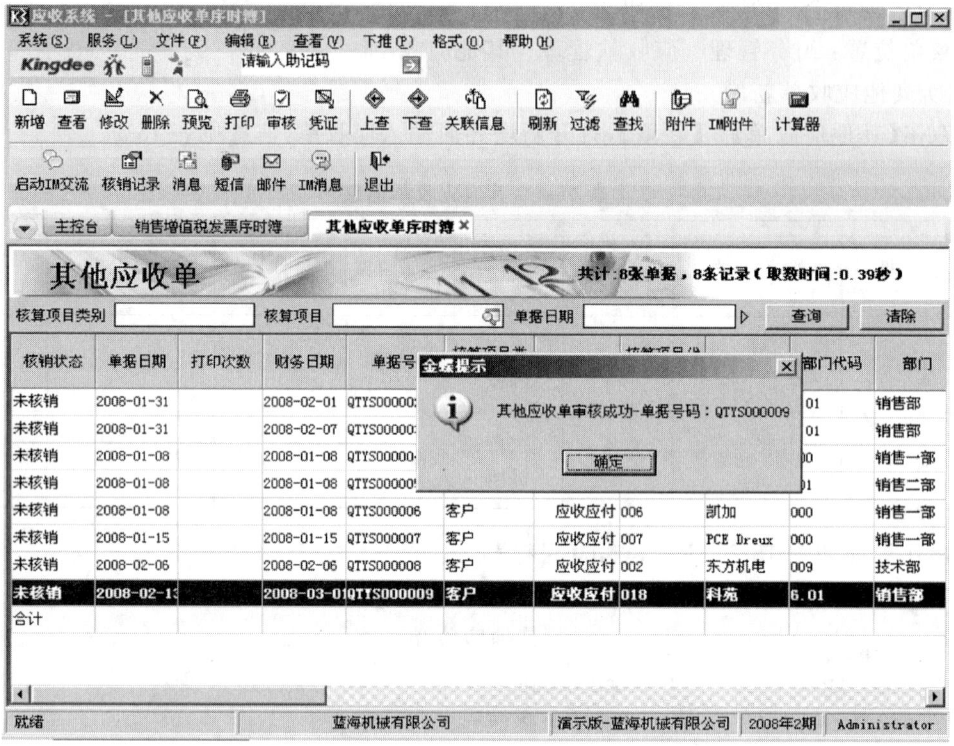

图 15-25　其他应收单审核

（3）收款单

菜单位置：财务管理—应收款管理—收款

① 收款单新增

双击【收款单新增】，在打开的界面输入收款单信息，见表 15-2，输入完成后点击【保存】即可。

表 15-2　收款单新增信息

单据日期	币别	单据金额	核算项目	财务日期	业务员	部门	核算项目类别	结算实收金额
2011-02-01	人民币	4 500	大宇机械	2011-02-01	孙业务员	销售部	客户	4 500

② 收款单维护

双击【收款单】—【维护】，过滤条件选“全部”；打开“收款单维护”界面后，审核所有单据。方法是逐条选中单据或同时选中所有单据后，单击上方工具栏的【审核】。在此要求审核所有新增的收款单。

（4）票据处理

菜单位置：财务管理—应收款管理—票据处理

① 应收票据新增

双击【应收票据新增】，在打开的界面输入应收票据信息，见表 15-3，输入完成后点击【保存】即可。

表 15-3　应收票据新增信息

票据类型	币别	汇率	签发日期	财务日期	到期日期	付款期限/天	票面金额	本位币票面金额	到期值
银行承兑汇票	人民币	1	2011-01-31	2011-01-31	2011-02-27	27	290 000	290 000	290 000
本位币到期值	核算类别		付款人	核算项目		可撤销	带追索权	部门	业务员
290 000	客户		东方机械公司	东方机械		否	否	销售部	孙业务员

② 应收票据维护

A. 修改应收票据

新增后的应收票据可以进行修改。如果应收票据进行了审核、背书、转出、贴现、收款等其他业务操作，则不允许修改，如要修改则必须取消相关操作。

B. 删除应收票据

选定要删除的应收票据，单击【删除】，如果应收票据进行了审核、背书、转出、收款等其他业务操作，则不允许删除，如要删除则必须取消相关操作。

C. 审核应收票据

单击【审核】，系统提示“请选择审核出单类型：生成收款单(默认)、生成预收单”，在此要求将所有票据选择为“生成收款单”，如图 15-26 和图 15-27 所示。

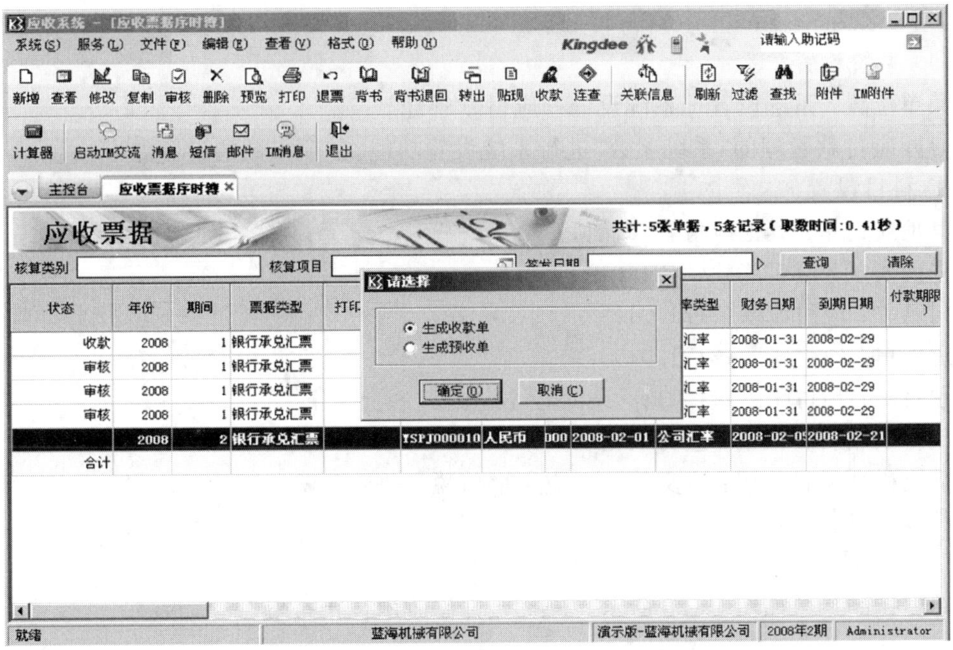

图 15-26　应收单据审核 1

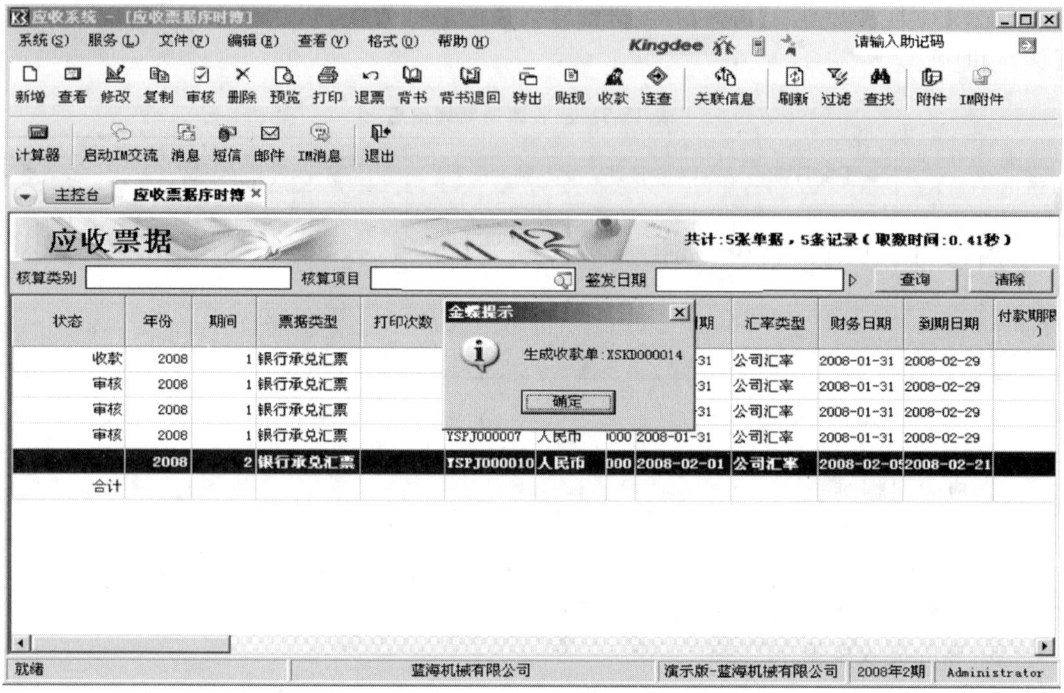

图 15-27　应收单据审核 2

15.5.5　应付款管理

15.5.5.1　应付款系统初始化

点击主控台上方的【更换系统操作员】，选择与自己学号对应的账套，以命名用户身份登录，用户名为 administrator，密码为空。

（1）系统设置

菜单位置：系统设置—系统设置—应付款管理

打开应付款管理的“系统参数”进行系统设置功能，各项参数的设置如下：

① 科目设置

其他应付单：其他应付款(2181)；

采购发票：应付账款(2121.01)；

付款单：应付账款(2121.01)；

退款单：应付账款(2121.01)；

预付单：预付账款(1151)；

应付票据科目代码：应付票据(2111)；

应交税金科目代码：应交税金—应交增值税—进项税额(2171.01.01)；

核算项目类别：供应商。

② 单据控制

单据控制参数如图 15-28 所示，选中“允许修改本位币金额”。

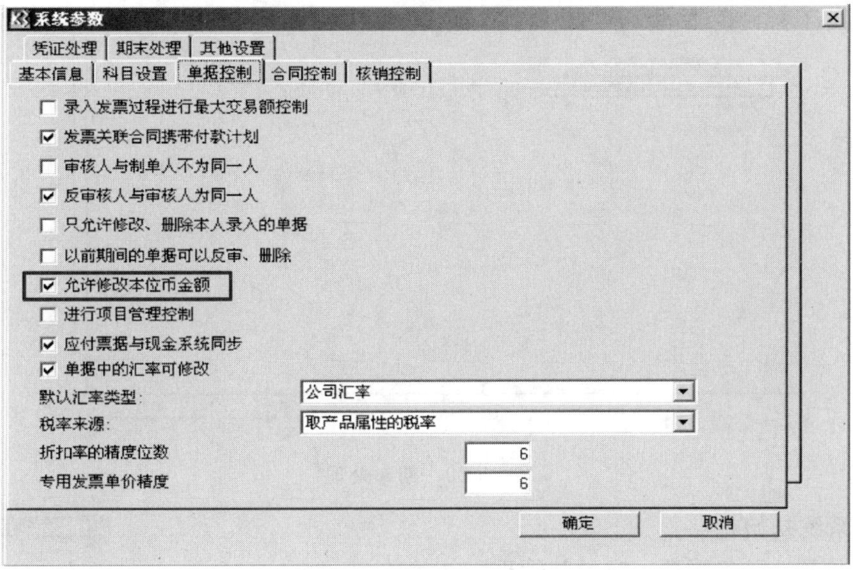

图 15-28　单据控制

③ 凭证处理

凭证处理参数如图 15-29 所示，选中“使用凭证模板”。

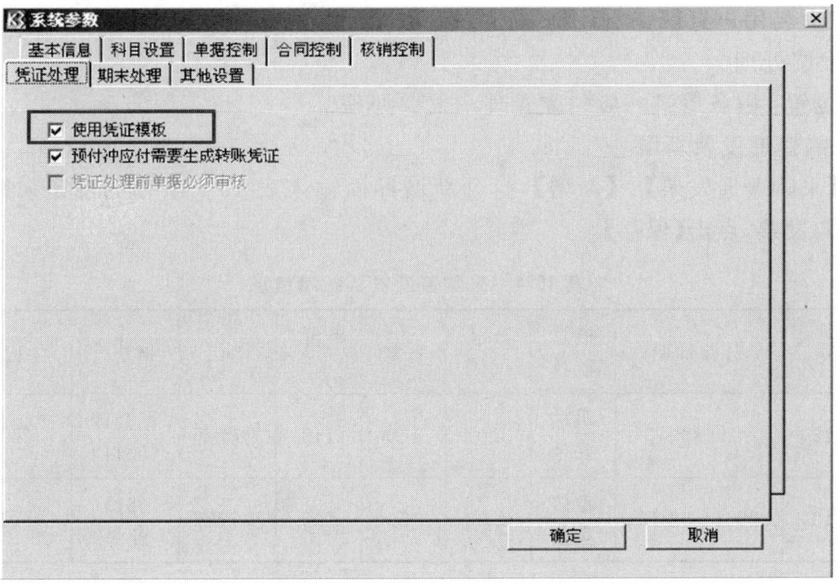

图 15-29　凭证处理

④ 期末处理

期末处理参数如图 15-30 所示，其中，勾选掉“期末处理前凭证处理应该完成”，最后，点击【确定】按钮。

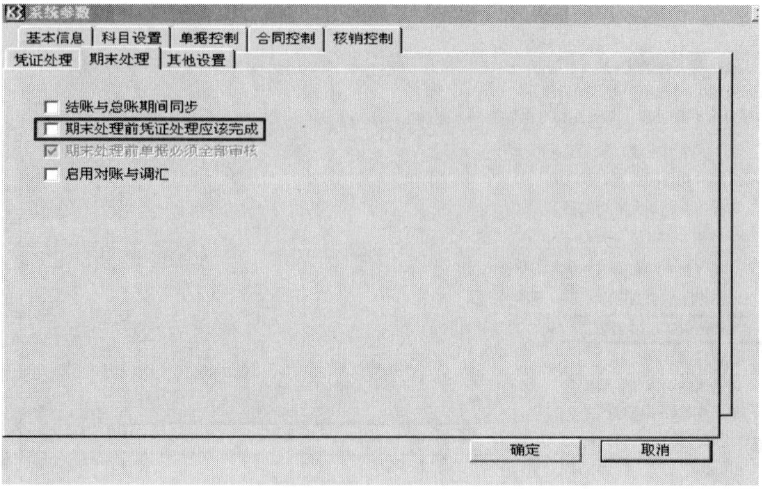

图 15-30　期末处理

（2）系统初始化

菜单位置：财务管理—应付款管理—初始化

双击【结束初始化】，是否查看对账结果选择【否】，弹出“系统成功启用”的提示，如图 15-31 所示，确定即可。

图 15-31　系统初始化

15.5.5.2　应付款业务处理

点击主控台上方的【更换系统操作员】，选择与自己学号对应的账套，以命名用户身份登录，用户名为肖会计（应付），密码为空。

（1）发票处理

菜单位置：财务管理—应付款管理—发票处理

① 采购普通发票新增

双击【采购普通发票】—【新增】，打开新增界面输入表 15-4 所列的两条采购信息，制作两张采购发票，点击【保存】。

表 15-4　采购普通发票新增信息

开票日期	财务日期	核算项目	产品代码	数量	单价/元	部门	业务员	应付日期
2011-02-12	2011-02-13	明瑞五金	3.01	100	140	财务部	肖会计（应付）	2011-03-13
2011-02-13	20011-02-13	雅俊实业	3.02	150	200	生产部	郭操作员	2011-03-12

② 采购发票的审核

双击【采购发票维护】，事务类型选择“采购普通发票”，过滤条件选择“全部”，依次选中所有的采购发票，单击上方工具栏的【审核】，在此要求审核所有新增的采购发票。

（2）其他应付单

菜单位置：财务管理—应付款管理—其他应付单

① 其他应付单新增

双击【其他应付单】—【新增】,打开新增界面输入表 15-5 所列的应付单信息,操作界面如图 15-32 所示,点击【保存】后退出。

表 15-5　其他应付单新增信息

单据日期	财务日期	核算项目类别	核算项目	部门	业务员	往来科目	应付日期	付款金额/元
2011-01-13	2011-03-07	供应商	天利公司	采购部	孙业务员	其他应付款	2011-03-07	19 000
2011-01-08	2011-02-08	供应商	美华公司	采购部	孙业务员	其他应付款	2011-02-23	400 000

图 15-32　其他应付单

② 其他应付单审核

双击打开【其他应付单】—【维护】,依次选中每条单据,单击【审核】,可以对其他应付单进行审核操作,审核后的其他应付单不允许修改。在此要求审核所有新增的其他应付单。

(3) 付款单

菜单位置:财务管理—应付款管理—付款

① 付款单新增

双击【付款单】—【新增】，在打开的界面输入表 15-6 所列的付款单信息，输入完成后点击【保存】即可。

表 15-6　付款单新增信息

单据日期	币别	单据金额	核算项目	财务日期	业务员	部门	核算项目类别	结算实付金额
2011-02-02	人民币	4 500	雅俊实业	2011-02-02	林业务员	采购部	供应商	4 500

② 付款单维护

双击【付款单】—【维护】，过滤条件选“全部”，打开付款单维护界面后，审核所有单据。

方法是逐条选中单据或同时选中所有单据后，单击上方工具栏的【审核】，在此要求审核所有新增的付款单。

（4）票据处理

菜单位置：财务管理—应付款管理—票据处理

① 应付票据新增

双击【应付票据】—【新增】，在打开的界面输入表 15-7 所列的应付票据信息，输入完成后点击【保存】即可。

表 15-7　应付票据新增信息

签发日期	财务日期	到期日期	票面金额	核算项目	部门	业务员	币别	汇率类型
2011-02-09	2011-02-09	2011-07-09	2 000	明瑞五金	采购部	林业务员	人民币	公司汇率

② 应付票据维护

双击【应付票据】—【维护】后，对应付票据的修改、删除、审核操作如下：

A. 修改应付票据

新增后的应付票据可以进行修改。如果应付票据进行了审核、背书、转出、贴现、收款等其他业务操作，则不允许修改，如要修改则必须取消相关操作。

B. 删除应付票据

选定要删除的应付票据，单击【删除】，如果应付票据进行了审核、背书、转出、收款等其他业务操作，则不允许删除，如要删除则必须取消相关操作。

C. 审核应付票据

单击【审核】，系统显示提示“请选择审核出单类型：生成付款单（默认）、生成预付单”，在此要求将所有票据生成“付款单”，选择生成付款单后点击【确定】即可，如图 15-33 所示。

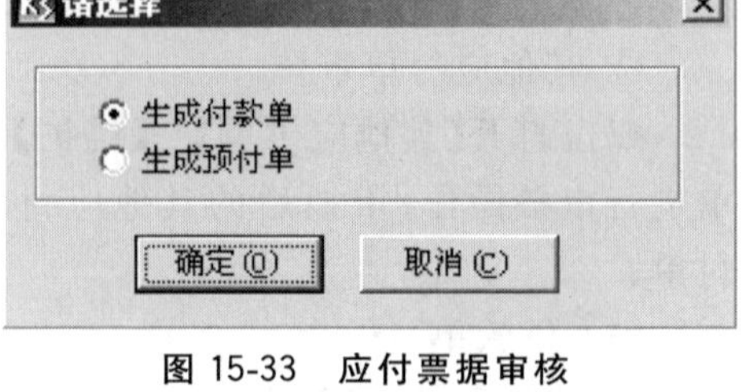

图 15-33　应付票据审核

（5）期末处理

返回到主控台，点击【系统】—【设置】—【主控台编辑】，点击【财务管理】下面展开的【应收款管理】，在右侧的期末处理行“是否可见”处打“√”，如图 15-34 所示。

图 15-34　主控台编辑器

点击工具栏的【应用】，再展开左栏的应收款管理，点击【期末处理】，在右侧的“结账”“期末对账检查”处打“√”，点击上方【应用】，关闭即可。

菜单位置：财务管理—应收款管理—期末处理

双击【结账】，对提示“结账前是否查看期末检查的结果?”选择“是”，显示“应收系统对账检查”窗口，点击【确定】，则出现如图 15-35 所示窗口，点击【继续】，再点击【确定】，关闭，界面如图 15-36 所示。

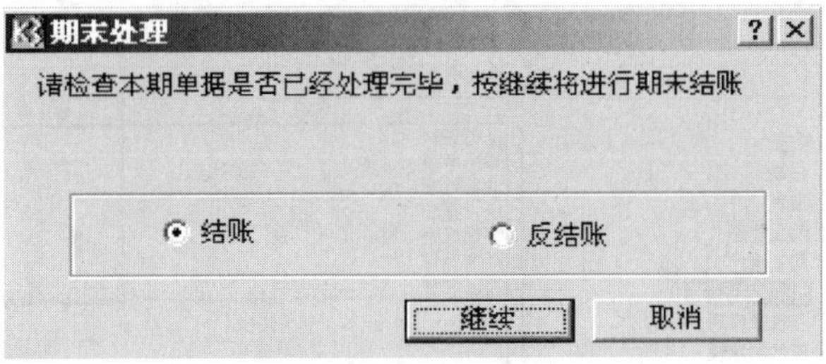

图 15-35　期末处理 1

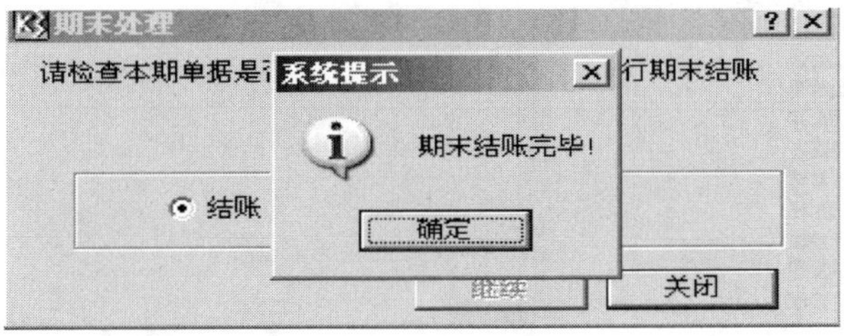

图 15-36　期末处理 2

15.5.6 固定资产管理

15.5.6.1 系统参数设置

点击主控台上方的【更换系统操作员】，选择与自己学号对应的账套，以命名用户身份登录，用户名为 administrator，密码为空。

在主控台，点击【系统】—【设置】—【主控台编辑】，点击【财务管理】下面展开的【固定资产管理】，在“是否可见”处打“√”，点击上方的【应用】，如图15-37 所示。再点击【固定资产管理】，右侧属性列表的“是否可见”全部打“√”，点击【应用】，如图 15-38 所示。

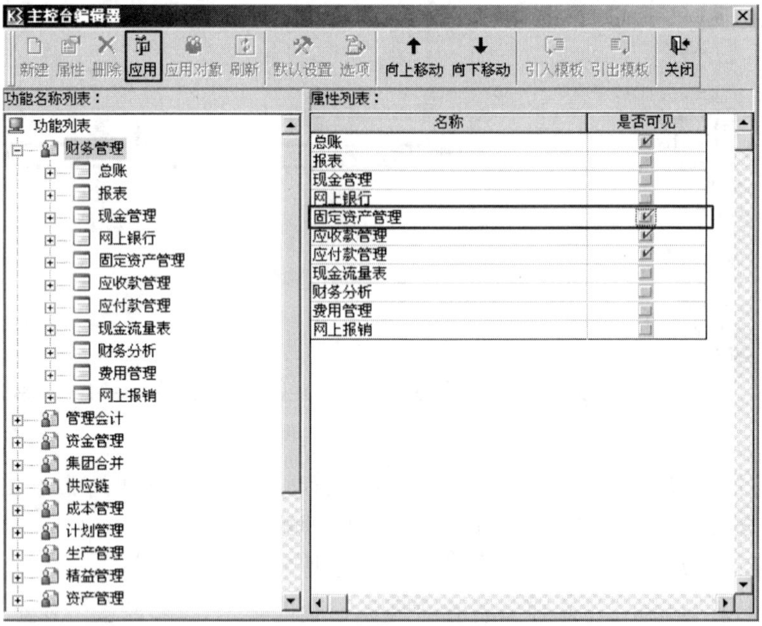

图 15-37 主控台编辑器 1

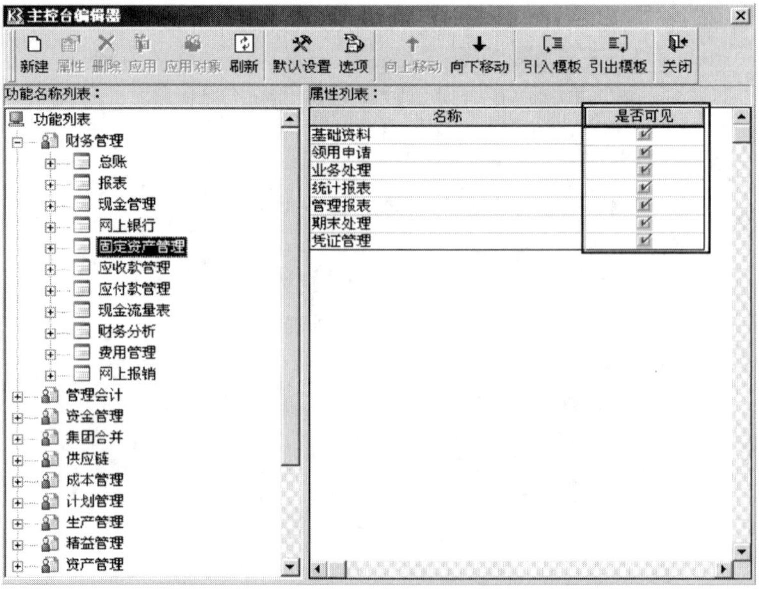

图 15-38 主控台编辑器 2

再展开左侧“系统设置”，点击下方的【初始化】，在右侧属性列表中固定资产后“是否可见”处打“√”，点击上方的【应用】，最后【关闭】退出。

菜单位置：系统设置—系统设置—资产管理

双击明细功能里的【固定资产】—【系统参数】，详细设置如图 15-39 所示，点击【确定】。

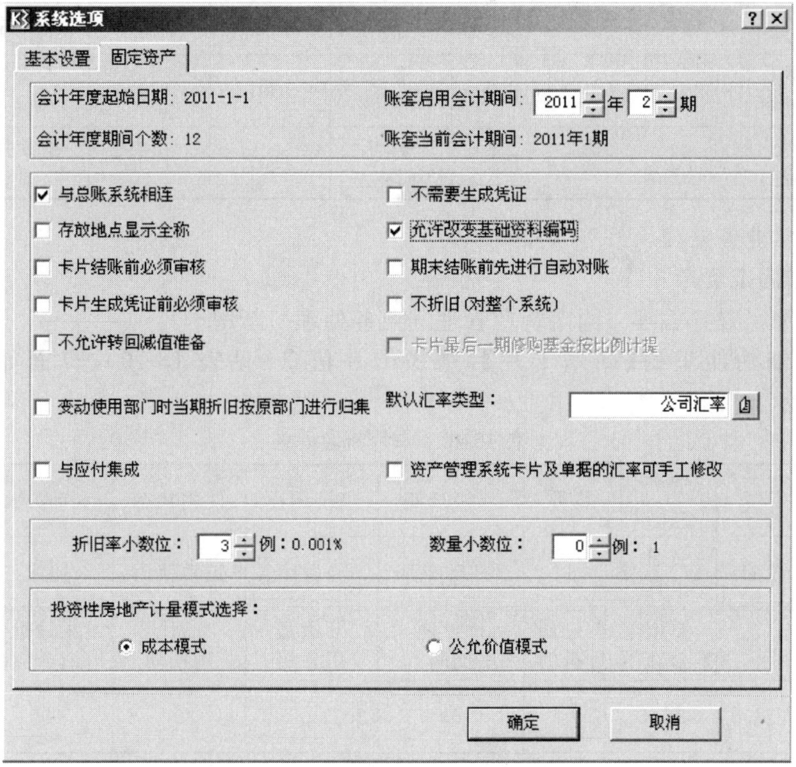

图 15-39　固定资产系统参数设置

15.5.6.2　固定资产初始化

菜单位置：系统设置—初始化—固定资产—初始化

双击功能里的【初始化】，选中“结束初始化”，点击【开始】，直到成功结束初始化。

15.5.6.3　基础资料

（1）变动方式类别增加

菜单位置：财务管理—固定资产管理—基础资料—变动方式类别

双击【变动方式类别】，点击右侧命令按钮【新增】，输入变动方式（见表 15-8），输入完成后，点击【新增】，再【关闭】，退出。

表 15-8　变动方式类别信息

代码	名称	凭证字	摘要	对方科目
002.004	报废	记	报废固定资产	1701 固定资产清理

（2）卡片类别管理

菜单位置：财务管理—固定资产管理—基础资料—卡片类别管理

双击【卡片类别管理】,点击右侧命令按钮【新增】,输入变动方式(见表 15-9),每输入完一条后点击【新增】,确定。

表 15-9　卡片类别管理信息

代码	名称	使用年限	净残值率	计量单位	预设折旧方法	固定资产科目	累计折旧科目	是否计提折旧
001	交通工具	10	5%	PCS	平均年限法	1501	1502	由使用状态决定是否提折旧
002	房屋及建筑物	20	5%	PCS	平均年限法	1501	1502	不管使用状态如何一定提折旧
003	办公设备	5	5%	PCS	平均年限法	1501	1502	由使用状态决定是否提折旧

(3) 日常业务处理

① 新增固定资产

菜单位置:财务管理—固定资产管理—业务处理—新增卡片

双击明细功能里的【新增卡片】,增加卡片信息(见表 15-10),界面如图 15-40～图 15-42 所示。

表 15-10　卡片新增信息

资产编码	资产名称	资产类别	数量	入账日期	经济用途	使用状态	变动方式	使用部门
BG-008	轮胎	交通工具	3	2011-02-15	经营用	正常使用	购入	财务部
折旧费用科目	币别	原币金额	购进累计折旧	预计使用期间数	开始使用日期	已使用期间	累计折旧金额	折旧方法
管理费用(5502)	人民币	12 000	无	60	2011-02-20	0	0	平均年限法

A. 基本信息

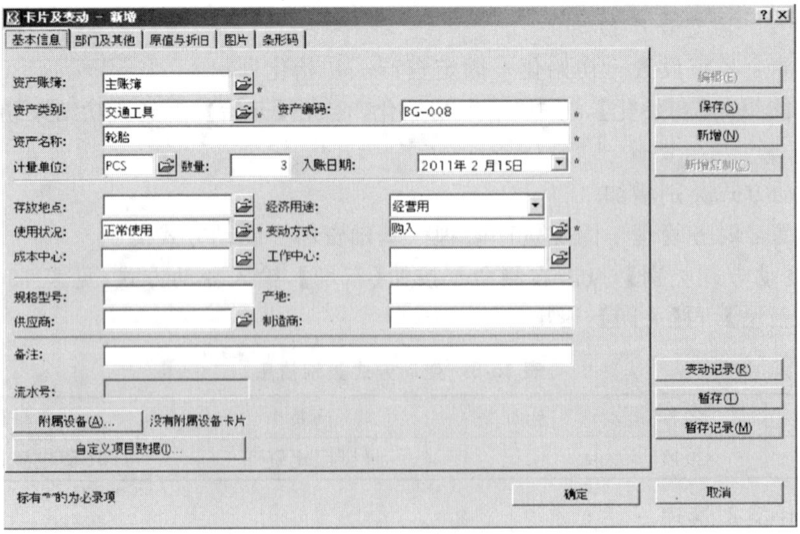

图 15-40　卡片及变动新增(基本信息)

B. 部门及其他

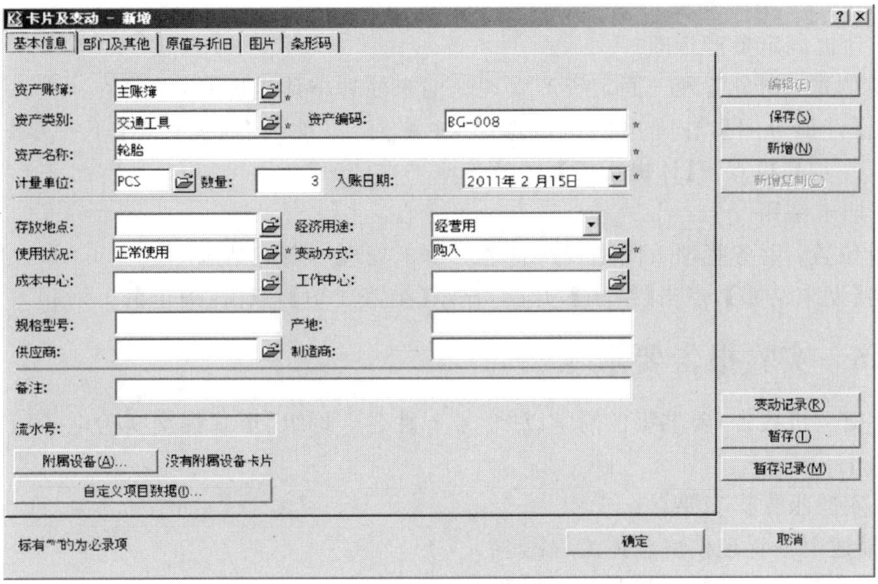

图 15-41　卡片及变动新增(部门及其他)

C. 原值与折旧

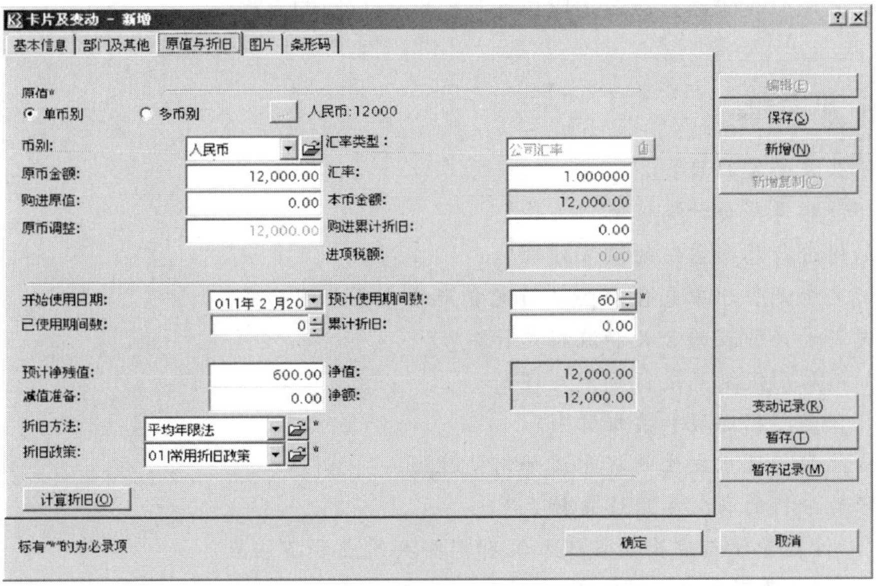

图 15-42　卡片及变动新增(原值与折旧)

全部信息填写完后，点击右侧的【保存】，弹出的提示信息选择“是”，然后点击下方【确定】即可。

② 固定资产变动(选作)

如：将固定资产卡片中轮胎的使用部门由财务部转为仓管部。

点击上一步新增的卡片，点击上方【变动工具】，在弹出的窗口进行固定资产变动，方法与新增卡片时一样。

15.5.6.4　期末处理

(1) 计提固定资产折旧

菜单位置：财务管理—固定资产管理—期末处理—计提折旧

双击【计提折旧】，在弹出的窗口选中“主账簿”添加到右栏，点击【下一步】—【下一步】—【下一步】，再点击【计提折旧】。

(2) 期末结账

菜单位置：财务管理—固定资产管理—期末处理—期末结账

双击【期末结账】，点击【结账】，开始，显示【结账成功】，点击【确定】。

15.6　实验报告要求

(1) 交上机报告，要求每位同学以“学号＋姓名＋班级”形式提交实验电子版，并上交实验报告书。

(2) 实验报告提交要点：

① 描述财务管理模块总体流程图。

② 什么是总账？绘制其业务流程图。

③ 简述报表的类型，绘制报表处理的流程图。

④ 固定资产管理对象有哪些？绘制其管理流程图。

⑤ 什么是应收账款？什么是应付账款？绘制它们的流程图。

思考题

1. 什么是受控科目？
2. 会计账簿与会计凭证有何关系？
3. 如何进行总账系统的期末处理？
4. 固定资产管理中包含哪些对固定资产的业务处理功能？
5. 固定资产管理的含义和流程是什么？
6. 如何对固定资产进行期末处理？
7. 什么是票据贴现和票据背书？
8. 应收款管理中发生的坏账该如何处理？
9. 账龄分析的含义和用途是什么？
10. 应付款管理与应收款管理系统有哪些共同点和不同点？
11. 核销结算时核销方式有哪 3 种？各有何含义？
12. 描述存货核算的总体流程。
13. 无单价单据的含义和用途是什么？
14. 简述入库核算与出库核算的联系与区别，以及各包含的功能。

第16章　生产成本管理模块

16.1　生产成本管理模块功能介绍

生产成本管理系统具有以下功能：① 在公共基础资料中提供成本对象、成本项目、要素费用等重要资料的定义；② 在成本资料设置中提供分配标准、成本类型的自定义功能；③ 业务数据录入分费用录入和产量录入，数据源与K/3其他系统集成共享；④ 以要素费用为主线进行费用分配，并单独处理辅助生产费用、制造费用的分配；⑤ 提供部门间费用分配流程；⑥ 提供向导式成本分步计算，连续实现成本计算和出入库核算的功能；⑦ 提供可核算废品损失的整套业务流程；⑧ 提供多凭证模板，支持多科目来源和多金额来源；⑨ 提供考虑期初库存的成本还原方法，支持用户多元分析，其流程如图16-1所示。

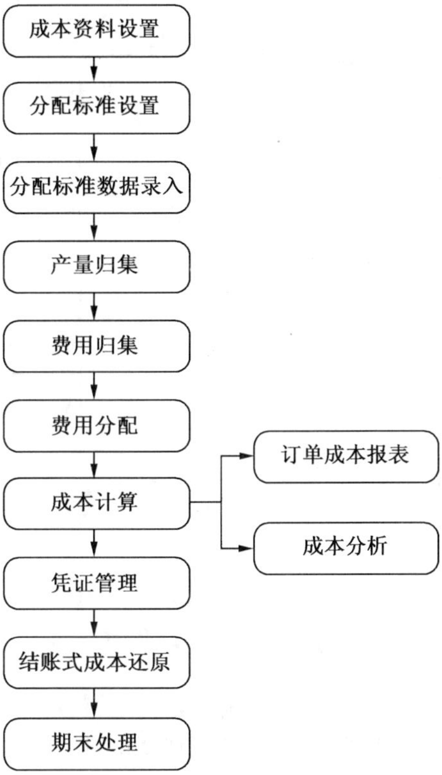

图16-1　生产成本管理流程

16.2　实验目的

在认知ERP产品、熟悉相关界面和功能的基础上，参照生产成本管理操作手册和生产成本实验数据手册，进行相应的实验。

(1) 理解成本核算的流程。

(2) 掌握费用从归集到分摊的方法。

16.3　实验要求

生产成本管理是ERP中非常重要的组成部分，是企业管理工作的重点。本实验要求学生使用所学的生产成本管理知识，录入相应的模拟数据，更好地理解生产成本管理。

(1) 理解生产成本管理模块流程。

(2) 按照生产成本管理操作手册熟悉模块和功能。

(3) 按照生产成本管理实验数据手册进行操作和数据录入。

16.4　实验内容

(1) 分摊标准设置。

(2) 产量、费用归集。

(3) 费用分配。

(4) 成本计算。

16.5 用户权限设置

(1) 单击进入“金蝶 K/3 WISE 创新管理平台”,选择相应的组织机构与当前账套,以命名用户的身份进入,用户名为 administrator,密码为空。

(2) 单击打开【系统设置】—【用户管理】—【用户管理】,找到用户“张会计(成本)”,选中,点击上方工具栏里面的【功能权限管理】,赋予其权限,见表 16-1。

表 16-1 会计权限设置

用户名称	一级功能权限
张会计(成本)	基础资料
	数据引入引出
	系统参数配置
	总账
	固定资产
	应收账
	应付账
	实际成本管理系统
	仓存管理系统

16.6 实验步骤

16.6.1 系统设置

以“张会计(成本)”身份进入系统。

菜单位置:系统设置—基础资料—公共资料

(1) 操作步骤 1:要素费用

双击打开【要素费用】,点击上方工具栏【新增】,在弹出的窗口里新增表 16-2 所列数据。

表 16-2 要素费用管理

代码	名称	默认对应成本项目
5005	办公费	直接人工
5006	其他费用	直接人工

(2) 操作步骤 2:成本项目

双击打开【成本项目】,点击上方工具栏【新增】,在弹出的窗口里新增表 16-3 所列数据。

表 16-3　成本项目管理

代码	名称
4005	水电费
4006	修理费

16.6.2　初始化设置

以 administrator 的身份进入系统。

菜单位置：系统设置—初始化—实际成本

双击【结束初始化】，弹出窗口，确认进行结束初始化操作，可能会遇到问题，如图 16-2 所示，则打开“系统参数设置”，设置会计期间开始为 1，本会计期间为 1（手工修改：选中“启用会计期间”，再输入“1”即可），点击【确定】，再结束初始化即可。

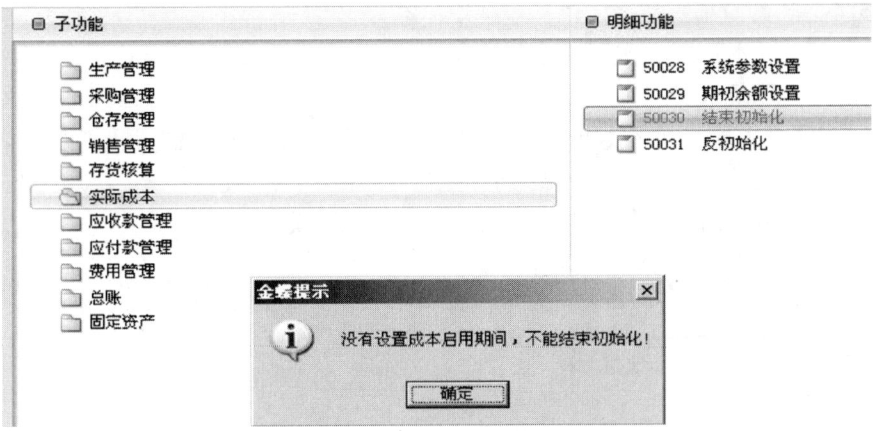

图 16-2　系统初始化异常

选择“是”结束初始化，完成之后，以用户名张会计（成本）重新登录。

注意：结束初始化后，请检查账套目前会计期间，单击打开【系统设置】—【系统设置】—【实际成本】，双击【系统参数设置】，查看当前会计期间是否为第 1 期，如果不是，则进行以下操作：

以 administrator 的身份进入系统，进入主菜单【系统】—【设置】—【主控台编辑】，对左栏功能列表中的【成本管理】—【实际成本】，增加【期末处理】功能，再选择【应用】。进入【成本管理】—【实际成本】—【期末处理】，双击【期末结账】，对会计期间“第 1 期”进行“反结账”，反结账成功后，再返回【系统设置】—【系统设置】—【实际成本】，双击【系统参数设置】，查看当前会计期间是否为第 1 期。确定没有问题后，重新以用户名张会计（成本）登录。

16.6.3　实际工时录入

输入实际工时之前，进入【系统设置】—【基础资料】—【公共资料】，双击【部门】，在打开的部门页面双击【机加车间】，找到并修改“成本核算类型”，设置为“基本生产部门”。

菜单位置：成本管理—实际成本—分配标准数据录入—实际工时录入

双击打开【实际工时录入】，对过滤页面选择"确定"，点击工具栏【新增】，实际工时录入的数据信息见表 16-4，填写完成之后，点击【保存】。

表 16-4　实际工时录入信息

部门代码	部门名称	成本对象代码	成本对象名称	工时类型	工时	日期
07	机加车间	1.01	轴承	机台工时	200	2011-01-10
07	机加车间	1.01	轴承	人工工时	20	2011-01-10
10	装配车间	1.01	轴承	机台工时	180	2011-01-10
10	装配车间	1.01	轴承	人工工时	18	2011-01-10

16.6.4　产量归集

菜单位置：成本管理—实际成本—产量归集

(1) 投入产量录入

双击打开【投入产量录入】，出现"过滤"框，点击【确定】，即出现"投入产量录入"，点击上方工具栏【引入】，引入数据的步骤如下：

① 在"数据引入向导—简介"界面(见图 16-3)，点击【下一步】。

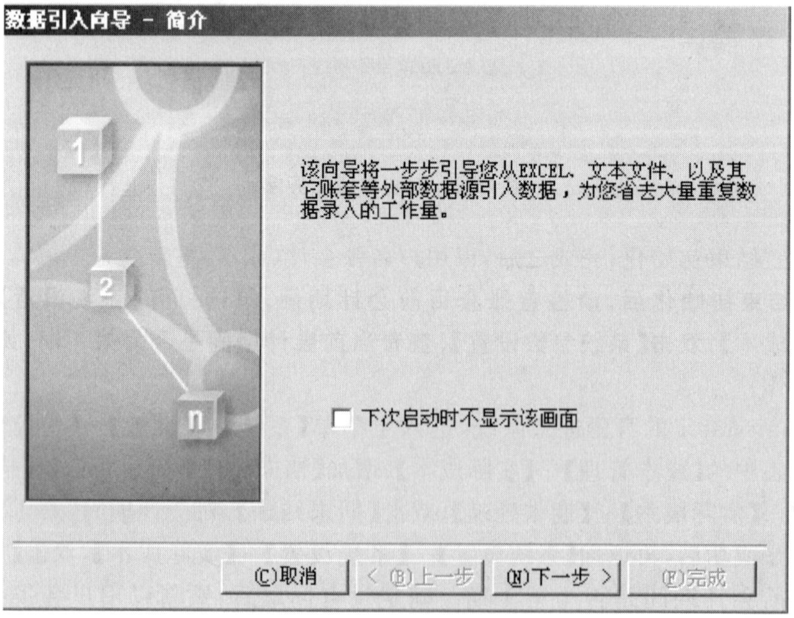

图 16-3　数据引入向导 1

② 在"步骤 1"中，进行勾选，如图 16-4 所示，点击【下一步】。

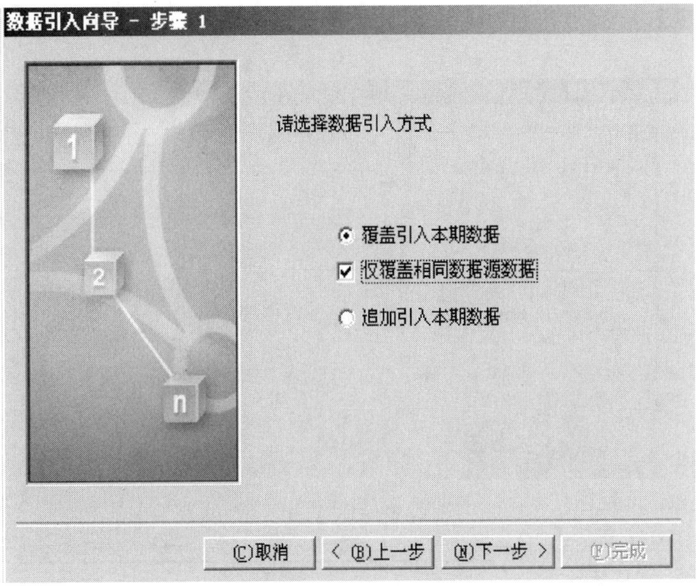

图 16-4　数据引入向导 2

③ 在“步骤 2”中，进行勾选，如图 16-5 所示，即选中“生产任务单”。

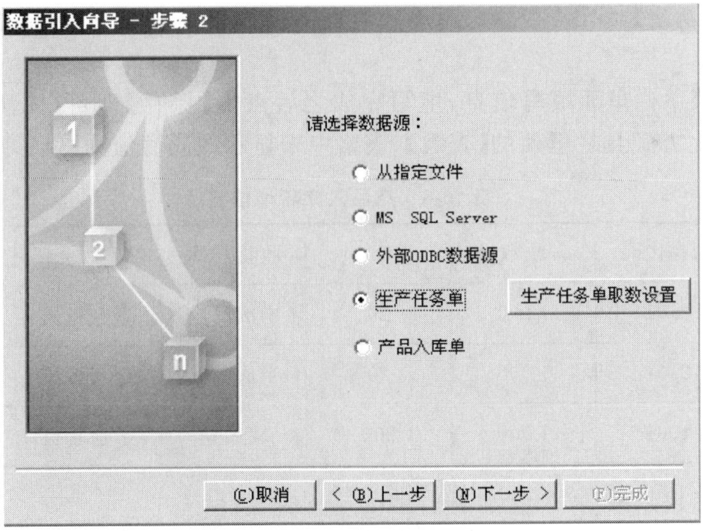

图 16-5　数据引入向导 3

点击【生产任务单取数设置】，点击【新增】，录入数据(见表 16-5)，点击【保存】。

表 16-5　生产任务单取数新增信息

部门代码	部门名称	任务单取数日期
07	机加车间	下达日期
10	装配车间	下达日期

点击【下一步】，最后点击【完成】即可，如图16-6所示。

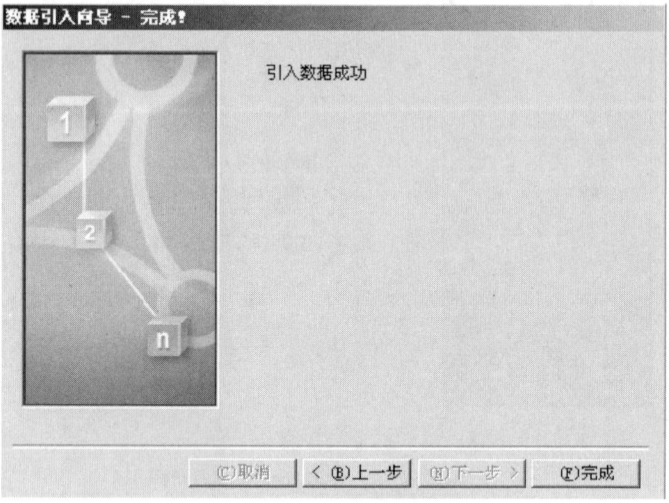

图16-6　数据引入向导4

（2）完工产量录入

双击打开【完工产量录入】，出现“过滤”框，点击【确定】，即出现“产品入库”，点击上方工具栏里面的【新增】，弹出“产品入库单的界面”，采用手工录入方法，新增产品入库单的信息，见表16-6。

在相应的菜单栏里面填写信息，填写完成之后点击【保存】即可（无法填写信息的按【F7】或者点击上方工具栏里面的【查看】，表格中未显示的属性值为默认即可，无须修改）。

表16-6　产品入库新增信息

交货单位	物料代码	实收数量	单价/元	收货仓库	验收人	保管人
生产部	2.01	1 000	20	半成品仓	李仓管员	李仓管员
生产部	2.01	1 000	20	半成品仓	李仓管员	李仓管员
生产部	1.01	1 000	200	成品仓	李仓管员	李仓管员

16.6.5　费用归集

菜单位置：成本管理—实际成本—费用归集

（1）材料费用录入

双击打开【材料费用录入】，出现“过滤”框，点击【确定】，即出现“材料费用录入”，点击上方工具栏的【新增】，弹出“领料单”新增界面，采用手工录入方法新增产品信息，见表16-7。

在相应的菜单栏里面填写信息，填写完成之后点击【保存】即可（无法填写信息的按【F7】或者点击上方工具栏里面的【查看】，表格中未显示的属性值为默认即可，无须修改）。

表 16-7　材料费用新增信息

领料类型	领料部门	物料代码	实发数量	单价/元	发料仓库	领料人	发料人
一般领料	生产部	3.01	300	20	原材料仓库	郭操作员	李仓管员
一般领料	生产部	3.02	300	20	原材料仓库	郭操作员	李仓管员
一般领料	生产部	3.03	500	5	原材料仓库	郭操作员	李仓管员
一般领料	生产部	3.04	500	2	原材料仓库	郭操作员	李仓管员

(2) 人工费用录入

双击打开【人工费用录入】，出现“过滤”框，会计期间选择“1—5”，点击【确定】，即出现“人工费用录入”，点击上方工具栏里面的【新增】，手工录入表 16-8 所列数据，保存后即可。

表 16-8　人工费用新增信息

部门	成本项目代码	成本项目名称	成本对象名称	费用科目	金额/元	日期
装配车间	4002	直接人工	共耗费用	生产成本—基本生产成本	600	2011-01-30
机加车间	4002	直接人工	共耗费用	生产成本—基本生产成本	2 000	2011-01-30

(3) 折旧费用录入

单击打开【折旧费用录入】，出现“过滤”框，会计期间选择“1—5”，点击【确定】，即出现“折旧费用录入”，点击上方工具栏里面的【新增】，手工录入表 16-9 所列数据，保存后即可。

表 16-9　折旧费用录入信息

部门	成本项目代码	成本项目名称	成本对象名称	金额/元	日期
装配车间	4003	制造费用	共耗费用	500	2011-01-17

(4) 其他费用录入

菜单位置：实际成本—费用归集—其他费用录入

双击打开【其他费用录入】，出现“过滤”框，会计期间选择“1—5”，点击【确定】，即出现“其他费用录入”，点击上方工具栏里面的【新增】，依次输入表16-10所列数据信息，录入完成一条信息，点击【保存】，之后再点击【新增】，添加新的信息即可。

表 16-10　其他费用录入新增信息

要素费用代码	要素费用名称	部门名称	成本项目代码	成本项目名称	金额/元	日期
5006	其他费用	装配车间	4005	水电费	460	2011-02-05
5005	办公费	机加车间	4006	修理费	500	2011-02-08

16.6.6　费用分配

菜单位置：成本管理—实际成本—费用分配

（1）材料费用分配

① 单击打开【材料费用分配】，出现“过滤”框，点击【确定】，即出现“材料费用分配”，依次针对每一条单据信息进行操作，点击上方工具栏【核算】，在弹出的窗口里选择“材料出库核算”，结转的物料为“结转本期所有的物料”，依次点击【下一步】，直至完成。可查看生成的报告。

② 再次点击【核算】，在弹出的窗口里选择“无完工产品出库核算”，依次点击【下一步】，直至完成。

③ 再选择“自动”，由系统自动进行材料费用的分配，请逐条记录进行操作。

④ 可在“费用分配报表”中，查看材料费用分配的汇总表与相应的明细表。

（2）其他费用分配

设置其他费用的分配标准设置：点击主控台【系统】—【设置】—【主控台编辑】，左栏找到“成本管理—实际成本”，勾选“实际成本”的所有选项为可视状态，点击【应用】。再点击左栏的【成本管理】—【实际成本】—【分配标准设置】，勾选“分配标准设置”的所有选项为可视状态，点击【应用】，再【关闭】。

① 分配标准设置

菜单位置：成本管理—实际成本—分配标准设置

双击【其他共耗费用分配标准设置】，对所有的要素费用，选择“统一设置”，费用分配标准为“实际总工时”，点击【保存】就可以完成费用分配标准设置了。

② 费用分配

菜单位置：成本管理—实际成本—费用分配

A. 双击打开【其他费用分配】，点击【确定】，依次针对每一条单据信息进行操作，点击上方工具栏【自动】，由系统自动进行其他费用的分配。

B. 可在“费用分配报表”中，查看其他费用分配的汇总表与相应的明细表。

16.6.7 成本计算

菜单位置：成本管理—实际成本—成本计算

（1）成本计算合法性检查

双击【成本计算合法性检查】，依次点击【下一步】（在该步骤中选择“实际成本合法性检查”，在“完成”中查看报告）。

（2）产品成本计算

① 材料出库核算：双击【产品成本计算】，依次点击【下一步】（其中材料出库核算项为“材料出库核算”，在第一步中选择需要进行结转的物料为“结转本期所有物料”），在完成之后可查看报告。

② 无完工产品出库核算：双击【产品成本计算】，依次点击【下一步】（其中材料出库核算项为“无完工产品出库核算”），在完成之后可查看报告。

16.7 实验报告要求

（1）交上机报告，要求每位同学以“学号＋姓名＋班级”形式提交实验电子版，并上交实验报告书。

（2）实验报告提交要点：

① 简述实际成本管理的流程。

② 如何实现从费用归集到费用分配？

③ 简述成本计算的步骤。

思考题

1. 请阐述费用归集与费用分配的关系。

2. 请对实际成本计算过程进行详细描述。

3. 请阐述期末处理对于成本计算的作用。

4. 针对成本分析报表，请阐述报表当中包含的信息，以及信息所反映的问题对于企业生产的作用与意义。

第三篇

ERP 应用篇

介绍 ERP 实施路径和软件选型方法，提出实施中的瓶颈问题。结合最新的技术和应用环境，介绍金蝶公司在 ERP 实施过程中的成功案例和失败案例，并分析其原因，总结 ERP 的实施经验。

第17章 ERP实施经验与方法

17.1 ERP实施案例背景介绍

某制药企业是一家以生产抗生素为主的药厂。该厂在2003年初引进ERP软件进行企业信息管理，下面以该厂ERP实施为背景，讲述实施的具体过程。

2003年年初，该厂购进ERP软件产品，并开始进行实施。

用友公司为此成立了实施小组，确定项目实施经理和项目工作人员，厂方也成立了项目小组。在开始的需求调研阶段，该厂的财务总监在管理应用方面提出了许多需求，用友公司的实施经理记录了所有的需求，但对这些需求的处理给不了确定的答复，为后期实施埋下了隐患。

用户需求调研完成后，该厂的信息中心主任被公司任命为客户方项目小组的项目经理，双方合作，顺利地完成了硬件测试和软件安装测试，并且也很顺利地完成了这些方面的知识转移，但接下来的工作就无法展开了。首先，他无法协调其他部门的工作，比如采购部的人员不听从他的指挥，销售部人员的一些日常工作数据和需求他又无法了解，更无法表达；其次，由于缺乏专业知识，他无法归集整理各个业务部门的数据需求，无法表述成本归集、费用分配等专业活动，导致实施人员无法进行工作。

在数据准备阶段，由于该厂各个部门信息不共享，导致数据不准确、不及时，如存货档案数据中出现了许多同物不同名的现象，实施小组成员花了大量的时间和精力进行数据纠错。库管人员又总以工作忙为由，原本4天就可以完成的盘点却花了10天才给出盘点数据，浪费了很多时间，降低了项目小组的工作效率，实施工作处于半瘫痪状态。

在培训阶段，该厂各部门的培训人员总以工作为由不参加培训或者采取三天打鱼两天晒网的态度来上课，在这种情况下，软件操作知识转移就达不到预期的效果，同时培训的时间也在这种情况下延期了，最后培训考核工作也由于该厂的项目经理无法组织而不了了之，培训效果可想而知。很多操作人员不清楚自己的操作流程和操作方法，导致录入的数据不准确，后期又花了很多时间和精力进行数据纠错。

由于上述原因，在经过2个月后，该厂的ERP实施工作还处于数据测试阶段，进展异常缓慢，迫使ERP软件公司更换了实施经理对实施工作进行调整。

用友实施经理再一次和该厂的财务总监进行沟通，要求更换厂方项目经理，重新指派一名既懂专业知识又能协调各部门工作的人员担当项目经理。同时，再一次对财务总监提出的需求进行分析，对能够达到的需求给予确认，对不能达到的需求给予灵活变通的处理。这次是站在需求角度和用户进行沟通，引导用户，用户则站在软件应用和管理的角度更改了前期的需求，放弃了一些无法实现需求，为后期工作打下了一个良好的基础。

随后，厂方重新指派了一个项目经理，此人具备专业知识，同时也能很好地协调各部门的工作。厂方还重新开了项目启动大会，总经理在大会上发言，指出了前期工作的不足，提出了严格的奖惩制度，要求考核这次实施工作中的个人业绩。这次大会，总经理始终都在会场上，让各个部门的人员都认识到了实施工作的重要性和严肃性，大会开得很成功。

后期工作比较顺利地开展起来，厂方项目经理能很好地与公司项目小组进行沟通，项目小组很快确定了每个业务流程的操作步骤和相应的流程单据。

在数据准备阶段，厂方项目经理严格把关，确定每项数据的准确性和及时性。各个部门的工作人员态度也发生了改变。例如，在存货档案准备工作中，各个部门的负责人一起碰头协商，消除了各部门各自为政的现象，对多种名称的同一存货当场进行统一命名，并及时传达给各部门的其他人员，确保了工作的高效性。上次用了七八天的工作这次只用了3天就完成了，而且数据准确性得到了提高。这次，各部门的负责人都非常认真地要求下属工作人员及时准确地掌握软件的操作方法，对不明白的问题当天解决，不让问题过夜，使各部门的数据在第一时间实现了准确的流动，为后面的动态数据阶段打下了良好的基础。同时，这也杜绝了以前工作拖拉的现象，大家都能在规定的时间内出色地完成任务，对实施工作的顺利进行充满了信心。

在培训过程中，厂方项目经理及时协调各部门工作人员的工作，并且让所有参加培训的人员进行培训签到，所以这次培训没有缺席的现象出现。培训结束后，进行了一次培训考核，结果也让人满意。

在随后的实施工作中，每个步骤的工作都能按进度进行，上线切换工作也顺利完成，最后，实施小组成员和厂方项目小组成员一起编写了针对不同部门不同岗位人员的操作手册，同时也制定了系统的操作规章制度，为以后成功应用ERP系统打下了基础。

17.2 ERP实施的软件选型

每个实施ERP的企业都必须有一套软件系统。从ERP的发展过程来看，软件系统的实现有两种方法，即自行开发软件和购买现成的商品软件。

自行开发软件有明显的缺点：耗时过长、未必成功、起点较低。

自行开发一套ERP软件，一般要用2～3年的时间，而且往往着眼于当前的业务环境和需求，其管理思想的体现只能取决于当前管理人员和软件开发人员。因而往往起点较低，可能经不起时间的考验。一旦业务发展突破原有框架，软件很可能不再适用。

有鉴于此，在20世纪80年代以后，无论是国内还是国外，实施应用ERP的企业几乎都是购买商品软件系统。这些商品软件基上都是按照Oliver Wight公司发布的“MRPI标准系统”的要求开发的，而且功能上多有扩充，都能体现ERP的管理思想。但是也不能由此得出结论，认为购买现成的商品件就是一件简单和十全十美的事情。事实上购买现成的商品软件可能出现以下问题：

（1）由于商品软件的通用性，系统可能过于复杂。一般来说，要比企业具体的需求复杂得多，这既造成使用上的困难，而且价格也高。

（2）可能需要进行二次开发来修改或扩充系统的功能。

（3）可能难以连接企业已有的程序。

（4）可能存在故障隐患。

鉴于购买商品软件可能出现这样或那样的问题，如何选择商品软件就成了十分重要的问题。下面,从选择商品软件的原则、做法及签订合同等三方面提出一些建议。

17.2.1　ERP 软件选型的原则

(1) 选择一个实用的和适用的软件产品

选择商品软件总是某一特定企业的行为。软件选择的目标应当是针对本企业的实际情况选择一个最为实用和适用的软件产品来满足企业的需求,而不是经过 3 年或 5 年,选择一个一般意义上"最好的"软件产品。然而,在实践中有些企业却往往盲目地去追寻"最好的"软件产品,于是花费了很多时间和精力而不得要领。企业的软件选择队伍往往根据个人对于软件产品的好恶形成不同的意见,争来争去,难以决定,既浪费了大量时间和金钱,又丧失了许多机会。在这种情况下,无论哪一派意见最终赢得了决定权,企业都是输家。

(2) 兼顾软件产品的功能和技术,既要满足当前的需求,又要考虑未来的发展

在选择软件产品时,既要考虑软件的功能又要考虑软件的技术,既要考虑当前需求又要考虑未来需求。然而,它们两两之间往往是相互矛盾的。为了解决这两对矛盾,可以参考美国 Gartner Group 公司提出的 ERP 软件四区域技术功能矩阵(见图 17-1)进行综合考虑。该矩阵由直角坐标系中的四个区域构成,纵坐标表示功能的完备程度,横坐标表示技术水平的高低。根据各种 ERP 软件产品的功能和技术水平,把它们分别放置在不同的区域中。区域Ⅰ称为保持优势(remain)区域,该区域内的软件在功能和技术两方面都是很好的,是 ERP 软件产品的市场领导者。区域Ⅱ称为有待加强(reinforce)区域,该区域内的软件产品技术先进,但功能尚有待完善和加强。区域Ⅲ称为重新构造(rebuild)区域,该区域的软件产品功能比较强,但技术已显得落后,从长远来看这些软件是没有生命力的。所以,必须用新技术来重新构造。区域Ⅳ称为重新考虑(review)区域,该区域的软件品在技术和功能两方面都比较差,当今的主流软件几乎没有在此区域的。已经购买了这类软件的用户要重新认真考虑继续投资是否明智。

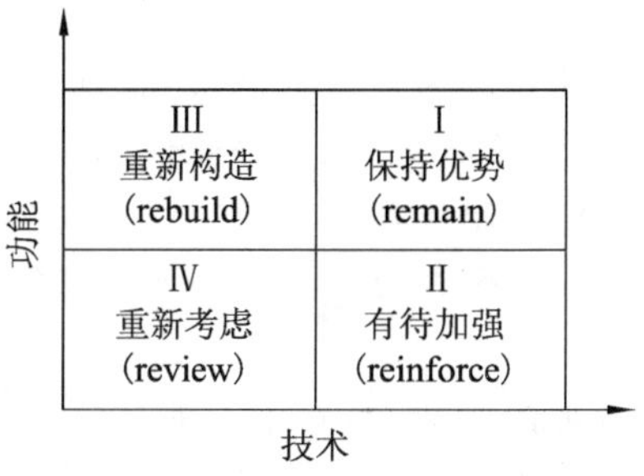

图 17-1　Gartner Group 四区域技术功能矩阵

从这个矩阵可以看出,凡是落在区域Ⅳ中的软件产品是不可选择的;落在区域Ⅲ中的软件产品是尽量不要选择的,因为这类软件虽可以满足当前需求,但从长远来看是没有生命力的:落在区域Ⅱ中的软件产品是可供选择的,可以作为重点考虑对象;落在区域Ⅰ中的软件产品一般都是价格昂贵的,中小企业往往难以承受,在选择时要根据企业的投资综合考虑。

(3) 要选择有成功用户先例的软件产品,不要做"第一个吃螃蟹的人"

即使对于落在区域Ⅰ或Ⅱ中的软件产品,也要考察其是否有成功的用户。成功的用户可以验证软件产品及其相关服务的有效性。实施 ERP 是企业的大事——既要做出较大的投资,又要成为企业的重要资源。所以,不要贸然选择那些未经实践证实的软件产品。特别要注意不要被供应商牵着鼻子走。企业选择商品软件的过程,也正是软件供应商推销其产品的过程。在这个过程中,软件供应商将会帮助企业分析需求并给出解决方案,而这一切都是以推销其产品为目的的。软件供应商为了扩大市场,当然希望他们的用

户获得成功。但是，他们首要的目的是把当前的产品推销出去。在选择软件产品的过程中，软件供应商并不是企业的同盟者，而是谈判对象，企业应当对此始终保持清醒。

（4）不要操之过急

在开始选择商品软件之前，首先应当参加关于 ERP 的初始教育，了解什么是 ERP、成本如何、效益如何、如何实施、如何管理等一系列问题。在完成初始教育之前，不能开始软件选择的过程。对于首次实施 ERP 的企业来说，错误之一就是在没有进行初始教育的情况下，就去选择商品软件系统；而最大的错误就是在这种情况下做出了决定，因为在这种情况下做出正确的选择几乎是不可能的。

（5）不要拖延太久

应当强调的一个事实是，世上没有十全十美的软件产品。所以，不要指望找到十全十美的软件产品，不要因为过分的挑剔而延误了 ERP 的实施。因为延误 ERP 的实施本身就意味着损失。一般来说，软件产品都有自己的市场定位。企业应根据自身的实际情况（需求和资金）确定商品软件的选择范围，在 3～4 个月内，认真考察 5～6 个商品软件，应当能够做出决定。

（6）搞清为了补偿不足的功能要对软件做哪些修改或扩充，以及如何与现有系统相连接

如前所述，没有十全十美的软件系统。因此，不要希望原封不动地使用现成的商品软件来实现希望的所有功能。ERP 不是一个简单的计算机项目，它涉及企业运营的各个方面。这里，一方面是人们所希望的功能，另一方面是商品软件所提供的功能，二者往往不尽一致。据 ERP 的标准逻辑，调整前者是不言而喻的，但有时对后者在一定程度上进行修改或用户化开发也是不可避免的。应当确定哪些修改或扩充是必须做的，以及由谁来承担——是由自己来做，还是由供应商来做，或是请第三方来做。在任何情况下，都既要计算成本又要考虑所需的时间。必须有一个时间表，因为任何推迟都是损失。

（7）要保留原有系统中好的部分

有些企业在某一方面有很好的应用程序。例如，有的企业有很好的车间生产控制系统而其他方面较差。如果所选择的商品软件系统中车间生产控制系统不如原有的好，则应保留原有的系统，开发相应的接口与商品软件连接，而不应盲目地抛弃原有系统。

（8）根据性价比来评价软件系统

不同的商品软件往往有不同的功能、性能和可选特征，也有不同的价格，因此必须综合考虑。性价比是一个很好的指标。在根据企业需求确定了软件系统的性能之后，可以通过以下 4 项之和来计算软件的初始成本（不计维护成本）：软件系统的价格、软件修改的成本、接口成本、推迟实施的成本。正确选择商品软件的任务是使总成本最低。

（9）软件选型队伍的组织

组织一个精干、高效率的软件选型队伍，对于正确地选择 ERP 软件产品是非常重要的。这里有三点应当引起注意：

① 软件选型队伍中应当包括有决策权的人，以便于决策。

② 软件选型队伍应当和将来的实施队伍统一。这样，在软件选择的过程中，就能考虑到实施的要求，对问题的处理能够更全面。

③ IT 部门应参与软件的选择和评价。虽然 IT 部门的人员不应对软件的选择负最

终的责任但应参加软件评价的活动。他们可以从技术上对软件进行评价，对选择过程中的不同意见起到平衡的作用，且能保证所选择的软件能够与已有的系统兼容。

(10) 做好资金准备

购买 ERP 商品软件系统需要一笔较大的投资，在开始选择软件产品之前，应当先做好预算并得到批准，以保证选购商品软件的活动正常进行。

17.2.2　ERP 软件选择的方法

面对商品软件系统各种各样的功能和模块，应把目光集中在最本质的地方。

选择 ERP 商品软件，要从以下 5 个方面进行考察。

(1) 考察软件的功能

有些企业在考察软件产品的功能时常常是列出企业所需要的功能，然后一一衡量软件产品的功能。这种做法的缺点是没有考察系统的内在逻辑，而正是这种内在逻辑才能使系统的各项功能很好地运行起来；所列出的功能很容易使不同的人有不同的理解；另外，用这种方法选出的软件往往比较复杂。好的方法是把企业的实际需求和 ERP 的标准逻辑相结合，作为考察软件产品功能的依据。首先了解系统的内在逻辑，以及为了使系统付诸使用必须要做哪些用户化工作，这些工作能否在所要求的时间内完成。

Oliver Wight 公司出版的《MRPⅡ标准系统》(*MRP Ⅱ Standard System*)中论述了从功能和逻辑上为制造业普遍接受的 MRPⅡ的标准。其中列出了作为 MRPⅡ系统的软件应具备的最小功能集合。ERP 的概念由美国 Gartner Group 于 20 世纪 90 年代初提出。Gartner Group 是通过一系列的功能和技术标准来界定 ERP 的。所以，《MRPⅡ标准系统》和 Gartner Group 关于 ERP 的定义中所强调的都可以作为 ERP 选型的依据。

另外，还应考察软件功能的合理性，如模拟现实的能力；软件的连通性，是否具有数据接口和程序接口，以便于二次开发；软件输出报告是否满足企业的要求；软件的运行时间和响应时间；软件的兼容性；软件是否简明、易学、易用等。

(2) 考察软件的技术

从系统的角度考虑，所用的技术是否具有先进性，如 Gartner Group 关于 ERP 的定义中所强调的技术，如客户机服务器体系结构、图形用户界面(GUI)、计算机辅助软件工程(CASE)、面向对象技术、关系数据库、第四代语言、数据采集和外部集成(EDI)等都可作为考察的对象。

系统的开放性也是应当考虑的问题。在实施应用 ERP 的过程中，用户化的开发往往是不可避免的。可能在实施 ERP 系统之前，企业里已经有某个方面的很好的子系统，实施 ERP 时，企业希望保留这样的子系统；随着形势的发展，企业可能要开发某个子系统。在这些情况下，都需要把这些子系统与 ERP 系统连接起来，实现数据共享。还有的时候，需要把 ERP 系统中的数据成批地提取出来进行处理，或者把一批数据输入到 ERP 系统内。凡此种种，都需要 ERP 系统具有在程序级或数据级上的开放性。系统开放性不好，就会给这方面的工作带来麻烦。

用户还应考察软件在使用上是否友好，如软件汉化的质量、软件的输出报告是否满足企业的要求等。

另外，软件的文档对于软件的应用是非常重要的。软件文档包括使用手册、帮助文件和培训教材。要考察软件文档是否齐全及汉化的质量，还要考察文档组织的逻辑性，是否有有效的索引，是否叙述清楚、简明、易读，而不是烦琐冗长。

(3) 考察供应商的技术支持能力

一般来说，企业不但要购买供应商的 ERP 软件还要购买他们的服务。因为经验表明，没有外部专家的帮助，一个没有经验的企业几乎是不可能把 ERP 项目实施成功的。所以虽然企业最终应当立足于依靠自己的力量去使用和维护软件系统，但是在开始阶段，供应商所提供的培训、实施咨询和技术支持对于顺利地实施 ERP 项目是非常重要的。这样，就要考察供应商的技术支持能力，特别是供应商的实施顾问、培训教师及其他技术人员的资历和经验，这对于成功地实施和应用 ERP 系统是非常重要的。从这一点考虑，最好直接从软件开发商那里购买软件和服务。

(4) 考察 ERP 软件供应商的经济实力

实施应用 ERP，就要和软件供应商进行很长时间的合作。所以，在进行软件选型时考察 ERP 软件供应商的经济实力是非常重要的。通过考察软件供应商的经济实力，可以确定该供应商是不是一个可以比较长期合作的对象。

(5) 考察供应商的用户

通过考察供应商的用户群落，特别是本企业的同行业用户，可以了解用户对软件的使用情况和满意程度，可以了解供应商对用户的培训、实施指导与帮助是否得力，可以了解供应商对用户的技术支持是否及时有效，可以了解其供应商的用户成功率等。如果用户的反映比较好，至少说明供应商的软件和服务不差。应当注意的是，这项活动不要完全听凭供应商的安排，应当请供应商提供几家用户，从中进行选择。

上述 5 个方面，不同的用户可能会有不同的要求。具体的做法：根据企业的需求，综合考虑以上 5 个方面，进行适当的分解，设定适当的权重，形成一份软件产品选型评价指标体系，然后进行综合评价。

17.2.3 签订合同

在确定了所要购买的商品软件之后，签订合同时应注意以下几个方面的问题：

(1) 购买商品软件的合同一般是由软件供应商来起草的。除非特别有利，一般不要签供应商提供的现成的合同。在所签的合同中一定要反映本企业对软件产品的评价和要求。

(2) 要有准备，企业的谈判代表在软件评价和选择阶段就应尽早阅读供应商起草的合同。

(3) 在合同中一定要包括处理故障隐患的条款，应当尽可能详细、清楚地规定排除故障的责任、时间及惩罚方式等。一个软件供应商如果拒绝承担迅速排除故障的责任，可能是一个信号，表明他们对于自己的产品或排除产品故障的能力缺乏信心，或二者兼而有之。在这种情况下，应当毫不犹豫地另选其他供应商。

(4) 关于供应商的义务和相关的日期，一定要通过明确的语言在合同中表述清楚，避免使用模棱两可或含糊不清的语言。

(5) 购买过程中发生的任何事项都要以书面形式在合同中表达清楚，不要相信任何口头承诺。

(6) 要有一个合理的付款日程表，不要把财务控制杠杆轻易地交到供应商手中。

(7) 如果合同中包括惩罚条款，则必须和付款日程表相结合。

（8）关于软件的维护，一般一次只签订一年的合同，以便确定供应商的服务质量。

17.3　ERP 实施的路径

在过去的几十年中，已有大量的企业实施了 MRP、MRPⅡ 和 ERP，其中有成功的，也有不成功的。通过这些实践，积累了丰富的经验，搞清了应该做什么，不应该做什么，从而对 ERP 的实施形成了一条可靠路径。图 17-2 以甘特图的形式在 18 个月的时间框架内展示了这条可靠路径的内容。

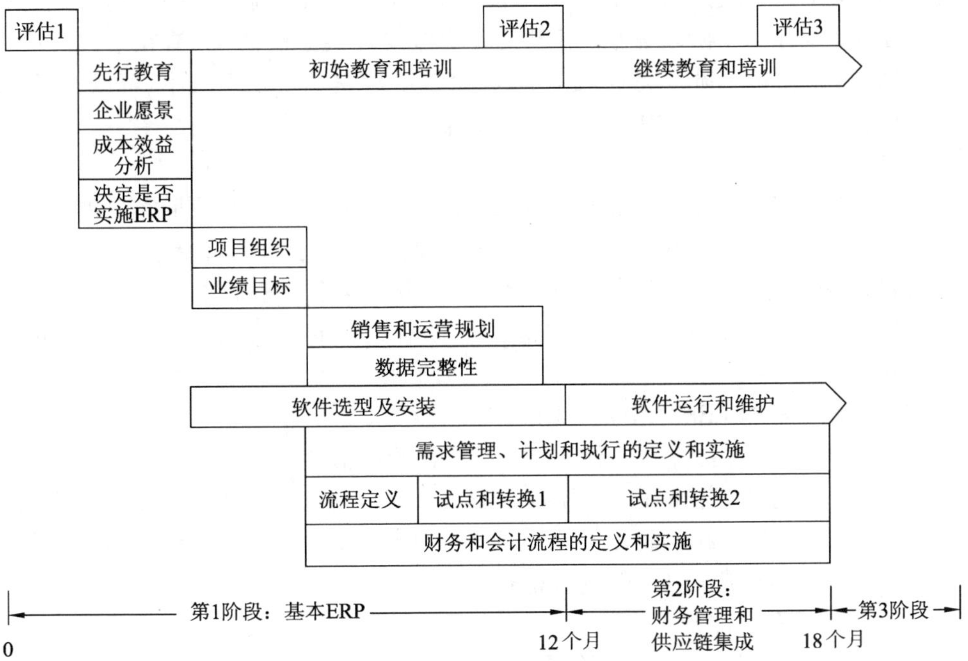

图 17-2　ERP 实施的可靠路径

ERP 实施的可靠路径和 ERP 本身一样，不是来自空想的理论，也不是出于灵感的迸发，而是产生于艰苦的实践，是大量经验和教训的总结。这条可靠的路径由以下 17 个基本步骤组成：

① 初始评估。

② 先行教育。

③ 企业愿景。

④ 成本效益分析。

⑤ 做出实施 ERP 的决定并制定项目公约。

⑥ 项目组织。

⑦ 业绩目标。

⑧ 初期的教育和培训。

⑨ 软件选型及安装。

⑩ 销售与运营规划。

⑪ 数据完整性。

⑫ 需求管理、计划和执行流程的定义和实施。

⑬ 财务和会计流程的定义和实施。

⑭ 第一阶段末的评估。

⑮ 继续教育和培训。

⑯ 第二阶段末的评估。

⑰ ERP 系统的运行管理——持续改善、不断提高。

如图 17-2 所示，在 ERP 实施的第一阶段上述步骤的①～⑭都将开始且大部分完成。而步骤⑫则跨越两个实施阶段。此步骤可以分为三项活动，即定义、试点切换 1 和试点切换 2。前两项活动在第一阶段完成，第三项活动即实现供应链的集成，在第二阶段完成。至于步骤⑬，可以在第一阶段完成，也可以在第二阶段完成。在实践中，可以有一定的灵活性。下面，我们详细介绍其中几个重要的步骤。

17.3.1 初始评估

对企业所处的竞争形势、存在的问题和机遇，以及如何更好地满足客户需求、提高生产能力、提高财务管理的水平、优化企业流程等提高企业竞争力的重要问题进行深入的分析和评估，从而做出在公司范围内实施 ERP 的决策。这个过程的参加者包括总经理、各职能部门经理，一般来说，还应当包括一位外聘的有经验的 ERP 专家。这项活动不应当超过一个月。

17.3.2 做出实施 ERP 的决定并制定项目公约

至此，公司领导和主要管理人员已经通过了初始评估和先行教育，并已完成了企业愿景描述和成本效益分析。他们已经了解：什么是 ERP，它能给企业带来什么好处，成本是多少，需要多长时间来实施等重要问题。因此可以对公司是否实施应用 ERP 做出决定。如果决定在公司内实施应用 ERP，则应检查以下问题：

- 是否做好了资金准备？
- 是否为项目小组组长确定了合适的人选？
- 是否可以在未来 1～2 年内把 ERP 项目的实施作为具有第 2 位优先级的任务？
- 企业领导和主要管理人员是否对 ERP 项目充满信心和期待？

如果对这些问题都能做出肯定的回答，则应当形成一个书面的文件，即项目公约。否则，应当停下来检查存在的问题，而不应当盲目向前推进。

项目公约以成本效益分析和企业愿景陈述为基础，以书面的形式表述公司领导和各级管理人员对在整个公司范围内实施应用 ERP 的共同决定和一致的态度，并指出所期望的业绩目标。从高层领导到部门经理，所有的有关人员都要在项目公约上签字，表明要对在认可的成本范围和时间框架内成功实施 ERP 而获得的效益共同负责，也可以此作为今后工作的指导原则和解决问题的依据。

例如，把 ERP 项目看作 IT 部门的事情是容易犯的错误之一。在企业中，IT 部门人员辛辛苦苦地为各个业务部门建立应用 ERP 系统的基础数据，他们要到各个部门去收集这些数据，但是各个部门的人员都会对他们说：我们现在很忙，等忙过了这一阵子，再帮助你做这件事情好吗？”事情完全颠倒了，项目的推进困难也就可想而知了。

通过项目公约向整个企业明确地申明，ERP 项目绝不仅仅是 IT 部门的事情，而是整个企业的项目，必须由企业的高层领导、部门经理和广大员工共同完成。

17.3.3 初期的教育和培训

作为实施过程的一部分，理想的情况是，公司员工 100%，或者至少 80%应当接受过关于 ERP 的教育。要保证 ERP 的成功，有许多方面应当作出改变，包括各级员工的思维方式和行为方式。员工们必须了解，实施 ERP 会引起哪些变化？是什么原因引起这些变化？这些变化会如何影响他们的工作方式？会因此得到什么效益？必须强调，忽略这一步或者其中的某一部分，后面的麻烦是很多的。忽略教育和培训的公司，无一例外地发现，他们不得不回过头来，去做他们该做而没有做的事。

(1) 教育和培训的重要性

ERP 的逻辑是简单而令人信服的，只有当企业从高层领导到广大员工都充分理解 ERP，而且期待通过它来获益时，ERP 的实施才能成功。

在上述关于 ERP 项目成本效益分析的例子中，教育和培训的费用约占总额的 20%。然而必须强调，如果教育和培训的工作做得不好，其他部分的投资都将是浪费。因此，教育和培训的投资是 ERP 项目投资中最具有杠杆作用的一部分。

首先，要让企业的广大员工接受而不是排斥 ERP。在企业中，当员工听到要引入一套新的计算机系统的消息时，往往首先想到的是要有人被解雇。其实，事情并非如此。人类的发明中几乎没有哪一种能比计算机为人们带来更多的工作，通过使用计算机来节省人力早已不是计算机应用的目标。ERP 追求的目标是以更有效的方式实现对企业生产经营全过程的管理与控制。这无疑为人们在更高的层次上带来许多新的工作。

其次，关于 ERP 的教育和培训有两个重要的目标：一是增加人们的知识，二是改变人们的思维方式和行为方式。当人们学习了什么是 ERP 和 ERP 能为企业带来什么好处，以及如何实施 ERP 之后，就增加了关于这种科学管理新方法的知识。但这还远远不够，使企业中成百上千的人改变他们的思维方式和工作方式，学会以新的方式经营企业才是根本的目标。这是一项艰巨的任务和真正的挑战，而这也正是成功实现 ERP 的核心。经验表明，没有一个成功地实施了 ERP 系统的企业会说："我们的教育和培训工作做得太多了。"而那些没有获得成功的企业都会说："我们所做的教育和培训工作太不够了。"教育和培训工作的意义是怎样强调也不会过分的。然而，在现实世界中，教育和培训往往是一项遭到轻视、预算不足、不被理解的工作。因此，它也就成为实施 ERP 系统过程中大多数问题的起因。人们往往说问题出在库存记录的准确性、物料清单的准确性、主生产计划等，但这一切问题都可以追溯到对 ERP 缺乏理解。而对 ERP 缺乏理解的问题则要通过教育和培训来解决。

(2) 教育和培训的实施

为了使教育和培训工作达到改变人的思维方式和行为方式的目标，首先是企业的高层领导(包括总经理和副总经理)及各部门的关键人员必须接受先行教育，然后就是整个企业的广大员工必须接受教育。

ERP 的教育和培训有两种形式，即外部课程和内部课程。这两种形式都是必要的。企业业务部门的负责人、操作级的管理人员特别是项目组成员在 ERP 的实施过程中起着非常重要的作用，而且负有教育培训企业广大员工的责任。因此，应当成为实施 ERP 的专家。让这些人离开工厂和办公室，到企业外面去参加专门的 ERP 课程的学习是非常必要的。这样的外部课程不应该是面对某一个特定企业的，甚至不应该是面对某一个特定的制造行业的。来自不同的制造行业、不同的企业担任不同职务的人们在一起学习，互相讨论，这样更容易摆脱认为自己的企业是“独特的”和“与众不同的”这种狭隘观点，从而更容易理解 ERP 对制造业普遍适用的标准逻辑。

在 ERP 的实施过程中，企业的广大员工都应接受关于 ERP 的教育和培训。但是，派企业中的所有人都去参加外部课程的学习显然是不可能的。因此，企业内部的教育和培训也是必要的。

内部教育和培训的作用有两方面：一是继续造就专家的队伍，强化这些人对 ERP 的理解和认识，进一步明确自身在 ERP 实施过程中的职责；二是教育企业的“广大员工”。应当强调，这里的广大员工也包括企业的高层领导。虽然他们已经接受了外部课程的先行教育，但由于 ERP 的实施要改变人们的思维方式和行为方式，其中也包括高层领导的思维方式和行为方式，所以短期的外部课程还是远远不够的。高层领导人员和其他人一样，也需要继续学习。他们需要了解销售与运营规划、主生产计划和能力计划的制订，还需要了解如何在企业中运用这些工具进行工作。

教育注重 ERP 原理、概念及它们的应用，目的在于从理念上提高认识，从而提高管理水平。培训的工作注重软件的细节，目的是操作具体的 ERP 系统。二者在不同的层次上起作用，但都是必要的。

17.3.4 需求管理、计划和执行流程的定义与实施

在此之前，我们已经对销售与运营规划进行了讨论。销售与运营规划在总量上平衡供应和需求。但是，需求管理、具体的产品组合的计划和排产，以及执行等问题尚未解决。这一步骤的目的有两个：一是设计和定义需求管理、详细的计划和排产，以及供应链管理等流程，这些流程是对企业愿景陈述的细化和体现，从而确保项目的实施与企业的愿景陈述保持一致；二是通过试点和切换的方法实现这些新的流程。

这些流程的定义是项目小组应当尽早开始的一项任务。在初始评估、企业愿景陈述和教育与培训的基础上做企业流程的设计和定义是自然而流畅的事情。

企业流程的定义要通过工作方针和规程来实现。方针指明做事情应当遵循的准则，规程指出做事情的步骤。

这一步骤跨越两个实施阶段，要通过两个阶段的试点和切换来实现。

(1) 试点和切换 1——实现基本 ERP

实现基本 ERP，包括实现销售与运营规划、需求管理、主生产计划、粗能力计划、MRP 等功能，对于流程制造业来说，还包括了车间排产功能。

关于实施的方法，人们尝试过三种，即“交钥匙”、并行和试点。

“交钥匙”是一种形象的说法，比喻立即切换到新系统并运行起来。按照一些理论家的说法，这种方法最能激发人的主观能动性，然而实际上却是天真的和不负责任的。没有一个企业曾经按“交钥匙”的方法使 ERP 系统获得成功。

并行的方法是指新旧系统并行运行，直至新系统能顺利运行则抛弃旧系统。这似乎是一个稳妥的方法，但实际上有两个严重的问题。首先，可能根本没有足够的人力来同时运行两个系统；其次，由于 ERP 是一个以计算机为工具的系统，它要进行大量的数据处理，这是手工方式无法做到的。因此，新旧系统是无法并行的。

试点的方法是大多数成功的 ERP 用户在实施过程中使用的方法。这种方法是通过

一系列步骤来验证 ERP 软件系统能正常地工作，而用户人员也真正理解了 ERP 的基本逻辑之后，再切换到 ERP 系统。

试点分为三个层次，即计算机试点、会议室试点和现场试点。

① 计算机试点。计算机试点的目的是确保软件能在计算机上正常运行，同时通过这种试点对软件做更多的了解。计算机试点的关键人员是系统人员和数据处理人员。

计算机试点一般使用虚拟的物料项目和虚拟的数据。如果购买商品软件，这应当是软件包的一部分。

② 会议室试点。这种试点通常是通过在会议室内建立一个模拟的环境来进行，亦称为模拟试点。其目的是对用户进行教育和培训，让用户更多地了解软件，学习如何使用它来管理企业业务。在这一阶段，工作的重点从计算机转到了人。通过运行模拟的业务实例，使用户真正地了解系统。可以在用户进入系统进行一项事务处理之前，让他们回答这项事务处理的结果将是什么。如果他们能正确地预料这个结果，说明他们比较好地了解了系统。可以选择主生产计划和 MRP 的几份输出报告（或屏幕），让用户回答每个数字是什么意思，为什么会出现在该处及如何出现在该处等。如果他们能正确地回答，说明他们已经很好地掌握了系统。

一般来说，会议室试点不超过一个月的时间。

③ 现场试点。现场试点也就是主生产计划和物料需求计划首次投入实际运行的时刻。其目标是证明主生产计划和物料需求计划能够正常运行。

为了搞好现场试点，应遵循以下原则：

● 要确定适当的试点规模。为了很好地测试整个系统的运行情况，应选取足够多的物料项目进行试点。但项目又不能太多以至于难以驾驭，比较好的估计是使用 200～600 个物料项目。

● 要选取适当的试点产品。对于简单产品，如服装或化妆品，试点应当反映整个产品族中所有物料项目的情况。对于具有一定复杂度的产品，如自行车或打字机，现场试点则应针对一项产品。对于高复杂度的产品，如飞机或机械工具，现场试点则应针对一个零部件。在这种情况下现场试点可能对应于物料清单中的一个分支，或许是一个标准组件的物料清单。

● 试点过程要包含尽可能多的物料类型。应当选择包括最终产品或最终项目、组件、自制件、外购件和原材料在内的一个很好的物料项目的组合来进行现场试点。

● 参加试点的物料项目要有相对的独立性。现场试点中包含的公用件越少越好。既用在试点产品中又用在其他产品中的物料项目不能很好地用来测试 MRP。因为在这种情况下，MRP 不能反映对这些物料的全部需求。不过，这种情况在一定程度上说是难以避免的。因此，应很好地选择现场试点。

● 要选用最好的计划员。现场试点的过程需要深入细致、精力集中地工作。因此，如果企业中已经有了物料计划员，而且对某些产品及其相关物料做着计划工作，则应选择最好的计划员所处理的产品来进行现场试点。

(2) 试点和切换 2——供应链集成

至此，项目进入第二阶段的实施过程。要把 ERP 的功能拓展到整个供应链，包括在工厂内部实现生产管理的闭环、向后延伸至供应商、向前延伸至分销中心和客户。

① 供应链集成——在工厂内实现生产管理的闭环。

关于实现生产管理的闭环的先后顺序，建议首先实现车间作业管理，然后实现能力需求计划，最后实现投入/产出控制。

由于作业优先级变化的反馈信息是非常紧迫的，所以要首先实现车间作业管理。能力需求计划是一个不断完善的过程。因为当粗能力计划作为基本ERP的一部分实现以后，企业对未来的关键能力需求已经心中有数了。在能力需求计划之后再实现投入/产出控制。投入产出控制功能是对能力计划的执行情况进行跟踪，所以，在运行投入/产出控制之前必须先有能力计划。应当注意的是，如果企业已经有了车间作业管理系统，切莫认为数据也是准确的，还应检查工艺路线和工作中心数据的准确性。

还有些企业并不需要全部的车间控制功能，如果生产过程是流程式或重复式的，那么车间作业管理和能力需求计划的某些功能就不一定是必需的。因为生产线调度可以直接从主生产计划得出，而粗能力计划已可以提供对未来能力需求的全部信息。投入/产出控制也可以简化为跟踪产出，再将实际执行情况与来自粗能力计划的计划需求进行比较。

关于车间作业管理活动的试点通常要进行2～3周。在此过程中，要验证各种工作规程、事务处理、软件及人员的教育培训是否符合要求。对车间作业管理进行试点的方法是选择适当的作业，而不是选择工作中心。当这些经过选择的作业通过各个工作中心时，很容易检查出工作中心的基础数据是否可靠。但是，通过试点不能测试派工单。只有当实现切换以后，即所有的作业都投入系统时，才能做到这一点。

经过试点已经证实工作方针和工作规程、事务处理、软件，以及人员的教育和培训达到了要求，则应进行系统的切换。切换的步骤如下：

● 将车间状态数据输入计算机。

● 开始运行车间作业管理系统并使用派工单。运行车间作业管理系统并使用派工单解决遇到的各种问题，在需要时，要对工作规程和软件进行调整。

● 开始运行能力需求计划。但应注意，不要根据第一次运行能力需求计划所得到的输出报告去购买价值很高的新设备，也不要因为在输出报告中出现了一些初看起来不合理的数字而怀疑系统的可靠性。从一个非正规系统切换到一个正规系统，会涉及多种因素，特别是人的理解程度和数据的准确性。要重新仔细严格地审查和分析输出报告，有问题则找出原因，并予以解决。在几周内情况就会得到改善。

● 开始生成投入产出报告，确定偏差允许范围及采取校正措施的基本原则。

● 开始从作业优先级和生产能力两方面衡量车间作业管理功能。

● 不要忽视反馈信息。

应当强调，反馈不是软件系统功能的一部分。这是一个人和人之间以口头或书面方式进行交流的过程，在这个过程中，一般不涉及计算机。例如，工长之间的交流、每天的工长会议及拖期预报等。对于在第一阶段建立的反馈联系应重新检查、测试和加强，以使工作更加完善，反馈越好，闭环系统就运行得越好；没有反馈，就没有闭环。

② 供应链集成——向后延伸至供应商，实现采购中的闭环。

有了互联网技术，可以通过电子商务的手段进行交易。但是，网络服务真正的价值在于供应链的集成，而不仅仅是通过网络招揽生意，根据价格选择供应商。这样做的好处是微乎其微的。对于一个现代制造企业来说，物料的价格和物料的质量与风险比起来，肯定是一个次要的因素。一个现代制造企业所需要的原材料和零部件的供应应当是持续稳定、质量可靠的，这不可能通过频繁变化的临时决定来实现。

一个制造企业所需要的物料大致可以划分为以下 4 种类型：低风险低成本、低风险高成本、高风险低成本、高风险高成本。

对于前两种类型的物料，通过网络竞价来选择供应商或许是合理的，但是对于后两种类型，特别是第 4 种类型，肯定应当选择能够长期稳定合作的供应商。对这些供应商，应当采取供应商计划法。

实现供应商计划法，首先要和供应商建立长期合作关系，并成立一个采购计划员小组，这些人在本企业的 MRP 系统和供应商之间起到桥梁作用；其次是向供应商提供一份采购计划，而不再使用一份一份的采购订单。这样可以把采购人员从天天接单、发单、催货的烦琐工作中解脱出来，让他们有时间去做更有价值的工作，如寻找货源、谈判、签订合同、降低采购成本、进行价值分析等。

实现供应商计划法首先要开展对供应商的教育和培训，使供应商了解 ERP，了解在 ERP 环境中，采购物料的需求日期是可靠的，不必也不应再等待进一步的催货通知。按照“沉默即赞成”的原则，如不能按时交货，则应给出拖期预报。还要让供应商理解，供应商计划法是双方长期合作、均能从中受益的方法。然后，选择一个供应较多物料的供应商进行供应商计划法的试点。通过试点，既能验证系统的运行情况，又能验证买卖双方人员的理解程度，为进一步调整系统和进行教育培训提供依据。

在供应商试点之后，可对主要供应商进行切换。每个企业都有一些主要的供应商。一般来说，这些供应商大约占全部供应商的 20%，但他们所提供的物料占全部采购物料的 80%。应首先对这些主要的供应商实行供应商计划法。

在对主要的供应商执行供应商计划法之后，应开始就交货情况进行检测并记录供应商的绩效。这也许是企业第一次能够有效地掌握供应商的交货情况。事实上，这也许是企业第一次能够向供应商提供有效的需求日期。另外，也开始记录采购员和采购计划员的活动。在此过程中，要和所涉及的买卖双方的每个人进行交流，不断完善，不断提高。

在此之后，便可以着手对其余的供应商进行切换。目标是对所有的供应商都执行供应商计划法，这大约需要三个月以上的时间。

③ 供应链集成——向前延伸至分销中心。

在拥有分销网络系统的企业中，需要通过分销需求计划或分销资源计划把供应链的集成向前延伸至分销中心。分销需求计划和分销资源计划的实施也要采用试点和切换的方法。

对一个分销中心选择 10 种左右的产品进行试点，目的是证明分销需求计划可以运行，即可以为分销中心提出合理的补货建议。一般来说，这项试点在几周之内即可完成。然后，则可以将分销中心的全部产品纳入分销需求计划。

对分销资源计划的实施是类似的。适当地选择几个分销中心，对他们的运输计划，以及仓储空间和劳力计划进行试点，一旦认为可以正常运行，则可以将其他分销中心纳入分销资源计划。这样做之后可以发现，企业的主生产计划将会更加准确有效。这是因为分销资源计划提供了更加准确的需求数据，而在过去，这只能完全靠预测。把分销中心的补货需求迅速传递到工厂的主生产计划，这正是分销资源计划的价值所在。

④ 供应链集成——向前延伸至客户。

该集成包括两个过程，一个是供应商管理的库存(vendor managed inventory，VMI)，另一个是协同预测(collaborative forecasting)。

供应商管理的库存又称为持续补货(continuous replenishment，CR)。有些企业在谈到供应商向其本身供货时，使用 VMI 的说法，而谈到他们向客户发货时，则使用 CR 的说法。不论哪种说法，其过程都是一样的。

VMI 是指供应商不但向客户提供它的产品，还直接管理其产品在客户所在地的库存的做法。这被许多企业视为双赢的手段而采用。这样做，客户可以从供应商那里获得高质量的服务，并降低采购和库存补给方面的支出，从而获益。而供应商可以了解客户的库存状况、使用状况，甚至了解客户的生产计划，从而使自己的供货和生产计划稳定而合理，也进一步稳固和扩大了同客户的业务合作，从而获益。

17.3.5 第一阶段末的评估

这一步骤是对第一阶段实施现状的分析和评估，也是决定是否可以进入第二阶段的依据。过程如下：

① 检查迄今为止项目的进展情况。

② 确信业绩目标可以实现且正在实现。

③ 根据项目的进展和企业实现的业绩状况，回顾和检查企业愿景的陈述对项目进一步实施的指导作用是否仍然有效，如有需要，则修改企业的愿景陈述。

④ 检查并确定第一阶段的活动是否有一些需要修改或重做。

⑤ 检查对第二阶段实施的准备情况，做出是否进入第二阶段的决定。

17.3.6 第二阶段末的评估

经过近两年的努力，ERP 终于可以投入运行了。此时往往会松一口气，所以这次的评估是极容易被忽略的，这是 ERP 实施的大忌。这次的评估是企业应用 ERP 作为运营企业的工具，从而提升企业竞争力的开始，是不应当被忽略的。

这次评估关注的问题是：在新阶段应当做什么？以下问题都是应当考虑的。

- ERP 模拟功能的应用。
- ERP 功能在整个(也许是全球性的)企业组织内的应用和延伸，包括人力资源管理。
- 把 ERP 应用于产品的设计和开发。
- 设备的预防性维修计划。
- 有效的客户关系管理。
- 电子商务。
- 有效的采购分析。

……

这一阶段评估的参加者仍然是企业的高层领导、部门经理及有经验的外聘专家。所花费的时间，根据企业的规模和产品复杂程度的不同，可以是几天或几周不等，但也不应当花费太多的时间。

17.3.7 持续改善，不断提高——ERP 系统的运行和管理

在第二阶段末的评估之后，ERP 项目就进入了第三阶段，即运行管理阶段。这是一

个没有终点的过程，正如一位 ERP 的先驱者所说："ERP 不是目的地，而是一个长途征程。"在这个过程中，要把实施 ERP 获得成功作为一个新起点，持续改进，不断提高，去争取更大的成功，使企业的运营情况越来越好。

以上，我们介绍了一条实施 ERP 的可靠的路径。这条路径逻辑清晰、通俗易懂，虽然需要做的工作很多，但实际上没有风险。以这条可靠的路径为依据，根据自己企业的情况做适当的剪边和调整，ERP 的实施一定能够获得成功。事实上，已经有许多企业遵循这条可靠的路径实施 ERP 获得了成功。

17.4 ERP 实施的瓶颈问题

ERP 在实施过程会遇到很多关键性的问题，如下：

第一，目标不明确。多数企业错误地认为 ERP 实施是一项简单的企业信息化建设工程或企业管理信息系统工程。目标设得过高或过低，就很容易模糊不清。目标一旦模糊，就很难落实到具体的实施工作中，不顾重点，胡子眉毛一把抓，导致出现投资过大、收效甚微、实施乏力的状况。明确的实施目标对实施 ERP 项目而言，就好像大海彼岸的港湾，如果没有具体、明确的航行目标和方向，轮船很容易受到各种不同环境因素的影响而迷失方向。

第二，认识不明确。对 ERP 项目只视为计算机项目，对管理思想、管理软件、管理信息系统三个概念缺乏深刻的理解和认识。计算机系统不是管理目的，而是管理工具；ERP 项目不是计算机项目，而是管理工程，是企业管理模式的全面创新，是一场深刻的管理革命，工作量大，涉及面广，实施周期长，是一项非常复杂的管理系统工程。

第三，企业基础管理薄弱。中国企业基础管理薄弱，普遍存在无法可依、有法不依的现象，企业缺乏战略观念、系统观念；他们对业务流程、财务核算等简单流程都不能理顺；客户数据在销售部和财务部都不能统一，更不要说销售和分销的业务流程；这些先天不足因为对手的薄弱而被掩盖，但加入 WTO 后，随着拥有战略优势和综合资源优势的跨国公司的进入，这些薄弱环节已凸显出来。由于管理基础薄弱，企业根本不具备实施 ERP 的前提条件，甚至不存在业务流程再造的问题，而是业务流程新建的问题。长期缺乏先进理念始终如一的贯彻，势必无法实施与运用奠定在一定管理哲学指导下的 ERP 系统，即使是素质优良的企业也会因外部市场环境的不规范而难以规范运作。

第四，人才匮乏。企业自行开发软件费时、费钱，究其原因是人才匮乏；软件供应商各有长短，用户难以辨别优劣及适用性。新知识面广、量大，更新速度快，难以全面掌握；企业个性与行业个性差异大，企业管理基础与侧重点各有不同，导致难以开发出既先进又经济实用且具有市场推广价值的软件。

第五，实施矛盾多。ERP 的集成性与实施中部门间协调困难的矛盾，ERP 的先进性与企业人员素质差的矛盾，应用范围广与数据准备工作量浩大的矛盾，计划的精确性与 IT 系统基础数据差的矛盾，较长的实施周期与 IT 技术快速更新的矛盾，企业需求与系统工作重心偏差的矛盾，高投入与慢收益的矛盾，较长的实施周期与企业"一把手"重视程度及心理承受力的矛盾等。

第六，不可控因素多。ERP 涉及企业管理理念的变革、流程的新建、重组与再造及企业资源的整合，因此被称为"一把手工程"，但"一把手工程"本身就不可控：对基础数据的唯一性、完整性、准确性要求不可控；实施人员的素质因素使得实施质量不可控；不同层次需求不一致，使得需求与验收标准不可控；各方存在职能与观念的错位，常导致实施主体缺位现象。这些因素最终导致实施周期、成本不可控。

17.4.1 ERP 项目规划

项目实施的第一个阶段是对项目进行整体规划，主要任务包括组建顾问团队、内部交接、首次拜访、组建客户实施组织、项目管理机制及系统的建立、确订实施策略与计划、项目启动与宣传并贯彻实行等，这是一个打基础的阶段，将影响以后软件实施的进度。该阶段的主要目的就是启动项目，建立一个良好的开端。

(1) 组建顾问团队，建立实施小组

首先建立实施小组，包括建立软件供应商项目实施小组、客户项目小组。软件供应商产品项目经理应具备相关实施管理能力，必须与客户进行沟通，取得对方高层的信任和认可。要根据项目规模组建实施小组，人员选拔时要充分考虑其业务背景、实施经验等因素，可以考虑开发人员、技术人员参与项目的形式。客户项目组负责人一定要全面了解企业业务，最好要精通企业整个成本核算过程，同时有一定的部门协调能力，保证在以后的工作中能及时且高质量地完成数据的提供和录入工作。

(2) 制订实施策略与计划

在项目实施主计划中要明确实施目标，严格控制实施范围，按照相关合同中规定的项目实施目标和范围与企业项目负责人进行沟通。如果存在模糊的地方，要经双方协商一致后，在计划中补充说明。对关键业务环节和重点需求，实施经理必须向客户项目经理进行补充调查。在整个计划编制过程中，不能以客户要求的完工时间作为计划执行周期，如果为了赶进度而经常加班，ERP 实施质量将难以保证，客户方的一般工作人员也不会很好地配合。

(3) 召开项目启动会

项目启动会前，确定项目组的工作环境，包括明确办公地点、准备网络平台、准备工作设备等，保证项目组的沟通方便。要求有专门的文档及打印共享服务器，该服务器也可以作为项目沟通的系统平台。

配合项目启动会，可在公司范围内进行一些必要的宣传活动，比如建立公司 ERP 宣传墙和项目进度看板等，形成广泛的影响，使所有参与本次实施的人员都认识到实施工作对企业的重要性，提升使命感和责任感。项目启动会标志着企业正式进入 ERP 实施阶段。

17.4.2 蓝图设计

第二阶段是项目现状调研、流程梳理及方案设计，主要任务包括理念培训系统运行环境规划与部署、产品安装及培训、高层访谈、业务调研、基础数据编码规则讨论、基础静态数据准备、业务解决方案设计、客户二次开发需求与设计方案验证与评审等，为下一阶段系统建设奠定基础。

17.4.2.1 系统运行环境规划与部署

① 建立硬件应用环境。软件提供方的技术顾问应检查客户的硬件设备，注意客户是否存在不合格的硬件环境，同时排除硬件设备性能太低而导致软件无法运行的情况。

② 建立软件应用环境。软件实施顾问负责产品的首次安装和调试，安装后应对产品

进行相关测试，以保证软件可以正常运行。在这一过程中，软件实施顾问还要负责对企业方的系统管理员就软、硬件环境建立过程中涉及的相关知识点进行针对性的培训，包括软件安装、软件网络环境参数设定等实施知识转移，让企业方的系统管理人员有能力参与到以后的软件运行环境维护工作中去。

17.4.2.2　业务需求调研

ERP 系统的应用与企业的具体业务流程应该一致，所以必须对企业的每个业务环节进行具体的调研，了解和掌握企业的业务特点和相应的流程。

① 制订调研计划。确定参加调研的顾问人员，安排好调研时间。在人员安排时，要考虑其资历和经验，有相关行业经验的顾问能更好地理解客户的需求。

② 准备调研问卷。针对客户行业的特点准备调研提纲和调研问卷。调研过程中应使用客户常用的术语，这样可以让客户产生信任感，有了信任感客户才会认真地完成问卷。调研应采取灵活的方式，避免一问一答，不能单纯地记录客户需求，应当以产品可实现的功能为基础，控制和引导客户的需求，避免造成客户需求太多，使软件无法适用的局面。

③ 分析调研结果。初步调研完成后要及时对调研结果进行确认，即针对企业需求的合理性进行分析。一是验证需求是否有自相矛盾的现象存在，对于有争议的问题需要反复沟通，找到问题根源；二是验证企业的需求能否在软件中实现，那些无法在软件中实现的客户需求，要及时引导客户采用其他方法来解决，或者让其放弃这些无法实现的需求。

④ 确认业务需求。需要确认的主要内容包括关键环节的描述是否清晰、正确，需求建议是否合理，是否需要客户二次开发等。

17.4.2.3　业务解决方案设计

在详细业务调研的基础上帮助企业分析业务流程和业务管理中存在的优点、问题、不足和解决思路，并确定各领域的管理模式，设计业务解决方案。

业务解决方案应该符合企业业务发展的需要，不能过于理想化，否则容易导致方案无法实施；应综合考虑客户的相关业务和数据接口，不能从单个模块的角度出发去设计方案，要考虑全面一些，但是不要面面俱到，大而全的想法也不现实，重点解决企业的关键问题及企业关注的问题；同时也要考虑实际工作效率，人力成本是否增加，增加的量是否超过用户的可容忍程度；等等。

实施顾问设计方案时，不要轻易屈服于客户不合理的需求，要防止被客户牵着走，应该站在专家的角度和高度看待问题，说服客户按照方案设计的思路实施。

方案设计应充分利用行业最佳实践方案，使实施过程细化，体现过程成果，让客户不断地感受到实施带来的管理变化。

17.4.3　系统建设

第三阶段是根据确定的实施方案，进行权限分配数据准备、培训演练，主要任务包括业务权限规划和分配、业务静态数据准备、客户二次开发验收、方案培训、岗位操作手册制定与发布、最终用户培训、模拟演练等，为系统切换上线做准备。

17.4.3.1　静态数据准备

静态数据是指在系统应用过程中在一段时期内相对稳定的数据，如会计科目编码、客户档案、供应商档案等。在整个项目实施过程中，静态数据准备工作需要花费较长的时间和耗费较大的精力。静态数据准备进度和质量直接影响到后期项目的进度和质量。静态数据存在于企业的多个部门，例如会计科目是由财务部提供的，客户与供应商档案由业务部门提供的，因此，需要各部门的大力配合。

静态数据准备要严格按照标准表单进行，同时保证数据准备人员对所有表单内容都能理解。静态数据检查应由双方项目经理负责，对关键数据需要进行完全性检查。例如，会计科目设置是否符合行业特性、存货名称是否唯一等。对大量次要的数据，可以视情况采用抽查的方式进行。检查的内容还包括数据的准确性和数据间的逻辑关系，例如，存货档案是否与存货分类一致、客户档案是否与所处的客户分类一致等，数据检查一般采用手工核对，对大量数据也可以利用工具进行检查。为了确保数据的准确性，要求数据准备人员和校验人员的职责分开。双方没有确认的静态数据不允许导入系统。

在静态数据准备阶段，要避免客户提出太多的静态数据，否则会拖延整个项目实施的周期。同时，要做到分工明确，杜绝不负责任的现象产生，还要避免急于求成的心态。

17.4.3.2　系统测试

系统测试是对业务解决方案验证的过程，通过模拟客户真实的业务环境，对软件今后的使用情况进行预测。测试的内容主要包括软件的正确性、可操作性和工作效率。在这个实施阶段，要尽可能全面地模拟真实的业务环境，发现可能存在的问题并及时解决，同时，对业务解决方案中不妥之处及时做出调整，对手工环境下数据流程的重组进行测试和完善。目的就是保证一套合理的业务解决方案能在软件上正确地、高效率地运行，使软件应用满足客户需求。

测试环境准备阶段，用户要根据自身实际业务流程来确定测试数据。测试数据应该覆盖业务解决方案中的所有业务流程，测试过程也应循序渐进，由易到难，由简到繁。

测试方法分为单模块测试和多模块测试。

单模块测试是指在一个软件模块中进行数据测试，如总账模块测试，应该从制单开始，然后依次为审核、记账、结转定义、转账生成和结账等单模块流程测试，有些操作会因公司相应的业务要求而异。

多模块测试是指在多个模块中进行数据测试，即根据待测业务流程在多个模块中的数据流程来测试软件。例如，以存货成本构成及结转为目标进行测试，涉及采购管理、库存管理、销售管理和存货管理等模块。参加测试的人员包括采购人员、库管人员、销售人员和财务人员等。这些人员要协同工作。当采购的物料到达单位后，采购人员就要在相应的模块中录入采购入库单，库管人员则对所采购的货物进行验收，如果验收合格，则进行相应采购入库单的审核工作。如果存货进入销售阶段，销售人员应在相应的模块中录入发货单，库管人员随后进行发货工作，填制相应的销售出库单并进行审核。然后，财务人员根据相应的成本计算方法确定出库成本。总之，多模块测试是以模块间数据正确性、流程完整性、流程连贯性作为测试的重点。

在测试过程中，如果存在流程不清晰、方案不完善之处，双方项目经理要及时协商，及时弥补，最终完成测试过程。

17.4.3.3　用户培训

在完成系统测试之后，企业整个业务流程也大致确定，在此基础上就可以对所有软件操作人员进行系统培训。

首先，制订培训计划。培训计划要根据不同的角色及不同的使用对象来制订。然后，双方协商，共同落实培训资料、培训场地和培训设备。

对客户方系统管理员的培训，主要是让其掌握软件运行环境和网络环境的设置，以及软件的安装与维护，基本不涉及具体的软件操作。

其次，对软件操作人员的培训，是整个系统培训的重点。通过培训，可以让操作人员了解企业所有的静态数据内容，以避免手工状态下的静态数据因各部门各自为政而产生不一致的情况，从而保证今后软件运行的准确性。通过培训，还可以让各部门人员了解软件的整体流程，尤其是了解各部门人员所处的数据流程点，搞清楚自己所负责的部门从哪个部门接收数据，又为哪个部门提供数据，这样就可以使操作人员从整体角度看清数据流向，明确各自的责任。通过培训，操作人员应熟悉软件操作，了解软件各个模块的功能，为今后软件的成功上线打好基础。

培训可以采取理论讲解和上机操作相结合的方式，上机操作的业务数据要以系统测试数据为主，为了提高培训的成效还应进行培训考核。

17.4.4　上线切换

第四阶段是上线前的一系列准备工作及上线切换，主要任务包括系统切换方案、系统运行制度制定和发布、系统上线环境建立、系统切换检查、动态数据导入等，这时进入了运行支持阶段。

系统上线前期，需要导入静态数据和动态数据。静态数据和动态数据都需要提前按照一定的规则进行整理，整理完毕后，将按照系统上线时间来规划数据的导入时间，以便顺利完成导入工作。静态数据准备内容如前所述。动态数据是一种处于变动中的数据，如客户的各种单据和发票、库存盘点数、财务期初余额数等。

财务动态数据包括科目期初余额数，银行对账期初数等。这些动态数据应以软件的使用时间为基准做相应的准备。例如企业决定于 7 月 1 日启用软件，那么这些财务动态数据应以 6 月 30 日的数据为准备数据。

业务动态数据包括库存动态数据、采购期初动态数据、销售期初动态数据等。库存动态数据应该按照现有库存账的实时数据进行归类整理，建议在库存数据导入系统之前，对库存进行盘点操作，得到真实的库存数据后再导入软件系统，如果库存数据不准确，就会导致整个系统的物料信息毫无意义。

采购期初动态数据是指期初采购入库单和期初采购发票。这两种动态数据也要按照软件的启用时间为基准来进行准备。例如，企业在 8 月 1 日启用采购管理系统，那么企业在 8 月 1 日以前已经进行采购入库但没有进行发票结算的存货，就要根据期初采购入库单这种动态数据来进行导入，这样才能保证企业采购业务数据的完整性，避免在今后的使用中出现无法结算的现象。同样，初采购发票是指企业在 8 月 1 日以前票到货未到的动态数据。这些动态数据的准确性直接影响到企业的后期运行。准确提供采购期初动态数据需要采购部门人员和财务部门人员协同工作。

销售期初动态数据是指期初销售出库单。销售动态数据也要按照软件的启用时间为基准来进行数据准备。例如，企业于 9 月 1 日启用销售管理系统，那么企业在 9 月 1 日以前已经销售出库但没进行销售开票的数据，就要通过期初销售出库单这种动态数据来进行导入，以保证销售数据的完整性。

另外，为了不影响软件系统的正常上线，所有的动态数据必须集中时间，快速整理完毕。一般动态数据的整理在会计期末进行，动态数据的导入在期初进行。

完成上述静态数据和动态数据准备以后，要进行初始化设置和基础数据导入工作。系统数据的导入一般遵循以下的流程进行：首先是系统参数的设置，如会计期间、公司产品目录等；然后是静态数据导入，如存货信息、科目信息、仓库信息等。在静态数据录入系统之后，可以在系统启用月的月初将动态数据，如采购销售的期初单据及库存、财务等数据的期初值导入系统。

在整个初始化过程中，要求操作人员一定要尽可能保证数据的准确性和及时性。在静态数据和动态数据没有准备充分的情况下，不要为了赶时间而盲目导入数据。

思考题

1. 什么是ERP实施？简述其具体内容。
2. ERP实施的软件选型遵循什么原则？有哪些方法？
3. 简述ERP实施的可靠路径。
4. ERP实施的难点在哪些方面？
5. 企业实施ERP的最终目的是什么？
6. 简述ERP实施人员的知识要求和素质要求。
7. ERP实施步骤是什么？

第 18 章　金蝶 K/3 Cloud 在 Z 公司的实施案例

18.1　Z 公司背景介绍

18.1.1　公司概况

Z 公司属于化工企业，主要生产钛白粉，据统计，其每年年产 50 000 吨高档钛白粉和 20 000 吨聚合硫酸铁。公司主要投入市场的是钛白粉和一些附属产品，例如硫酸铁、硫酸和硫酸亚铁等。经过多年的生产和销售，公司在钛白粉行业已经小有名气，其“环球”牌产品远销海外，在市场上有一定的占有率。公司创始于 1978 年，是一所规模较小、年限较长的中小企业，目前总资产超 6.5 亿元，且拥有了许多子公司。随着公司钛白粉产量和质量的不断提高，在 1999 年就领先行业其他企业率先通过 ISO 9002 质量保证体系认证，2000 年荣获江苏省质量管理奖，2002 年通过了 ISO 9001：2000 质量管理体系认证，在 2003 年 Z 公司被授予“国家重点高新技术企业”，2006 年通过了 ISO 14000：2004 和 GB/T 28001—2001 管理体系认证。近年来，Z 公司致力于研发高新技术，开发拳头产品，希望发挥自己的优势，在生产管理方面进一步加强投入，不断地开发新市场，生产更高质量的钛白粉产品，再一次扩大公司的规模。

18.1.2　组织结构图

公司业务和管理活动都是由总经理进行全局把控，上层设置了董事会和监事会对其管理活动进行监察，下层组织主要有 4 个生产工厂，主要负责产品的生产，还有对生产进行管理的生产部，同时进行监管的环境安全部；而 Z 公司主要的日常工作集中在储运部、采供部、销售部、财务部和审计监察室，这也是本次 ERP 项目涉及的部分部门；另外总经办分管公司的信息中心，又对公司整体的生产业务和管理情况较为了解，于是成为本次与 ERP 实施人员对接的项目负责部门；最后，研发中心和工程部在本次项目中暂时不做涉及。该公司的组织结构如图 18-1 所示。

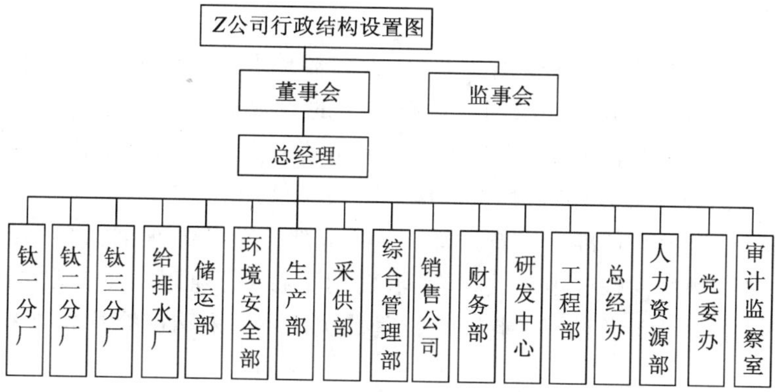

图 18-1　Z 公司组织结构图

18.2 Z 公司信息系统存在的主要问题及分析

18.2.1 信息系统应用现状

Z 公司在几十年的发展过程中，先后针对自己的业务要求和管理要求使用了一些管理系统，但是由于局限于独立部门，并且使用时间较长，系统软件较陈旧，也没有及时地更新维护，导致使用效果一般。Z 公司使用多个信息化软件平台和开发报表对日常业务进行管理和核算，做到了财务供应链一体化，但业务流程和单据均滞后，严重影响库存报表和财务核算的准确性。具体使用情况如表 18-1 所示。

表 18-1 各部门信息系统应用情况

应用层面	软件	现有功能
销售部 采购部 储运部	国外 MACOLA 系统，是较为落后的传统 ERP 系统	用于简单的数据录入和查询，月底补录数据，应用效果不明显；软件购入年限较长但一直没有做相应的维护和升级，功能相对落后
人事部	金蝶 HR 系统	与考勤机连接，用于每月工资奖金的计算发放，但是复杂的奖金计算需要手工完成
财务部	金蝶财务系统	目前使用效果较好
质检部	信息部门自己开发的简单录入查询系统	简单查询和数据录入，无其他功能；与其他部门无法连接，需打印单据，人工输送
生产部	无	

18.2.2 信息系统存在的主要问题

随着公司业务的拓展，Z 公司生产、销售、采购、库存、质检和财务等部门使用的信息系统并不能适应公司的需求和发展，极大了限制了该公司的运营和管理水平，各部门之间存在信息孤岛现象，根据需求调研，各部门的问题主要表现在以下方面：

（1）销售部门的销售“临时发货单”出库方式烦琐，定价还需手工绘制价格表；应收款查询受限，产生重复核销问题；无法随时查看产品库存数量、批号、质量检验结果情况；使用系统时间地点受限，没有移动端集成功能；无法固定客户产品的销售平均价格；退换货业务不走系统操作，随意性太强。

（2）采购部门的临时采购情况较多，缺乏严谨性；物料编码规则混乱，无法采购到对应的物料。

（3）储运部的单据录入系统更新不及时，大多数是手工账记录；所有出入库单据都是根据采购发票和销售发票收到的时间点进行相关的 MACOLA 系统补录；新建物料编码仓库无法确定，主要是非标采购的物料无法明确分类；大量的临时单都是手工进行管理，周期长、工作量大、容易丢失；随机物料的编码号段不够用。

（4）财务部的财务会计准则重新选择；财务部部分业务处理因为单据滞后的原因记账不及时；进口货物的入账成本和关税、运输费用不在同一期间，成本无法准确分摊；旧系统中物料不支持个别计价法，不能分开处理批次成本；采购前仓库需要确认固定资产编码和类别。

（5）质检部中各环节的化验单和检验报告单均是手工填写，工作量大，不够规范。

（6）生产部中没有相应的系统对其进行把控，所有信息的传递全靠人工进行，计划管理活动全靠计划员上传下达，随着企业生产量的逐渐增加，计划员的工作变得繁忙而又混乱。

通过项目调研后，发现 Z 公司供应链和生产业务流程与公司现有管理规定存在系列问题。相关岗位工作没有发挥以软件系统作为工作平台的作用，造成了以大量电子表统计为主的工作方式，数据不够精确、工作量大、业务流程不严谨，改革工作迫在眉睫，需要更换新型的 ERP 系统对公司的管理理念和管理方式进行改造。

18.3 ERP Cloud 前期筹划

18.3.1 需求分析

公司为了迎合“两化融合”政策，提高自己的管理水平，在与软件公司接洽时，提出了自己的需求，Z 公司对新系统的具体需求如下：

（1）新系统使用成本尽可能低，功能要求全面；后期维护方便，且更新要实时。

（2）可以解决“信息孤岛”问题，实现企业内部数据和资源共享。

（3）可以使各部门管理者和公司管理者能实时掌握企业运行数据，从而辅助决策，使决策管理更合理有效。

（4）财务上尽可能满足整个企业的资金运行，实现预算管理和财务分析，加强成本管理；对销售和采购的应收应付、账款实现流程自动化，不需要手工输入。

（5）库存具有时效性，要在一定时间限制内，对库存进行准确查询，盘点；且物料分类要准确对应，使库存管理透明化。

（6）对销售和采购流程要规范化，且价格限制要明确，减少人为干预的因素。

（7）加强对生产过程的流程化控制，对生产计划的下达、进度的追踪要及时并且准确，对物料的管理要准确细致，与仓库进行准确的对接。

（8）质检信息的采集和数据的分析、物料等基础数据编码规则固定且准确。

18.3.2 软件选型

在了解了自己的运作困难点及需求后，企业需根据自己的需求和市场情况选择具体的软件供应商，根据初步选择，Z 公司决定在金蝶和用友这两家国内较大的 ERP 品牌供应商中进行选择，企业项目组对软件成本、功能和实施风险分别进行了评估，最后选择了金蝶的 K/3 Cloud 作为最后的实施软件。新系统的实施应尽可能满足企业的需求，解决其在系统实施前所面临的问题，使企业脱离管理运营的困境，重新开拓管理新局面，使员工可以更有效地分配工作任务，从而提高产能和产值，并使管理层可以更好地决策。

金蝶 K/3 Cloud 系统，在价格上，可以选择软件安装部署在云平台上，每年支付相应的租金即可。这样相比较于购买庞大而复杂的系统，节省了许多资金，而且部署在云平台的系统，由供应商自动帮软件进行更新和后期维护，无须企业后期再支付高额的费用。

在实施风险上，金蝶实施团队都有较长的工作经验，对相应的化工行业也有涉及，且该公司在当地实施口碑较好；而产品也推出较长一段时间，进行了不断地优化和升级，于是，综合看起来，其实施风险相对较少。而在功能上，金蝶实施团队更是可以解决 Z 企业之前面临的困境，满足其对应的需求，具体的功能满足分析如表 18-2 所示。

表 18-2　K3Cloud 的功能满足表

功能	需求满足	解决问题
云平台部署	通过云平台部署，大大减少新系统的使用成本，且在系统后期的运行过程中，有效地降低 Z 企业进行系统维护的人力、物力	软件成本
动态流程设计	满足 Z 企业流程再造的需求，除了系统标准流程外，还可以针对 Z 企业特殊的业务进行流程设计	企业流程管理
BOS 平台	统一开放的二次开发平台，可以满足 Z 企业个性化的单据和报表的设置，便于支持后续信息化范围的扩大	个性化的定制开发
移动云之家集成	解决了领导随时随地想要查看企业数据的要求	移动查询
ERP 标准功能	消除"信息孤岛"现象，使 Z 企业供应链、生产和财务实现流程一体化管理，实现资源共享	基本满足公司管理要求

18.4　ERP 项目实施

18.4.1　实施计划

出于企业性质和行业要求，Z 公司选择的是金蝶 K/3 Cloud 软件，对于 ERP 这样的复杂项目来说，要想项目完整顺利地成功，在实施前，项目组必须根据企业实际情况，制订一个科学有效的实施计划，供企业方签字确认，并在以后的实施过程中严格按照计划实施。

在计划制订时，需要注意，进度计划要切实可行，不能盲目压缩时间，讲究项目进度；计划既要详细，也要逻辑清晰，不管是分工还是任务，都要合理且符合实际实施情况。由于项目通常实施的周期都较长，所以要有效地划分时间段，并且设置关键节点，在节点处需要格外谨慎和细心投入。Z 公司项目实施周期预计 5 个月，项目组将总体进度计划分为了 8 个阶段：项目启动、业务流程分析与调研、业务蓝图设计、系统功能测试、功能模块实施、集成运行及二次开发、项目上线、上线后的优化与改善，具体计划如表 18-3 所示。

表 18-3　项目实施计划表

任务名称	步骤	工期
项目启动		0.5 个工作日
业务调研	部门领导访谈；工作现场查看	5 个工作日
调研报告整理	调研结果整理成文档	3 个工作日
调研结果汇报	领导对调研文档进行核对和签字确认	0.5 个工作日
业务蓝图设计	新旧业务流程替换；软件功能分析	10 个工作日
整理基础数据	确定物料编码规则；基础数据导入新系统	3 个工作日
系统测试	新业务流程测试；系统功能测试	10 个工作日
设置权限	确定企业员工岗位职责；系统内进行权限划分；确定使用站点数	10 个工作日
二次开发	质检模块单据和表单插入；其他单据的字段增加；审批流的设置；移动云之家集成	10 个工作日

续表

任务名称	步骤	工期
套打设置	制作打印单据模板	5 个工作日
凭证模板设计		5 个工作日
员工培训	工作流程讲解；系统操作演示	10 个工作日
操作手册	制作操作步骤对应文档	5 个工作日
上线前系统初始化工作	库存和财务初始化	3 个工作日
系统上线	公司正式启用新系统	1 个工作日
上线后优化	对具体操作及前期未解决好的问题做出改善	20 个工作日

18.4.2　业务流程优化

一个企业流程的设置，会直接影响企业的运行效率。在实施过程中对一些旧操作只能进行筛选，抛弃一些低效率的、与系统流程不符合的业务流程。但是与此同时，系统里的流程虽然是相对科学的，但是可能这些标准流程并不能满足客户的现有流程和操作，所以还需要根据企业特点对系统流程进行修改。在业务流程重组过程中会在企业原有流程和系统设定的标准流程之间做出反复的设计和修改，因为每一个企业在实施系统前都有带着行业特点的业务模式和员工熟悉的操作习惯，在单据和信息的流通中，他们也有自己的方式。

(1) 旧流程及存在问题

Z 公司存在年限较长，且员工年龄普遍偏高，在流程运作方面一直延续之前的模式。都是领导口头传达或者书面协商，极不规范。随着企业规模逐渐扩大，涉及的业务逐渐变多、变杂，光凭领导口头协商并不能很好地解决问题，反而影响了企业运行的整体效率。其中 Z 企业的旧业务流程主要涉及 5 个部门，生产部门的生产计划主要通过两种方式进行管理。每月会根据临时性的销售订单下达生产计划，根据销售订单安排生产任务，有时根据全年销售计划分解月度销售计划，以产定销，每半个月进行销售生产调整，没有一个统一的管理模式。并且生产流程并不在旧系统中体现，旧系统只充当数据录入，最后整合到财务，以便月底结账，所有的销售、出入库和采购都是线下流程化操作，所有的单据都是手工进行填写。且采购任务都是在急需生产的情况下临时下达的，这样使得整个采购过程十分仓促而缺少有效的监管和控制。具体流程如图 18-2 所示。

首先，销售员系统外完成销售合同签订和审批，填写“开票通知书”后交由销售内勤人员办理出库业务；销售内勤在 MACOLA 系统中录入销售订单，但不打印单据，需手工填写“发货通知单”通知仓库进行发货。仓管部收到销售内勤人员填写的审批通过后的“发货通知单”进行产品出库。销售内勤根据财务出纳提供的到款明细做收款，录入 MACOLA 系统，定期和财务部门核对客户应收款明细和金额。其次，生产活动不进行系统管理，生产部门根据以往的生产情况，会有年度生产计划，然后结合销售订单的签单量进行一个大致生产，长时间下来，年度计划形同虚设。在进行生产时，当涉及物料缺失时，很可能产生需要临时采购的情况，生产计划没有管理到位而造成的一系列连锁问题出现。最后，财务月底的结账，是根据仓库的收发货单据进行手工统计和记账，因此仓库除了安排收发货外，还需要对每个月的进出入产品和物料进行记账管理，造成仓库职责不明确。

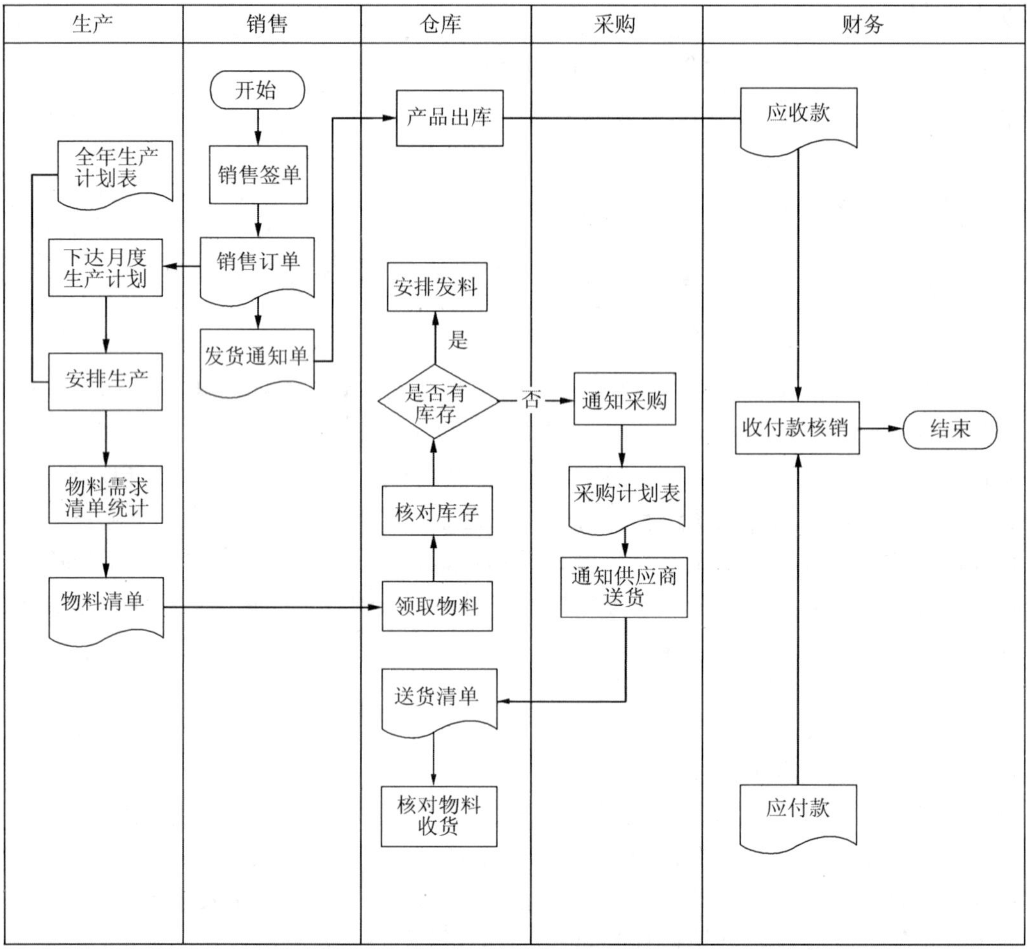

图 18-2　Z 公司优化前业务流程图

(2) 优化后的流程及问题改善

对于化工制造型企业，生产是所有工作活动的源头，针对之前没有将生产放入系统管理的问题，在本次流程优化时，将它放入了管理范围，具体流程如图 18-3 所示。

优化后的生产，物料需求计划是系统通过安全库存、采购提前期和再订购点自动生成的，省去了以往人工计算、不断复核的过程。而且结合由标准销售和寄售订单生成的主生产计划再次生成物料需求计划的功能，这样的物料计划管理功能既是面向订单，又是面向库存的。从流程对比中不难发现，之前的流程错综复杂，且许多工作需要回头去确认，部门之间的职责也不明确，很容易造成信息的错乱；而在新系统的流程中，所有的信息可以通过单据自动流转到下级部门，所有的工作只需在系统中得到明确的指令后再开展，这样便降低了工作的出错概率，也极大地提高了部门间的信息沟通效率。

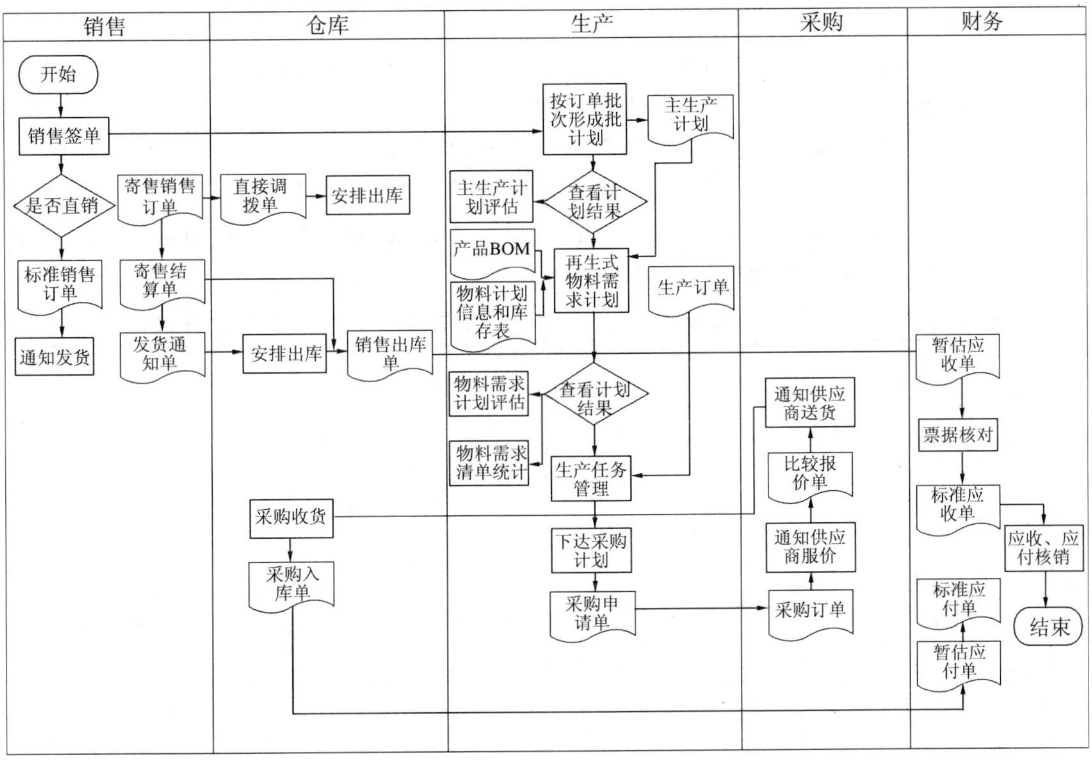

图 18-3　Z 公司优化后业务流程图

18.4.3　动态的流程设计和二次开发

由于 K/3 Cloud 软件是基于云平台的，传统的基于云计算的 ERP 软件针对众多的业务流程是不易管理的，但是本次实施的这个系统应用动态业务流程框架，可以实现业务流程的动态设计和解析。随着企业的业务流程发生变化，系统的业务流程必然要有相应的变化，于是在系统运行过程中有可以直接进行流程修改的功能就十分必要了。金蝶公司设计的业务流程框架，基于 SOA 服务架构和云计算技术，可以直接实现业务流程的动态解析和设计。该模型是一个三层业务流程模型，主要针对业务流程涉及的人员权限问题，让用户具有临时访问单据的权限。这样很好地解决了云计算环境下业务流程设计和二次开发的问题，图 18-4 是动态流程设计的架构。

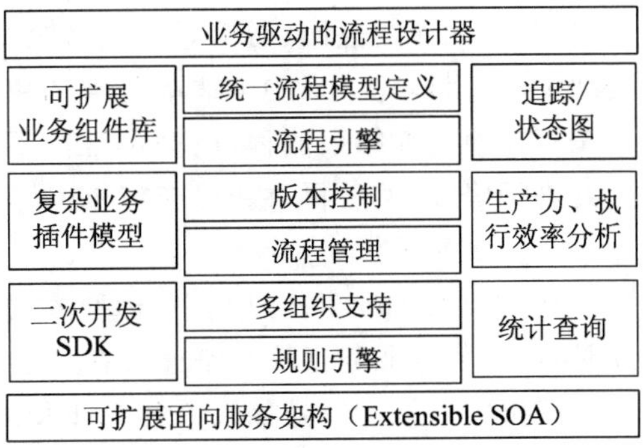

图 18-4　动态流程架构图

动态流程设计基于 SOA 架构的基础上，通过动态领域建模的方式，将流程中涉及的抽象元素统一化，得到一个流程模型定义，并基于此，增加设计了驱动业务流程行进的流程设计器，从而使得用户可以自行构建符合企业运作的业务流程，降低了与流程设计人员沟通的阻碍。并且，流程设计器又提供了业务组件库可供扩展使用，进行二次开发等，具有较好的扩展性和开放性。同时追踪/状态图等又提供了其他多种接口供用户进行功能集成。

（1）动态流程设计

在系统中，为了满足企业的业务流程，许多标准流程势必要被打破，重新组建，这就必然会涉及系统中业务流程、工作流和审批流的搭建。

简单来说，系统中信息的流通基本靠单据、表单及审批流程，那么在流程重组阶段，设计出的许多新的流程走向与系统中的流程走向是不符的，为了满足客户的功能需求，就需要为其搭建新的流程走向线路。流程的走向，概括来说就是单据的流转和对单据的动作流转。流程的整个运作和衔接过程如图 18-5 所示。

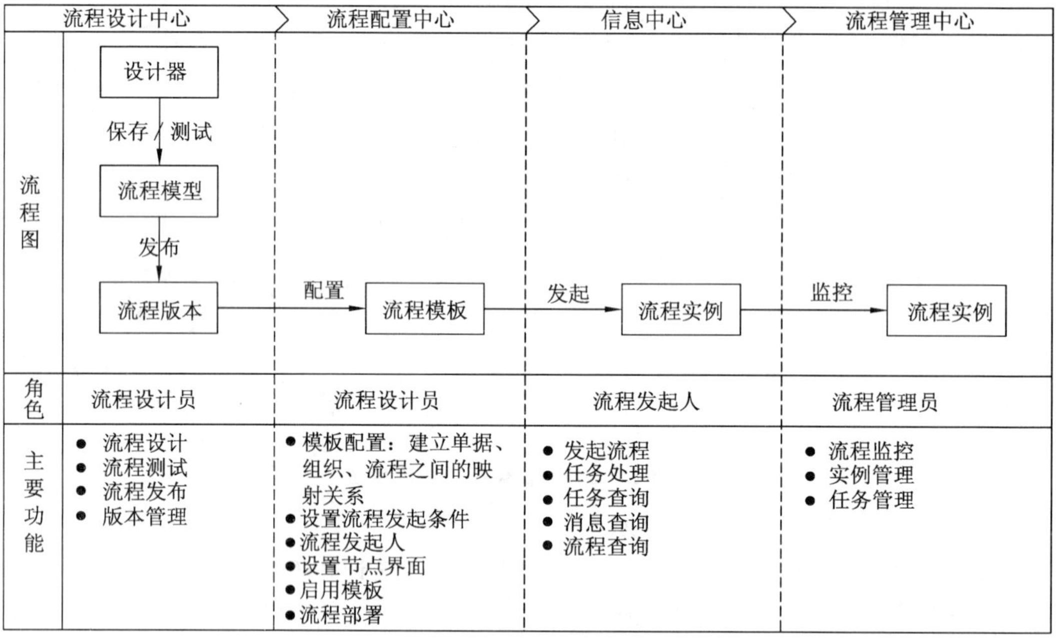

图 18-5　流程的整个运作和衔接过程

审批流是在工作流的基础上对操作业务进行审批的流程，流程本身具有一定的运行逻辑，包括无连线驳回、撤销等。以 Z 公司的采购申请审批流为例，开始时，生产部员工根据缺少的物料填写“采购申请单”，申请单需要生产部领导进行审批，才能继续往下流转，若是审核通过就结束流程，单据正常往下级部门流转；若是审核不通过，还需要打回发起人处进行修改，然后再重新提交审核，具体流程示意如图 18-6 所示。

（2）二次开发

在 K/3 Cloud 实施过程中，标准的功能必然不能满足企业的需求，但是在进行二次开发时，如果各个业务模块都是连接在一起的，一旦操作产生失误，就很容易造成连锁效应，造成严重的后果。但是如果单独对涉及的模块进行开发设计，就可以大大减少失误风险，降低开发成本。金蝶公司设计出的 ERP 动态领域模型综合了 ERP 系统的特点，细化了模块对象实体。它抽象设计了三层结构：模型—元素—属性，并基于此设计出一套开发系统。在需要修改功能模块时，无须触碰到原始开发代码。Z 公司的日常运行涉及许多复杂业务，例如工程类项目、质量检验及委外维修等，那么系统中标准的单据格式并不能满足其需求，这就需要开发人员对表单和单据进行二次开发，有的是进行修改，有的是重新新建表单，然后再构建关联。

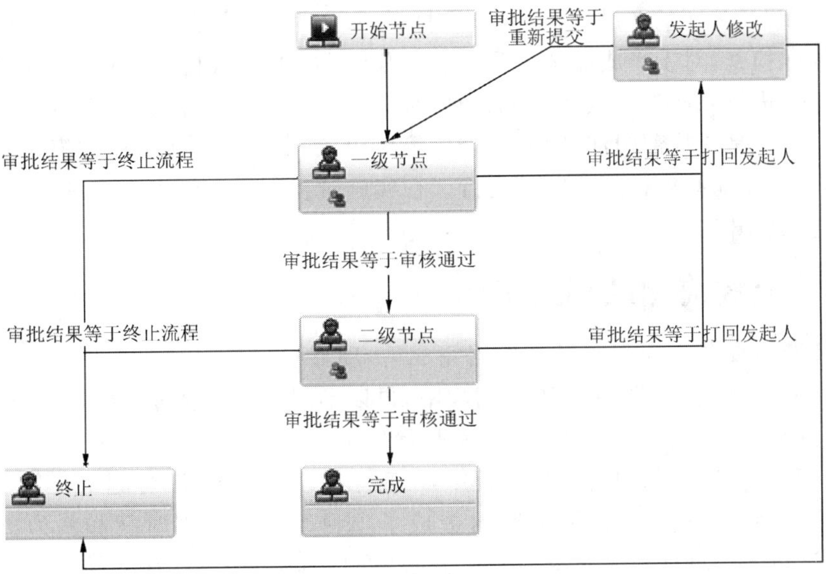

图 18-6　审批流示意图

在二次开发平台中，主要的开发创建业务对象有 3 种方式：新建、复制和继承。新建是创造一个全新的业务对象，需要定义所有业务逻辑及界面的属性，实现按需设计，自由度十分高；复制是复制现有的业务对象，创建出新的业务对象，这种不用重新设计业务逻辑，可以快速使用；而继承，是在原对象的基础上创建新的业务对象，在此过程中对原对象不进行属性变化等活动，且对新对象字段的增加等一系列新活动不会影响原对象的一切属性，而如果原对象进行变化、增加字段，新的业务对象就会体现出来。在 Z 企业中，使用较多的方式是通过继承来修改单据，以满足企业个性化的需求，以采购为例，图 18-7 是 Z 公司采购订单的 BOS 开发界面。

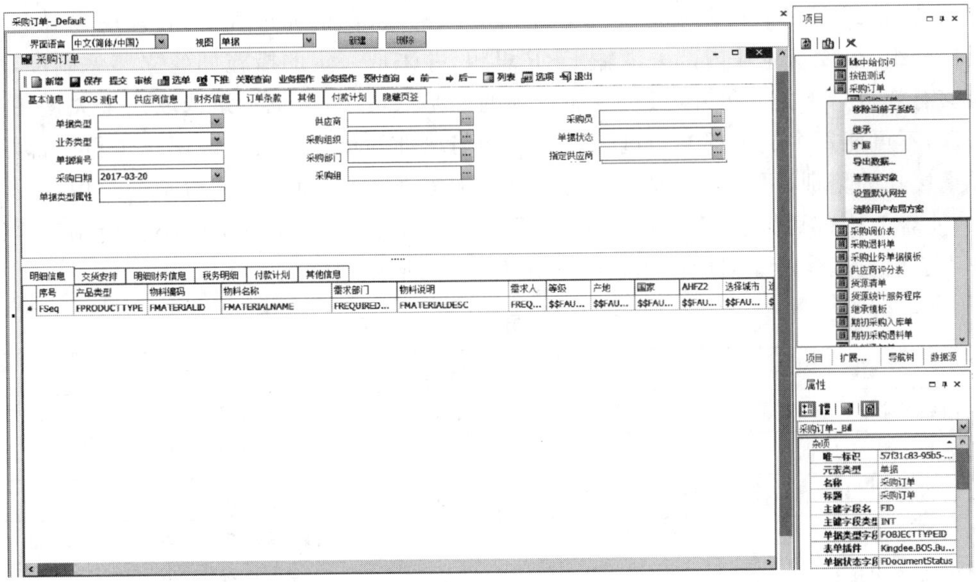

图 18-7　采购订单开发界面

另外，针对Z公司的产品检验，对于原材料，Z企业采取样品检验，在供应商送货的货物中定期抽样检查，对于半成品及成品，也会做出对应的批次检验，质量不合格的产品相关部门会对其进行二次加工或者其他处理，而对于不合格的原材料也要通知采购员进行退换货处理。于是质检部门涉及采购、仓库等部门，需要有一个相衔接的模块来负责数据的收集，相关的功能必须得到系统的支持。在实施过程中通过新建业务对象，完成对质量检验模块的二次开发。

18.5 上线前测试和人员培训

测试环节主要是在流程和基础数据完成后，项目组成员自己在系统中模拟运行系统流程。此时就需要赋予不同用户不同的权限，再以不同用户的身份使用系统，查看流程是否可行，审批消息是否能准确查收到。测试环节仍然是一个不断改进的过程，也是一个工作量浩大的环节。在Z公司的测试过程中，出现了较多的问题，综合起来就是基层员工不愿意配合测试，对新系统持抵触心理，这造成了项目组成员许多时间和精力的浪费。所以，对员工进行知识培训和操作培训是十分必要的，所有的工作，都必须在企业员工积极配合的情况下才能高效地完成。

在培训测试阶段，需要教给员工的是关于新系统的一些基础知识、优化后的业务流程和最具体的功能操作。虽然不同岗位的员工只享有一定的权限，但是在培训过程中，还是需要告知他整个业务的流转情况，以及他所在岗位在流程中扮演的角色，最后才是具体的操作。在这一阶段，需要在系统原有账套的基础上备份一个新的测试账套，供企业员工在培训过程中操作使用。测试账套中的基础数据与正式账套完全一致，因为一些流程的进行和操作测试必须要有真实的数据环境才能进行。培训的目的主要是让员工熟悉操作界面和流程，避免在日后实际操作中造成重大错误，同样也是改变老员工落后的工作方式，为新的工作和管理方式预热。

在实际的培训过程中，存在极少的部门和领导对培训不重视，在接受新的工作模式和操作系统时，或多或少存在不适应和排斥情况。所以，在培训过程中，管理层领导和企业方项目小组，需要从企业内部去灌输 ERP 思想，并采取一定的措施如建立奖惩制度，使培训能够有效进行下去。另外，虽然参与培训的是基层员工，但也只是选取几个关键用户进行培训，不可能每个员工都参与进来。而未参与培训的员工则由关键用户进行内部培训。这样承接式的培训，可以极大地减少培训成本和培训精力，而且也能检验关键用户的培训效果，使企业内部可以相互交流、相互学习。针对具体操作，项目实施小组会制定详细的操作手册供员工参考。对应的培训时间如表 18-4 所示。

表 18-4　员工培训时间表

内容	时间	人员
采购流程和操作培训	1天	采购部经理、采购员
销售流程和操作培训	1天	销售部经理、销售员
仓库收发存流程介绍和操作培训	1天	储运部经理、仓库主管
财务出纳培训	0.5天	财务经理、出纳员
财务固定资产培训	0.5天	财务经理、财务员

续表

内容	时间	人员
财务应收应付培训	0.5 天	财务经理、财务员
整体流程介绍及操作演示	2 天	公司高管及各部门经理

18.6 系统实施的运行与维护

18.6.1 K/3 Cloud 系统上线运行

(1) 上线准备工作

面对系统的上线要求，企业从硬件、软件和员工层面都要积极开展准备工作。首先在硬件层面，由于 Z 公司信息化建设不足，各部门的电脑、打印机、考勤机等一些硬件设备都比较陈旧，无法支持系统的运行。而且生产部与仓库处于厂区，无法使用企业内部网络，需要通过外网来支持系统运行。这就涉及计算机设备、网络搭建和防火墙的配置。在软件层面，系统是使用网页端 IP 地址登录，从使用便易性考虑，在每台计算机端装上客户端，供员工选择使用。另外，对系统内的初试数据在核对无误后，应结束仓库和财务的初始化工作。而对于员工，即将面对新的工作方式、学习新的操作和短暂的业务混乱期，更需要对他们提前开展动员，并在心理和技术上给予他们支持。

(2) 系统正式运行

结束准备工作后，月初系统正式上线。从销售订单到生产采购申请，各部门按流程逐步进行数据的输入。但是为了数据的准确性和优化，各部门需要在新老系统中都输入数据，实行新旧系统的一个月并行阶段，待月末账务结算出来进行对比后才完全摒弃老系统。在系统正式运行阶段需要注意几点：

首先，实施人员需要在场对员工操作和业务方面做出相应的指导，且流程源头处要格外严格监察，避免出错，影响后续的使用。

其次，部门领导需要制定相应的考核制度，鼓励和鞭策员工接受和使用新系统。

最后，信息部门需要对数据定期做出审查，避免基础数据的错乱。

18.6.2 系统的维护

ERP 云系统的上线既是一个阶段工作的结束，也是另一阶段工作的开始。正式运行是暴露问题的一个阶段，许多的基础数据、流程、员工权限等都需要不断优化。ERP 运行维护一般分为三个阶段：系统保障、系统优化、系统扩充，每个阶段都不是独立的，需要承接上一阶段，然后继续完成接下去的任务。

(1) 在系统保障阶段，由于系统刚上线，主要目的是保障系统的运行稳定，然后再解决系统漏洞、员工角色分配和人员权限等大的失误性问题。在系统经过一段时间稳定运行后，系统本身存在的错误和用户的操作错误问题会越来越少。由于之前培训时间较紧张，且员工并没有实际操作，所以在此阶段，员工操作上存在较多问题，需要时间积累。且在实际操作中，仓库计算机设备较少，而每天业务量较多，就需要再多几个员工进行操作，需要增加账号。而且销售员不仅需要看到自己的销售业务，还需要看到质检部门的产品检验，再安排销售批次等，这些额外的权限开发都需要在具体运行中才能发现并改进。

(2) 在系统优化阶段，系统在运行一段时间逐步稳定下来以后，会对流程做一些优化处理，使系统完全符合蓝图设计要求。一些细小的操作流程问题，只有在具体操作中才能发现，后期对领导的审批流程又做了新的调整，并且加入了新的角色。

（3）在系统扩充阶段，操作问题、权限问题和流程问题基本得到解决。管理者此时会提出更多的功能需求，需要对系统功能进行扩充，也可能是开展系统的二期实施工作。Z公司的维护阶段主要是对权限、工作等一些小细节的优化调整，并没有推翻上线前的业务蓝图，整体优化效果较好。

18.7 Z公司实施K/3 Cloud的效果分析

Z公司K/3 Cloud经过5个月的实施，系统总框架基本搭建成功，各个业务模块也顺利运行，且随着运行时间加长，许多细节性的流程和操作问题也得到了优化改善。企业的生产、采购、销售、库存和财务都在系统中合理有序的相互配合完成工作，极大地减少了员工的工作量，增强了企业数据的准确性、实时性，且给了领导很好的监察权限，实现了ERP实施前的绝大多数预想效果。而且，通过本次实施K/3 Cloud，企业内部员工都对信息化系统有了一定的认识，在心理上逐渐接受了新型的管理模式和管理方法，同时培养了大批优秀的信息化人才。通过简单的问卷调查，大致概括本次ERP项目的实施效益主要体现在四个方面：系统信息集成化、业务流程规范化、绩效监控动态化、优化管理持续化。

（1）系统信息集成化

本次K/3 Cloud系统是Z公司进行的第二个信息管理系统，它将销售、生产、采购、库存、财务业务模块进行了资源整合，使基础信息从头贯穿至尾，各部门的业务既实现了集成化也实现了自动化。业务所涉及的数据、报表等在整个企业中实现了信息共享，大大地提高了公司数据的准确性和业务管理的效率。

（2）业务流程规范化

与其他ERP项目实施相同，K/3 Cloud系统的实施也必然会经历业务流程重组，这是一个必经之路。在Z公司K/3 Cloud实施过程中，对各模块的业务都进行了或多或少的优化改善，从上至下，大到管理权限，小到员工职责，实现了业务流程最优化处理，从销售、采购、生产、仓库到财务，整个流程实现了串联，各个单据的流通也是以最有效的方式进行。

（3）绩效监控动态化

所有员工在系统中的操作都可以通过操作日志查询，对工作失误和工作严谨的员工，建立了相关的奖惩机制，且领导对公司的销售业绩、生产额度及各部门运营成本都能进行实施监控，确保所有信息在领导面前公开化、实时化。

（4）优化管理持续化

虽然业务流程和一些基础权限人员设置在最初都设置好了，但企业运作是一个动态化工程，伴随着商业环境和企业内部环境的改变，没有任何设置可以一成不变地一直使用。在实施培训过程中，培养了许多企业内部的优秀信息化人才，除了在本次项目中完成本职工作外，更应该在以后根据公司现状不断地调整系统的基础设置等，不断地对系统进行优化改善，使系统不仅最适合本企业，也能不断适应新的需求、新的发展。

18.8 实施过程中的难点与不足

Z公司K/3 Cloud项目实施虽然取得了成功，但实施过程中存在的问题也不容忽视，主要有以下几点问题：

（1）企业基础信息不完备

企业基础管理工作，特别是基础数据，如果前期准备不充分，在后期运行中会造成许多不必要的麻烦，影响进度和效率。由于 Z 公司常年是落后化管理模式，其基础数据十分的冗杂，在将基础数据交给实施项目组时，并没有给出十分完备的有效数据，这使得在后期使用时，造成了一些困扰，在完善基础数据上花费了较多的人力和时间。

（2）员工配合度不齐

此次项目实施，虽然是从上至下的，得到了公司领导的支持，但是实际操作员工的积极性并不高，有的反而持抵触态度。由于长期的国企经营模式，员工上下级关系并不明显，中层干部以下就不再分级，导致员工工作没有惧怕性，部门领导权威性不够。

（3）用户培训不到位

用户培训虽然消耗了一定的时间，但是实际效果并不好，企业并没有通过关键用户培训达到预期的效果。由于培训不充分，员工对新的业务流程不了解，出现流程混乱、操作失误，需要不断地反复审核，重新进行订单的录入，这极大地挫败了员工使用新系统的信心，使业务人员抱怨不断，工作效率低下，且产生了许多的垃圾数据，造成系统使用的连锁反应。

18.9　实施体会

18.9.1　“一把手”工程和广大员工的积极性

Z 公司 ERP 项目小组的成员们说：“一把手对于项目的实施太重要了。”

Z 公司的一把手说：“‘一把手工程’不是一把手一个人的工程，没有大家的积极参与一把手干不成工程。”

人们常说，实施 ERP 是“一把手”工程。企业的一把手并非圣贤，但是他必须具有致力于使企业达到优秀的追求、责任感和坚韧不拔的决心，这样，ERP 项目才不会半途而废。就目前来说，多数企业的一把手对于 ERP 还是知之甚少的，他如何下决心？人们又说，要让员工接受教育，企业领导先要接受教育。这就要求企业的一把手必须具有开放的心怀，知道自己不知道什么，愿意学习，这样才能接受培训。而只有肯于学习并且学习了，才能把决心指向正确的方向。

Z 公司的一把手在 ERP 项目的实施过程中，不但要关注和支持，还要亲身参与。特别是参与培训后，他理解了 ERP，然后利用他的权威，把 ERP 的理念推向全公司。

Z 公司把他们对“一把手”工程的理解推广到项目实施的每一部分，于是，一把手就不仅仅是董事长、总经理了，每个部门的经理对于 ERP 涉及该部门的流程也都要按“一把手”工程来负责。

Z 公司在注重领导作用的同时，也非常注重广大员工的参与。他们认为，实施 ERP 涉及许许多多的人和事，头绪多、问题多，只有领导的积极性是远远不够的，必须把领导的决心和项目组成员、关键用户和广大员工的积极性结合起来才能把事情办好。Z 公司在调动广大员工积极性的问题上，在宣传教育的同时也采取了许多措施。拿项目组来说，为了调动大家的积极性，采取了多方面的措施，既有鼓励和奖励，又有严格要求，这使得项目组始终保持高度的热情和旺盛的斗志。这些措施有：

(1) 创造良好的具有激励气氛的工作环境。Z公司为ERP项目实施小组设立了专门的办公室,宽敞明亮,设备齐全。

(2) 定期召开项目组全体成员的会议,充分交流,分工清晰,职责明确。

(3) 严格人员考勤制度,每天点名,项目经理随时都了解每个人在做什么。

(4) 对工作业绩进行评估,根据评估结果进行奖励。奖励既有精神的也有物质的。

18.9.2 正确认识计算机技术、数据和人的关系

Z公司的员工通过他们的实践认识到,计算机是工具,计算机技术是重要的,但是和数据与人比较起来却不是最重要的。

他们说:"实施ERP是一项非常繁杂的工作,要做大量的数据准备工作,这些工作都是非常细致的,工作量也很大,但是这些工作是值得的。因为数据是ERP系统运行的基础,数据中能挖出金子。"

Z公司的员工认为,计算机技术、数据和人三者中,人是最重要的,只有大家对ERP有了正确的理解和领悟,对项目实施工作高度负责,并认真按照系统的要求和标准准备数据,ERP系统才能正常运行,并真正发挥实效。

他们说:"实施过程中遇到的困难很多,但回想起来都可以归结为人的问题。"事实也的确如此。例如,在ERP项目实施刚开始时,各部门业务骨干不理解ERP系统,对项目实施工作有抵触情绪,但由于企业领导决心大,又经过一系列的教育和培训,以及项目经理和项目小组成员的共同努力,大家越来越领悟到ERP理念的先进性,越来越认同ERP系统功能的强大和细腻,实施工作也进展得顺利了。

18.9.3 选好项目经理

Z公司ERP项目小组的经理说:"真的很累……,但是值得!"

Z公司的领导说:"这个经理选对了。"

Z公司ERP项目经理是总经理助理,对企业、员工和产品都很熟悉,他在公司的职务和多年的工作经验使他适合承担ERP项目经理的工作。

从个人性格来说,这位经理处事温和,但是有见地、有决心、有韧性,在公司里很有"人缘"。所以,不论是从职务,还是从个性来说,这位经理都是适合的。但是,真正具体做起来,仍然不是轻而易举的。在整个实施过程中,这位经理进行了方方面面的协调,推进项目向前发展,身心都承受了很大压力。在系统投入运行后,谈起实施的过程,他说:"真的很累,一言难尽,几次想打退堂鼓,只是没有说出来。现在总算挺过来了。可是说来也奇怪,每逢回忆那些日子,还总是很留恋。付出的不少,但是值得!"

项目小组的副经理是副主任。这是一位技术好、办事认真负责、勤奋好学的年轻人。在ERP项目实施过程中,协助项目经理做了许多实实在在的工作。

18.9.4 项目公约不是可有可无的

制定项目公约是ERP项目实施开始阶段要做的事情。它的作用是把ERP项目有关人员对于项目的共识和承诺以书面的形式明确地表述出来,以减少以后实施过程中的分歧和矛盾。在开始的时候,Z公司项目小组的成员对于项目公约的重要性体会不深,只是根据实施顾问的意见做了。但是,后来当关于项目的时间、范围、职责发生分歧的时候,双方援引项目公约,问题都得到了解决。于是,项目公约的重要性就体现出来了。他们说:"项目公约还真有用。看来,不是可有可无的。"

18.9.5 工作方针和工作规程要规范和详细

建立工作方针和工作规程无疑是非常重要的工作。但是，经验表明，它的重要性往往容易被忽视。在 Z 公司情况也是如此。在开始的时候，这项工作做得不够细致，但是在会议室试点过程中就发现了问题。由于工作方针和工作规程不细致，参加试点的用户在很多情况下只能按各自的理解和处理方式来处理问题。于是出现了许多错误信息，系统的可靠性表现得很差。项目小组对这些情况进行了分析，发现出现错误信息的原因在于人的处理方式不规范，或者说工作方针和工作规程没有充分地发挥规范人的行为方式的作用，于是重新修订了工作方针和工作规程。项目小组的成员对这件事情深有体会，他们说："幸亏是试点。如果是实际运行，损失就大了。工作方针和工作规程还是详细点好。"后来，在系统的实际运行过程中，按照严格、细致、可操作性好的原则，又对工作方针和规程进行了多次修订，使得工作方针和工作规程成为 ERP 系统正常运行的保证，成为企业运营管理过程中人和人之间、人和计算机之间进行精确通信的保证。

18.9.6 实施应用 ERP 的过程就是优化业务流程的过程

Z 公司从他们的实践经验体会到，在 ERP 实施阶段，必须以分析和优化业务流程为主导，这是绝对必要和绝对有好处的。他们认为，实施应用 ERP 的过程，就是优化业务流程的过程。企业的所有目标都是通过一个个业务流程来实现的，没有业务流程的优化，不可能从根本上做好 ERP 的实施和应用。

18.9.7 与实施顾问的合作——相互尊重，充分交流，既不固执，也不盲从

Z 公司认为，实施顾问对于 ERP 的理念有深刻的理解，也有丰富的实施经验，所以他们很尊重实施顾问的意见。另一方面，他们也认识到，实施顾问毕竟是企业的外部人员，他们是要走的。ERP 系统在 Z 公司的实施和应用毕竟要通过企业自己的人员来实现。所以，他们在与实施顾问的合作态度是相互尊重，充分交流，既不固执，也不盲从。他们在向其他公司介绍实施 ERP 系统的体会时谈到了这一点："在实施过程中，实施顾问并不是代替 Z 公司的人员去做具体的实施工作，而是将做事的方法教给我们的业务骨干，由业务骨干自己去做，然后实施顾问再检查大家的工作质量，并根据情况指出问题，让大家进一步优化和提高。通过这种配合方式，完成 Z 公司 ERP 项目的所有工作。回顾实施过程，总体来说，是按照实施顾问的建议来做的，但是也有些地方根据 Z 公司 ERP 项目实施小组的意见进行了调整。"

Z 公司项目实施小组认为双方的合作是愉快的，虽然中间也出现了一些分歧，但通过沟通都得到了解决。Z 公司 ERP 项目能实施取得成功，和双方人员的共同努力、精诚合作是分不开的。

思考题

1. ERP 系统的应用为 Z 公司带来了哪些帮助？
2. ERP 系统的实施应用为 Z 公司带来了哪些变化？
3. 在实施 ERP 系统前，需要进行哪些准备工作？
4. 从 Z 公司实施 ERP 的理念和他们的做法中可以得到哪些启发？

参 考 文 献

[1] 闪四清. ERP 系统原理和实施[M]. 北京：清华大学出版社，2013.

[2] 周玉清，刘伯莹，周强. ERP 理论与应用教程[M]. 北京：电子工业出版社，2018.

[3] 玛丽·萨姆纳. ERP——企业资源计划[M]. 北京：中国人民大学出版社，2005.

[4] (英)斯蒂芬·哈伍德. ERP 实施流程：企业如何实施 ERP[M]. 吕昌秀译，北京：清华大学出版社，2005.

[5] 刘秋生. ERP 系统原理与应用[M]. 北京：电子工业出版社，2015.

[6] Hoeven Hans Van Der. ERP and business processes: illustrated with Microsoft Dynamics NAV 2009[M]. Coral Springs, FL: Llumina Press, 2009.

[7] 孙福权. ERP 实用教程[M]. 北京：人民邮电出版社，2009.

[8] 胡凌. ERP 生产供应链管理实践教程(金蝶 K3 版)[M]. 北京：人民邮电出版社，2014.

[9] 许刚. ERP 中的项目管理[D]. 华南理工大学，2011.

[10] 孙滨丽. ERP 原理与应用[M]. 北京：电子工业出版社，2008.

[11] 林翊. ERP 综合实验教程[M]. 北京：经济科学出版社，2013.

[12] 刘翔. ERP 原理与应用实验教材[M]. 北京：清华大学出版社，2012.

[13] 赵珊. ERP 实训教程：供财链实施[M]. 北京：电子工业出版社 2011.

[14] 杨靛青，吴数园. ERP 系统分析与设计实验[M]. 北京：经济科学出版社，2008.

[15] 韩景倜. ERP 综合实验[M]. 北京：机械工业出版社，2010.